A EPOPEIA BANDEIRANTE:
LETRADOS, INSTITUIÇÕES, INVENÇÃO HISTÓRICA (1870-1940)

FUNDAÇÃO EDITORA DA UNESP

Presidente do Conselho Curador
Herman Jacobus Cornelis Voorwald

Diretor-Presidente
José Castilho Marques Neto

Editor-Executivo
Jézio Hernani Bomfim Gutierre

Conselho Editorial Acadêmico
Alberto Tsuyoshi Ikeda
Célia Aparecida Ferreira Tolentino
Eda Maria Góes
Elisabeth Criscuolo Urbinati
Ildeberto Muniz de Almeida
Luiz Gonzaga Marchezan
Nilson Ghirardello
Paulo César Corrêa Borges
Sérgio Vicente Motta
Vicente Pleitez

Editores-Assistentes
Anderson Nobara
Henrique Zanardi
Jorge Pereira Filho

A EPOPEIA BANDEIRANTE:
LETRADOS, INSTITUIÇÕES, INVENÇÃO HISTÓRICA (1870-1940)

ANTONIO CELSO FERREIRA

© 2003 Editora UNESP

Direitos de publicação reservados à:
Fundação Editora da Unesp (FEU)
Praça da Sé, 108
01001-900 – São Paulo – SP
Tel.: (0xx11) 3242-7171
Fax: (0xx11) 3242-7172
www.editoraunesp.com.br
www.livrariaunesp.com.br
feu@editora.unesp.br

Dados Internacionais de Catalogação na Publicação (CIP)
(Câmara Brasileira do Livro, SP, Brasil)

Ferreira, Antonio Celso
   A epopeia bandeirante: letrados, instituições, invenção histórica (1870-1940) / Antonio Celso Ferreira. – São Paulo: Editora UNESP, 2002.

   Bibliografia
   ISBN 85-7139-386-9

   1. Identidade social – São Paulo (Estado) 2. Intelectuais – São Paulo (Estado) 3. Literatura e história – São Paulo (Estado) 4. São Paulo (Estado) – História – Historiografia 5. São Paulo (Estado) – Vida intelectual – História I. Título.

02-0375   CDD-981.61

Índice para catálogo sistemático:
1. São Paulo: Estado: Vida intelectual: História   981.61

Este livro é publicado pelo projeto *Edição de Textos de Docentes e Pós-Graduados da UNESP* — Pró-Reitoria de Pós-Graduação e Pesquisa da UNESP (PROPP) / Fundação Editora da UNESP (FEU)

Editora afiliada:

Aos meus alunos em vários tempos, dos cursos supletivos aos de pós-graduação, que em Brasília, São Bernarão do Campo, São Paulo, Londrina, São José do Rio Preto e, acima de tudo, Assis deixaram comigo amizades e lembranças.

AGRADECIMENTOS

O texto ora publicado foi redigido de fevereiro a setembro de 1998, entre viagens, aulas de pós-graduação, orientação de dissertações e outros compromissos profissionais, tendo sido julgado, em agosto de 1999, como tese de livre-docência em História do Brasil, na Faculdade de Ciências e Letras da UNESP, Campus de Assis. Para esta versão em livro, fiz algumas modificações formais que nada alteraram a estrutura original do trabalho. A pesquisa que lhe dá suporte iniciou-se em 1995, ao longo da qual pude contar com o apoio de algumas instituições e o estímulo de vários amigos. Neste espaço, deixo registrados os meus agradecimentos aos que contribuíram para a realização do trabalho.

Ao CNPq, pela concessão de uma Bolsa Produtividade em Pesquisa, que me foi de grande valia para a execução do projeto.

À diretoria do IHGSP, que além de publicar em sua revista as minhas primeiras anotações sobre a trajetória daquela agremiação, incluiu o meu nome no seu quadro de sócios correspondentes. Gostaria, a propósito desse empenho, de assinalar o meu débito para com Célio Debes e Hernani Donato.

Ao Departamento de História da FCL da UNESP, Assis, que me desobrigou das aulas de graduação no primeiro semestre de 1998, possibilitando um intervalo maior de tempo para a redação da tese. Especialmente, a José Luís Bendicho Beired, chefe do departamento e profissional comprometido com as tarefas acadêmicas, com quem tenho o privilégio de partilhar uma amizade sincera.

Aos colegas e amigos da universidade, que me incentivaram de várias maneiras, seja no plano pessoal, seja no intelectual, sugerindo leituras, emprestando livros, debatendo temas, compartilhando dilemas. Lembro aqui os nomes de Tânia de Luca, Iara Schiavinatto, Maria Guadalupe Pedrero-Sánchez, Áureo Busetto, Carlos Eduardo Jordão Machado, Frederico Alexandre Hecker, esperando não ter cometido nenhuma omissão. A José Ribeiro Júnior, que, embora espacialmente distante, em razão de suas atuais atividades nos órgãos de direção da universidade, sempre me apoiou nas mais diversas circunstâncias. E a Clarice Gonçalves, sempre pronta a resolver problemas práticos: mais que secretária de departamento, ela tem sido uma amiga fiel.

Aos pesquisadores de temas próximos ao meu, com os quais pude participar de mesas em encontros científicos no IHGSP, na Anpuh e na Brasa, discutindo questões sobre a história e a historiografia de São Paulo: John Monteiro, Vavy Pacheco Borges, Kátia Abud e Célio Debes. A Lúcia Lippi de Oliveira e a Nísia Trindade Lima, pela oportunidade, nesses mesmos encontros, de intercâmbio de nossos textos. E a Maria Elísia Borges, pelas indicações bibliográficas preciosas acerca da produção iconográfica paulista à época.

À banca examinadora que, de modo rigoroso e generosamente, avaliou a tese: os professores José Ribeiro Júnior, Suely Robles Reis de Queiroz, Laima Mesgravis, Anna Maria Martinez Corrêa e Alzira Lobo de Arruda Campos.

Aos alunos que tiveram alguma presença nesta empreitada: Marcelo Lapuente Mahl, que em sua pesquisa de iniciação científica, financiada pela Fapesp, fez o levantamento preliminar das matérias da revista do IHGSP, e hoje desenvolve projeto de mestrado sobre a problemática racial na historiografia paulista; José Apóstolo Neto, Célia Regina Silveira, Silvio Lofego e Márcia Regina Ciscati, meus orientandos voltados para assuntos correlatos, cúmplices de ideias e debates.

Aos estudantes de pós-graduação que me deram a oportunidade de contatos interdisciplinares proveitosos, em particular os de Literatura, atraídos pela História, e os de História, atraídos pela Literatura e pelas Artes. Em nossos seminários de pesquisa, realizados em Assis e São José do Rio Preto, aprendi tanto quanto ensinei, de modo que este trabalho é em muito dedicado a eles.

Às pessoas de meu círculo privado, os amigos e a família, não será fácil retribuir pelo quinhão de carinho do qual, certamente, não fui merecedor. Aos meus filhos, Luana, Maurício e Marcelo, peço desculpas pelo que lhes roubei de tempo do nosso já tão entrecortado convívio.

São José do Rio Preto / Assis

*"Sonhos, chimeras, ficções innumeráveis,
tudo isso é vão e praticamente incomprehensível, e
todavia é com isso que o mundo caminha."*

Teodoro Sampaio, 1899

*"Durante séculos, a história foi vivida sob o
signo da glória, sob o signo de uma ilusão muito
forte que atua sobre a perenidade do tempo, por
ser uma herança dos antepassados e se refletir nos
descendentes. Esta paixão parece hoje irrisória."*

Jean Baudrillard, 1992

SUMÁRIO

Prefácio	15
Prólogo	21

1 O pequeno mundo letrado da Província

Figurações da identidade regional em fins do século XIX	29
Um almanaque para São Paulo	34
Sob o signo literário	40
Doutores românticos... e caipiras	48
Ecos de mil triunfos	60

2 O altar do passado

O Instituto Histórico e Geográfico de São Paulo: perfil, autores e textos	93
No coração da capital, poder e prestígio	97
Tradição e exibição	107
Adornos e documentos	114
No curso vertiginoso do tempo	125
O nicho sagrado	149

3 Romanceiro paulista

Tramas, dramas, personagens	173
O império da carne	177
O estranho da República	202
Folhetins estrangeiros e saraus regionalistas	208
Almas caboclas	221
Imortais da Academia Paulista de Letras	246

4 Velhos heróis, novas vanguardas
Atualização da tradição paulista desde os anos 20   267
1922: simulação e espetáculo da história   270
Riso dos condenados   284
Modernos mamelucos   304
Glórias e sortilégios   327

Epílogo   353

Abreviaturas   359

Fontes e bibliografia   361
Fontes   361
Bibliografia geral   364

PREFÁCIO

A velocidade com que a informação é recebida no mundo de hoje permite avaliar a imensa quantidade de conhecimento que vem sendo produzida e quão difícil se torna o acompanhamento de tal produção. Ainda assim, pode-se ter uma ideia dos principais feitos realizados, das tendências entrevistas nos pesquisadores, dos caminhos por eles trilhados, dos resultados a que chegaram...

No campo das ciências humanas, por exemplo, particularmente no da História, há várias décadas vêm se intensificando a procura de novos objetos, a diversificação de abordagens, a reflexão sobre instigantes concepções teóricas e ideológicas que apreendam fenômenos sociais obscurecidos por enfoques tradicionais. A historiografia tenta, agora, buscar a pluralidade, os regionalismos, as diferenças e especificidades. Há uma constante atenção para a emergência de novas fontes, ante as quais novos olhares se debruçam.

Assim é que se multiplicaram os estudos sobre sujeitos históricos até então intocados. Extraídos das "zonas silenciosas da História", vieram à luz os "figurantes mudos" de Sérgio Buarque de Holanda, os "esquecidos" de Jacques Le Goff. Criminalidade e criminosos, bruxaria, pobreza, mulheres – obscuras ou famosas –, enriquecem a historiografia atual. Revitalizam-se as narrativas biográficas, focaliza-se a relação memória-história, pensa-se também no único e no singular como elementos positivos para o conhecimento do social.

Os temas apontados aqui revelam, ainda, uma outra característica da historiografia: o recurso à interdisciplinaridade. Psicologia, criminologia, antropologia, entre outros ramos do saber, têm contribuído para iluminar os caminhos do pesquisador e aguçar-lhe a percepção.

Nesse conjunto, a literatura tem lugar de relevo, pois amplia o grau de imaginação necessária a todo historiador, ajudando-o a revestir de belas formas o conteúdo de sua pesquisa.

Foi essa a associação escolhida por Antonio Celso Ferreira para o livro que ora se lê sob o título de *A epopeia bandeirante*. Analisando a obra de letrados paulistas no período compreendido entre 1870 e 1940, o autor caracteriza-os "historicamente em seus vínculos sociais e institucionais, bem como em suas correlações políticas". Ao fazê-lo, realiza com grande competência a união entre literatura e história, percebendo também que "aceitar a faculdade da imaginação como componente essencial de toda busca de conhecimento, popular ou erudito, poético ou científico, pode ser algo valioso" no esforço de compreensão da realidade.

A trajetória intelectual desse jovem autor – professor da Faculdade de Ciências e Letras da Universidade Estadual Paulista em Assis – revela a sua gradativa inclinação para a união a que nos referimos. Inicialmente atraído pela história política, já em seu doutoramento rendeu-se aos encantos da literatura, analisando São Paulo na ficção histórica de Oswald de Andrade.

Foi para o concurso de livre-docência exigido pela carreira acadêmica que ele preparou o estudo ora apresentado, cujo objetivo maior é o de acompanhar uma invenção: a do modelo épico de representação da História, em que estão presentes e convenientemente mitificados o bandeirismo paulista, seus heróis, a raça de gigantes, enfim, na expressão utilizada por Saint-Hilaire para designar os de São Paulo e difundida por Alfredo Ellis Jr. no livro que assim intitulou.

Para os intelectuais que o elaboraram, o referido modelo buscava a criação de uma identidade paulista, identidade que se erigiu em tradição ao longo do tempo. Por certo, uma tradição regional, mas com vistas à expansão por todo o país.

Ao acompanhar a construção desse imaginário, o autor percorreu, entre outras fontes, os volumes do *Almanach Literário de São*

A EPOPEIA BANDEIRANTE

Paulo, as matérias contidas na *Revista do Instituto Histórico e Geográfico de São Paulo*, romances, novelas, contos e outras narrativas literárias, sobre as quais desenvolveu uma rica análise, delas extraindo todo o potencial que poderiam oferecer. Basta verificar a minuciosa exegese feita no *Almanach Literario*, da qual constam o número de colaboradores, sua profissão e proveniência social, modalidades de escritos contidos na publicação, recursos estéticos, conteúdos, campos de sociabilidade e organização dos autores, circuito de produção e recepção das obras. Em síntese: uma significante e ilustrativa amostra do universo das letras paulistas no período pesquisado.

Nesse particular, cabe destacar ainda quão interessantes e amadurecidas são as reflexões a respeito de autores como Júlio Ribeiro, Valdomiro Silveira, Menotti del Picchia, Guilherme de Almeida e outros menos conhecidos, retirados do esquecimento.

Aliás, o autor não deixa de ressaltar esse esquecimento ao referir-se à ausência de pesquisas sobre a literatura e a historiografia da época. Ressalta, ainda, que os intelectuais paulistas também foram solenemente ignorados pelos contemporâneos. Citando Ângela de Castro Gomes, lembra com ela que "o Império (e a República) das Letras é setentrional e, naturalmente, tem o Rio de Janeiro como sua Meca".

No entanto, a produção paulista foi se tornando progressivamente mais abundante a partir da segunda metade do século XIX.

Por que, então, a persistência do silêncio? A que atribuí-lo?

Antonio Celso também silenciou sobre a resposta e esse é um dos poucos reparos a fazer em seu trabalho. Preferiu apenas constatar o fato, em vez de explorá-lo, mesmo pela hipótese, recurso permitido ao historiador. Uma delas, por exemplo, recorre a outra tradição, esta, embasada na realidade histórica: a da pobreza cultural paulista durante os três primeiros séculos da colonização. À exceção dos conventos, São Paulo não dispunha de livros ou bibliotecas e seus habitantes pouco interesse tinham pelo conhecimento. Para Taunay, os dois únicos picos na profunda depressão cultural paulista do século XVIII foram Pedro Taques e frei Gaspar da Madre de Deus, historiadores. Nenhum literato. Mesmo assim, os dois estudiosos citados também seriam completamente ignorados pela intelectualidade do século XIX.

Convertida em tradição, não poderia a inexpressividade cultural de São Paulo dificultar a percepção sobre o crescimento e valor da produção lítero-histórica que ali vinha surgindo? Ou ignorá-la seria apenas arrogância de letrados famosos e consagrados, ante novatos em busca de reconhecimento?

São hipóteses a serem devidamente consideradas e exploradas.

Seja como for, os de São Paulo reagiram vigorosamente ao menosprezante silêncio, "dedicando-se persistentemente à afirmação da própria identidade histórica regional".

Nessa busca de afirmação, conferiram grande espaço aos tipos humanos do sertão: mamelucos, caboclos, caipiras...

Conforme o autor, tais tipos teriam provocado investimentos afetivos ou, ao contrário, distanciamentos ou ainda preconceitos: sentimentos motivadores de uma literatura rica em ambiguidades e tensões.

É possível pensar que, a despeito de conotações negativas conferidas a esses descendentes de brancos e índios, a frequência com que os intelectuais recorreram a eles já estivesse também demonstrando a diluição do forte preconceito até então existente. O mameluco, por exemplo, era abertamente desprezado em São Paulo pelo elemento branco no período colonial. Mesmo o culto e estudioso J. J. Machado de Oliveira não escaparia a tal desprezo, enquadrando-o no início do século XIX em uma "raça híbrida e impura", cujo nome não se deveria confundir com o de paulistas.

O preconceito, contudo, se atenua ao longo do tempo. Como também nota Antonio Celso, já nos primeiros anos do século XX, quando teorias racistas provocavam rumorosas polêmicas em São Paulo, "poucos foram os intelectuais que aceitaram a tese da inferioridade dos mestiços, pelo menos no que dizia respeito à sua região". Ao contrário, inverteram a tese, valorizando os cruzamentos, responsáveis, segundo eles, pelo surgimento de um *subgrupo racial superior* representado pelo bandeirante.

Por outro lado, falar do mameluco e do índio, bem como dos tipo humanos que deles resultaram, seria mais fácil para aquela intelectualidade. O contato com os brancos fora intenso, desde que uns poucos religiosos, aventureiros e autoridades da Coroa portuguesa, transpuseram a Serra do Mar e se fixaram no Planalto,

A EPOPEIA BANDEIRANTE

constituindo a primeira tentativa eficaz do europeu para estabelecer-se no interior das terras brasileiras. A alguns quilômetros da aldeia paulistana, dirá Taunay, começava o tenebroso sertão. Povoado de índios que por longo tempo foram o remédio para a pobreza daquela rude gente, encerrando riquezas só muito depois encontradas, mas que já afagavam os sonhos de todos, o sertão atraía e fascinava. Sucediam-se as investidas contra ele, animadas por brancos, índios escravizados e mamelucos. Eram os dois últimos que, não obstante o patente preconceito, engrossavam as estatísticas populacionais e, dada a proximidade do convívio, influenciavam os hábitos culturais do povoador branco.

Daí, certamente, a sua predominância na literatura da época analisada, mesmo porque atendiam melhor à construção de um passado épico.

Quanto ao negro, diferentemente de outras regiões brasileiras, sua presença foi significativa somente no século XIX, mesmo assim nas áreas de economia dinâmica. Por isso, e ainda pela vinda maciça de imigrantes europeus especialmente a partir de 1870, sua influência racial e cultural foi muito menor.

Não só os tipos do sertão mas também algum saudosismo da vida rural estão presentes nas obras analisadas por Antonio Celso. Nelas será perceptível um fundo nostálgico, sobretudo pelo tom idílico com que são descritas as paisagens campestres.

É uma interessante contradição, pois muitas daquelas obras são elaboradas por intelectuais urbanos, empenhados na difusão de valores citadinos, orgulhosos do progresso e do dinamismo da época em que viviam.

O autor explica a dita contradição, não ideologicamente como Jorge Nagle o faz em *Educação e sociedade na Primeira República*, mas como expressão do imaginário histórico. Para Nagle, o ruralismo representaria um ponto de vista antiurbano e teria função ideológica: a de manter a predominância do universo agrário--comercial, ameaçado pela industrialização em curso. Já Antonio Celso considera o ruralismo um dos fundamentos simbólicos da construção do imaginário histórico regional.

A interpretação – original e bem fundamentada – não exclui a ideológica: é diferente, apenas. Afinal, o ruralismo também exprime uma realidade histórica e muitos letrados do período provinham do mundo agrário.

Se há algo mais a ressaltar, no entanto, é a excelência deste trabalho. Na profícua ligação entre literatura e história, no realce dado ao grupo de letrados que, com a edificação heroica do passado, investiram na invenção de uma tradição regional ambicionando torná-la nacional, no acompanhamento da construção de uma identidade paulista, Antonio Celso Ferreira fornece uma nova dimensão explicativa à produção intelectual do período que analisa. Esse feito inscreve-o com destaque no rol de autores da historiografia brasileira.

Suely Robles Reis de Queiroz

PRÓLOGO

A sensação é a de ter começado pelo fim. Melhor dizendo, pelo momento em que uma subtrama se esgota, à procura de novos elos para compor o enredo histórico, aberto tanto ao futuro quanto ao passado.

Ao estudar os impasses que se configuraram na ficção histórica de Oswald de Andrade, escrita nos finais da década de 1930, e composta de duas obras do ciclo, *Marco Zero I – A revolução melancólica* (1943) e *Marco Zero II – Chão* (1945),[1] deparei eu mesmo com um enorme leque de interrogações. Duas indagações de fundo sintetizavam o problema: como compreender os dilemas de um autor identificado com as promessas utópicas do grupo modernista de São Paulo na década de 1920, cujas projeções vanguardistas da poética pau-brasil e antropofágica estancam-se dez anos depois, formando um painel desalentado, amargo e algo profético de sua terra natal? Seriam esses dilemas e tal estancamento representativos de uma crise de identidade grupal que assolava a intelectualidade paulista, e, nesse caso, como aferir seus significados sociais e cultu-

---

1 Romances analisados em *Um Eldorado errante:* São Paulo na ficção histórica de Oswald de Andrade, 1996. Versão modificada de tese de doutoramento defendida na USP em 1993.

rais mais amplos? Sem encontrar todas as respostas que desejava, contentei-me em oferecer uma interpretação provisória, articulada em torno do homem – um escritor descendente de antigas e ricas famílias paulistanas –, às voltas com as rápidas transformações que marcavam a sociedade de seu tempo e com os desafios (e desencantos) da militância política e cultural.

Não consegui, àquela altura, perceber como a obra oswaldiana, tomada como expoente de sensibilidade artística e histórica de um dado período, poderia significar, ainda que como rompimento ou releitura, um diálogo com a tradição interpretativa do país, apresentada na forma ensaística das letras históricas,[2] que seus pares intelectuais de São Paulo vinham criando há algum tempo. A insatisfação diante desse resultado teve, contudo, o efeito positivo de me incitar à nova empreitada, da qual resulta este trabalho. De certo modo, ele pode ser visto como a reavaliação, sob novo prisma, do mesmo tema.

Neste texto, recuo a um passado mais distante, 1870, para acompanhar a façanha da construção textual de uma identidade paulista, obra de duas ou três gerações de letrados da região, em suas várias motivações, diferentes modos de expressão, ambiguidades, sucessos e descréditos. Identidade tal que, já erigida enquanto tradição nos anos de 1930, seria objeto de uma reinterpretação, ao mesmo tempo sarcástica e amargurada, na pena de Oswald de Andrade. Da "epopeia bandeirante"[3] ao "eldorado desabitado do sonho",[4] eis a questão, agora restituída à sua suposta ordem temporal: como a história e a literatura, ou estas duas expressões narrativas numa só, deixaram vazar seu manancial simbólico de subjetivações, sociabilidades e desejos de identidade?

---

2 Esta expressão, usada à época, servia para caracterizar uma série de estudos históricos, etnográficos, geográficos, sociológicos, folclóricos, literários de fronteiras disciplinares imprecisas se os compararmos com a produção acadêmica e científica, especialmente, desde os anos 30. Este assunto estará em pauta no decorrer do presente trabalho.

3 Expressão que extraí de várias discussões da época e que julguei a mais apropriada para me referir à construção de um imaginário histórico.

4 Expressão cunhada por Oswald no ciclo *Marco Zero*.

A EPOPEIA BANDEIRANTE

Perseguir os caminhos de tal construção simbólica significará, no decorrer destas páginas, além disso, estudar a própria trajetória de formação tanto da historiografia como da literatura no palco paulista. Dessa maneira, o presente estudo abre-se em várias direções, inserindo-se na confluência de diferentes tendências de investigação.

Poderia ser nomeado como um trabalho de historiografia, se entendermos, à maneira de Le Goff, que "a história da história não se deve preocupar apenas com a produção histórica profissional mas com todo um conjunto de fenômenos que constituem a cultura histórica, ou melhor, a mentalidade histórica de uma época". Nessa medida, "todas as evocações poéticas, míticas, utópicas, ou, de qualquer modo, fantásticas do passado entram na historiografia". Os textos aqui analisados – notas de almanaque, poemas, romances, novelas, contos, narrativas históricas, estudos etnológicos, linguísticos, folclóricos e outros –, constituem um bom exemplo da produção de um imaginário histórico, podendo ser considerados como expressão da "realidade histórica e nomeadamente da sua maneira de reagir perante o seu passado, ainda segundo o autor" (Le Goff, 1990, p.48-9).

Poderia ser, mais especificamente, tomado como um estudo das diversas expressões e representações da imaginação histórica, manifestadas no contexto paulista anterior a 1940, semelhante ao trabalho de Stephen Bann sobre as invenções da história na Europa, a partir do século XIX. Para ele, desde então a história tornou-se uma presença mítica, penetrante e nebulosa, que emergiu em uma pluralidade de campos (pintura e romance, historiografia *stricto sensu*, museus, entre outros), vindo a edificar um modelo integrado de representação histórica. Em tal percurso, revelou-se tanto a fertilidade da imaginação histórica da época como o investimento crescente de indivíduos, grupos e instituições na invenção das tradições (Bann, 1994, p.17). Não foi diferente o que ocorreu no Brasil, e particularmente em São Paulo.

Na mesma perspectiva de Bann, mas sem tomar sua obra como um receituário pronto a ser aplicado, pretendo analisar as formas, estruturas e liames que tornaram possível a emergência de um modelo épico de enredamento da história paulista, constituído em representações de longa durabilidade, apesar de seus conteúdos excludentes, seus preconceitos e formatos etnocêntricos, explícitos ou não, revistos ou atenuados com o tempo. Em outras palavras, busco acompanhar os meandros textuais da invenção de uma tradição regional, entendendo-a não como uma espécie de falsa consciência, destinada a servir a propósitos estritamente funcionais[5] – nesse caso, ideológicos –, mas como expressão de um imaginário, ele mesmo histórico.

Em razão disso, privilegio a análise de um conjunto de textos que me permite ressaltar a importância das formas de representação e imaginação histórica, suas prefigurações míticas e conexões literárias, para as quais Hayden White tem chamado a atenção em seus estudos.[6] Mas isto não significa enveredar por uma análise tão somente formal ou internalista das fontes, ignorando os elementos contextuais ou as práticas sociais dos seus autores.[7] Ao contrário, tento caracterizar historicamente o universo letrado paulista em seus vínculos sociais e institucionais, bem como em suas correlações políticas. Neste aspecto, procuro circunscrever o espaço de sociabilidade dos intelectuais de São Paulo desde 1870 – em organizações formais ou informais e instâncias de legitimação –, com o objetivo de estabelecer as relações entre a sua produção simbólica e o campo social das elites.[8]

---

5 Bann define sua noção de "invenção da tradição", contrapondo-se aos argumentos desenvolvidos no livro organizado por Hobsbawm & Ranger, 1984. Para ele, implícita está nesta obra a ideia de tradições forjadas, saídas do nada para servir a propósitos estritamente funcionais: "Contra essa tradição inventada, ou história falsificada, o discurso dos colaboradores situa-se evidentemente como história no sentido adequado: a história que discrimina magistralmente entre o que está certo e o que está errado. Minha noção de invenção ... é menos prescritiva do que esta" (1994, p.20).

6 Ver, especialmente: White, 1992 e 1994. Como esforço para uma compreensão sumária das relações entre a narrativa histórica e a narrativa literária, elaborei um artigo em que procuro situar a polêmica desde as formulações de Roland Barthes, discutindo as fronteiras da disciplina: Ferreira, 1996.

7 Sobre tais tendências, presentes na historiografia chamada de "Nova História Intelectual e/ou Cultural", consultar Falcon, in: Cardoso & Vainfas, 1997, p.117-8.

8 Sobre tais noções, utilizadas sem qualquer ortodoxia neste trabalho, ver Bourdieu, 1974 e 1996.

Dessa forma, ora me aproximo ora me distancio de um conjunto de trabalhos constantes da historiografia brasileira, igualmente dedicados a assuntos análogos – em que se trata direta ou indiretamente da elaboração dos intelectuais paulistas no período em pauta –, mas que apresentam ênfases distintas. Refiro-me aos estudos sobre as ideologias da identidade nacional ou regional, por exemplo, os de Dante Moreira Leite (1976), Lúcia Lippi de Oliveira (1990) ou Kátia Abud (1985); aos trabalhos sobre o regionalismo paulista, como o de Joseph Love (1982); e aos centrados em instituições produtoras do saber histórico e antropológico, a exemplo do livro de Lília Schwarcz (1993). A minha diferença em relação a tais trabalhos, além do próprio material compulsado e dos marcos temporais da pesquisa, diz respeito à escolha da problemática: se eles incidem sobre as manifestações das ideologias, das funções políticas das ideias ou dos seus condicionamentos institucionais, minha análise concentra-se, embora levando em conta tais aspectos, nos fundamentos simbólicos da construção do imaginário histórico regional.

Creio que isto justifica o amplo recorte cronológico da pesquisa, cujas balizas situam-se entre 1870 e 1940. O primeiro marco põe em relevo os esforços iniciais de elaboração histórica e literária da intelectualidade regional, dos quais resultou a criação do modelo da *epopeia bandeirante*. A década registra, ainda, o início da difusão, em larga escala, de uma série de textos com esse teor, dispostos como um *corpus* orgânico, e que estão na origem da constituição da literatura e da historiografia de São Paulo. Em coincidência a tais empreendimentos, têm-se, desde então, as iniciativas precursoras de agremiação da elite letrada regional, das quais nasceriam o Instituto Histórico e Geográfico de São Paulo (1894) e a Academia Paulista de Letras (1909). Da passagem do século à década de 1920, correspondente ao período de crescimento econômico e hegemonia política de São Paulo na Federação, consolida-se a elite letrada regional, responsável pela afirmação do imaginário paulista. O segundo marco indica, em contrapartida, a tendência ao esgotamento daquele modelo épico de representação da história, em paralelo a uma rede de fatores, entre os quais: a modificação no campo intelectual, com o surgimento de estudiosos profissionais, mais apartados do mundo das elites; a perda de importância das antigas instituições de agremiação das elites letradas, em face do surgimento da universidade; a própria crise de hegemonia política regional, afetando os alicerces simbólicos da epopeia paulista, e uma série de mudanças desde então operadas no campo social e cultural, ainda hoje em curso, responsável pela perda de vigor dos sentimentos identitários tradicionais.

A despeito disso, entretanto, não foram poucas as ocasiões pós-1940 em que a simbologia épico-paulista foi acionada por políticos, instituições ou grupos intelectuais, com a finalidade de celebrar feitos do passado e justificar ações do presente. As comemorações do IV Centenário da Fundação da Cidade de São Paulo, em 1954, talvez tenham se constituído como o exemplo mais eloquente dessa apropriação. O assunto foge, entretanto, aos objetivos deste trabalho, assim como não se pretende aqui investigar se os dispositivos simbólicos de caráter épico ainda desempenham alguma função no imaginário coletivo atual.

Em razão do extenso período abordado neste esforço de síntese, minha análise talvez fique a dever no tocante ao aprofundamento de alguns pontos essenciais. Suponho, porém, que o trabalho poderá trazer alguma contribuição em virtude do enfoque adotado e da abundância do material examinado. A propósito disto, gostaria de ressaltar a inexistência de estudos abrangentes acerca não só da historiografia como também da literatura em São Paulo, relativas ao período anterior a 1930. No que diz respeito à primeira, produzida no IHGSP, há uns poucos artigos e capítulos de livros que fornecem algumas pistas, sem, contudo, tomá-la como objeto específico.[9] Quanto aos escritos literários da época, em que pese a profusão de estudos críticos sobre algumas tendências e autores deter-

---

9 Podem ser citados o capítulo de Lília Schwarcz sobre o IHGSP, em seu livro sobre as instituições brasileiras produtoras do conhecimento antropológico, entre 1870 e 1930 (1993, p.125-32); e um trabalho de John Monteiro (1992) a respeito da questão racial em autores ligados à instituição. Apesar disso, o material produzido pelo Instituto tem servido, frequentemente, como fonte para um conjunto de teses universitárias. José Honório Rodrigues foi um dos primeiros historiadores a salientar a importância da historiografia dos institutos históricos e geográficos no Brasil, chamando a atenção para o acervo documental por eles reunido, e mencionando de passagem o núcleo paulista.

A EPOPEIA BANDEIRANTE

minados, nota-se a ausência de um trabalho de sistematização da produção paulista e de análise do seu papel na construção do imaginário histórico regional.[10]

O presente estudo, se outro mérito não tiver, poderá servir como ponto de partida aos interessados na análise historiográfica e literária, em virtude das numerosas fontes a que faz menção. O seu corpo documental inclui os volumes do *Almanach Litterario de São Paulo*, publicados entre 1876 e 1885 – analisados no primeiro capítulo; as matérias da *Revista do Instituto Histórico e Geográfico de São Paulo*, no período de 1895 a 1940 – examinadas no seguinte; e uma série de romances, novelas, contos, poesias e outras narrativas literárias divulgadas na mesma época, algumas mais, outras menos conhecidas – discutidas no quarto e no quinto capítulos. A pesquisa das fontes foi desenvolvida nos acervos do IHGSP e da APL, bem como nas bibliotecas Mário de Andrade, em São Paulo, da Faculdade de Ciências e Letras da UNESP/Assis e do Instituto de Letras e Biociências da UNESP/São José do Rio Preto.

O livro tem a forma de ensaios, que podem ser lidos como capítulos autônomos, embora haja forte unidade entre eles. No conjunto, os escritos examinados encadeiam-se, de uma maneira ou de outra, em torno de uma mesma indagação: o que é ser paulista?

Esta pergunta, que parece demasiado ingênua ou até irrisória em nossa época de *internautas* sem-fronteiras, *sem-terra* e *desterritorializados* globais de toda espécie, significou, durante muito tempo, a procura de vínculos simbólicos de identificação coletiva

---

Para ele, "coube ao Instituto Brasileiro e aos Institutos estaduais e aos seus membros iniciar a pesquisa histórica e lançar os fundamentos de um sistema de investigação" (1978, p.41). A agremiação paulista ainda não foi objeto de um exame específico, como o realizado por Manoel L. Salgado Guimarães sobre as fontes do IHGB (1988, p.5-27).

10 A consulta a uma obra básica da área (Bosi, 1988) permite constatar a desconsideração de um rol de autores paulistas consagrados à época e influentes na difusão do imaginário histórico regional. A história e a crítica literárias, preocupando-se fundamentalmente com os aspectos estéticos dessa elaboração, tende a se concentrar em torno de alguns cânones e a descartar tendências, como será discutido no trabalho. Apesar dos esforços recentes de revisão dos paradigmas literários, há muito ainda a tratar da produção regional.

para alguns grupos sociais instalados nesta região do país e o principal estímulo para a edificação de um conhecimento histórico sobre sua terra e sua gente. É certo que os significados de identidade, presentes no discurso letrado regional, constituíram-se como respostas homogeneizadoras, que muitas vezes apagaram diferenças sociais e demandas simbólicas específicas. Mas é certo, também, que os seus signos perduraram por algum tempo, funcionando como referência imaginária coletiva.

Teria a indagação alguma procedência hoje, fora dos textos/contextos espetaculares da *mídia*, por meio dos quais são criados os novos liames de identidade histórica, cultural, social e política? Parece que não. Diante disso, o historiador sente-se desafiado a lançar mão das próprias faculdades imaginativas para novo esforço de compreensão da realidade. No mundo em que vivemos numa permanente e veloz mutação, as antigas representações de identidade social, política e cultural – como as simbologias de pátria, nação e região – parecem reduzir-se a puros simulacros, na acepção mesma de signos sem referentes. Aceitar, portanto, a faculdade da imaginação como componente essencial de toda busca de conhecimento, popular ou erudito, poético ou científico (cf. White, 1992 e 1994, e Veyne, 1992), pode ser algo valioso para se investigar o paradoxo dessas mesmas sociedades, nas quais a dissolução completa do passado (Hobsbawm, 1995, p.13), em todas as suas formas e manifestações, curiosamente se conjuga ao investimento crescente em seus signos – particularmente os de identidade – como objetos de consumo político e cultural (cf. Eco, 1984, e Baudrillard, s. d.).

Os escritos de história, ou os de literatura num sentido mais amplo, nunca deixaram de ser formas possíveis de se lidar com o tempo, como projeções do presente para o futuro ou para o passado. A imaginação histórica do princípio do século pode ter-se esgotado, mas sua permanência, num longo período, incita-nos a interrogar em qual imaginário nos localizamos hoje, como produtores e receptores de discursos.

1 O PEQUENO MUNDO LETRADO
DA PROVÍNCIA
FIGURAÇÕES DA IDENTIDADE REGIONAL EM FINS DO SÉCULO XIX

Quando, em 1876, José Maria Lisboa lançou o primeiro número do *Almanach Litterario de São Paulo*, a província paulista iniciava o que seria considerada a sua fase mais próspera. Desde então e até 1885, ano em que o seu último volume veio a público, mudanças cruciais ocorreriam no panorama físico, social, político e cultural de São Paulo.

A lavoura do café expandia-se pelas regiões oeste e norte-nordeste, alcançando os limites de Minas Gerais, acompanhada progressivamente pela abertura dos trilhos das ferrovias. Os terrenos desconhecidos dos mapas provinciais iam diminuindo com rapidez numa conquista que significava a derrubada de matas nativas, a expulsão ou o extermínio do indígena,[1] a especulação imobiliária e a luta violenta entre grileiros e posseiros, a instalação de fazendas, estradas e núcleos urbanos. Ribeirão Preto, Piraju, São José do Rio Preto, Campos Novos Paulista, São Manuel e Bauru são alguns exemplos das novas cidades nascidas nessa época, ou mesmo um

---

1 Na região norte da província, por exemplo, nas margens dos rios Tietê, Paraná e Rio Grande, habitavam os Caingangue, também conhecidos por Coroados. Na área próxima de Rio Preto, as últimas notícias que se tem a respeito deles são veiculadas pelos jornais locais, em 1906. Cf. Arantes, 1977, p.208.

pouco antes.[2] Levas e levas de gente, atraídas pelas frentes pioneiras, deslocavam-se dos centros de povoamento mais antigos da província, ou saíam do sul mineiro em busca desse eldorado movediço, num turbilhão frenético. Escravos negros ainda eram levados para os novos empreendimentos e, simultaneamente, lançavam-se as bases para a grande imigração estrangeira que, em breve, alcançaria o ápice.

A frente oeste passava a ser a área cafeicultora mais dinâmica, colaborando em 1886 com três quartos da produção regional, assim distribuídos: 29% para a zona chamada de Central (Campinas, Jundiaí, Itatiba, Piracicaba, Itu, Sorocaba etc.); 23,69% para a zona da Paulista (Rio Claro, Araraquara, São Carlos etc.); 21,81% para a Mogiana (Ribeirão Preto, Franca e outras cidades).[3] O sucesso das exportações do produto repercutia diretamente na capital paulista e nas cidades mais próximas, especialmente Santos e Campinas, estimulando as demais atividades.

Desde 1875 a província estava ligada, pelos telégrafos, a outras partes do país e desenvolvia-se, a cada ano, o seu sistema de comunicações. O incremento, tanto das importações como do comércio interno, gerava a abertura de bancos, escritórios de comissários, grandes e pequenas firmas comerciais, lojas de artigos variados, manufa-

---

2 Alguns desses vilarejos já haviam aparecido nas décadas anteriores, embora ainda não constassem dos mapas provinciais. É o caso de Rio Preto, cujos primeiros marcos de povoamento remontam a 1852, quando famílias de mineiros atravessaram a fronteira e instalaram-se no local. Em 1855, a pedido dos seus moradores, o presidente da província criou, ali, um Distrito de Paz e uma subdelegacia de polícia. Doze anos depois, passaria pelo lugar o escritor e militar Alfredo D'Escragnolle de Taunay, acompanhado de outros oficiais, soldados e negros: "Ele anota que foi acolhido na única casa coberta de telhas do arraial..." observando ainda que ele tinha "meia dúzia de palhoças abandonadas, sentenciando que, por causa do recrutamento da Guerra do Paraguai, as pessoas abandonavam os vilarejos, adentrando o mato". Cf. Arantes, op. cit., p.370.

3 Cf. Queiroz, 1975; artigo em que são analisadas as principais transformações ocorridas no Estado, com ênfase no período 1875-1930. Para tanto, a autora apoia-se em fontes originais e na bibliografia clássica sobre o assunto (Sérgio Milliet, Pierre Monbeig, Alice Canabrava, Sérgio Buarque de Holanda, Emília Viotti da Costa, Richard Morse, entre outros), parte de uma historiografia extremamente profusa, dispensando o trabalho de citação pormenorizada dessas obras neste texto. Ver, também, Matos, 1974.

A EPOPEIA BANDEIRANTE 31

turas e algumas fábricas têxteis. Com isso, ampliavam-se as oportunidades de ascensão social e mudavam os hábitos de consumo de
parcelas da sociedade urbana. O fazendeiro do café, figura geralmente associada à aristocracia rural brasileira, assumia posições
empresariais, compondo, ao lado dos setores comerciais e financeiros
urbanos, a emergente burguesia regional (ver Dean, 1971).

O crescimento populacional da província atingia índices expressivos: em 1876, contavam-se 1.011.479 habitantes, somando
-se os 839.860 homens livres e os 171.619 escravos (*ALSP*, v.I, 1876;
p.168), dados que chegariam a 1.221.380 em 1887, às vésperas da
abolição do trabalho escravo. Numa visão de maior perspectiva,
estas últimas cifras acusavam "um aumento de 192,8% em relação
ao total de 54 e de 329,6%, relativamente ao de 1836" (Queiroz,
1975). Nesse quadro, a população da capital passaria de 27.557,
em 1872, para 64.934, em 1890 e triplicando em 1900, com os
seus 239.820 habitantes (cf. Graham, 1973, p.40). Números estes
que, embora se mantivessem bem abaixo dos alcançados no Rio de
Janeiro, eram comparados com os das demais províncias do país e
saudados com grande otimismo pelos paulistanos, como o sintoma
evidente de um inusitado surto progressista.

É certo que tais quantificações, tomadas isoladamente, não
davam conta da brutalidade imposta pela arrancada econômica
paulista à maioria dos homens e mulheres que dela participaram
em condições desfavoráveis. Sem falar dos negros, cuja situação na
última década do trabalho escravo fazia despertar, nos segmentos
médios e dominantes, ora sentimentos humanitários, ora o temor
generalizado,[4] outros grupos de excluídos compunham o painel
dessa sociedade, sendo mais visíveis na capital. O enorme hiato
social entre ricos e pobres, herdado de épocas mais remotas, não
desaparecera, ao contrário, tendia a dilatar-se com o afluxo de ex
-escravos para São Paulo, e como efeito do intenso trânsito de pessoas desenraizadas, de um lado para outro. Hiato cuja consequência era o aumento da miséria, da criminalidade e da loucura, estas

---

4 Ver Machado, 1994, e Conrad, 1975, p.290-337. A bibliografia sobre o fim
   do trabalho escravo no Brasil é vastíssima e bastante controversa, o que não
   cabe discutir aqui, dados os propósitos deste trabalho.

que, por sua vez, eram combatidas de acordo com o costume: filantropia, prisão e hospícios.[5]

Mas era nesse mesmo contexto que ganhavam ímpeto, em São Paulo, novos ideários políticos, filosóficos e estéticos, cujos conteúdos eram apresentados como fatores de regeneração social, atualização política e impulso cultural e científico. A Faculdade de Direito do Largo São Francisco, que desde 1828 recebia alunos de procedência diversa e preparava as elites políticas e intelectuais da região, continuava a ser o núcleo de irradiação de ideias na província (cf. Adorno, 1988).

No período de 1875 a 1885, ainda se ouviam os ecos das primeiras gerações boêmias e românticas[6] que agitaram a vida cultural paulistana, transformando a cidade num burgo de estudantes.[7] Os discursos, poemas e narrativas abolicionistas da década de 1880 traduziam muito do repertório romântico, embora já convivessem com as tendências artísticas e filosóficas recentes, características da reflexão intelectual brasileira do final do século XIX.

A nova poesia participante incorporava algumas formas realistas de criação e manifestações diversas do pós-romantismo, reagindo contra as primeiras safras literárias.[8] O evolucionismo e o

---

5 Cresce no período o número de entidades beneficentes destinadas ao abrigo de pobres e ao tratamento de doentes sem recursos, organizadas por iniciativa de homens de prestígio e irmandades religiosas. Em 1881, por exemplo, a província contava com sete Casas de Misericórdia, uma na capital e as demais em Jacareí, Campinas, Santos, Bananal, Itu e Sorocaba (*ALSP*, v.VI, p.19). No mesmo ano, e segundo idêntica fonte, a penitenciária de São Paulo era ocupada por 166 criminosos, sendo 153 homens e treze mulheres (v.VI, p.47). A respeito da loucura na ordem urbana paulistana, consultar Cunha, 1986.

6 "Com o subjetivismo romântico, as suas cogitações morais, a sua religiosidade, ou com a interpretação do ser individual, cultivamos a visão total da nacionalidade, da nossa paisagem física e social, da nossa sensibilidade, valores e tradições, das lutas sociais e políticas do momento" (Candido & Castello, 1980, p.215).

7 Cf. Bruno, 1953, 3v.; autor que periodiza a história paulistana, no século XIX, em dois momentos distintos: 1828-1872, correspondente ao "burgo de estudantes", e 1872-1918, fase da "metrópole do café". A respeito dessa obra, consultar Lofego, 1986.

8 Assunto tratado mais adiante na leitura dos autores do *Almanach*, embora não se pretenda discutir a pertinência de tais classificações. Para informações gerais a respeito dessas tendências, consultar Bosi, 1988.

A EPOPEIA BANDEIRANTE

33

positivismo, transformados em verdadeira epidemia do momento, moldavam parte das convicções científicas e políticas do círculo intelectual paulista.[9] O republicanismo ganhava corpo e força, unindo estudantes e bacharéis, empresários urbanos e fazendeiros. Mas, a despeito de sorver, na pena de alguns, os conteúdos cientificistas dessas últimas formulações, ele se alimentava, principalmente, das ideologias liberais que sairiam vitoriosas na implantação do novo regime e seguiriam, inabaláveis, durante o período de hegemonia da oligarquia paulista na República.[10]

Nas duas décadas anteriores à proclamação do novo regime, contudo, o debate político e intelectual era nutrido pela convicção de que ainda havia muito a fazer para conferir a São Paulo um papel proeminente no quadro nacional, compatível com a sua pujança econômica. Para tanto, uma série de esforços seriam necessários, envolvendo não só a ampliação do seu poder político,[11] como também a sua projeção cultural – especialmente artística e literária –, até então ofuscada pelo brilho da Corte.[12]

Nesse último aspecto, a imagem feita de São Paulo, nas outras regiões, continuava presa às descrições dos viajantes do primeiro

---

9 Sobre as tendências gerais do debate intelectual no Brasil da época, ver Costa, 1967. A respeito da "geração de 1870", num contexto mais abrangente, consultar Sevcenko, 1983.

10 De uma longa bibliografia sobre o tema, em diferentes ângulos de abordagem, para os propósitos deste trabalho podem ser lembrados Costa, 1977; Bresciani, 1976; Lessa, 1988; Carvalho, 1987; e Salles, 1986.

11 No Império, entre 1870 e 1889 "ressalta o desequilíbrio entre o poder político e o econômico de São Paulo" cuja participação no governo era "reduzida em relação à de províncias cujo empobrecimento econômico já se fazia notar visivelmente" – Bahia, Minas Gerais, Rio de Janeiro e Pernambuco – e somente comparável à representação do Rio Grande do Sul. Cf. Queiroz, 1975, e Holanda, 1972, t.2, v.5.

12 À altura da década de 1870, poucos artistas e escritores de São Paulo haviam conseguido prestígio fora da província, com as exceções de Álvares de Azevedo, morto em 1851, cuja obra poética obteve grande repercussão no Rio de Janeiro (onde, aliás, estudou no Colégio Pedro II), e do músico Carlos Gomes, que já contava com o mecenato do imperador. Isto, mesmo considerando que, pelo círculo das Arcadas, passaram figuras que se tornariam ilustres, vindas de outras partes, como José de Alencar e Bernardo Guimarães.

quartel do século[13] e dos estudantes vindos de fora, daí em diante, para uma capital onde se sentiam pouco à vontade. Para estes, ela era acanhada, interiorana, isolada no planalto, habitada por gente atrasada e aferrada a costumes antigos. No Rio de Janeiro, os paulistas eram, geralmente, chamados de sertanejos ou caboclos. Algumas vezes, continuavam a lhes ser atribuídas as conotações negativas que, numa época mais afastada, os jesuítas imputaram aos bandeirantes: homens rudes, violentos e ignorantes. O progresso recente da província mal começara a ser assimilado no conjunto do país, de maneira a reverter essas impressões pouco lisonjeiras.

Nem mesmo nas velhas tradições e feitos históricos, aceitos como integrantes da obra de edificação nacional, havia um lugar especial a ela reservado. Nos compêndios de história pátria, São Paulo aparecia, apenas, como um ponto de passagem, pouco mais que uma boca de sertão, em contraste com o Rio de Janeiro, ao qual era dado um papel decisivo na vida nacional, e com a Bahia, considerada berço da cultura brasileira. Os heróis paulistas ainda não figuravam nas narrativas históricas nacionalistas: eles viriam num futuro próximo, como resultado de uma construção textual que apenas se iniciava.

UM ALMANAQUE PARA SÃO PAULO

Não era fortuito, enfim, que do interior desse amplo processo de mudanças se manifestassem os mais expressivos desejos de afirmação de uma identidade paulista, cuja magnitude o *Almanach Litterario de São Paulo*, de maneira modelar, procuraria dar vazão. José Maria Lisboa, seu fundador, representava bem o campo de sociabilidade em que isso ocorria. Como seus pares, ele se encon-

---

13 A título de exemplo, pode ser lembrada a viagem de Saint-Hilaire a São Paulo, em 1819, pouco antes da Independência, deixando registros minuciosos da província. Embora ele fosse um entusiasta da ação dos paulistas na época colonial, sua descrição da capital mostrava uma cidade do sertão, de infraestrutura rudimentar, pouco higiênica e habitada por muitos pobres (Saint-Hilaire, 1976).

A EPOPEIA BANDEIRANTE

trava sinceramente envolvido na tarefa de criação de uma imagem elevada de sua terra, capaz de se propagar no país e que significasse, além disso, uma autovisão construtiva da coletividade regional.

Embora tivesse nascido em Portugal (1838), Lisboa foi assimilado com facilidade em São Paulo, tendo obtido grande sucesso ao longo da vida e alcançado a inserção nos grupos da elite. Seguindo o caminho de muitos dos seus compatriotas, transferiu-se ainda moço para a capital paulista, em 1856, trabalhando inicialmente como tipógrafo.[14] Essa experiência levou-o ao jornalismo, no qual se destacaria como redator do *Correio Paulistano*, da *Gazeta de Campinas* e da *Província de São Paulo*. Em 1884, foi um dos fundadores do *Diário Popular*.

O casamento com a filha de um farmacêutico reconhecido da capital (da família Sousa e Castro, cujo pai era procedente da Ilha da Madeira) estreitou, pelos laços de parentesco, suas relações com os grupos influentes da época. Lisboa passou a ser

> ...cunhado dos bacharéis em Direito, Antônio Bento de Sousa e Castro, herói do Abolicionismo pelas façanhas praticadas em prol dos escravos; de Antônio Quirino de Sousa e Castro, advogado e diretor de Colégio em Taubaté; do dr. Clementino de Sousa e Castro, juiz de direito e, por fim, Ministro do Tribunal de Justiça, todos eles formados no velho Curso Jurídico do Largo de São Francisco; cunhado, igualmente, de D. Cerina de Sousa e Castro, Baronesa de Itapetininga e, depois de viúva, Baronesa de Tatuí, pelo casamento sucessivo com os titulares desses nomes. (Rezende, 1982)

Se o casamento garantiu-lhe vínculos sociais com as elites, por intermédio da atividade jornalística Lisboa tornar-se-ia um profundo conhecedor do meio sociocultural e político da capital e do interior paulista. A sua atuação política, em particular, refletiria muito da trajetória dos aspirantes ao poder, em São Paulo, nas últimas décadas do século. De abolicionista e republicano militante antes de 1889, com o novo regime participaria como deputado

---

14 Estes dados biográficos de Lisboa e mais algumas informações iniciais sobre a publicação podem ser encontrados na "Notícia prévia" à edição em fac-símile do *Almanach Litterario de São Paulo* (1º ano, 1876), assinada por Carlos Penteado de Rezende, do Instituto Histórico e Geográfico de São Paulo (1982).

na primeira Assembleia Constituinte do Estado, bem como da primeira legislatura republicana.

Datam do decênio de 1860 as suas primeiras investidas no campo editorial e outra como escritor, favorecidas pelo contato próximo com jornalistas, poetas, bacharéis, políticos e pelo conhecimento que passara a ter a respeito do público leitor na província. Tudo isso e mais um certo faro empresarial – característico daquele momento, aliás – garantiriam um relativo êxito aos seus empreendimentos.

Em 1866, sob o pseudônimo de Júlio de Albergaria, publicou o livro *Cousas e lousas*, que receberia uma segunda edição em 1877. Não existem informações sobre a recepção da obra, mas tudo indica que se tratava de um trabalho que procurava atrair um público leitor variado, de conhecimento formal mediano, da maneira como os jornais o faziam, naquela época de ampliação do raio de alcance da imprensa[15] e de tendência a uma modificação substancial dos gostos, das sensibilidades e das formas de ler, sob o impacto dos meios de comunicação modernos.[16] *Cousas e lousas* continha 31 artigos humorísticos, apropriados para uma leitura ligeira nos caminhos de ferro – como anunciou o autor nas páginas do *Almanach*, na oportunidade da segunda edição da coletânea (*ALSP*, v.III, p.96).

---

15 Em termos numéricos, o crescimento da província vinha acompanhado de uma significativa ampliação da imprensa: em 1876, podiam ser somados 39 jornais, sendo sete na capital (três diários: *Correio Paulistano*, *Diário de São Paulo* e *Província de São Paulo*); quatro em Campinas (um diário); três em Santos; três em Guaratinguetá; dois em Rio Claro; dois em Pindamonhangaba; dois em Sorocaba; e mais dezesseis distribuídos em igual número de cidades (*ALSP*, v.I, p.174). Em 1884, a mesma fonte inventaria um total de 57 jornais, dos quais dezoito eram publicados na capital e os restantes por várias outras cidades do interior. O articulista ainda classifica tais periódicos segundo suas especialidades e inclinações políticas ou religiosas: liberais, conservadores, republicanos, comerciais, católicos, neutros (*ALSP*, v.VII, p.201-4). O fenômeno repetia-se, ademais, no conjunto do país e, sobretudo, nas cidades maiores, demonstrando o poder da imprensa como veículo político e de formação de opiniões ou condutas, o que pode ser medido pela influência dos jornais na preparação do movimento republicano. A propósito do assunto, consultar, para um panorama geral, Sodré, 1966, p.208-86.

16 Para um contexto imediatamente posterior (1890-1920), ver Süssekind, 1987, e Sevcenko, 1983, p.93-108.

A EPOPEIA BANDEIRANTE

Os leitores que tinha em mira eram, nem tanto os homens ilustrados, eruditos e de gabinete, mas, preferencialmente, aquelas figuras empreendedoras e apressadas da capital e da hinterlândia, de poucas raízes, quem sabe novatas na terra e mal saídas das primeiras letras – diga-se de passagem, o homem típico da "conquista do oeste" –, para as quais a obtenção do conhecimento dava-se pela leitura rápida e, sobretudo, agradável.

Essa breve indicação basta para sugerir que Lisboa, como vários outros autores do período, compreendia muito bem que a modernização, pela qual passava a província, poderia repercutir favoravelmente no âmbito das letras e da imprensa, provocando a dilatação do universo de leitores e do próprio mercado editorial, potencialmente suscetíveis ao progresso econômico. Isto considerando o aumento populacional, a circulação mais intensa das pessoas em virtude da rede ferroviária, um certo desenvolvimento, embora vagaroso, da educação formal, com a abertura de novas escolas,[17] e mesmo a inclusão do público feminino entre os consumidores de livros, haja vista uma pequena taxa ascendente de alfabetização deste segmento.[18]

---

17 No Império ocorre uma expansão da rede educacional pública, mas de forma bastante lenta, o que forneceu argumentos eloquentes aos republicanos, na sua crítica ao regime. Em artigo de 1879, Alberto Salles compara a instrução pública brasileira com a dos Estados Unidos, fazendo a defesa da democracia norte-americana, para ele comprometida com a educação, ao contrário do que ocorria em nosso país. Nos quadros estatísticos sobre o Brasil, são apresentadas 4.430 escolas, relativas aos anos de 1874-1875, dentre as quais a maioria localizava-se em Minas Gerais, São Paulo e Rio de Janeiro, respectivamente, 703, 638 e 562 (*ALSP*, v.IV, p.152-69). Com efeito, em 1890, um ano após a implantação da República, a província possuía somente 14% de alfabetizados. Tal situação beneficiava os empreendimentos particulares: nas páginas do *Almanach*, a cada número repetem-se os anúncios de escolas de instrução primária e secundária, abertas por advogados e educadores com formação em Humanidades. Eram internatos e externatos destinados à formação dos filhos das classes abastadas, na maioria localizados na capital e alguns no interior, principalmente em Campinas e Araraquara.

18 Essa progressão, igualmente lenta, dava-se no interior das famílias mais ricas, apesar de ainda se discutir, à época, sobre as vantagens e desvantagens da frequência feminina nas escolas. Vários anúncios são divulgados no *Almanach*, sobre colégios de primeiras letras, especiais para meninas. Um deles foi aberto, em São Paulo, por Rangel Pestana e sua esposa, contando com professoras francesas, alemãs e inglesas e "alguns cavalheiros distinctos, professores praticos" (*ALSP*, v.I, p.182). Marlyse Meyer (1996), em seu estudo sobre o folhetim, acompanha a difusão desse gênero no Brasil e do seu sucesso junto ao público leitor feminino.

E, em sentido complementar, as evidências pareciam demonstrar o papel que essa mesma imprensa poderia desempenhar na modernização econômica, como impulsionadora do mercado, ao divulgar, por meio da propaganda, os novos artigos colocados à disposição da população, assim estimulando a alteração dos costumes e a formação de mentalidades abertas aos modernos hábitos de consumo. No almanaque de Lisboa, o espaço reservado à propaganda será parte de um propósito civilizatório maior, revelando a concepção, vigente no período, que associava progresso econômico e civilização.

Não havia incompatibilidade, dessa maneira, entre os interesses do mercado, do qual participava como empresário-editor,[19] e os propósitos edificantes ou patrióticos que o guiavam: a luta abolicionista e republicana, o desejo de contribuir para a afirmação de uma identidade coletiva, moderna e civilizada e a tarefa de elevar a imagem cultural da província.

A publicação de almanaques foi a forma encontrada para dar extensão a tais objetivos. Em 1871, quando residia em Campinas, atuando como jornalista da *Gazeta*, ele editou um almanaque local que, nos dois anos seguintes, receberia apêndices relativos às cidades de Amparo e Rio Claro. Este ensaio, bem-aceito pelo público leitor da região, serviria de estímulo para que Lisboa, logo depois, desdobrasse o projeto para toda a província.

Curioso é observar a escolha de um gênero algo arcaico, de origem longínqua, numa sociedade em rápida mudança. Com efeito, já no final do século e nas primeiras décadas do seguinte, ele praticamente desapareceria da grande cena editorial, dando lugar a revistas variadas, de periodicidade menos elástica e vocacionadas para públicos mais específicos. Os almanaques sobreviveriam, apenas, de maneira esporádica, persistindo por algum tempo no gosto popular, sendo veiculados por instituições ou empresas que os uti-

---

19 José Maria Lisboa foi editor de várias obras, além dos almanaques. Uma das publicações sob sua responsabilidade foi o livro *Lições de história pátria*, de Américo Brasiliense, trabalho várias vezes resenhado pela imprensa do período (*ALSP*, v.II, p.144; v.IV, p.XXVI).

A EPOPEIA BANDEIRANTE

lizariam para campanhas educativas e como forma de propaganda de produtos baratos.[20]

Na segunda metade do século XIX, todavia, eles ainda formavam um modelo muito apreciado de publicação, tendo aparecido em várias versões e diferentes lugares. Sem falar de outras cidades do país, onde surgiram copiosamente desde o princípio do século,[21] da capital paulista podem ser lembrados o *Almanach Administrativo, Mercantil e Industrial da Província de São Paulo para o ano de 1857*, o *Memorial Paulistano*, editado em 1863, e o *Almanak da Província de São Paulo para 1873*.[22] Em todos os casos, eram vinculados a tipografias e empresas jornalísticas, evidenciando uma dependência em relação à grande imprensa. Nenhum deles teve, entretanto, continuidade.

Não seria o caso do *Almanach Litterario de São Paulo*, editado em oito volumes, de 1876 a 1885, com a exceção dos anos de 1882 e 1883.[23] O sucesso do empreendimento pode ser aferido em vários aspectos: regularidade, quantidade e diversidade das matérias publicadas, presença em suas páginas de um número considerável de autores, uns mais, outros menos conhecidos à época e circulação em boa parte da província.

---

20 Lembre-se, a título de ilustração, do famoso *Almanaque Fontoura*, que durante vários anos trouxe a história do Jeca Tatu, de Monteiro Lobato, em forma humorística para fomentar o uso do estimulante alimentar Biotônico entre as camadas populares. Distribuído gratuitamente, publicava pequenas informações, o calendário, charadas e piadas, numa experiência que seria repetida por outras empresas.

21 Um exemplo de enorme sucesso nesse gênero de publicação foi o *Almanach Laemmert*, editado no Rio de Janeiro a partir de 1844, cf. Rezende, 1982, autor que traz ainda mais algumas informações sobre almanaques publicados no Brasil e em Portugal. No primeiro volume do *ALSP*, observa-se a preocupação com o tema num breve artigo a respeito das origens históricas do almanaque desde a Antiguidade (v.I, p.165-7). Ver, também, Le Goff, 1990, p.524-30.

22 Este último foi organizado e publicado por Antônio José Baptista de Luné e Paulo Delfino da Fonseca em São Paulo pela Typografia Americana, em 1873. Trata-se de uma publicação de caráter estatístico, contendo informações sobre a capital e os núcleos do interior, com uma parte cultural de pequeno porte.

23 O volume inicial foi publicado em parceria com dois outros jornalistas – Abílio Marques e J. Tacques –; sociedade que seria desfeita no número seguinte. A impressão de toda a série foi realizada na Tipografia da Província de São Paulo, onde Lisboa trabalhava. Não há notícias sobre as razões da interrupção da obra nos anos mencionados.

Recorrendo às experiências dos almanaques europeus que desde o século XVIII angariaram grande popularidade, Lisboa pretendia entregar ao público "um livro curioso e interessante, escripto simplesmente por Paulistas e sobre assumptos da provincia" (*ALSP*, v.I), que se apresentasse como uma "modesta galeria das glorias passadas e presentes ... de São Paulo, manifestadas nos feitos de seus filhos nos diversos ramos dos conhecimentos humanos" (*ALSP*, v.III). E, com isso, alargar, por intermédio de textos de leitura amena, a cultura letrada a toda gente da região, dentro dos princípios civilizatórios e patrióticos do século, assim agrupando seus diferentes segmentos no contorno de uma mesma identidade.

Para atingir tais metas, ele não poupou esforços no afã de reunir as contribuições de diversos autores, ilustres ou ignorados, que se espalhavam pela capital e pelo interior. Textos que formariam um painel das belas letras e um conjunto de informações sobre a cultura paulista no fim do século XIX, em suas várias dimensões, do passado ao presente vivido. De uma perspectiva atual, eles podem ser lidos, não como a simples crônica de uma época, mas como formas múltiplas de representação de um imaginário regional.

SOB O SIGNO LITERÁRIO

O título *Almanach Litterario*[24] sugere, antes de tudo, uma concepção ampla de literatura, muito própria do século XIX.[25] Na obra de Lisboa, como de resto na maioria dos escritos da época, ela compreende tanto as expressões das belas letras – entendidas como

---

24 Em seu primeiro número, foi apresentado como "Paulista", designação alterada para "de São Paulo" nos demais.

25 "Primitivamente, o vocábulo designava o ensino das primeiras letras. Com o tempo, passou a significar 'arte das belas letras' e, por fim, 'arte literária'. Até o século XVIII, preferiu-se o termo 'poesia', ao qual se atribuía sentido solene e elevado. Somente a partir do século XIX é que a palavra 'Literatura' entrou a ser empregada para definir uma atividade que, além de incluir os textos poéticos, abrangia todas as expressões escritas, mesmo as científicas e filosóficas" (Moisés, 1995).

formas superiores de criação artística, sobretudo a poesia –, quanto uma rede de textos de conteúdo e estatuto narrativo diversificado, muitas vezes mesclado, dificilmente classificável de acordo com critérios contemporâneos

Rede na qual avultam matérias, de preferência sobre a região, discorrendo sobre os seus vários aspectos – história, geografia, economia, sociedade, língua, costumes, crenças, lendas, produção artística e científica etc. – e apresentadas na forma de estudos breves, notícias, curiosidades, memória, ensinamentos, comentários, transcrição de documentos, sinopses e estatísticas, discursos e outros. Ou seja, um conjunto alusivo às expressões consideradas peculiares da cultura de um povo, conforme sua sistematização escrita e traduzido com objetivos educativos para ser assimilado de maneira abrangente na sociedade.

Além disso e com a intenção de seduzir o leitor, o almanaque, seguindo a tradição dos seus congêneres mais populares, incluiria um grande número de matérias destinadas à pura distração: charadas, epigramas, logogrifos, acrósticos, enigmas, piadas e casos humorísticos etc. Isso tudo, acrescido de uma série informativa que se repetia a cada volume – cômputo eclesiástico, estações do ano, eclipses, fases da lua, calendário (com as referências diárias aos santos católicos), horários, percursos e preços das linhas férreas da província) – e de uma extensa quantidade de anúncios de propaganda, ricamente ilustrados; de um mapa da província,[26] duas fotografias[27] e duas partituras musicais.[28]

Do total de matérias publicadas, excetuando-se, é claro, os editoriais e estes últimos itens mencionados, os textos do *Almanach* podem ser dispostos da seguinte maneira:

---

26 "Carta da Província de São Paulo" (*ALSP*, v.III, 1878, p.209).
27 "Vista geral da Colônia portuguesa Nova Louzã, fundada em 6.2.1867 pelo Comendador Montenegro" (V, 1880); e "Retrato litografado do maestro A. Carlos Gomes" (v.VI, p.1881).
28 "Scisma d'amor": valsa sentimental para piano, de Elias A. Lobo (*ALSP*, v.III, 1878, p.81); e "A saudade", melodia Del Mo. Sant'Anna Gomes, dedicada a seu irmão Carlos Gomes (1879, v.IV, p.145).

Matérias do *Almanach Litterario de São Paulo*	Nº	(%)
Poemas e trovas populares	229	35,5
Notícias, memória e curiosidades históricas	75	11,6
Charadas, epigramas, logogrifos, enigmas, acrósticos, aforismos	48	7,4
Ensinamentos morais, comentários de costumes, ensaios filosóficos, religiosos, científicos, defesas políticas	45	6,9
Perfis biográficos, tipos paulistas	44	6,8
Documentos históricos	40	6,2
Estudos históricos	28	4,3
Contos variados, crônicas, reminiscências, narrativas de viagem, devaneios, novelas	25	3,9
Informações úteis	22	3,4
Estudos geográficos, geológicos, botânicos	19	2,9
Sinopses, relações, estatísticas	17	2,7
Curiosidades, humor, diversos	15	2,3
Lendas	10	1,5
Estudos etno-histórico-linguísticos	9	1,3
Estudos literário-artísticos	8	1,2
Discursos, orações	5	0,7
Estudos econômico-sociais	4	0,6
Cartas	3	0,4
Contos históricos	2	0,3
TOTAL	648	100

Fonte: *ALSP* (1876-1888).

É nítida a preponderância dos poemas e trovas populares, presumíveis, sem dúvida, numa publicação desse tipo e se levada em conta a sensibilidade romântica dos escritores e leitores da época. Os primeiros não fogem à regra das formas e motivos poéticos

A EPOPEIA BANDEIRANTE

consagrados, compondo-se na maior parte de sonetos indianistas, byronianos, amorosos, bucólicos, nostálgicos,[29] de alguns dramáticos e humanistas, trazendo conteúdos históricos e sociais e uns poucos satíricos ou eróticos. O almanaque também abriu suas páginas para a publicação de trovas, quase todas anônimas, colhidas por colaboradores interessados no assunto. Apresentadas em grande número, elas são, em vários casos, humorísticas e traduzem ora sentimentos e modos de ver ingênuos, ora ensinamentos populares essenciais sobre a vida.

Nos textos em prosa – identificados no quadro como contos variados, crônicas, reminiscências, narrativas de viagem, devaneios e novelas –, nota-se uma indefinição e uma interpenetração dos gêneros de narrativa e, em alguns poucos exemplos, tentativas de criação ficcional. A propósito, sobressaem dois contos históricos – um deles de motivo indianista[30] –, antecipando certo gênero literário que seria bastante comum em São Paulo, nas primeiras décadas do século seguinte. A descrição de lendas da terra também ocupava a atenção dos autores, obedecendo a estilos narrativos muito semelhantes àqueles primeiros.

A amostragem contida no *Almanach* permite observar, portanto, que a literatura paulista até o decênio de 1890 – no seu sentido mais específico e de acordo com os modelos atuais – compunha-se, basicamente, da criação poética, sendo ainda acanhada a produção de contos, romances ou novelas.[31] Esta afirmação pode, ainda, ser corroborada, considerando-se os artigos devotados à apreciação literária e artística: num conjunto de apenas oito, versando sobre poetas, músicos, um dramaturgo e um pintor (Almeida Jr.), não há menção a qualquer romancista da província. O clima literário da região emanava, como é óbvio, das Arcadas, inexistindo

---

29 Sobre o Romantismo, em suas linhas mais amplas, na Europa e no Brasil, ver Candido & Castello, 1980, p.203-318.

30 "Nanine a Guaycuru", conto do padre José Joaquim d'Almeida sobre os contatos entre índios e missionários no lado oriental do Paraguai (*ALSP*, v.I, 1876, p.24-6); e "Uma mina de prata na Mantiqueira", de Vicente Félix, sobre um desertor da Guerra do Paraguai que se embrenha nas matas, acabando por nelas descobrir metais preciosos (*ALSP*, v.I, 1876, p.37-40).

31 Forçoso é admitir que a bibliografia contemporânea sobre o tema praticamente ignora tais manifestações, a exemplo de Cardoso, 1983, e Bosi, 1988.

cursos para tais estudos específicos, academias ou sociedades de letras para estimulá-los.[32]

Outra série de textos, abundante e ainda mais difusa, merece um comentário à parte, referindo-se àqueles que trazem ensinamentos morais, comentários de costumes, defesas políticas e ensaios filosóficos, religiosos ou científicos. No aspecto formal, eles conservam uma estrutura discursiva arcaica, pautando-se pelos modelos fornecidos pela retórica. Há de tudo um pouco neste rol: exaltação dos valores dos sábios paulistas do passado, transmissão de virtudes religiosas (católicas); elogios do trabalho e da amizade, peças oratórias sobre a beleza da maternidade etc. Nos últimos volumes do almanaque, intensificam-se os ensaios filosóficos positivistas e anticlericais, em defesa da ciência e da liberdade de investigação, bem como os libelos abolicionistas e republicanos.

Os artigos anunciados como de natureza científica ocupam cerca de 10% do *Almanach*, versando especialmente sobre questões da província e englobando três campos: 1. geografia, geologia, botânica e zoologia; 2. etnografia e linguística; 3. história. Esta ordenação não deve ser vista, porém, de maneira categórica, dada a clara interdependência entre eles e mesmo a proximidade que guardam em relação às demais formas narrativas literárias já mencionadas, expressas em crônicas, relatos de viagem, memórias etc. Vistos na série, abrangem não só as descrições e levantamentos de fenômenos naturais ou fatos históricos e sociais, alguns respaldados em evidências, como também os ensaios mais livres e imaginativos.

O enfoque etnológico transparece em alguns exemplos, apontando para uma preocupação que se tornaria obsessiva em São Paulo um pouco mais tarde e que desembocaria em formulações de cunho racial. Um deles já mostra claramente esta propensão: assinado pelo conhecido republicano Alberto Salles, contém uma investigação a respeito da influência do clima da província no caráter de seus habitantes (*ASLP*, v.V, p.173-87). Os restantes debruçam-se so-

---

32 Além das atividades dos grêmios estudantis de Direito, em certas ocasiões, eram realizados saraus literários, quase sempre em clubes. Em junho de 1880, por exemplo, teve lugar, no "Club Gymnastico Portuguez de S. Paulo", uma comemoração do tricentenário de Camões, quando discursou o Dr. Brasílio Machado, cujo texto foi transcrito no almanaque (*ALSP*, v.VI, p.94-103).

A EPOPEIA BANDEIRANTE

bre as línguas e os costumes indígenas, escolhendo as tribos tupi como alvos prediletos. Trabalhos dessa natureza teriam continuidade e seriam levados à exaustão no período de 1890 a 1930.

Realizados por curiosos[33] de formação, o mais das vezes, jurídica ou médica, os textos científicos revelam, ao mesmo tempo, a tentativa de fomentar e especializar tal tipo de conhecimento e as generalidades de um saber carente de escolas e faculdades para a formação de profissionais das respectivas áreas. Dessa maneira, tais investigações eram fruto, em grande parte, do autodidatismo e das leituras científicas e positivistas do final do século, divulgadas, ademais, por algumas instituições instaladas noutras províncias (cf. Schwarcz, 1993). Além disso, os estudos científicos traduziam uma constante preocupação histórica, em particular os geográficos e etnológicos, de tal modo que suas categorias próprias estão imbricadas aos trabalhos com essa abordagem.

Os textos expostos, a rigor, como de natureza histórica, somam cerca de 29% do total, distribuindo-se em diferentes modalidades sobre assuntos, preferencialmente, regionais: notícias, memórias e curiosidades históricas, perfis biográficos, transcrição de documentos e estudos propriamente ditos. Se a eles forem adicionados os já citados, cujos conteúdos trazem preocupações e temas históricos – alguns poemas e contos; trabalhos geográficos, linguísticos ou etnográficos; levantamentos estatísticos e uns poucos estudos econômico-sociais –, este percentual ultrapassa 30% do *Almanach*.

Assim como a literatura, a história tinha um alcance enorme no século XIX, espraiando-se em campos os mais diversificados de conhecimento, das formas de representação da realidade e do imaginário coletivo (cf. Bann, 1994). Em consequência, seria infrutífero procurar suas expressões somente no interior de uma historiografia, *stricto sensu* em formação, ignorando-se os modos como ela se manifestava na literatura, nas artes, ciências e humanidades em geral.

---

33 Uma exceção é João Tibiriçá Piratininga que, "depois de estudar ciências, em Paris, se estabeleceu na sua Fazenda Ressaca, em Mogi-Mirim, de onde remetia para o *Almanaque* singulares estudos de climatologia" (foi o pai de Jorge Tibiriçá, governador do Estado de São Paulo). Rezende, 1982 (*ALSP*, v.I).

No caso específico de São Paulo, as páginas do almanaque exemplificam bem tal paisagem nebulosa em que ela se inseria, demonstrando uma incipiente especialização dos seus métodos e paradigmas teóricos, o ecletismo de suas formas narrativas, a aparição em diferentes áreas de conhecimento, bem como a ausência de profissionalização do setor.

Não existiam na província instituições para o convívio dos "historiadores", e tampouco cursos superiores de história: as primeiras seriam criadas a partir de 1890, os segundos apareceriam somente depois de 1930. Os conhecimentos históricos, básicos na formação dos homens de letras, eram extraídos dos cursos primário e médio – nos quais conviviam, de maneira tensa, a história sagrada e a história laica (cf. Bittencourt, 1993) – ou da cadeira de História Universal, anexa ao curso de Direito do Largo São Francisco.[34]

Apesar disso, a história gozava de grande prestígio – de resto, algo que não se limitava a São Paulo ou ao Brasil – atraindo os interesses de poetas, juristas, políticos, médicos, enfim, de todos aqueles que se julgassem intelectualmente apurados e comprometidos com os destinos da nação. A relativa ampliação do público leitor e da escolaridade na província também vinha estimulando a edição de obras dessa natureza, como o livro de Américo Brasiliense, *Lições de história pátria*, recomendado em mais de uma ocasião por autores do almanaque.[35]

A conclusão de que a história e os historiadores abrigavam-se, à época, sob o grande teto da literatura não significa desconsiderar os esforços, por alguns encetados, para a constituição de um campo próprio de saber, dotado de métodos e regras específicas. A busca da verdade, o desapego às paixões e aos preconceitos eram considerados como os princípios básicos que o historiador deveria

---

34 Além dessa cadeira lecionava-se, ainda, Filosofia, Geografia e Retórica. Como professor de História desse curso, ganhou notoriedade Júlio Frank, de formação agnóstica, que publicou uma História Universal, em dois volumes, traduzida do alemão (*ALSP*, v.VII, p.159).

35 O livro foi adotado como compêndio em algumas escolas renomadas, tais como o Colégio "Culto à Ciência", de Campinas, e a Escola Normal, de São Paulo (*ALSP*, v.III, p.156).

A EPOPEIA BANDEIRANTE

seguir, de acordo, por exemplo, com o brigadeiro Machado de Oliveira,[36] um autor bastante citado no *Almanach*:

> O historiador deve ter sempre ante si a imagem augusta da candida verdade; só a ella sacrificar para que o auxilie constantemente, e o subtraia a paixões ignobeis, a injustos preconceitos ... Sobranceiro deve ser elle a todas as considerações humanas, para que possa planar sobre as aspirações mesquinhas dos que com a offensa da verdade procuram inverter os factos e formula-los à guiza dos seus desejos, ou à satisfação de malignas suggestões (*ALSP*, v.IV, p.117).

Outros iriam ainda mais longe e, arrebatados pelo ideário positivista, pretendiam libertar a história das crônicas e tramas romanescas, transformando-a em um sistema de causalidades e previsibilidades. Ao resenhar o já mencionado livro de Américo Brasiliense para o número de 1880, Ubaldino do Amaral, historiador radicado na Corte, alinhavava uma série de novos ensinamentos, argumentando:

> Graças ao methodo experimental, descobriu-se ... a lei da filiação dos acontecimentos, e comprehendeu-se que a historia não se compõe de biographias isoladas, não se limita por arbitrarias fronteiras como os governos, não oscilla na onda do acaso, nem obedece ao phanal do providencialismo ... O genio moderno fecundou o germen deixado pelo fundador da philosophia positiva e, submettido aos seus processos, o complexo desenvolvimento social disciplina-se para occupar o ponto culminante na genealogia do saber humano. (*ALSP*, v.V, p.78-79)

Positivistas ou liberais, seguindo ou não os ensinamentos vindos do Rio de Janeiro, os homens de letras de São Paulo julgavam imprescindível a contribuição do conhecimento histórico para o desenvolvimento do gênio nacional. No *Almanach*, repetidas vezes aparecem os nomes dos historiadores paulistas que, segundo eles, engrandeciam as páginas da historiografia brasileira. Os mais

---

36 José Joaquim Machado de Oliveira (1790-1867), paulista, foi político do Império, tendo sido nomeado Inspetor Geral dos Índios e ocupado, ainda, outros cargos importantes. Foi autor de "Notícia histórica sobre os índios de São Paulo", premiada pelo IHGB.

48 ANTONIO CELSO FERREIRA

citados eram: Pedro Taques, Arouche, Varnhagem, Machado de Oliveira, Manoel Eufrásio de Azevedo Marques e o próprio Américo Brasiliense.

Dentre estes, contudo, apenas dois recebiam uma consagração na sede do Império: Varnhagem e Manoel Eufrásio. O primeiro, paulista unicamente de nascimento, era filho de um alemão e fez sua carreira fora da província. O outro teve sua obra – *Apontamentos históricos* – lançada pelo Instituto Histórico e Geográfico Brasileiro, sob o patrocínio de Pedro II, mas somente em 1879, um anos depois de morto. A historiografia paulista da segunda metade do século XIX e ainda a do período que se estende a 1930 continuaria praticamente ignorada pelos historiadores e críticos consagrados no mundo das letras nacionais. Para Ângela M. de Castro Gomes, somente "um número relativamente pequeno de oriundos de São Paulo" foi conhecido fora de suas plagas. Segundo a autora, "o Império (e a República) das Letras é setentrional e, naturalmente, tem o Rio de Janeiro como sua Meca" (Gomes, 1996, p.44).

Sentindo-se colocados à margem do círculo das letras do Rio de Janeiro, onde o IHGB fulgurava como o núcleo da historiografia brasileira, os intelectuais de São Paulo procuraram reagir, dedicando-se persistentemente à afirmação da própria identidade histórica regional. E ainda que buscassem libertar-se das lendas, das paixões e dos romances, foi com as asas dessa imaginação que puderam seguir.

DOUTORES ROMÂNTICOS... E CAIPIRAS

A despeito das visões mais entusiasmadas dos envolvidos, o mundo das letras na província era bastante restrito e nele todos pareciam se conhecer. De tal maneira que, para a composição do *Almanach*, Lisboa adotava o expediente de enviar, ano após ano, correspondências aos diversos cavalheiros dedicados à literatura e às artes, solicitando suas contribuições. Mas os resultados sempre ficavam abaixo do esperado.

A cada editorial, ele se lamentava da pouca receptividade encontrada, que pensava ser decorrente da "repugnancia com que

A EPOPEIA BANDEIRANTE

uma grande parte dos nossos talentos se exime a figurar em trabalhos de caracter mais ou menos litterarios" e da falta "do hábito e boa vontade de escrever para a imprensa, excepção feita à em favor da polemica política, que tudo avassala" (*ALSP*, v.II e IV).

Reclamações à parte, quase duas centenas de colaboradores comparecem nas páginas do almanaque, descontadas as transcrições de artigos, documentos e poemas de diversos autores já mortos, como o padre Diogo Antônio Feijó, José Bonifácio, o Velho, os cronistas Madre de Deus e Pedro Taques, o viajante francês Saint-Hilaire, os poetas Casimiro de Abreu e Paulo Eiró, além dos já lendários, àquela altura, Pero Vaz de Caminha e Gregório de Matos.

A grande maioria dos articulistas provinha das camadas sociais proeminentes: eram profissionais liberais, políticos, fazendeiros, muitos deles com atividades mescladas nesses setores e enriquecidos há poucas décadas. Os que se apresentam ou são apresentados como doutores somam cerca de 70%, na sua quase totalidade bacharéis em Direito formados em São Paulo. A estes devem ser acrescidos os que ainda eram estudantes no Largo São Francisco, durante os anos de circulação do almanaque. Originários desses mesmos grupos eram, portanto, aspirantes à elite. Não se devem desconsiderar, entretanto, aqueles vindos de famílias de poucas posses, os quais, a exemplo do próprio editor, ascendiam socialmente pela instrução recebida, por meio do casamento ou do trabalho no comércio e nos jornais.

Alguns médicos também se salientam entre os participantes: Miranda Azevedo, publicista republicano residente em Sorocaba; Domingos Jaguaribe, cearense vindo para São Paulo; Pereira Barreto, diplomado na Bélgica e já renomado à época; Ricardo Dauntre, irlandês graduado em Paris, médico reconhecido em Campinas. Nota-se, além destes, a presença de Manuel Ferreira Garcia Redondo, engenheiro em Santos.

Militares e membros do clero católico integram ainda a lista, revelando suas inclinações literárias: três tenentes-coronéis, um major, um capitão, um brigadeiro; cinco padres e um bispo.

Políticos do Império e da província, *doublés* de literatos, são vários: conselheiros (Manuel Duarte de Azevedo, Manuel Campos Melo, José Bonifácio, o Moço); senadores (Campos Vergueiro,

Joaquim Floriano de Godoy, Francisco Otaviano Almeida Rosa); desembargador (Aureliano Souza Coutinho); além dos influentes republicanos Alberto Salles, Campos Salles e Prudente de Morais. Estes dois últimos seriam eleitos presidentes da República, representando o início da hegemonia paulista na Federação.

Ao lado dos escritores paulistas, que tinham predomínio absoluto, observa-se no *Almanach* a presença de alguns estrangeiros e de naturais de outras regiões do país, estabelecidos na província. Quanto aos primeiros, sem contar Ricardo Dauntre, já mencionado, destaca-se com várias contribuições em defesa do catolicismo e da Monarquia, Estevão Leão Bourroul, francês, estudante das Arcadas. Dos egressos de outras províncias, podem ser lembrados, afora os já citados Domingos Jaguaribe e Pereira Barreto, fluminense; Luís Gama, o poeta abolicionista mulato da Bahia; Bernardo Guimarães, escritor romântico vindo de Minas Gerais e acadêmico de Direito; como também o fluminense Lúcio de Mendonça, com o maior número de poesias publicadas.

Do conjunto, um quinto vivia em São Paulo, somando 42 autores. O restante morava na extensão da província formada por cidades de quase toda a lavoura cafeeira, tanto do Vale do Paraíba, quanto do oeste: zonas Central, Paulista e Mogiana.

A EPOPEIA BANDEIRANTE

Procedência dos colaboradores do *Almanach*	Nº
São Paulo	42
Campinas	12
Santos	12
Tietê	7
Itu	6
Piracicaba	4
Pindamonhangaba	3
Rio Claro	3
Jacareí	3
São José dos Campos	3
Silveiras	2
Pirassununga	2
Guaratinguetá	2
Taubaté	2
Araraquara	2
Casa Branca	1
Iguape	1
Itapetininga	1
Mogi-Mirim	1
São Roque	1
Franca	1
São Sebastião	1
Brotas	1
Paranapanema	1
São João da Boa Vista	1

Fonte: *ALSP* (1876-1888).[37]

---

37 Afora as matérias sem procedência, vale acrescentar, ainda, que o almanaque contou com algumas contribuições vindas de escritores da Corte, embora em número bem menor.

52 ANTONIO CELSO FERREIRA

Trata-se de uma amostra bastante ilustrativa do que era o universo das letras paulistas, pelo menos no que diz respeito aos seus produtores de textos: nem tão provinciano como alguns o acusavam, nem tão cosmopolita quanto outros supunham.

Os seus agentes eram oriundos seja da capital, seja do interior, ou transitavam de uma para outra área, como advogados que compravam fazendas, fazendeiros que abriam firmas nas cidades maiores, jovens nascidos nos latifúndios mais antigos ou nas novas zonas desbravadas, mandados à capital para os estudos, e assim por diante. As famílias das quais descendiam vinculavam-se, em muitos casos, à agricultura e ao comércio de gado, em suas várias gerações.[38] De tal maneira que, vistas de hoje, mostram-se insustentáveis as oposições, bastante comuns nas expressões da época, entre dois mundos: urbano e rural, moderno e atrasado, civilizado e caipira.

As letras paulistas eram um pouco de tudo isso e talvez, por essa razão, tenham sido tão importantes para a intelectualidade regional, desde cedo, temas como o que é ser paulista e como a recente modernidade da região poderia conviver com os tipos humanos e os valores representados pelos sertões, ainda em processo de conquista. As figuras que pareciam associadas a estes últimos, sendo objeto de comparação aos protótipos vislumbrados de homens urbanos e modernos, eram o mameluco da época colonial e o caboclo ou caipira da quadra em pauta. Delineados em múltiplas construções discursivas, na forma de textos e imagens, estes seriam componentes de uma literatura rica em ambiguidades e tensões. A sua leitura é capaz de revelar, simultaneamente, os investimentos afetivos e os preconceitos ou afastamentos dos homens de letras em relação a tais exemplares, que eram parte das suas raízes e do seu cotidiano e que, afinal, viam no espelho, relutando em aceitá-los.

Menos moderno era, ainda, esse universo das letras, quando se tem em conta a diminuta participação feminina entre os autores. O *Almanach Litterario* traduz bem a desigualdade das relações de gênero e os preconceitos do período, característicos desse cam-

---

38 Tome-se o exemplo dos Salles, que dariam à política paulista os conhecidos Alberto e Manoel: fazendeiros em Campinas, tiveram como avô um tropeiro, cf. Debes, 1977.

A EPOPEIA BANDEIRANTE

po de sociabilidade, seja na composição do seu quadro de colaboradores, seja nos valores apregoados em suas matérias. A propósito, somente sete mulheres tiveram seus escritos publicados:[39] Júlia (Valentina da Silveira) Lopes, Ana de Camargo Mota, Damiana Rangel Pestana, Ana Maria de Moraes Barros, Emília Saldanha, Bertha de Souza, e outra, sob o pseudônimo de Braziliana.

Da primeira, moradora em Campinas e que se tornaria escritora conhecida,[40] lê-se uma crônica abolicionista sobre os martírios de uma mãe escrava que, embora separada do seu filho, amamentava com abnegação a cria doente de sua senhora branca (*ALSP*, v.VII, p.13-5). A segunda, residente em Pirassununga, descreve, numa espécie de conto fantástico, as aparições sobrenaturais em torno de uma cruz, à beira do caminho numa região do interior (v.VIII, p.33-4). De autoria de Damiana Rangel Pestana tem-se um esboço biográfico sobre o Dr. João Kopke, proprietário da Escola Modelo de primeiras letras, inaugurada em São Paulo (v.VII, p.225-9).

Ana Maria de M. Barros, a quarta da lista, era aluna do Colégio Piracicabano onde compôs duas narrativas enviadas para o almanaque, nas quais deixava entrever um romantismo de fundo nostálgico: "O sonho" e "Uma tarde de agosto" (v.VIII, p.155-6; 233-6). Emília Saldanha remeteu, de São José dos Campos, o poema "O tumulo da engeitada", ilustrativo da temática sobre a morte, explorada, também, por vários outros autores (v.V, p.130-1). A contribuição de Bertha de Souza era, no entanto, bem menos lúgubre: de São Paulo, ela postou alguns logogrifos e charadas para o entretenimento dos leitores. Finalmente, da campineira oculta sob

---

39 É bem verdade que tais contribuições foram recebidas com satisfação por José Maria Lisboa. Nos volumes em que há escritos femininos, estes são postos em relevo nos editoriais, como algo inusitado e exemplar.

40 Júlia Lopes nasceu no Rio de Janeiro, onde viveu até 1870, antes de instalar-se em Campinas, cidade na qual permaneceu até 1888. Filha de lisboetas de condição cultural superior, teve uma educação primorosa, adquirindo dotes musicais e literários. Escreveu inúmeras crônicas para os jornais de Campinas, além do texto mencionado, na maioria voltadas para a educação moral feminina. No final da década de 1880, quando retornou ao Rio, já era afamada como escritora e iria destacar-se como uma das principais representantes da sociedade letrada carioca, ao lado do marido Filinto de Almeida, também poeta. Cf. Luca, 1997. Sobre sua presença no meio literário do Rio, consultar Needell, 1993.

54   ANTONIO CELSO FERREIRA

o pseudônimo citado (seria Júlia Lopes?), publica-se um pequeno ensaio – "A beleza, o espírito, a virtude na mulher" –, dedicado a apresentar a mulher ideal em rápidas pinceladas históricas, como algo mais do que a bela aparência física. Lembrando os casos daquelas que, ao longo dos tempos, assumiram uma posição pública de relevo – Catharina da Rússia e Joana D'Arc, nos exemplos oferecidos –, ela argumentava que "entre os povos mais cultos, poeticos e espiritualistas", a mulher deveria ocupar o "logar que lhe compete, como Ente dotado de alma, intelligencia e coração contra o egoismo masculino, que nos povos sensuaes quer apenas aperfeiçoar a sua machina de prazer" (v.IV, p.46-7).

Mas não era esta a posição corrente, num momento em que ainda se discutia se as mulheres deveriam ou não receber a educação secundária.[41] O mundo das belas letras, em particular, era reservado aos homens considerados de espírito superior, refinados pela sensibilidade estética e pelas leituras eruditas. De acordo com o pensamento de muitos, esta não era a condição feminina, cujo repertório de leituras parecia reduzir-se aos folhetins rocambolescos (cf. Meyer, 1996), de baixa qualidade literária (diga-se de passagem, a maior parte de autoria masculina), que as arrastava da realidade, provocando delírios e exaurindo suas forças.[42]

---

41 A este respeito, curiosos são os argumentos de P. Broca, em defesa da educação feminina, extraídos, aliás, dos postulados positivistas sobre o papel da mulher: "Esta questão não é política, é social na mais alta e pura accepção da palavra, porque a sociedade repousa sobre a familia e a familia é que faz a mulher. Enquanto o homem luta e trabalha fóra, a mulher educa os filhos ... Sendo ellas que formam os costumes e visto que todos os partidos politicos são accordes na utilidade dos bens, não deve haver divergencia sobre a utilidade da instrucção das mulheres" (*ALSP*, v.VII, p.214).

42 Especialmente em alguns livros de sabor naturalista, publicados no final do século, aparecem personagens femininas de tal modo arrebatadas pelas tramas e ilusões românticas dos folhetins, que acabavam perdendo o contato com a vida, adoecendo e até morrendo. Um exemplo é *Mau olhado*, romance de Veiga Miranda, comentado no terceiro capítulo deste trabalho. Nas prescrições médicas da mesma época, recomendava-se para moças frágeis e excessivamente sugestionáveis que se abstivessem das leituras. No Guia Médico preparado pelo Dr. Luís Pereira Barreto e oferecido aos leitores do *Almanach*, para a cura da "hystero-epilepsia", além do uso de remédios e da higiene física, eram preceituadas: as ocupações sérias, forte dose de matemática e ciências e a "prohibição absoluta de leitura de romances" (*ALSP*, v.IV, p.30).

A EPOPEIA BANDEIRANTE

A presença feminina no *Almanach* tanto revela algumas tentativas individuais de incursão nesse círculo, quase fechado, de produtores de textos, como permite o cotejo das formas e conteúdos literários, criados por homens e mulheres. Da comparação, verifica-se que não existiam diferenças substanciais entre os dois blocos. Ambos traziam a mesma fragrância romântica, sentimentos e idealizações parecidos, posturas humanitárias comuns, assim como idêntica exacerbação da subjetividade, ainda que em proporção menor de textos e mais contidos no segundo caso, em decorrência dos códigos sociais. A tal ponto que pode soar estranha a já mencionada recriminação de José Maria Lisboa dirigida aos cavalheiros da província, os quais, segundo ele, exprimiam certa repugnância em escrever trabalhos literários. Ao contrário e apesar da vergonha de muitos em admiti-lo, eles não só liam e se embebiam da literatura romântica, como também eram seus principais artífices e criadores de gostos.

Poetas, eram quase todos. Os mesmos homens circunspectos que escreviam as biografias das figuras célebres, os ensaios históricos ou filosóficos, os conselhos para a agricultura; os mesmos que se dividiam entre as fazendas e a advocacia, eles próprios se entregavam à musa, em suas horas inspiradas. Dando vazão à veia poética, expuseram suas visões sobre o amor e a dor, a vida, a morte, o bem e o mal, as mulheres, o sexo, o campo, a cidade, a nação, a sociedade, a política – e sobre a própria poesia. De modo recorrente, eles tratam das figuras femininas (a mãe, a amada), da infância perdida, vista com nostalgia, da natureza, da morte e do *mal du siècle*. O amor e o sexo que, nos primeiros poemas publicados no almanaque, aparecem idealizados e sublimados, passam a revelar os impulsos da carne, na produção a partir da segunda metade do decênio de 1870.

Encaminharam sonetos para o almanaque autores tais como: José Bonifácio, o Moço (1827-1886);[43] Afonso Celso Júnior, Lú-

---

43 Professor de Direito, político e sobrinho do Patriarca, ele "influiu na última geração liberal do Império: foram discípulos seus Castro Alves e Rui Barbosa. Começou ultrarromântico ... mas com o tempo preferiu a musa cívica" (Bosi, 1988, p.129).

cio de Mendonça, Guerra Junqueiro, Bernardo Guimarães, Luiz Gama, Barros Júnior, Gonçalves Crespo, Vicente de Carvalho, Wenceslau de Queiroz, Hipólito de Camargo, Azevedo Sampaio, Barão de Itapetininga, Brasílio Machado, Miranda de Azevedo, José Leão e mais uma série de poetas casuais. Versos de escritores românticos já desaparecidos também são divulgados – Casimiro de Abreu, Fagundes Varella e Paulo Eiró – e algumas traduções de poetas estrangeiros, como Victor Hugo e Alfredo de Musset.

E era de tamanha monta esse pendor romântico que, ainda na década de 1880, quando o surto positivista manifestou-se com toda a intensidade na província, continuavam a soar com força os versos byronianos, expressando desejos evasivos, o tédio pela vida, os devaneios dos sentidos... Em um poema dedicado a Brasílio Machado, José Bonifácio homenageia o seu ídolo e mais dois ou três aparecem com o título *spleen*, em lembrança do poeta desgraçado. Confira-se alguns desses exemplos:

Byron

Egoismo alliado a um'alma pura,
subtil veneno em calix de flôr;
ironico, blasphemo, sonhador,
altivez infantil, audaz loucura!

Mixto contradictorio e quasi incrivel:
Poeta descrido e liberal soldado,
Amante pae e esposo indefinivel...

Vivo – e quasi em vida sepultado,
Morto – e quasi à morte um impossivel...
Tal foi teu ser, oh grande desgraçado!
 José Bonifácio (*ALSP*, v.VI, p.6)

Spleen

Que céu azul, e quanta luz que alaga
De explendores a terra, e quantas flôres!
Tudo sorri-se em canticos de amores,
E eu sinto uma tristeza que m'esmaga!

A EPOPEIA BANDEIRANTE

> ...
> A natureza toda se embriaga,
> As aves amorosas vão cantando,
> E eu sinto uma tristeza que m'esmaga!
>
> E, sinistra, a meu lado caminhando,
> Como sombra fatal que não se apaga,
> *Eu sinto essa tristeza me matando!...*
> Barros Júnior (*ALSP*, v.VIII, p.99)

Nada que se compare, entretanto, ao belíssimo "Spleen", de Vicente de Carvalho, poeta que, tendo começado como os demais no romantismo, passaria por várias "escolas", do naturalismo ao parnasianismo, e participaria das polêmicas políticas e filosóficas, sendo reconhecido como escritor de qualidades literárias inegáveis.[44] No poema que leva esse título, publicado à época de estudante de Direito em São Paulo, a sua versão da melancolia é, contudo, bem outra, carregada de radicalidade, deixando à vista as flores do mal baudelairianas.[45] Veja-se um trecho:

> Na funda solidão das noutes invernosas
> Quando soluça o vento uns lugubres gemidos,
> E a fria chuva bate aos vidros sacudidos
> Com a cadencia feral das musicas chorosas;
> ...
>
> Mergulhado no horror que invade a Natureza,
> Sinto abrir-se-me n'alma o abysmo da Tristeza
> Em cujo fundo negro habita a flor do Mal;
>
> E nas ondas do spleen que o espirito me toma...
> Eu tenho o sanguinario instincto do chacal,
> E comprehendo Néro incendiando Roma!
> (*ALSP*, v.VII, p.234)

Já, então, a poesia passava a trazer outros conteúdos: questões sociais, políticas e doutrinárias, como a defesa da abolição e da

---

44 Para informações preliminares sobre o autor, ver Bosi, ibidem, p.260-1.

45 A respeito desse grupo de seguidores do poeta francês, ver Candido, "Os primeiros baudelairianos", 1987, p.23-38.

República, o elogio à ciência e à filosofia positiva. Tanto em substância como na forma, podem ser observadas algumas tendências do pós-romantismo brasileiro: realismo e naturalismo, pré-simbolismo e parnasianismo.[46]

Ainda que a imaginação romântica estivesse longe de arrefecer, em 1881 Brasílio Machado anunciava a sua morte, em face da vitória dos tipos humanos materialistas, com seus valores práticos, simbolizados pela figura do burguês farto, alegre, de ventre proeminente: "Quebra teus versos, poeta/ atira as pet'las ao vento(...)/ Já morreram na sargeta/ os Romeus do sentimento". E anunciava, ainda, a destruição das velhas ideias sobre o mundo com o advento das concepções científicas positivistas:

> As alavancas do Comte
> já deslocaram a base:
> – Deus, família, mundo! Quasi
> As alavancas do Comte
> torceram sobre o horizonte
> a lua, phase por phase:
> as alavancas do Comte
> *já deslocaram a base.*
> (*ALSP*, v.VII, p.69)

Hipólito de Camargo, Vicente de Carvalho em uma das suas fases e Azevedo Sampaio representam bem uma produção engajada na divulgação dos novos postulados. Deste último autor são publicados três poemas no número de 1879: "O novo culto", "O novo dogma" e "O novo regimen", nos quais professava suas crenças na ciência, na filosofia positiva e no progresso:

> Um dogma só existe e definivel
> Que acceita toda a clara intteligencia
> Pois que não aspira ao que é incrivel
> Mas ao licito, real: – é a Schiencia;
> Derrocando doutrinas ostensivas...

---

46 Os prefixos citados devem ser debitados às classificações comuns na historiografia, nas quais eles são empregados de maneira comparativa às escolas literárias europeias. Embora se tenha consciência dos problemas que envolvem o seu uso, não há espaço, nestas páginas, para aprofundar o assunto.

A EPOPEIA BANDEIRANTE

> As leis que d'elle emanam, para o bem,
> Serão leis comparadas – positivas; ...
> Quer que todos conheçam que é preciso:
> O Amor por principio, Ordem por base
> O Progresso por fim, e o paraizo.
> (*ALSP*, v.IV, p.97-9)

Nestes e em outros casos, os versos chegavam sobrecarregados pelo tom discursivo, apelando aos ideais de liberdade, denunciando as injustiças. Abolicionistas, seriam vários escritores, dentre eles José Bonifácio, o legítimo herdeiro dos considerados mais nobres ideais paulistas. Em "O corneta da morte", curioso poema sobre a Guerra do Paraguai, o soldado-herói, afinal morto em batalha, é um negro escravo, de nome Jesus, conforme este trecho das suas linhas cristãs-abolicionistas:

> Tua gloria vaga no ar,
> É quasi um sagrado mytho;
> O marmore póde quebrar,
> Não dura sempre o granito
> Na solidão esquecido,
> Pobre, sem tumulo, perdido,
> Sem pedra, signal ou cruz,
> Tu symbolisas o povo,
> Tu és quasi um Christo novo,
> Tens o seu nome – Jesus!
> (*ALSP*, v.VIII, p.21-6).

Barros Júnior, em uma das contribuições enviadas ao almanaque, elege também como assunto a morte de um escravo, um dia depois de receber a liberdade:

> Foi-lhe na vida a liberdade um sonho!
> Miragem que uma noite funeraria
> Dissipou entre os ultimos adeuses!...
> Mas... foi livre su'alma solitaria!
> ... Manto vil dos opprobrios – neste seculo!
> Qual tunica de Nessus que consome
> Que lacera, espedaça e martyrisa
> O captivo que sofre sêde e fome!
> (*ALSP*, v.V, p.63).

Em outro poema – "Que noute!" –, Barros Júnior faz da miséria matéria poética, introduzindo figuras proletárias em versos de fundo romântico:

A lua com um olho moribundo
Envolta em grande nuvem funeraria
Parece uma viuva proletaria
Sonambula que vaga em céu profundo
... Notei depois à luz do lampeão
Um desgraçado filho da miseria
Roncando, embriagado, pelo chão
N'esse fóco de luz tão deleteria
Vi a filha tambem...pediu-me pão
Que noute n'este sec'lo da materia!...
(*ALSP*, v.VIII, p.58)

Os últimos volumes do almanaque são frequentados por essa nova geração de publicistas e poetas, evolucionistas ainda embriagados de romantismo, seguidores de doutrinas e autores distintos, mas unidos em teias inusitadas: de Castro Alves a Augusto Comte, de Luís Gama a Victor Hugo. Rebeldes no século da matéria, eles transformaram seus escritos em libelos contra as injustiças e em proclamações de fé no progresso histórico nacional.

ECOS DE MIL TRIUNFOS

Mas era de um foco paulista que tais escritores e tribunos olhavam o Brasil, envolvendo-o em promessas de redenção. Do seu passado regional, entrevisto nas expressões da imaginação romântica, eles buscavam resgatar os ideais de liberdade e as marcas de uma reação constante contra as forças tirânicas, em diferentes tempos, capazes de servirem de guia na luta pela regeneração nacional. Resgate no sentido literal da palavra: retirar do cativeiro (e aqui o abolicionismo ganha conotação simbólica menos restrita) a própria história regional, submetida à tirania dos historiadores da Corte.

Os escritos do *Almanach*, ao exprimirem os desejos e as visões dos grupos inseridos em um dado campo de sociabilidade, mas carente de instituições formais para canalizá-los, traduzem com

A EPOPEIA BANDEIRANTE

nitidez o início dessa construção textual que alcançaria o ápice nas décadas subsequentes, vindo desembocar numa história gloriosa de São Paulo.

Do conjunto de poemas publicados em seus volumes, vários deles trazem cantos de louvor à terra paulista, com evocações do indianismo das primeiras gerações românticas, mas atualizados de acordo com as posturas abolicionistas, antimonárquicas e anticlericais do momento. Se, com base no modelo idealizado do nativo, aquelas procuraram estabelecer os fundamentos mitológicos da nacionalidade brasileira, os poetas de São Paulo tentariam dar-lhes novos contornos, condensando-os no espaço regional.

O poema épico "São Paulo", de José Leão, publicado em 1880, é um bom exemplo desse rol de escritos patrióticos. Passeando das origens ao momento vivido, ele busca na filiação aos "Tupans indianos" o espírito de autonomia que levava os paulistas à batalha pelos ideais republicanos. Veja-se este excerto:

> Odalisca das terras brazileiras,
> Mimosa filha dos Tupans indianos
> Em teu solio de luz enthronizada,
> Ó salve, Paulicéa!
>
> Sobre combros de areia alvinitente
> Arrastas purpurino manto egregio
> E mergulhas a fronte vaporosa
> Sob um cocár de estrellas!
>
> Pejam-te o seio as emoções beatas,
> Os ócios santos de phalanges sacras
> Que outr'ora os campos do Brazil inçaram
> De cathequezes lôrpas!
>
> E, de mistura, a mocidade ardente
> Sonhou renome nas noitadas êrmas,
> Quando a saudade de um viver ditoso
> o peito entumecia...
>
> Ou quando a patria, marejando prantos,
> Nella acordava o sentimento nobre
> Desse altruismo que inspirára aos vates
> o amor das liberdades!

Terra dos sonhos, dos scismares langues,
Do amor, da gloria, das volupias ternas,
Nunca abrigáras no teu peito virgem
o negro despotismo...

Nunca! E este povo que agonisa lento
Ao ferreo jugo do ignobil mando
Em vez de queixas só teria n'alma
Os hymnos do trabalho.

Possas, em breve, resgatar teus erros,
Quebrar o ceptro à tyrania régia,
Erguer de novo às gerações - o grito
De Independencia ou Morte!
(*ALSP*, v.V, p.209-11)

Na pena de Brasílio Machado, a história paulista pode ser mirada em esparsas cenas lendárias do alto do Pico do Jaraguá, de onde o poeta assiste ao desfilar ininterrupto de um povo descendente do guerreiro indígena. Em suas linhas, o "Jaraguá", erguido na proximidade da cidade de São Paulo, testemunha a tradição regional, despontando como um emblemático farol para os viajantes perdidos da nacionalidade:

É este o meu patrio monte
que junto ao rio cresceu,
e que envolve a idosa fronte
nos nevoeiros do céu.

Não temas, não, viajante,
ao vêl-o erguido no sul;
tem aguias – são andorinhas,
e seu hombro é todo azul.

... Altivo, como na America,
do condor aos colibris,
tudo é soberbo, arrogante,
sentindo o sol do paiz;

bem como um velho cacique
de seus guerreiros ao pé,
elle guarda a cordilheira
que azulada além se vê...

A EPOPEIA BANDEIRANTE

Guarda nos labios de pedra
de arruinadas gerações
os echos de mil triumphos,
o canto das tradições.

Quantas tribus desgarradas
de seus pés em derredor
vieram erguer as tabas
sonhando um valle melhor!

... Oh viajante, não temas
ao vêl-o erguido no sul,
a fronte, cheia de nevoas,
nos hombros um manto azul.
(*ALSP*, v.*VIII*, p.93-4)

Numa variedade de outros textos, essa mesma criação lendária aparece convertida nas formas correntes da narrativa histórica, mas ainda sob o signo literário, como já foi anteriormente dito. Em tais linhas, operava-se a seleção dos fatos, das personagens e dos contextos necessários para a base de uma história ímpar.

Nesse aspecto, a história parece ser subentendida como uma página em branco, à espera da palavra escrita para preenchê-la, até porque ela somente se realiza enquanto texto: documentos, cronologias, coleção de fatos e sujeitos, testemunhos. E, no entanto, ela já surgia prefigurada poeticamente, por intermédio dos tropos mitológicos e heróicos que, desde a Antiguidade, forneciam os seus elementos imaginários (cf. White, 1992). Sendo assim, mais do que página em branco, ela seria intertexto: sentenças que buscam seus significados em outros textos, extraídos de uma narrativa imemorial. A trama da história paulista ia se constituindo, desse modo, como parte dessa contextura maior, de imagens e feitos refletidos num mesmo espelho, de sinais pontuados num mesmo mapa e como ressignificação do enredo textual da nacionalidade, construído pela primeira geração romântica.[47]

---

47 Ver, a propósito das narrativas das primeiras décadas do século XIX, Süssekind, 1990.

Os perfis biográficos são bastante profusos no *Almanach*, formando um conjunto de tipos paulistas exemplares que, por seus feitos no passado – em vários casos, nem tão distante –, representariam trechos notáveis daquela tradição a que se refere o poema de Brasílio Machado. Os primeiros povoadores da região e alguns bandeirantes e sertanistas dos séculos XVII e XVIII – Fernão Dias Paes, Amador Bueno e Silveira Peixoto, por exemplo – como não poderia deixar de ser, tinham seu espaço reservado em tais matérias. Embora o culto ao bandeirante viesse a ocorrer, sobretudo, nas primeiras décadas do século seguinte, nota-se na estação em pauta os primeiros sinais de sua glorificação.[48] Com o objetivo de delinear o progresso intelectual de São Paulo, do passado eram lembrados, ainda, alguns padres, poetas e músicos da época colonial, sendo realçadas suas qualidades artísticas.

O inventário do patrimônio paulista abrange, além disso, personalidades mortas há pouco, ou mesmo vivas, tais como: Paulo Eiró, poeta falecido em 1871, que deixou uma pequena obra, mas de grande qualidade; Antônio Carlos Gomes, músico que gozava, àquela altura, de fama na Corte; Almeida Júnior, pintor ainda jovem, cujo talento acabara de ser reconhecido pelo imperador e que seguira viagem para estudos na Europa; políticos e fazendeiros, Campos Salles, Barão de Souza Queiroz, Martinho Prado; médicos, como Luís Pereira Barreto; e, obviamente, vários bacharéis em Direito; homens pioneiros de diversas cidades do interior – Itu, Pindamonhangaba, Taubaté, Araraquara, Campinas –; uma heroína e mulher benemérita da província; e, surpreendentemente, um soldado paulista obscuro, morto em campanha nas províncias do Sul.

Os estudos históricos, propriamente ditos, são apresentados como breves levantamentos e descrições de fatos ou instituições, nos quais o epicentro da vida nacional desloca-se para a região. Neles, os momentos cruciais da história brasileira recebem uma direção dos

---

48 A cronistas do século XVIII, como Pedro Taques e frei Gaspar, deve-se à nobilitação dessa figura, em contraponto às imagens depreciativas fixadas pelos jesuítas. Nas primeiras décadas do século XIX, contudo, os feitos bandeirantes esfumaçam-se na historiografia do IHGB, sendo retomados na República (conforme Abud, 1985, p.107).

A EPOPEIA BANDEIRANTE

paulistas: estes que se tornam os desbravadores do território; os precursores das ideias de liberdade, responsáveis pela Independência; os incansáveis divulgadores dos princípios republicanos, manifestos nas revoluções que marcaram o Primeiro Reinado e as Regências; os comandantes mais enérgicos na defesa da nacionalidade, nos conflitos externos do Sul, especialmente a Guerra do Paraguai.

A história geral das civilizações parecia despertar pouco interesse, salvo como pano de fundo para inserir a nacionalidade: aqui ou acolá, ela aparece em notas curiosas, ou em raros textos mais alentados, como um em que Júlio Ribeiro embrenha-se pela cultura fenícia – assim mesmo para investigar a suposta presença desse povo no Brasil[49] – e noutro, assinado pelas iniciais R. M., versando sobre "O Museu e a Biblioteca do Serapeum, em Alexandria" (*ALSP*, v.VII, p.247-56).

Em compensação, a criação de uma história local cativava a atenção de muitos, daí proliferarem trabalhos sobre as cidades paulistas, principalmente a capital, e mais uma dezena a respeito de Campinas, Santos, Itu, Sorocaba, Tietê, São José dos Campos, Pindamonhangaba, Piracicaba, Araraquara ou até mesmo a mais distante, Franca. Entre os homens de letras reconhecidos em cada uma delas, viria a sobressair, pelo menos, um historiador-cronista. Prudente de Morais, por exemplo, foi um colaborador assíduo das páginas do almanaque, enviando vários levantamentos históricos sobre Piracicaba.

A publicação de documentos, pesquisados nas fontes locais, também se estende, por todos os números do almanaque, iniciando um tipo de investigação que teria continuidade desde a passagem do século, entre os historiadores do Instituto Histórico e Geográfico de São Paulo. Mereceram transcrição: atas das câmaras de São Paulo e de cidades do interior, em especial do Vale do Paraíba, testamentos dos primeiros colonizadores, cartas de sesmarias, escritos alusivos à fundação de igrejas e conventos, manifestos das revoluções liberais, textos de José Bonifácio, do padre Feijó; e

---

49 "Os Phenicios no Brazil" (*ALSP*, v.II, p.135-43). Júlio Ribeiro era professor do Colégio "Culto à Ciência", em Campinas, e publicaria, mais tarde, *A carne*, romance naturalista comentado no Capítulo 3.

excertos da narrativa de viagem de Saint-Hilaire a São Paulo. A última publicação nessa modalidade foi a da *Carta de Caminha*, no volume de 1885.

Mas, além de tudo, no *Almanach* a história é uma coleção de curiosidades, confirmando a máxima que futuros críticos salientariam: tudo é história, a história é anedótica.[50] Neste aspecto, mais que relatar grandes eventos ou a vida de homens ilustres, ela abrange a coletividade, democratizando-se, prendendo o leitor médio com fatos banais e formas casuais de relato, inscritos na sua tradição e experiência cultural. "Qual a origem da canjica, um alimento típico paulista?" A resposta ali se encontrava, remetendo aos idos de 1710 em Santos, quando o sal era um ingrediente caríssimo, monopolizado por alguns agentes do rei, o que teria levado a população a inventar esse prato nutritivo e adocicado, adaptado da cozinha indígena (v.VIII, p.27-8). "Quais as aves domésticas e seus preços consumidas em 1827?" Pois bem: uma galinha custava 160, "um pato, 240; uma marreca, 120; um ganço, 480; um pirú, 800; um pombo, 60" (v.I, p.174). Quais eram os frutos exóticos da capitania no século XVIII; como era missa de finados na mesma época; como surgiu o apelido de Abarê Bebé, dado ao padre Leonardo Nunes pelos índios; qual era a tabela de preços estabelecida pelos brasileiros na invasão do Paraguai? Estas questões e uma infinidade de outros pormenores e originalidades históricas, disso também se ocupavam os historiadores.

E ainda de assuntos mais sérios: os primeiros periódicos de São Paulo; as primeiras ferrovias; a fundação do Colégio Culto à Sciencia, em Campinas; a relação de bacharéis da Faculdade de Direito; os marcos iniciais do Monumento do Ipiranga; as origens dos bairros mais antigos de São Paulo, como a Freguesia do Ó; os ensinamentos morais do padre Feijó, este uma presença marcante nas páginas do almanaque. Até mesmo do homem anônimo – como um soldado poeta, caipira, morto no Paraguai – podiam se ocupar os historiadores, dedicados a reservar um espaço popular à romântica e gloriosa história paulista:

---

50 Faz-se aqui uma leitura inteiramente livre de algumas proposições de Veyne, 1982.

Um caipira, que fazia parte do 7º batalhão de voluntários da pátria – paulista – enviou do Paraguay, a uma rapariga com quem tencionava casar-se – o seguinte:

Adeus, mulata, qu'eu morro,
Sem tornar a te vêr,
A Guerra do Paraguay
Está custosa de vencer.
Muita gente tem morrido
Muito mais tem que morrer;
Adeus, querida , qu'eu morro
Sem tornar a te vêr.

E o presentimento do pobre caipira realisou-se; morreu na guerra, sem tornar a vêr a sua querida, que dentro em poucos dias nem mais d'elle se lembrava! (v.VIII, p.93).

Ao lado desses textos de substância histórica, avultam no *Almanach* os esboços etnográficos e linguísticos, bem como os registros folclóricos consagrados à investigação das autênticas raízes do povo paulista. Como corolário do indianismo romântico, inúmeros autores voltavam suas atenções para a pesquisa das permanências da cultura nativa em São Paulo. Em tais trabalhos, eles privilegiavam o estudo da língua tupi e a observação da fala e dos costumes populares, com o propósito de descobrir as influências daquela sobre seus coetâneos.

Diversos miniglossários de palavras indígenas foram publicados: por exemplo, o de Manoel Eufrázio de Azevedo Marques, historiador e homem erudito que informa, em sua contribuição, quais eram as suas fontes: "especialmente Frederico von Martius, Augusto de Saint-Hilaire e fr. Francisco dos Prazeres Maranhã. O seu a seu dono" (v.III, p.57-61). Francisco Inácio de Assis Moura expediu um artigo em que tratava da "Significação dos nomes indígenas das cachoeiras do rio Tietê, desde o Salto do Ytu até a foz", combinando enfoque geográfico e linguístico (1880, p.215-7). De José J. Machado de Oliveira transcreveu-se, como sugestão do Dr. Paulo Valle, da Faculdade de Direto, um manuscrito inédito, na forma de perguntas e respostas, sobre os *Costumes indígenas* entre São Paulo e Goiás, envolvendo suas mitologias, formas de guerra e de casamento (V, p.165-71). O almanaque prenuncia uma modalidade de estudos de grande ressonância nos anos de 1910-1920, que seria levada a efeito por escritores do naipe de Amadeu Amaral e muitos outros romancistas do regionalismo caboclo.

É sintomático observar que, da mesma maneira como ocorreu nas primeiras manifestações da literatura romântica, não havia lugar para a cultura negra no almanaque literário paulista. Ou melhor, aparece em suas páginas apenas um artigo, assinado por H. Capello e R. Ivens, cujo título *A cozinha africana (de Benguella às terras de Iáca)* dá oportunidade a um registro nada simpático aos costumes africanos. Transportando os leitores, em imaginação, para aquele continente, os autores descrevem, com minúcia de detalhes e laivos etnocêntricos, aspectos dos seus costumes tribais. E assim caracterizam a estranha arquitetura das aldeias africanas, seus tipos exóticos, suas plantas desconhecidas entre nós, seus feitiços bárbaros, relatando, afinal, os modos de preparo dos alimentos de cheiro nada agradável (*ALSP*, v.VII, p.254). Não obstante o sentimento humanitário demonstrado para com os escravos, a retórica e os poemas abolicionistas presentes no almanaque, a mentalidade da elite letrada oitocentista não comportava, como se vê, qualquer identificação com as manifestações originais da cultura negra.

Além do indígena lendário, as expressões da cultura caipira ocupam um grande espaço no almanaque, sendo vistas como traços das raízes e da peculiaridade do povo paulista, sem qualquer influência africana. Suas origens são buscadas no mameluco do período colonial, tipo resultante da miscigenação entre brancos e índios.[51] No artigo "Um punhado de notícias", Azevedo Marques procurou defini-lo:

> Nome com que eram designados na capitania de S. Vicente, e em todas as do Brazil, os filhos de paes europeus e de mães indigenas da terra. Esta raça mestiça era de ordinario mais energica e mais robusta que a dos paes: formavam os mamelucos a milicia mais propria para a conquista dos sertões, e foram elles os que atacaram e destruiram no seculo 17º as reducções jesuiticas entre o Paraguay e o

---

51 A respeito da mestiçagem em São Paulo, consultar John Monteiro, *Índios e mamelucos em São Paulo*. História e historiografia, e *Negros da terra* (1994).

> Paraná, pelo que os discipulos de Loyolla os qualificaram com os nomes mais affrontosos em seus escriptos, estendo o seu odio a todos os habitantes da capitania de S. Vicente. (*ALSP*, v.I, p.119)

A denominação caipira, que no século XIX parecia substituir a de mameluco, é, entretanto, bastante imprecisa, dando a entender no *Almanach* significados diversos, plenos de ambiguidade. Estes indicam, em grande parte, como já foi dito, os sentimentos simultâneos de identificação e afastamento, característicos da sociedade letrada em relação àqueles seres tidos como representantes de um mundo arcaico a ser negado, mas que faziam parte das suas raízes e com os quais guardavam contiguidade física e cultural.

Usada em diversas matérias, ela sugere mais um tipo cultural do que, propriamente, racial. Para o habitante da capital paulista, a palavra servia para se referir, genericamente, aos homens da hinterlândia; para os moradores das cidades desta vasta área, já em crescente urbanização, aos roceiros, à gente dos sítios, à população dos pequenos povoados. O caipira surgiu com um tipo associado aos sertões,[52] designação fabulosa dada às regiões mais longínquas do interior brasileiro e, no entanto, cada vez mais próximas, naquela fase de intensificação das comunicações e dos contatos populacionais. Neste aspecto, o termo evoca um ser que se encontrava vizinho na geografia e na cultura, mas em relação ao qual se desejava estabelecer demarcações de eficácia duvidosa.

Do ponto de vista social, pelo termo podiam ser englobados grupos heterogêneos: o agricultor posseiro, o pequeno sitiante, o agregado às fazendas, o homem livre pobre e desenraizado, o provinciano habitante das cidadezinhas ou mesmo o indígena aculturado. A sua procedência étnica, por outro lado, não assegurava distinções, uma vez que todos eram mestiços naquela sociedade, incluindo-se nesse rol os grandes proprietários de terras e suas parentelas. Tornava-se, portanto, praticamente impossível delimitar esse espectro que se espraiava nos latifúndios, com seu caldo de cultura do qual não se desvencilhavam as próprias famílias dos fazendeiros, nem os habitantes das cidades ao seu redor.

---

52 O termo caipira também era largamente usado em Minas Gerais, Goiás, Mato Grosso e em outros Estados como sinônimo de sertanejo.

Restava apelar para os aspectos mais visíveis de uma suposta diferença cultural: os modos de falar e de vestir, os costumes, os gestos, as músicas. Quanto à linguagem, o caipira era caracterizado como o homem de fala arrevesada, mas nem este critério era seguro. Na sociedade iletrada de São Paulo do século XIX, tampouco os fazendeiros, comerciantes e os profissionais liberais dos pequenos núcleos urbanos – ou mesmo da capital – seguiam as normas mais puras da língua portuguesa. A exceção corria por conta dos seus filhos, deslocados à capital para os estudos e a ilustração, os quais, quando retornavam à terra de origem para a administração dos bens paternos, perdiam-se entre a retórica culta dos bacharéis e a fala popular das gentes das fazendas e do comércio.

O glossário *Locuções paulistas*, cujo autor assina simplesmente B., dá ideia desse uso generalizado do vocabulário caipira, constante de termos miscigenados, adaptados de diversas origens: português arcaico, línguas indígenas, modos de falar dos negros (ainda que não admitidos), termos gaúchos e até mesmo árabes[53] (*ALSP*, v.VII, p.105).

Quanto aos costumes, o caipira era tido como o homem de hábitos tradicionais, supersticioso, ingênuo e crédulo, de aparência bruta e tudo o mais que significasse oposição a um mundo que se desejava moderno, culto e científico. Em diversas passagens dos contos, ensaios, descrições de viagens e outros textos, tal alusão manifesta-se de maneira espontânea, apontando para um modo corriqueiro de encarar o tema. Na crônica "A casinha de sapé", escrita por Vicente Félix, residente em Silveiras, as personagens que, curiosamente, habitam a moradia pobre expressa no título são definidas por suas qualidades de estirpe, em contraste com os caipiras:

> Existia, antigamente, em o bairro de Itagaçaba, deste termo, uma casinha de sapé, que pertencia a uma pobre mulher que vivia

---

53 Confira-se estas expressões, ainda hoje em uso: "bocó: bolsa de couro que os tropeiros trazem atada à cinta ... e também tôlo, idiota"; "indagorinha: não há um instante"; "quiréra: a parte mais miúda do milho ou arroz soccado"; "coróca: cousa encarquilhada ... mulher velha", "sirigaita: rapariga inquieta, delambida".

A EPOPEIA BANDEIRANTE

> em companhia de uma sua neta, menina dos seus 16 para 18 annos; porém nenhuma dellas tinha esse typo peculiar dos nossos caipiras do interior: essas mulheres patenteavam na phisionomia o pronunciamento de sua estirpe: uma era caracterisada pela gravidade de seus modos, e outra, pela doçura do semblante, tão fresco e sereno como a madrugada, e tão angélico como o céo. (*ALSP*, v.II, p.28)

Embora bruto e ingênuo, o caipira era visto, paradoxalmente, como fonte de uma sabedoria popular, digna de ser resgatada numa sociedade imersa em valores pragmáticos, materialistas. O substrato romântico, como se nota, permanecia vigoroso entre os letrados, incitando-os à procura dos mananciais tidos como mais puros da cultura paulista. Não foram poucos os que se dedicaram a recolher tais ensinamentos e peculiaridades, buscados em trovas, ditados e músicas populares, antecipando o que os folcloristas fariam, metodicamente, nas décadas subsequentes.

O almanaque traz centenas dessas amostras, recebidas de diferentes partes da província, mas infelizmente apresentadas, na maioria, sem referências geográficas específicas. Muitas delas foram enviadas por Brasílio Machado, poeta, jurista e orador "que começou carreira como promotor público em Piracicaba e Casa Branca, ali recolhendo, em convivência com os violeiros caipiras, uma infinidade de trovas...".[54] Do contato com a população de Cotia e São Roque, em sua fazenda, o Barão de Itapetininga era outro responsável pela reunião de várias quadras, algumas de autoria de Manoel Seraphim, poeta popular residente em um sítio daquela região (*ALSP*, v.V, p.1-5).

A título de ilustração, confira-se esta seleção de trovas, invariavelmente bem-humoradas – sobre motivos diversos, especialmente o amor, o sofrimento e as relações entre os sexos, do ponto de vista masculino –, representativas da mentalidade e das concepções morais da época:

> Eu metti a mão na vossa
> E vós a vossa na minha;

---

54 Rezende, 1982. Com base nesta informação, pode-se aventar a hipótese de que a inicial B., citada como assinatura do glossário de locuções paulistas, refere-se ao próprio Brasílio Machado.

Ficou uma coisa justa
Como a faca na bainha. (v.IV, p.87)

O papel em que te escrevo
tiro-o da palma da mão
A penna sahe-me do peito
A tinta do coração. (v.VIII, p.170)

Senhora, minha senhora
É certo, não é mentira
Mecê anda se regalando
E eu aqui lambendo embira. (v.II, p.71)

A perdiz pia no campo
Comendo seu capimsinho
quem tem amor, anda magro
Quem não tem, anda gordinho. (v.III, p.70)

Tudo que é triste no mundo
Quizera que fosse meu
Para vêr se tudo junto
Era mais triste que eu. (v.IV, p.170)

Si outros tocam birimbáu
eu canto como a cigarra
e só por gostar de moças
me chamam Manoel-Agarra.[55] (v.V, p.1)

Se a mulher espirrasse
Cada vez que nos illude
Seria o mundo occupado
Só em dizer: Deus te ajude. (v.IV, p.178)

Atirei um limão verde
por cima da samambaia
deu no papo de uma velha
que estava ajuntando páia. (v.II, p.37)

---

55 Trova de autoria de Manoel Seraphim, conforme o Barão de Itapetininga: "Era de estatura alta, fronte larga, cabeça erecta, côr branca, um tanto queimado pelo sol, olhos pardos, cabellos castanhos e revoltos, rosto comprido e cavado, nariz e labios grossos e mãos cabelludas como as de Esaú. De dia arroteava as suas terras e à noite, à pallida luz de fumarento candeeiro, cultivava a poesia" (v.V, p.1).

A EPOPEIA BANDEIRANTE

Ninguem ria de quem chora
que também póde chora
assim como a roda anda
também póde desandar. (v.VIII, p.103)

Branco é meu nascimento
E preta minha firmeza
A morte minha alegria
A vida minha tristeza.[56] (v.VIII, p.32)

Outra composição caipira foi remetida ao almanaque por Manoel A. Galvão, cidadão interiorano provavelmente conhecedor da região nordeste da província – próxima da fronteira de Minas Gerais –, a deduzir de uma breve informação por ele acrescentada:

Ouvi cantar-se esta trabuzana, em uma festinha da roça, em noute de S. João – lá pelos lados do Rio Novo. Pedi que m'a ditassem, e escrevi-a, com orthografia apropriada à pronúncia do poeta, que a compoz. Achei-a bem interessante pelo cunho de verdade que ahi vêmos (v.VIII, p.105-6).

Sob o título "O tempo da eleição", a trova é anunciada com um lembrete: "ao som da viola – nos cateretês", apontando para os laços estreitos entre poesia e música na cultura rural:

Vamo, vamo, minha gente
stamo em tempo d'eleição
o rico enxerga o pobre,
dis adeus, apert'a mão.

Nos prometem bo'estrada
muita agua – chafariz
e os bobo cá da roça
acredit'o que elles diz.

---

56 Ao contrário das demais, esta recebe um título de "O corvo" e uma informação adicional, "trova francana". Tanto título quanto conteúdo indicam a presença (negada) do caipira negro.

Vamos tê cadea nova,
lampião pelas esquina
uma estrada de Guapor,
Lá pr'a provincia de Mina.

A igreja nen se fala –
vai piá muito dinhêro
mais depois de dad'o voto
fica tudo no tintêro.

O caipira só tem carta
quando é tempo d'eleição
se o graúdo ve os pobre
dis adeos apert'a mão.

Venha votá comigo,
qu'eu te dô cavalo bão,
e depois que tudo passa
o caipira é bão ladrão.

Inda há caipira bobo
qu'escuta as oração
e por causa d'isso tudo
eu não dô meu voto, não.

Tomados como expressão espontânea do caipira, em suas evidências linguísticas, esses versos poderiam dar a entender aspectos de autorreconhecimento cultural, que ultrapassam as intenções do narrador culto. Nota-se na trova como o caipira se percebia no universo social: um indivíduo tido como ignorante e, exatamente por isso, manipulável pelos políticos e donos da riqueza. Entretanto, essa própria fala distingue o caipira bobo do caipira capaz de compreender os interesses destes últimos, aos quais responde com perspicácia: "eu não dô meu voto, não".

Se fosse o caso de privilegiar, de outro lado, a fala do narrador culto que se oculta no registro "fidedigno" da voz popular, poderiam ser realçadas suas intenções de colher da realidade social (como um etnólogo, um folclorista ou mesmo um naturalista o faria), os sinais de uma cultura exótica, vista com ironia e estranhamento. Seria um expediente aceitável, conquanto não se possa ignorar a identificação que o narrador-testemunha guarda em relação a seu

A EPOPEIA BANDEIRANTE

75

objeto, aliás, claramente expressa no desejo de reter daquela trova popular uma verdade.

Presenças espectrais; genuínos mas anacrônicos; alvos de investimentos afetivos[57] e ao mesmo tempo submetidos ao olhar etnográfico: eis os caipiras emoldurados no *Almanach*. Barros Júnior, estudante vindo da Corte, exemplifica bem esta última postura. Jovem que se julgava cosmopolita e viajante incansável por várias cidades da província, ele deixou suas impressões sobre o que entendia ser a cultura caipira, no poema jocoso "A Villa do Canudo". Conforme esta passagem:

Eu moro aqui na villa do Canudo,
Onde vivo a dormir e a bocejar...
Alimento-me só de carne de porco
E de muito café p'ra variar...

Meus olhos se divertem, contemplando
Burros, vaccas, cavallos e jumentos,
E outros animaes de fórma humana
Que tem na lingua enormes instrumentos... (v.VIII, p.87)

Tem-se, aqui, uma representação do homem pobre do meio rural como lento e preguiçoso, portanto anacrônico num tempo de progresso – algo que viria a se cristalizar mais tarde no imaginário coletivo, resvalando em preconceitos raciais, sobretudo com a figura do Jeca Tatu.[58] Todavia, nas décadas de 1870 a 1890, em São Paulo, ainda não era comum atribuir ao *caipira*, ou a qualquer segmento mestiço da região, uma conotação de inferioridade racial.

Aliás, a polêmica sobre as raças apenas se iniciava na reflexão intelectual da província, fundamentando-se, geralmente, nas con-

---

57 Em Rio Claro, por volta de 1876, circulava um periódico intitulado *Caipira* (*ALSP*, v.I): pode-se indagar se correspondia a um pasquim humorístico, ou um veículo de afirmação das tradições interioranas.

58 José Apóstolo Neto (1998) relê a primeira fase da produção literária de Monteiro Lobato, procurando mostrar as ambivalências desta figura, e assim discordando da ideia de que ela possa ser explicada, basicamente, pelas posições racistas do seu criador.

cepções do determinismo geográfico e nos fatores culturais.[59] No *Almanach*, foram publicados somente dois ou três artigos a respeito do tema e em nenhum deles se nota a preocupação com os mestiços. J. H. D'Azevedo Almeida, por exemplo, em "A raça humana", voltava sua atenção para a formação das variedades de cores entre os homens. Defendendo a teoria monogenista, ele acreditava que estes descendiam da raça "caucasica, a que mais se assemelha àquele tronco primitivo, que devemos suppôr perfeito em sua natureza":

> A côr e conformação das outras cinco variedades, americana, mongolia, malaia, laponia e africana, são devidas ao clima e costumes..., transmitindo-se de geração em geração chegam a constituir caracteres fixos de uma raça, segundo as latitudes que habita, e sempre que a superficie da terra não contraria o effeito. (*ALSP*, v.I, p.77-8)

Alberto Salles, o influente republicano, assinou outro ensaio, cujo título resume perfeitamente a tese defendida: "Como o clima de S. Paulo influe sobre o caracter de seus habitantes". No artigo, depois de um longo passeio pelas demais regiões do país, descrevendo suas condições climáticas, hidrográficas, sua flora e fauna, ele conclui, constatando o equilíbrio dos aspectos naturais e humanos, no caso paulista. Em suas palavras:

> Em S. Paulo não ha como no Amazonas e no Pará, superioridade das forças phisicas sobre a energia humana; aqui o clima é regulado de modo a incutir vigor no animo do homem e não desalento: os agentes physicos são inferiores aos estimulos da intelligencia. Dahi a proverbial energia dos paulistas, revelada desde os tempos coloniaes. Homens de temperamento energico ... incapazes de viverem em ociosidade, tinham necessidade de dar expansão a seu espirito emprehendedor... (*ALSP*, v.V, p.173-87)

E com esse pressuposto, Salles busca no passado os exemplos históricos da expansão paulista, compreendendo-a como obra de um povo animado e unido, fosse caipira ou não. A história podia fornecer tal guia seguro, mas os seus interesses estavam voltados

---

59 Para um apanhado geral das controvérsias raciais, no Brasil e na Europa, durante o século XIX, consultar Ventura, 1991, e Schwarcz, 1993.

A EPOPEIA BANDEIRANTE

para o presente e o futuro. Assim como a maioria dos fazendeiros, empresários e muitos intelectuais, ele se preocupava em assegurar a São Paulo uma posição política que garantisse a continuidade do progresso econômico reinante.

Para o grupo republicano, ao qual pertencia, eram pontos de pauta prioritários os debates sobre a situação da agricultura, da indústria, do comércio e da educação na província. O almanaque veicula uma pequena série de estudos econômicos e sociais, ilustrativos dessas discussões. Em todos eles, considerava-se que a ampliação dessas atividades dependia da reforma do sistema político brasileiro, segundo o modelo federativo, obviamente, norte-americano.

Nas palavras de Antônio Francisco de Paula Souza, autor de "Esboço rápido de algumas de nossas industrias comparadas às dos Estados Unidos":

> É evidente ... que para nós é um difícil problema o do desinvolvimento industrial e commercial, o qual só o tempo, a actividade incançavel dos bons cidadãos, a maior diffusão da instrucção por toda a parte em todas as camadas sociaes, e principalmente a descentralisação completa, isto é, um regimen democratico puro, que poderá de alguma maneira encaminhar-nos pela vereda certa do progresso e engrandecimento da patria. (*ALSP*, v.I, p.57)

Neste exemplo e em vários outros, os autores procuravam apresentar um conjunto de informações, elaboradas na forma de sinopses, relações e quadros comparativos entre as atividades da província e das demais, com o propósito, ainda, de divulgar as propostas republicanas.[60]

O clima de otimismo, a crença na arrancada econômica paulista e a convicção de que São Paulo poderia ser a alavanca das transformações brasileiras transparecem do começo ao fim no almanaque. Até mesmo nos anúncios, publicados em grande número, o objetivo mercadológico equivalia a uma demonstração do dinamismo

---

60 Entre outros exemplos: "Sinopse estatística da província de S. Paulo", apresentada por Francisco Martins dos Santos (v.I, p.18-169); "Rendas geraes da província, de 1855 a 1875" (v.VII, p.23); "Imprensa da província em 1883" (v.VII, p.201).

regional, trazendo imagens visuais persuasivas da extensão de sua economia e dos novos hábitos de sua gente, da capital ao interior. Eles podem ser lidos como parte da narrativa maior, empreendida nos poemas, nas descrições de viagens, nas notas de toda espécie e como um complemento ilustrado do mapa da conquista do oeste.

O setor fabril já se fazia notar não só em São Paulo, como também em Campinas e Piracicaba, produzindo tecidos, chapéus e calçados. As casas de fundição colocavam à disposição serras, bombas, sinos, prensas e ventiladores. As firmas de importação divulgavam seu estoque tanto de máquinas para a agricultura quanto de pianos e inventos recentes, quase sempre norte-americanos: fogões e máquinas de costura. O setor financeiro dava mostras de vitalidade, apresentando sua rede de bancos e casas de câmbio, em São Paulo e Santos. Aumentava, também, a oferta de serviços destinados aos segmentos dominantes e médios: hotéis para a estada dos fazendeiros na capital e ateliês fotográficos para as poses das famílias.

As atividades farmacêuticas cresciam, visivelmente, com a abertura de laboratórios homeopáticos na capital e drogarias nas cidades em torno de Campinas, para onde seguiam os iniciantes da profissão. Os anúncios de remédios, compondo uma série significativa da propaganda, prometiam o combate ao reumatismo, às dores de dente, às hemorroidas, a cura da sífilis e da epilepsia. As descobertas científicas eram demonstradas em sua utilidade na vida cotidiana. Em 1885, o almanaque trazia ao público o Atauba de Sabyra, propagado como um "assombroso remedio dos indios! Maravilha do século XIX!", aprovado pela "Junta de Hygiene publica do Rio de Janeiro e autorisada pelo governo Imperial". No desenho que acompanha o anúncio, aparece a figura de um índio, com seu arco-e-flecha em posição de combate a uma cobra. Para fincar suas raízes nos hábitos da população, a ciência buscava o amparo dos signos já sedimentados no imaginário coletivo.

Médicos e dentistas incluíam-se nesse quadro, divulgando suas atividades em São Paulo, Guaratinguetá, Sorocaba e outros núcleos urbanos. A medicina, especialmente, passava a ser objeto de enorme respeito e o almanaque servia como um bom instrumento para noticiar seus feitos. Luís Pereira Barreto publicou, em 1879,

A EPOPEIA BANDEIRANTE

um extenso *Guia medico ou Resumo de indicações practicas para servir aos srs. Fazendeiros na falta de profissionaes*, contendo uma lista das principais doenças que acometiam a população, em geral, e dos medicamentos para combatê-las.

Dos profissionais liberais, além dos médicos e de alguns engenheiros que ingressavam na era da propaganda, eram os advogados os mais assíduos e todos eles, articulistas do *Almanach*, tais como Rangel Pestana, Campos Salles e Antônio Carlos. Escritórios de advocacia eram abertos na capital, bem como em Campinas, Jundiaí, Descalvado, Araraquara, Pirassununga.

Bacharéis em Direito, ademais, faziam uso da publicidade para dar conhecimento dos novos internatos e externatos para meninas ou meninos, abertos em São Paulo, como a Escola Modelo, de João Kopke; ou em Araraquara, o Colégio Luso-Brasileiro. Livrarias, papelarias, casas de encadernação e editoras integravam a mesma rede de "instrucção e recreio", anunciando seus materiais para escolares, além de livros sobre religião, filosofia, história e folhetins. Em 1879, por exemplo, uma empresa de "Sciencias, Artes e Letras" punha à disposição do público leitor alguns "romances nacionaes e estrangeiros de reconhecido merito": *O homem das multidões*, de P. Zaccone; *A história de um crime*, de Victor Hugo; *As memórias de um anjo*, de E. Gonzalès; e *As mulheres de gelo*, de P. Leoni (v.IV, p.137).

Eram as propagandas de artigos de consumo vário, sobretudo, que se apresentavam como a tradução mais eloquente dos novos hábitos, próprios àquele ambiente de prosperidade, dinamismo e otimismo. De tudo, um pouco aparece nas páginas do almanaque: peças de fantasia (fitas, chapéus, pentes, adornos, caixas para presentes), roupas feitas para homens e mulheres; linhas, agulhas e modelos para crochê, seguindo a última moda francesa; coletes para afinar a cintura das senhoras etc.

As narrativas de viagem, gênero de escrita muito apreciado por autores e leitores, registravam dessa nova sociedade as impressões colhidas em trânsito e dispostas em painel. João Kopke descreve, emocionado, as lembranças da sua partida para os rincões de Faxina, a sudoeste da província, onde iniciara a carreira de advogado. Indo de trole e passando pelas distantes cidades dessa região – São Roque, Sorocaba, Itapetininga, Paranapema –, ele recorda as paisagens, os tipos humanos, os contrastes entre os costumes modernos e arcaicos que assinalavam a rota do progresso provincial. Em seu texto, Faxina representa os desafios e desapontamentos que o processo civilizador provocava no homem urbano:

> Mal collocada, silenciosa e tristonha, não tem nem a graça selvagem das bellezas do sertão, nem os affectados encantos das formosuras cortezãs. É uma burgueza chata, insipida e macambusia, sem passado e sem futuro, com quem, entretanto, passei dous annos, dos quaes conservo muitas e muitas saudades. (*ALSP*, v.IV, p.109-17)

Em outros relatos, observam-se impressões bem mais agradáveis, como as que vieram à mente de Quirino dos Santos durante a viagem à colônia portuguesa Nova Louzã, fundada nos arredores de Mogi-Mirim. Em sua descrição, ele forma um quadro atraente da gente simples e trabalhadora do lugar, com seus novos métodos e tipos de cultivo, suas danças e cantos típicos, sua hospitalidade e seu vinho, defendendo, assim, a importância da imigração estrangeira para a economia regional (v.V, p.142-56). Como complemento do texto, o almanaque trazia aos leitores uma fotografia panorâmica da colônia. Veja-se este excerto da narração do autor:

> Os cafezaes estavam luxuriantes de seiva e de forças. Deve ser muito consideravel a sua actual colheita e muito maior a seguinte. Planta-se de tudo alli: o trigo, a cevada, o centeio, a mamona, a hortalice, os legumes, etc.; ha completa abundancia de viveres e não só do que é propriamente preciso para a manutenção, mas ainda do que é mais para lisongear o paladar que o estomago, como os fructos raros e exquisitos. À volta, fomos dar um gyro pelo terreiro e casas adjacentes. Vimos as novas construcções: commodos para tudo – capella, quarteis de casados, dormitorios de solteiros, tulhas , celleiros, machinas de beneficiar café, olarias, terrenos, poço, lagar, lavandeira, etc., e tudo nas melhores dimensões e tudo aceiado, largo, respirando conforto e achonchego. (v.V, p.147)

Nas descrições sobre as cidades maiores, notam-se semelhantes louvores aos benefícios trazidos pelo progresso, cujos índices eram os bondes e carros de praça, puxados por animais, a iluminação a gás (e logo elétrica), a canalização de esgotos e rios, as novas construções etc. Mas era esse mesmo ambiente capaz de produzir sentimentos nostálgicos, que manifestavam o lamento pela perda de valores e formas tradicionais de sociabilidade. As reminiscências de um passado não tão remoto começavam a aparecer em diferentes artigos, a respeito da velha cidade de São Paulo, de Campinas ou de Santos. Exemplo dessa modalidade de escritos foi publicado pelo engenheiro Garcia Redondo: um capítulo de livro em preparação, com o título: A cidade de Santos – rápida vista retrospectiva. Em meio ao relato da modernização pela qual passava a cidade, mormente quanto à sua infraestrutura, o autor coloria suas páginas com as saudades de um tempo que se esvaía (v.VIII, p.133-41).

O trem de ferro já despontava como a metáfora dos tempos modernos, da ciência e da civilização a caminho do oeste, prenunciando a figuração: São Paulo, locomotiva do Brasil. Antônio Carlos de Almeida esboçou estes versos:

> Começa a arfar o trem. A machina flammeja
> lançando em profusão o fumo pelo ar!
> De dentro da caldeira mil jorros d'agua fervida
> n'um doido turbilhão impellem-na a andar.
>
> Partiu. Lá vae correndo em rapido galope
> como o raio cortando o vasto immenso espaço!
> Não olha para traz. Caminha, e as auras mansas
> affagam-lhe, beijando, o forte peito de aço.
> ...
> Saudemos, pois, a machina, a idéa, o pensamento,
> O genio do ideal fundo como o occeano!
> Saudemos com calor esse poema enorme
> de ferro, fogo e aço do grande Engenho humano!
> (*ALSP*, v.III, p.63)

Podiam ser ouvidas, contudo, algumas vozes isoladas, alertando para os contratempos e perigos desse "rapido galope", embora não significassem uma descrença absoluta nos melhoramentos proporcionados pelas máquinas e pela colonização. Monteiro Godoy era uma delas, denunciando, em artigo de 1879, a destruição das matas, para ele resultante do modo desordenado, irracional e ignorante com que um povo levava à frente a sua expansão econômica.

Certos trechos do seu escrito parecem predizer as "cidades mortas", que nas linhas de Monteiro Lobato restariam abandonadas pelo "progresso itinerante" (Lobato, 1967):

> Quem percorre alguns districtos das provincias do Rio de Janeiro, Minas e S. Paulo, e com vistas prescrutadoras, examina immensas áreas de terrenos sêccos, descalvados, despidos de vegetação, carbonisados, sem agua, sem vida, e já abandonados como imprestaveis; e outras que apenas mantêm alguma vegetação ou cultura acanhada, rachitica, e na ultima decadencia; e vê o desanimo de seus proprietarios, que se atrazam, empobrecem, e alguns, que planejam mudar-se para outro logar, onde encontrem mattas virgens, e recorda-se, n'outros tempos, visto esses mesmos terrenos vestidos de frondosa vegetação, de uma cultura luxuriante, cheia de vida, prodigalizando riqueza; por certo, como tem acontecido a quem escreve estas considerações, ficará contristado, observando como a ignorancia do nosso povo vae progressivamente arruinando e aniquilando este bello paiz. (v.IV, p.217)

Para os mais cépticos, porém, o trem de ferro era a própria máquina emblemática dessa destruição. Entre eles, podia ser visto alguém como Antônio da Fontoura Xavier, autor de certos versos satânicos[61] e colaborador eventual do almanaque. Em seu poema "À última hora", dedicado à inauguração da estrada de ferro de Pindamonhangaba, a tão admirada locomotiva da composição anterior desveste-se da aura civilizadora, revelando a imagem monstruosa de uma epopeia pagã, feita de aço:

> O monstro vae partir. Ouviu-se immenso grito
> E o turbilhão de fumo ennovellou nos ares;
> É o incenso que sobe aos celestiaes altares,
> Um brado de utopia em labios de precito.

---

61 "Satã, uns realistas, uns poetas/ te pintaram-me velho, frouxo e nu/ mais mirrado que os martyres ascétas/ e mais calvo que os deuses de Manou/ ... Eu confesso, descri do Padre Eterno/ Resolvi habitar o teu inferno/ Porque enfim... és mais bello do que o papa!...": (v.III, p.175). Fontoura Xavier nasceu no Rio Grande do Sul (1856), inspirou-se em Baudelaire e escreveu vários outros poemas científicos e libertários, tendo convivido com escritores de renome do parnasianismo. Morreu em 1922. Ver: Bosi, 1988, e Candido, "Os primeiros baudelairianos", 1987.

A EPOPEIA BANDEIRANTE

> ...
> Porém que vejo? A industria, a agricultura, a arte,
> Devéras vão levar a luz a toda parte,
> No ventre d'esse monstro anathematisado?!
>
> Senhores do progresso, adeantae um passo!
> Mandae benzer primeiro essa epopéa d'aço
> Na pia baptismal da séde do papado. (v.III, p.187)

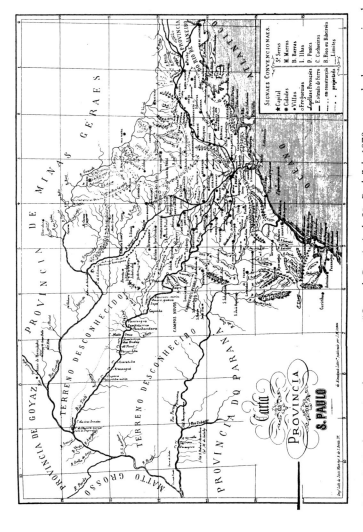

FIGURA 1 – O imaginário da conquista do oeste, nesta "Carta da Província de São Paulo" de 1878: em escala desproporcional, os "terrenos desconhecidos", habitados por indígenas e grupos de mineiros, incitavam à exploração (*ALSP*, 1878, p.209).

FIGURA 2 – Próprio para leitura rápida, "nos caminhos de ferro", o almanaque procurava levar as belas letras aos intrépidos conquistadores do oeste (*ALSP*, 1876, página de rosto).

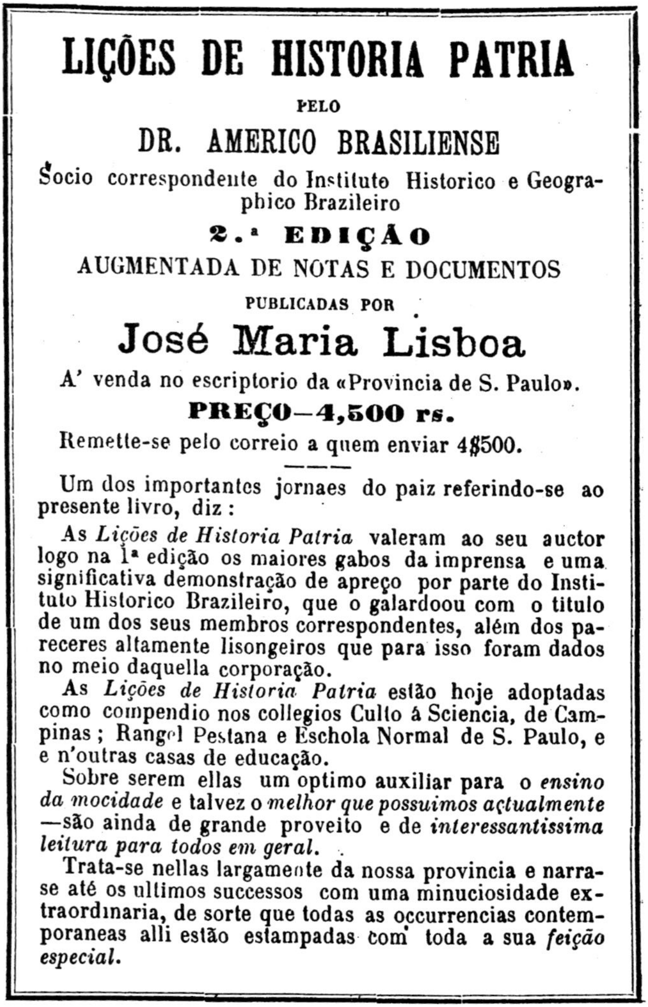

> # LIÇÕES DE HISTORIA PATRIA
>
> PELO
>
> ## DR. AMERICO BRASILIENSE
>
> Socio correspondente do Instituto Historico e Geographico Brazileiro
>
> ### 2.ª EDIÇÃO
>
> AUGMENTADA DE NOTAS E DOCUMENTOS
>
> PUBLICADAS POR
>
> ## José Maria Lisboa
>
> A' venda no escriptorio da «Provincia de S. Paulo».
>
> ### PREÇO—4,500 rs.
>
> Remette-se pelo correio a quem enviar 4$500.
>
> ———
>
> Um dos importantes jornaes do paiz referindo-se ao presente livro, diz :
>
> As *Lições de Historia Patria* valeram ao seu auctor logo na 1ª edição os maiores gabos da imprensa e uma significativa demonstração de apreço por parte do Instituto Historico Brazileiro, que o galardoou com o titulo de um dos seus membros correspondentes, além dos pareceres altamente lisongeiros que para isso foram dados no meio daquella corporação.
>
> As *Lições de Historia Patria* estão hoje adoptadas como compendio nos collegios Culto á Sciencia, de Campinas ; Rangel Pestana e Eschola Normal de S. Paulo, e e n'outras casas de educação.
>
> Sobre serem ellas um optimo auxiliar para o *ensino da mocidade* e talvez o *melhor que possuimos açtualmente* —são ainda de grande proveito e de *interessantissima leitura para todos em geral.*
>
> Trata-se nellas largamente da nossa provincia e narrase até os ultimos successos com uma minuciosidade extraordinaria, de sorte que todas as occurrencias contemporaneas alli estão estampadas com toda a sua *feição especial.*

FIGURA 3 – Em 1878, os livros didáticos de história pátria alcançavam sucesso editorial e prestígio entre os intelectuais. Poetas, juristas, políticos e médicos preocupavam-se em divulgar os conhecimentos históricos para um público amplo (*ALSP*, 1878, p.156).

FIGURA 4 – A nascente indústria farmacêutica apelava para o imaginário indianista no intuito de propagar as maravilhas da ciência do século XIX (*ALSP*, 1885, p.70).

FIGURA 5 – Na capital e em diversas cidades do interior, os estúdios fotográficos obtinham êxito comercial, concorrendo para registrar o ambiente de prosperidade e os novos hábitos da população (ALSP, 1877, p.60).

FIGURA 6 – A loja *Au Bon Diable* fornecia não só roupas para eclesiásticos como sortimentos diversos para cavalheiros distintos ou mesmo para empregados. O crescimento do comércio urbano era o sintoma mais evidente da arrancada econômica paulista (*ALSP*, 1885, p.221).

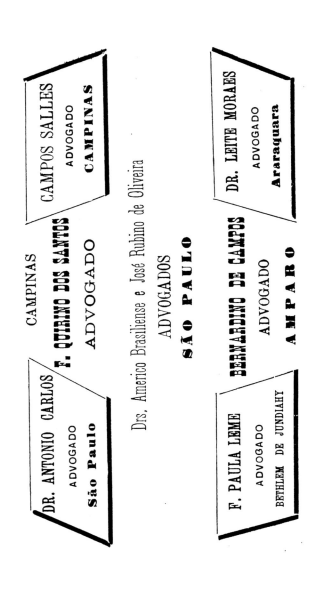

FIGURA 7 – A urbanização e o crescimento populacional, na capital e no interior, favoreciam a ampliação do raio de alcance dos advogados. A profissão encontrava-se em alta numa época de litígios de vária natureza (ALSP, 1876, p.195).

FABRICA DE COLLETES

PARA SENHORAS

CASA FUNDADA EM 1848 NO RIO DE JANEIRO

MME. MARY ESCOFFON

35 RUA DA IMPERATRIZ 35

Esta casa, conhecida ha mais de 32 annos neste imperio, não só por sua fabricação especial de colletes para senhoras e meninas, como tambem pelas affamadas cinturas para antes e depois do parto, tem sempre um grande sortimento de colletes feitos a todos os gostos.

Tambem se faz sobre medidas conforme o gosto dos freguezes.

35 RUA DA IMPERATRIZ 35

S. PAULO

FIGURA 8 – Um dos inúmeros anúncios dirigidos às mulheres no *Almanach*: os novos hábitos de consumo incluíam coletes, fitas, chapéus, pentes, adornos, caixas para presentes, pianos, fogões e livros de romance (*ALSP*, 1881, p.148).

PREÇOS DAS PASSAGENS

DAS DIVERSAS

Linhas ferreas da provincia

COMPANHIA INGLEZA DE S. PAULO A	1ª Classe	2ª Classe	Ida e volta
Braz.............................	550	220	830
S. Bernardo.......................	1$980	770	2$970
Rio-Grande	3$850	1$650	5$780
Alto da Serra.....................	4$840	2$200	7$260
Raiz da Serra	5$830	2$750	8$760
Cubatão...........................	6$600	2$860	9$900
Santos............................	7$700	3$300	11$550
DE S. PAULO A			
Agua-Branca.......................	660	220	1$000
Perús.............................	2$310	1$100	3$480
Belém.............................	3$850	1$650	5$780
Jundiahy..........................	6$600	2$750	9$900
COMPANHIA PAULISTA DE JUNDIAHY A			
Louveira..........................	1$562	660	2$343
Cachoeira (Rocinha)...............	2$310	1$100	3$465
Vallinhos.........................	3$102	1$430	4$653
Campinas	4$400	1$980	6$600

FIGURA 9 – A locomotiva, interligando o litoral, a capital e o sertão, os caipiras e os doutores, já despontava como símbolo da modernidade paulista (*ALSP*, 1880, p.XXI).

2 O ALTAR DO PASSADO
O INSTITUTO HISTÓRICO E GEOGRÁFICO DE SÃO PAULO:
PERFIL, AUTORES E TEXTOS

Muitos daqueles homens que viram o *Almanach Litterario* nascer e morrer, e mais um bom número de novos integrantes do círculo intelectual e político paulista, reuniram-se no salão nobre da Faculdade de Direito, na entrada de novembro de 1894, para fundar o Instituto Histórico e Geográfico de São Paulo. Dos mais antigos, compareceram ao encontro ou enviaram representação, figuras tais como José Maria Lisboa, Manoel Ferraz de Campos Salles, Antônio Carlos Ribeiro de Andrada Machado e Silva, Martim Francisco Ribeiro de Andrada Sobrinho, Augusto César Miranda de Azevedo, Manuel Ferreira Garcia Redondo etc.[1] Prudente de Morais Barros, outro dos autores do almanaque, foi aclamado presidente honorário da nova agremiação.[2]

---

1 A Assembleia deu-se a convite de Domingos Jaguaribe, Antônio Piza e Estevão Leão Bourroul, contando com a presença de 69 pessoas. Apesar de haver discrepância quanto à cifra total, que varia de relação para relação, os dados mais abrangentes somam 139 sócios-fundadores, incluindo os que apoiaram a iniciativa, mas não puderam comparecer. Destes, cerca de 20 haviam sido colaboradores do almanaque.

2 Em caráter interino, foram também eleitos para os seus principais cargos: Cesário Mota Júnior (presidente), Antônio de Toledo Piza (secretário), Estevão Leão Bourroul, Carlos Reis e o cônego José Valois de Castro, sem cargos especificados: *IHGSP (1894-1944):* Jubileu Social, 1944, p.23.

O panorama da província e da nação já não era, entretanto, o mesmo daqueles anos heroicos e, de certo modo, eles podiam sentir-se vitoriosos, uma vez que suas metas mais caras, motivadoras dos primeiros empreendimentos, haviam sido alcançadas ou podiam ser levadas a efeito em curto prazo.

A República encontrava-se instalada, apesar de ter despertado a prepotência militar, a virulência jacobina no Rio de Janeiro e de mergulhar em uma crise financeira e social de proporções assustadoras.[3] Tal situação, longe de provocar o desânimo entre os intelectuais e líderes políticos de São Paulo, servia para fortalecer a ideia de que lhes caberia a condução e a regeneração do regime, de acordo com o modelo liberal que haviam adotado desde as últimas décadas do Império.

Era sintomático, aliás, que a inauguração dos trabalhos do instituto ocorresse às vésperas da posse do primeiro presidente civil da República – o paulista Prudente de Morais,[4] personalidade que integrava o seu rol de fundadores. Desde cedo e durante toda a Primeira República, momento em que São Paulo firmou sua posição hegemônica na Federação, o IHGSP gozaria de grande prestígio, inserindo-se na órbita do poder político dominante do Estado.

A instabilidade, característica da fase inicial do regime, parecia algo circunscrito à capital federal ou a regiões isoladas do país, pouco afetando a vida dos paulistas. A economia local mantinha-se em ritmo de crescimento, mormente a cafeicultura, não obstante se avistarem os sinais de uma queda nos preços do produto no mercado internacional, assunto que já mobilizava os representan-

---

3 De uma bibliografia bastante farta sobre esse interregno, vale lembrar, além de outras obras já citadas no primeiro capítulo: Queiroz, 1986; Lessa, 1988; Carvalho, 1987 e 1990; Sevcenko, 1983.

4 O seu governo (1894-1898) abriria caminho para a "colmeia oligárquica" (cf. Lessa, ibidem) que Campos Salles organizaria no período seguinte, sob o controle dos paulistas. "A atuação de Prudente, embora cautelosa, orienta-se determinadamente para o encerramento da fase revolucionária e a consolidação do domínio civil" (Queiroz, ibidem, p. 31). Em meio a um verdadeiro caos – protestos violentos dos *jacobinos*, reações militares, paralisia institucional e a sangrenta Guerra de Canudos –, Prudente tornar-se-ia extremamente impopular, tendo sido combatido nas ruas da capital federal.

A EPOPEIA BANDEIRANTE

tes dos setores agrário e comercial.[5] A imigração estrangeira, subsidiada inicialmente pelo governo provincial, substituíra o braço escravo na lavoura e, na última década do século, dava-se com grande intensidade.[6] O sistema de transportes ferroviários continuava a expandir-se: em 1890 eram 2.425 quilômetros de trilhos no Estado, contra 1.212 de 1880 (Love, 1982, p.94). Os números da população de São Paulo refletiam o progresso global, aumentando aceleradamente, tanto na capital como no interior, este também marcado por expressiva urbanização.

As benfeitorias urbanas – canalização de córregos e rios, serviços elétricos, fornecimento de água, telefonia, transportes públicos, abertura de novos bairros e avenidas – realizadas, em muitos casos, por empresas estrangeiras, atraíam os fazendeiros ricos à capital onde erguiam seus palacetes. Um novo estilo de vida, tido como moderno e cosmopolita, seduzia as classes mais abastadas e os segmentos médios em ascensão, levando-os à busca crescente de novos confortos urbanos.[7] Os paulistanos desses estratos sociais ingressavam na *belle époque* eufóricos, confiantes nos benefícios ilimitados da expansão capitalista. Nessas condições, eram poucos os que se interessavam pela sorte, quer dos negros e seus descendentes mulatos, libertos mas marginalizados, quer dos imigrantes, em situação miserável, que não paravam de chegar.

Os grupos de letrados que se preocupavam com o progresso social, inspirados nas filosofias correntes – amalgamando liberalismo, darwinismo social e positivismo –, depositavam fé na educa-

---

5 "Em 1894, caíram os preços internacionais do café e a primeira crise de excesso de produção ocorreria em 1896. Nesse interim, o crédito fácil, típico do período do Encilhamento, isto é, da expansão financeira que ocorreu em 1890-91, além dos preços internacionais elevados que caracterizaram a década de 1890, estimularam a criação de novos cafezais..." (Love, 1982, p.71).

6 "Na década de 1891-1900, São Paulo recebeu mais imigrantes que a Argentina. Durante esses anos ... 700.000 dirigiram-se para São Paulo, contingente formado, pela ordem de importância, por italianos, portugueses e pessoas de várias outras nacionalidades" (Love, 1982, p.27-8). Da extensa lista de trabalhos sobre o assunto, podem ser destacados: Alvim, 1986, e Petrone, 1985, p.95-133.

7 Richard M. Morse (1970) descreve, de maneira sugestiva, as formas de convívio, as diversões, os hábitos em geral e as ideias das elites paulistanas nessa quadra.

ção como solução para todos os males. Ela era vista como o instrumento capaz não só de difundir novas ideias, como também de proporcionar o desenvolvimento científico e profissional, corrigindo, desse modo, as desarmonias sociais. As iniciativas do governo de São Paulo nesse campo, tomadas antes mesmo do governo republicano, eram, assim, saudadas com muitos elogios.

Em 1874, uma lei provincial instituiu "a educação compulsória para meninas entre sete e onze anos e para meninos entre sete e catorze (com exceção dos escravos, naturalmente)". Embora não tenha sido criado um sistema de fiscalização para a implantação da medida, a situação da província melhorara um pouco: "em 1886, São Paulo contava com 26.000 alunos, ou seja, um para cada 47 habitantes, proporção que se comparava positivamente com a nacional, 1:75" (Love, 1982, p.132).

Mas a concentração de esforços dava-se, prioritariamente, com vistas aos estudos médios e superiores. A reorganização da Escola Normal (única do Estado), em 1894, encabeçava a lista e seria seguida da instalação de uma nova Escola Politécnica (1895); da inauguração de uma divisão de Engenharia no Colégio Mackenzie (1896), que havia sido instalado por metodistas; dos cursos de Farmácia e Odontologia (1899) e do Instituto Agrícola de Piracicaba, já no princípio do novo século (Ibidem, p.133).

Outros espaços institucionais também vinham contribuindo para a divulgação dos conhecimentos científicos e das ideias modernizadoras, a exemplo da Comissão Geográfica e Geológica, criada em 1886 e presidida por Orwille A. Derby – mais um dos sócios-fundadores do IHGSP.[8] Encarregada do mapeamento do Estado para facilitar e racionalizar a ocupação de suas terras, ela proporcionaria à elite intelectual paulista o contato com engenheiros, geólogos e geógrafos – do porte de Teodoro Sampaio, além do próprio Derby –, que se tornariam expoentes dessas áreas em São Paulo.

A inauguração do Museu Paulista, alguns meses antes do Instituto, representara mais um passo no caminho científico. O projeto vinha de décadas anteriores, mas pôde se concretizar somente em

---

8 Sobre o assunto, ver Figuerôa, in: Ferreira et al., 1996.

A EPOPEIA BANDEIRANTE

1890, quando o seu edifício ficou pronto, e com a aquisição, em 1893, de coleções "compostas por espécimes de história natural, peças de mobiliário, jornais e objetos indígenas" (Schwarcz, 1993, p.79). Para dirigi-lo foi contratado Herman von Ihering, um alemão graduado em medicina e ciências naturais, estudioso de antropologia física e de zoologia. Ele também viera a chamado da Comissão Geográfica e Geológica e, como os demais, daria sua cota de apoio para a fundação do IHGSP.

Aqueles que se colocaram à frente da criação dessas duas últimas instituições compartilhavam da crença na função luminosa que as ciências – naturais e humanas – poderiam exercer no desenvolvimento de São Paulo, mas tinham em mira algo que excedia tais expectativas. Servindo-se dos instrumentos ditados por elas, pretendiam fincar as raízes de um povo, as tradições de uma região e um porto seguro na avalanche modernizadora. Para tanto, era essencial buscar o amparo, especialmente, da geografia, da etnografia e da história, razão de ser do Instituto e do Museu. Nem por isso, esses homens letrados, poetas de velha data, prescindiriam das substâncias e modelos imaginativos literários, que há muito eram suas âncoras mais firmes.

NO CORAÇÃO DA CAPITAL, PODER E PRESTÍGIO

Em diferentes lugares do centro de São Paulo realizaram-se as primeiras reuniões ordinárias do Instituto: na Escola Normal, no Ginásio do Estado à rua Boa Morte e, depois, em sobrados alugados às ruas 15 de Novembro, Marechal Deodoro e General Carneiro.

A construção da sede própria demoraria alguns anos: desde 1902 uma comissão encarregou-se de obter donativos de particulares e subsídios do poder público; em 1904 foi adquirido o terreno para a construção do prédio, à rua Benjamin Constant, que seria, afinal, inaugurado em 1909, com toda a pompa que o acontecimento ensejava.

A lista das personalidades e empresas que contribuíram para a obra mostra, com clareza, as relações de proximidade que se estabeleciam entre os seus sócios e os grupos econômicos e sociais dominantes da época. Das famílias mais conceituadas àquela altura, aparecem alguns nomes portando títulos de nobreza: o Barão de Tatuí e os condes de Prates, Álvares Penteado, Asdrúbal do Nascimento e Raimundo Duprat. Outros sobrenomes, igualmente bastante respeitados, revelam-se sob a rubrica de sociedades empresariais: Sousa Queiroz, Amaral & Cia.; Sales, Toledo & Cia.; Prado, Chaves & Cia.; Freitas, Lima Nogueira & Cia. E o que é mais significativo, da relação constam ainda nomes de figuras e empresas estrangeiras que já desempenhavam papéis decisivos na economia regional, à testa de vários setores: produção industrial, comunicações, serviços e infraestrutura urbanos, comércio externo, financiamento de capitais. São elas: Francisco Matarazzo,[9] Theodor Wille, Antônio de Camillis, Nicolau Falcone, The S. Paulo Light & Power Comp., Zerrener & Bulow, Brasialianische Bank, Jorge Fuchs, Richmann, Haydeireich & Irmãos, British Bank of South America, Nathan & Comp., London and River Plate Bank e London & Brasilian Bank.[10]

Além disso, eram inequívocas as ligações entre o Instituto e o poder público regional, o que pode ser medido pelos fartos recursos que os sucessivos governos a ele destinavam. Dos primeiros anos a 1913, aproximadamente 44% da sua receita eram provenientes dos cofres públicos do Estado e da Prefeitura, numa média anual de Cr$ 4.200,00 do primeiro e Cr$ 2.050,00 da segunda (*IHGSP:* Jubileu Social, 1944, p.123-5). Não bastasse isso, entre 1902 e 1915, a impressão da revista da entidade era feita, gratuitamente, nas oficinas da Imprensa Oficial.[11] Tal dependência não incomodava os seus associados e dirigentes, ao contrário, era motivo de orgulho. No início dos anos 30, diria Afonso de Escragnolle Taunay que essa "era a primeira de todas as associações congeneres

---

9 A trajetória do grupo Matarazzo, desde 1881, pode ser acompanhada no livro de Martins, 1976.

10 Informações sobre algumas dessas empresas podem ser encontradas, de forma esparsa, em Dean, 1971, e Morse, 1970. A lista completa dos contribuintes foi publicada em *IHGSP:* Jubileu Social (1894-1944), p.30. Outros nomes e firmas, também nela mencionados, são: Rodolfo Miranda, Companhia Mecânica e Importadora de São Paulo, Erico & Cia. e Augusto Rodrigues.

11 Durante a década de 1890, e depois de 1915, os volumes da revista foram editados por conta própria do Instituto, em diversas tipografias de São Paulo. O volume XVI foi impresso na cidade francesa de Tours.

A EPOPEIA BANDEIRANTE   99

do Brasil a gosar de tão grande regalia, muito embora sua curta existência" (apud Schwarcz, 1993, p.262).

Os subsídios públicos foram interrompidos de 1913 a 1927 e de 1931 a 1936. É curioso notar que, parte do primeiro intervalo coincide com a presidência de Altino Arantes no Instituto (1916-1922), simultaneamente ao exercício do governo do Estado (1916-1920). Nestes anos, a receita da agremiação permaneceu estável, talvez por causa de ajudas indiretas do Estado e da Prefeitura. O segundo intervalo corresponde à época das interventorias de Getúlio Vargas em São Paulo e aos fatos da Revolução de 1932, quando o Instituto colocou-se, obviamente, do lado paulista, sendo assim alvo da retaliação do governo adversário.

A análise do quadro de presidentes, sócios-fundadores e demais ingressantes no período que se estende até 1940 revela uma entidade, sem dúvida, inteiramente integrada ao mundo oficial de São Paulo.[12] Quanto aos primeiros, eram sempre homens de poder, representativos das correntes nacionais conservadoras: foram seus presidentes honorários Prudente de Morais (1894), Barão do Rio Branco (1901), Rui Barbosa (1908) e Afonso de E. Taunay (1939); e presidentes efetivos Cesário Mota Jr. (1894), Duarte de Azevedo (1897), Luiz Piza (1912), Altino Arantes (1916), Afonso Antônio de Freitas (1922) e José Torres de Oliveira (1930). Dos 139 sócios-fundadores, boa parte ocupava os mais altos cargos políticos estaduais e federais. Além do próprio presidente da República, participaram da sua criação o presidente do Estado (Bernardino de Campos), os secretários estaduais da Justiça (Rubião Júnior) e da Agricultura (Teodoro Dias de Carvalho), o prefeito de São Paulo (Pedro Vicente de Azevedo), os presidentes do Senado e da Câmara dos Deputados do Estado (José Alves Guimarães Júnior e Luís de Toledo Piza e Almeida), membros da comissão executiva do Partido Republicano Paulista (como Francisco de Paula Rodrigues

---

12 Os dados apresentados a seguir foram extraídos da publicação do IHGSP, no seu jubileu, op. cit., p.10-7 e 155-83. Estas informações foram, ainda, cruzadas com uma série de biografias, encontradas em obras diversas, com o destaque para a *Revista da Academia Paulista de Letras*, volumes de 1979 e 1980. No exame em pauta, não se levaram em consideração as distinções entre sócios efetivos e sócios correspondentes.

Alves), juízes do Supremo Tribunal Federal, deputados, senadores, ex-prefeitos, ex-ministros e vários outros líderes republicanos, especialmente Campos Salles e Francisco Glicério. Alguns deles eram figuras notáveis do final do Império, como Antônio da Silva Prado e Pedro Vicente de Azevedo.

Completam a relação: representantes dos jornais mais influentes, à época – Júlio César Ferreira de Mesquita, d'*O Estado de S. Paulo*; José Maria Lisboa, do *Correio Paulistano*; Silva Prado, do *Diário Popular*; professores e diretores da Faculdade de Direito, um representante do clero católico, o cônego José Valois de Castro, mais uma extensa quantidade de pessoas à frente de postos públicos do segundo escalão.

Não haveria mudanças significativas no perfil do IHGSP no decorrer dos decênios subsequentes. Em 1940, podiam ser somados cerca de mil sócios, entre os vivos e os já falecidos, cujos nomes eram propostos pelos membros efetivos, segundo critérios de notoriedade política, parentesco e relações sociais, sendo também considerada, em vários casos, a relevância intelectual do pretendente. Tudo indica que os anos de 1900 a 1915 e 1930 a 1940 tenham sido os mais férteis na aquisição de novos sócios.

Do mesmo modo como acontecia no IHGB ou em outros institutos estaduais, bem como nas academias de letras, os políticos e burocratas em vários escalões procuravam ingressar na agremiação paulista para obter a consagração intelectual. Por ele passaram, por exemplo, além dos já mencionados: os presidentes da República Rodrigues Alves e Washington Luís, ministros do governo federal (Cesário Mota, Azevedo Marques, Rui Barbosa) e presidentes do Estado até 1930 (Jorge Tibiriçá, Américo Brasiliense, Fernando Prestes, Altino Arantes, Carlos de Campos, Antônio Dino da Costa Bueno, Júlio Prestes). Dos interventores nomeados por Vargas para o governo do Estado, foram admitidos Laudo Ferreira de Camargo, Pedro de Toledo e Armando Salles de Oliveira, personalidades aceitas pela elite política paulista. Não se cogitou, é claro, na indicação dos interventores associados ao tenentismo: João Alberto, Manuel Rabelo, Valdomiro Castilho de Lima e Daltro Filho.

Acrescentaram seus nomes à lista, também, quase todos os prefeitos da cidade de São Paulo: Clementino de Souza e Castro,

A EPOPEIA BANDEIRANTE

101

Firmiano Moraes Pinto, José Pires do Rio, Luís de Anhaia Melo, Henrique Jorge Guedes, Gofredo da Silva Telles e Fábio da Silva Prado. De modo geral, as principais lideranças do Partido Republicano Paulista foram, ainda, contempladas, tendo sido insignificante, porém, a participação dos democratas da segunda metade da década de 1920.[13]

Ao longo desses 45 anos, o Instituto manteve, ademais, vínculos bastante sólidos com a Igreja Católica, reservando espaço a 36 clérigos: 22 padres, sete bispos e sete monsenhores. Vários deles eram ativos defensores do pensamento religioso conservador, como Camilo Passalacqua, Francisco de Paula Rodrigues e Duarte Leopoldo e Silva.[14] A afirmação das convicções religiosas encontrava eco, ainda, entre inúmeros leigos, como Estevão Leão Bourroul, católico e monarquista, um dos mais ardorosos representantes do grupo. Afonso Antônio de Freitas, Alcântara Machado e Paulo Setúbal,[15] entre muitos outros, também somaram seus nomes à relação dos católicos. Apesar de o IHGSP ter abrigado diversos intelectuais positivistas e outros crentes da ciência, a exemplo de Luís Pereira Barreto, líder da Liga Anticlerical, fundada em São Paulo em 1903, parecem ter prevalecido as inclinações menos extremadas, partidárias de um compromisso entre fé religiosa e defesa do conhecimento científico. Dessa maneira, dificilmente se poderia entender os campos científico e intelectual de São Paulo como au-

---

13 Em 1934, observa-se a presença de membros do Partido Constitucionalista, alguns deles egressos do Partido Democrático.

14 Arcebispo de São Paulo, de 1907 a 1938, D. Duarte buscou revitalizar o catolicismo, criando organizações leigas e promovendo congressos eucarísticos. Durante sua gestão, Aparecida foi proclamada "Padroeira do Brasil: é bem provável que Aparecida tivesse, na esfera religiosa, o mesmo valor que o bandeirantismo, na esfera do mito histórico: sendo Aparecida elevada à categoria de santuário nacional, após 1930, São Paulo passava a ser o epicentro da vida religiosa brasileira" (Love, 1982, p.319-21). No entanto, foi extremamente diminuta a participação de religiosos das igrejas *evangélicas*: da lista de sócios, constam apenas dois pastores presbiterianos – Otoniel Mota, eleito em 1904, e Erasmo Braga, em 1913.

15 Ângela de Castro Gomes, em seu quadro sobre os historiadores revalorizados pelo Estado Novo, inclui rápidas informações a respeito destes dois últimos: ambos foram agnósticos em sua juventude e, mais tarde, converteram-se ao catolicismo (1986, p.58-65).

tônomos em relação aos poderes do Estado e da Igreja. Diferentemente do que ocorreu na França onde, de acordo com Pierre Bourdieu, eles conquistaram sua autonomia já na segunda metade do século XIX, transpondo obstáculos políticos e religiosos externos, no Brasil e em São Paulo, particularmente, tais instituições ainda tiveram um peso muito grande no universo intelectual, pelo menos até aproximadamente a década de 1930 (Bourdieu, 1996, p.372).

Do conjunto de membros do IHGSP, sobressaía um núcleo de origens e laços sociais muito bem-definidos, constituído de indivíduos beneficiários das fortunas já consolidadas na expansão capitalista de São Paulo e que vinham ocupando os mais importantes espaços do poder político. Além de ricos, quase todos portavam diplomas de cursos superiores, o que lhes dava a garantia de pertencerem a uma elite letrada. Esse núcleo era formado, quase exclusivamente, por brancos ou os que assim se consideravam, ou ainda, quando muito, como descendentes dos velhos mamelucos ideologicamente embranquecidos. Uma das poucas exceções, entre os sócios do início da vida do Instituto, foi Teodoro Sampaio, um baiano negro contratado para a Comissão Geográfica e Geológica de São Paulo. Respeitado como intelectual e cientista, a despeito da cor da pele, sua admissão demonstra a importância que as letras haviam adquirido como poder simbólico.[16]

A educação superior era, por outro lado, uma nítida forma de ascensão social, permitindo que, a esse grupo econômico dominante, se ligassem pessoas originárias dos segmentos médios. Tais ligações acabavam sendo reforçadas por laços de parentesco e associações políticas. Certos perfis biográficos, traçados entre os pares da instituição, enfatizam a trajetória de intelectuais de origens humildes, geralmente jovens audazes em busca da independência pessoal, via de regra egressos de cidades interioranas, que saíram vitoriosos em suas carreiras à custa do trabalho árduo e do estudo. Casos como os de Benedito Otávio de Oliveira, tipógrafo de Campinas; de Carlos Ferreira, gaúcho que veio a São Paulo à procura de oportunidades; de José Felício de Oliveira, proveniente do inte-

---

16 Das obras do autor, consultar O tupi na geografia nacional, s. d.

A EPOPEIA BANDEIRANTE

103

rior para frequentar a Escola Normal; de Alfredo Pujol, Amadeu Amaral[17] e muitos outros.

Do ponto de vista profissional, entre os sócios predominaram, pela ordem: os de formação jurídica, absolutamente majoritários, egressos da Faculdade do Largo São Francisco; médicos graduados no Rio de Janeiro ou na Bahia; engenheiros formados na capital do país e em São Paulo; e mais um rol de bacharéis em cursos diversos: farmácia, humanidades, belas artes[18] etc. Outros sócios vinham das escolas militares, como por exemplo o marechal Cândido Rondon, o coronel João Lellis Vieira e o tenente-coronel Pedro Dias Campos, este um participante assíduo nas reuniões do Instituto. Em tal círculo, era comum escrever para os jornais, embora não se possa ignorar os que viviam, basicamente, dessa profissão.[19]

Assim como nos demais institutos e academias, no quadro de associados do IHGSP pode ser observada a formação de verdadeiras dinastias, ilustrativas desse campo de sociabilidade. De uma relação mais extensa, podem ser ressaltados nomes das seguintes famílias: Prado (Martinho Júnior, Eduardo, Veridiana e Paulo),[20]

---

17 A respeito desse autor, ver a belíssima biografia escrita, muito mais tarde, por Duarte, 1976.

18 Entre os mais conhecidos: médicos – Adolfo Lutz, Alberto Seabra, Pereira Barreto e Nina Rodrigues (sócio correspondente); engenheiros – Ramos de Azevedo, Edmundo Krug e Garcia Redondo; farmacêutico – Amadeu de Queiroz; artistas plásticos – Benedito Calixto de Jesus, Jules Martins Victor André e Oscar Pereira da Silva.

19 Ângela de Castro Gomes assim comenta a importância da atividade jornalística para os "historiadores" brasileiros até as primeiras décadas do século atual: "Os intelectuais em geral, aí incluídos os historiadores, de origem aristocrática ou não , são homens ligados ao jornalismo num duplo sentido. De um lado, porque os jornais e também as revistas constituem os 'novos e amplos' salões, exibindo os homens de letras a um público inusitado, e permitindo uma nada desprezível fonte de renda. Os jornais representavam ... uma forma de ingresso no mercado de trabalho intelectual, uma profissionalização que expandia contatos, sendo em alguns casos um passaporte para mundos políticos e sociais maiores" (1986, p.45).

20 Joseph Love (1982, p.124-25), baseando-se em estudo de Darrell Levi, acompanha a dinâmica dos Silva Prado, indicando os casamentos dos seus herdeiros com pessoas de outras famílias influentes (Morais Leme, Queiroz Teles e Pereira de Queiroz), e a participação de todos na vida política e cultural de São Paulo. Informações valiosas podem, ainda, ser obtidas no capítulo "A elite política" (p.215-41), do mesmo livro.

104 ANTONIO CELSO FERREIRA

Souza Queiroz, Piza e Almeida (ambas com vários expoentes), Mesquita (Júlio César e Júlio de Mesquita Filho), Machado de Oliveira,[21] Bernardino de Campos e Carlos de Campos, Afonso Celso de Assis Figueiredo e Afonso Celso Júnior, Afonso Antônio de Freitas e Afonso Júnior, Francisco Gomes de Araújo e Araújo Filho, José Maria Lisboa e Lisboa Júnior; Alfredo Ellis e Ellis Jr.

O capital letrado ostentado por essas famílias era de propriedade basicamente masculina, o que se refletia na composição dos sócios do Instituto. Dos mil sócios do período, foram admitidas somente dezesseis mulheres, na maior parte, das mesmas origens distintas. Nos vinte primeiros anos ingressaram: Ana de Queiroz Telles Tibiriçá, esposa de Jorge; Veridiana Valéria da Silva Prado, matriarca da família; Júlia Lopes de Almeida; Olga Morais Sarmento Silveira; Lídia de Sousa Resende; Amelia Machado Cavalcanti de Albuquerque; Delminda Silveira de Souza; Helvia Requielme; Hosana de Oliveira; Ibrantina Cardona; e a francesa Marie Renotte. A participação das mulheres paulistas nos acontecimentos de 1932 suscitaria nova onda, com a eleição para sócias de Carlota Pereira de Queiroz, Maria Imaculada Xavier Silveira, Maria Paes de Barros, Noêmia do Nascimento Gama e, é claro, da aristocrática Olívia Guedes Penteado.

O IHGSP viria a estabelecer algumas distinções no seu corpo associativo: além dos presidentes honorários, lembraria vários membros beneméritos[22] e, com o tempo, separaria os sócios efetivos dos correspondentes. Este último espaço ficaria reservado, principalmen-

---

21 O primeiro letrado ilustre desta família foi José Joaquim Machado de Oliveira (1790-1867), político e historiador à época do Império, muito citado no *ALSP*. Sucederam-no: Brasílio Machado (1848-1919), advogado e poeta; e José de Alcântara Machado de Oliveira (1875-1941), professor e diretor da Faculdade de Direito, autor do consagrado *Vida e morte do bandeirante*. Viria, ainda, mais um herdeiro ilustre – Antônio Castilho de Alcântara Machado d'Oliveira, de vida curta (1901-1935), que deixaria, entretanto, uma pequena, mas muito elogiada obra. Sobre ele, consultar Marques, 1995.

22 Foram eles: Orwille Derby, Domingos Jaguaribe, Gomes Cardim, Carlos Reis, Miranda Azevedo, Júlio Conceição, Alfredo de Toledo, Herman von Ihering, Estevão Resende, Duarte de Azevedo, Lídia de Sousa Resende, Afonso Antônio de Freitas, Alberto Penteado, Macedo Soares, Artur Vautier, José Leite de Barros, Pereira Guimarães, Samuel Ribeiro e Luiz Carneiro: cf. *IHGSP*: Jubileu Social, p.129.

A EPOPEIA BANDEIRANTE 105

te, a figuras residentes no exterior ou em outros Estados brasileiros. Os paulistas de nascimento ou os vindos de fora, já assimilados à elite regional, compunham, de toda maneira, o conjunto dos titulares. Embora a maioria deles se concentrasse na capital, não era pequeno o número dos que viviam em cidades do interior, ainda mais porque muitos se dedicavam a atividades econômicas ou possuíam bases políticas em diferentes locais do Estado.[23]

A participação de sócios de origem estrangeira ou de seus descendentes imediatos, apesar de pequena do ponto de vista numérico (aproximadamente 5%),[24] foi bastante significativa, em razão da proeminência intelectual de vários deles, incluindo os fundadores, já citados. Com certa imprecisão, esse montante pode ser assim distribuído: ingleses e americanos (quatorze), alemães (quatorze), espanhóis (oito), italianos (sete), franceses (seis), europeus do leste (dois ou três). Essas aquisições concentraram-se nas décadas de 1890 e 1900, tendo sido retomados, como tendência ascendente, a partir de 1930. Os estrangeiros admitidos na primeira fase eram figuras de formação científica e passaram a integrar a elite letrada regional. A entrada dos italianos, em específico, deu-se a partir de 1920 e se resumiu aos bem-sucedidos economicamente, a exemplo de Francisco Nardi Filho, eleito em 1924, e Antonio Piccarolo, em 1939.[25] Nessa época, o IHGSP acompanhava, com muita relutância, uma leitura que procurou assimilá-los à tradição paulista, na condição de novos mamelucos. Essa recente interpretação era realizada tanto pe-

---

23 Tal trânsito, da capital para o interior, ou vice-versa, é descrito por Love, 1982, p.215-41.

24 Esses dados são bastante imprecisos, em razão da carência das informações obtidas nas fontes. O critério mais óbvio foi tomar como base os sobrenomes estrangeiros; algo certamente falho porque suscita dúvidas em relação aos egressos de Portugal.

25 A família Nardi havia se tornado proprietária de extensas áreas rurais e figuraria, ao lado dos Matarazzo, como protótipos dos italianos vitoriosos. Piccarolo dedicava-se a atividades industriais e, associando-se a L. Finnocchi, publicou *O desenvolvimento industrial de São Paulo*, no qual demonstrou a pujança industrial paulista. "O livro revelava, ademais, que a maioria esmagadora dos proprietários de indústria e dos participantes das Exposições Industriais eram de origem estrangeira, com predominância marcada de italianos" (Sevcenko, 1992, p.245). A respeito da prática política de Piccarolo, consultar Hecker, 1988.

los modernistas como por grupos políticos da situação, interessados em ampliar suas bases de apoio.

Com semelhante perfil, marcado por condicionantes políticas oficiais e expectativas de consagração intelectual da parte dos estratos sociais dominantes, o IHGSP reuniu numerosas e expressivas personalidades, ligadas a interesses e atividades diversificados. A despeito de quase todos se considerarem historiadores, foi um núcleo menos alargado que se dedicou, sem reservas, ao estudo e à pesquisa, assim legando uma obra com certa solidez.

Da agremiação, distinguiram-se como historiadores, no período, ou viriam a ser salientados os nomes de Eduardo Prado, Aureliano Leite, Afonso de E. Taunay, Alcântara Machado, Paulo Prado, Afonso Antônio de Freitas, Eugênio Egas e alguns outros. A partir dos anos 20, ingressaram representantes de uma nova geração, como Alfredo Ellis Jr., Aroldo de Azevedo, Fernando de Azevedo, Plínio Ayrosa, Pedro Calmon, Roberto Simonsen, o já referido Antonio Piccarollo, e Eurípides Simões de Paula – vários dos quais ocupariam cadeiras nos cursos de História, Sociologia, Antropologia e Filosofia na Escola de Sociologia e Política e na Faculdade de Filosofia e Letras da USP, fundadas no início dos anos 30.[26] Figuraram ainda como sócios, historiadores renomados de outras províncias, com os quais os paulistas procuravam estabelecer contatos: Capistrano de Abreu, João Pandiá Calógeras, Rocha Pombo e Basílio de Magalhães.[27]

Escritores, em sentido lato, eleitos para o IHGSP, embora nem todos participassem ativamente da vida associativa, foram: Euclides da Cunha, Alberto Rangel, Afonso Arinos de Melo Franco, Amadeu

---

26 Simonsen foi um dos fundadores da Escola de Sociologia e Política, onde lecionou História Econômica. Além de Afonso de Taunay, talvez a figura mais conceituada do IHGSP e do Museu Paulista, passaram pela USP: Fernando de Azevedo, na Faculdade de Filosofia, seguindo uma brilhante carreira universitária; Plínio Ayrosa, na cadeira de Etnografia e Língua Tupi-Gurani; Alfredo Ellis Jr., como sucessor de Taunay na cadeira de História da Civilização Brasileira; e também Eurípides Simões de Paula, no curso de História.

27 A respeito de Capistrano, consultar: Araújo, 1988, e Bottman, 1991. Para ligeiros dados biográficos sobre ele, Calógeras e Rocha Pombo, ver Gomes, 1986; sobre Basílio de Magalhães, consultar *Revista da Academia Paulista de Letras*: 1909-1979, p.129.

A EPOPEIA BANDEIRANTE   107

Amaral, Amadeu de Queiroz, Hipólito de Camargo, Veiga Miranda, Venceslau de Queiroz, Vicente de Carvalho, João Vampré, Júlia Lopes de Almeida, Olegário Herculano, Paulo Setúbal e Gomes Cardim.[28]

Tratava-se de um escol bastante expressivo das letras paulistas dos primeiros decênios do século, antes do advento do modernismo. No entanto, alguns expoentes deste ou pessoas das suas relações, acabariam também por ingressar no IHGSP, em fins dos anos 20 e começo dos 30. Entres eles, Olívia Guedes Penteado, mecenas dos novos escritores; Paulo Prado, entusiasta do movimento; além dos críticos Sérgio Milliet e René Thiollier. Guilherme de Almeida, o poeta mais celebrado dos paulistas, não poderia faltar no grupo. Até mesmo Mário de Andrade, um primo pobre das oligarquias,[29] não só foi admitido em 1936, como seria eleito tesoureiro do instituto no ano seguinte.

TRADIÇÃO E EXIBIÇÃO

No que afeta aos aspectos de composição, relações com o Estado, organização e objetivos, não é difícil perceber que o IHGB, fundado em 1838, no Rio de Janeiro, serviu de modelo e fonte de emulação para o Instituto paulista.

Ambos buscaram reunir os homens de letras, numa sociedade de maioria analfabeta, remontando à natureza seletiva das acade-

---

28 Desta relação, quase todos seriam também eleitos para as cadeiras da *Academia Paulista de Letras,* como patronos, fundadores ou novos ocupantes das suas cadeiras. O assunto será tratado no Capítulo 3.

29 Expressão empregada por Sérgio Micelli (1979, p.26-8) para se referir aos participantes do movimento, originários de estratos sociais afastados da fração dominante e "ameaçados de desclassificação", cuja ascensão social e intelectual deu-se com dificuldades e desvantagens, se comparada à trajetória dos modernistas herdeiros das famílias tradicionais, como Oswald de Andrade – um homem "sem profissão". Foi o caso de Mário de Andrade, que não chegou a realizar nenhum curso superior. O autor faz uma sugestiva análise das clivagens ocorridas no meio social letrado.

mias ilustradas europeias dos séculos XVII e XVIII.[30] Ao analisar a produção historiográfica do IHGB, Manoel L. Salgado Guimarães assinala algumas características gerais que podem, em muitos aspectos, valer para a obra do IHGSP, guardadas as diferenças do tempo transcorrido, as mudanças na sociedade ou na organização do Estado e a sutil absorção, pelo último, de novas reflexões ou formas de discurso:

> Marcada pelos critérios que presidem e organizam um tipo de sociabilização própria de uma sociedade de corte, esta produção ... escapa, assim, às regras e injunções específicas do mundo acadêmico, cujo critério de recrutamento básico apoia-se no domínio de um certo saber específico. Enquanto na Europa o processo de escrita e disciplinarização da história estava-se efetuando fundamentalmente no espaço universitário, entre nós esta tarefa ficará ainda zelosamente preservada dentro dos muros da academia de tipo ilustrado, de acesso restrito, regulamentado por critérios que passam necessariamente pela teia das relações sociais e pessoais. Como traços marcantes desta história nacional em construção, teremos o papel do Estado Nacional como o eixo central a partir do qual se lê a História do Brasil...[31]

Herdeiros, desse modo, da tradição iluminista e imersos em relações e condicionamentos estamentais, os dois institutos se autoincumbiram da tarefa de produzir e difundir o conhecimento histórico e científico, concebendo-o como uma marcha linear em direção ao progresso, segundo os princípios de alargamento da civilização branca nos trópicos.

Projeto, é verdade, de custosa consecução: como construir um enredo unitário para um país novo, de dimensões continentais,

---

30 As academias europeias não desapareceram no século XIX, em face do fortalecimento e da remodelação das universidades. Em 1834, por exemplo, era criado, em Paris, o Institut Historique, com o qual o IHGB manteve, nos seus primeiros anos, um contato estreito. O IHGSP também procurou estabelecer comunicação com outras academias sobreviventes da Europa, especialmente de Portugal. Em uma de suas primeiras reuniões, definiu-se como objetivo: "manter correspondência e relações com as sociedades congêneres, nacionais e estrangeiras". In: *IHGSP: Jubileu Social*, p.23.

31 Guimarães, 1988, p.5-27. A distinção feita pelo autor entre as academias e as universidades, as primeiras regidas por relações pessoais, mediadas pelo Estado, e as segundas, pelo mérito científico, é passível de várias indagações, pelo menos no caso brasileiro.

A EPOPEIA BANDEIRANTE

segmentado em regiões de povoamento e cultura tão distintos e ainda mais, composto de raças tão diversas? Na primeira metade do século XIX, no contexto da Independência, José Bonifácio resumiu bem o dilema: "amalgamação muito difícil será a liga de tanto metal heterogêneo, como brancos, mulatos, pretos livres e escravos, índios etc. ... em um corpo tão sólido" (apud Santos, 1985).

Para os fundadores do IHGSP, já às portas do novo século, o problema persistia. Depois de setenta anos de debates indianistas e regionalismos românticos, sob a proteção da Coroa, caberia a eles revisitar os marcos da nacionalidade com outros olhos e novo patrocínio. Da mesma maneira "que as academias literárias e científicas provinciais francesas do século XVIII articulavam-se na teia mais ampla do processo de centralização levado a efeito pelo Estado, sediado em Paris", foi do Rio de Janeiro que, no Império, "as luzes" procuraram "expandir-se para as províncias" (Guimarães, 1988, p.8). Poderia ser acrescentado que idênticos desejos estavam presentes na entidade paulista: vitoriosa a República, era de São Paulo que seus sócios pretendiam irradiar suas luzes, não só no espaço regional, como em toda a nação.

Estiveram em jogo, desde seu nascimento, assim, "antigas querelas, que, antes de se limitarem a sua esfera apenas institucional, remontavam a disputas entre as elites dominantes dos dois estados".[32] Além de significarem a busca da superioridade intelectual e científica, elas vinham à tona acompanhando a luta em torno de interesses econômicos e projetos políticos divergentes ou mesmo de cargos no aparelho de Estado. E não se resumiam ao conflito entre São Paulo e Rio de Janeiro. Ao contrário, estendiam-se pelo país, tornando visíveis os regionalismos do final do Império e da Velha República, aflorando em diferentes expressões, institucionais ou simbólicas. Os institutos históricos estaduais, surgidos desde essa época, representariam bem esse clima de concorrência.[33] O

---

32 Cf. Schwarcz, 1993, p.126, e nota 31, p.262. Ao falar de "antigas querelas", a autora faz menção aos embates ocorridos entre os museus do Ipiranga e Nacional; ver também as páginas 80-5 do mesmo livro.

33 Cf. Schwarcz, ibidem, p.136. A bibliografia sobre os regionalismos é bastante profusa. Além do livro de Joseph Love sobre São Paulo, já várias vezes citado, lembre-se: Levine, in: Fausto, B. (Dir.) *História Geral da Civilização Brasileira. O Brasil Republicano*, 1975, t.3, v.1; Schwartzman, 1977; Wirth, in: Fausto, B. (Dir.) *História Geral da Civilização Brasileira*, 1975, t.3, v.1.

Instituto Arqueológico e Geográfico Pernambucano, fundado em 1862, foi o precursor dessas agremiações regionais, tendendo a "legitimar elites decadentes, que destacavam um passado glorioso mas viviam um presente tedioso" (Schwarcz, 1993, p.136). Na virada do século, mais de vinte espalharam-se pelo país e ainda viriam os de Minas Gerais, da Paraíba e de Goiás, até os anos 40. Cada um deles procuraria evidenciar as singularidades locais e sua versão da história pátria.

Contudo, foi em São Paulo que a disputa assumiu uma feição aberta de desafio. Os historiadores locais não ocultariam o propósito de abalar a história da nacionalidade, até então construída pelo IHGB, ambicionando reescrevê-la de ponta a ponta. No primeiro volume da revista do IHGSP, isso já era anunciado, sem disfarces: "A história de São Paulo é a própria história do Brasil" (*RIHGSP*, v.I, p.1895). No lugar dos heróis e eventos emoldurados pela historiografia do Império, ansiavam por entronizar novos vultos e acontecimentos, equivalentes às "grandes energias collimadas na epopéa inigualavel" dos paulistas. Conforme arremataria Afonso Antônio de Freitas, em 1922, São Paulo constituíra, desde cedo, o polo "orientador dos destinos da nação em pleno jus da divisa moderna – Non ducor, duco..." (*RIHGSP*, v.XXII, 1923, p.33).

Mas essas palavras não exprimiam, simplesmente, as ideologias instrumentais de classe e de Estado. Se bem que, em diversos momentos, se esvaziassem sob o efeito dos meros exercícios retóricos numa infinidade de discursos políticos de duvidosa eficácia, elas revelavam, seja feita justiça, raízes mais profundas. Do ponto de vista temporal, remetiam, como já foi visto, às aspirações das primeiras fornadas de homens de letras da terra, inscrevendo-se como a linguagem comum do seu círculo de sociabilidade. Assim, tão desejosas de consubstanciarem a matéria histórica regional/nacional, elas próprias entrelaçavam-se como história e intertexto. E ao se projetarem para o momento vivido, afinal, imbricavam-se na teia das novas subjetividades e relações sociais de uma região fortalecida econômica e politicamente, cuja tradição, entretanto, estava para ser firmada. O IHGSP empenhou-se em edificá-la, em várias dimensões, como afirmaria Taunay em seu discurso de posse:

A EPOPEIA BANDEIRANTE

> uma das nobres feições do Instituto é a tradução exacta de um forte aspecto da terra paulista: a generosidade, a magnífica hospitalidade ... o mais elevado sentimento de solidariedade humana. É que impera a tradição: assim também nunca coube São Paulo dentro das fronteiras. (*RIHGSP*, v.XVII, 1912)

Das principais atividades organizadas pelo órgão, grande relevo foi dado à celebração de efemérides relativas, especialmente, às descobertas portuguesas e aos primeiros séculos da colonização brasileira, privilegiando-se os acontecimentos de São Paulo. Já em maio de 1898, comemorava-se o IV Centenário do Descobrimento do Caminho Marítimo da Índia. Dois anos depois, o IV Centenário da Descoberta do Brasil, para o qual o Instituto editou, em folheto cuidadosamente ornado, cópias das cartas do padre José de Anchieta e da obra de Hans Städen.

Em 1914, lembrava-se o nascimento, dois séculos antes, de Pedro Taques de Almeida Pais Leme – autor da *Nobiliarquia paulistana* e da *História da Capitania de São Vicente* – com a inauguração, em sua sede social, de uma placa de bronze em homenagem ao cronista. No ano seguinte, seria a vez de recordar a vida de frei Gaspar da Madre de Deus, nascido naquela mesma época, instalando-se mais uma placa. Nessas e noutras ocasiões, o orador oficial era, invariavelmente, Afonso de Taunay, cujas palavras solenes o Instituto cuidava de transcrever nas condecorações metálicas.

O primeiro centenário da Independência daria oportunidade ao mais retumbante dessa série de atos, tendo sido também comemorado em várias outras instituições, bem como nas praças públicas, com o apoio do governo do Estado. No salão do IHGSP, de janeiro a setembro de 1922, sucessivos oradores desenvolveram teses sobre a cooperação de São Paulo na proclamação da Independência: Entre eles, salientaram-se Afonso de Freitas, Pedro Dias de Campos, Ernesto Goulart Penteado, Dom Duarte Leopoldo, Demétrio Seabra, Félix Soares de Melo, Eugênio Egas, Afonso de Freitas Júnior, Djalma Forjaz e Luiz de Toledo Piza"(ver Capítulo 4, "1992 – Simulação e espetáculo da história").

No decênio de 30, justamente quando São Paulo perdia o controle da República, novos esforços seriam encetados como efeito reativo a esse insucesso, com o objetivo de demonstrar a sua primazia na colonização brasileira e o seu papel de "orientador dos destinos da nação". A oportunidade foi aberta por se registrarem, à altura, os quatrocentos anos da cidade de Cananeia (1931) e da Capitania de São Vicente (1532), assim como o III Centenário de Ubatuba (1937). Membros do Instituto compareceram a esses locais para as festividades, novas lápides foram fabricadas, medalhas cunhadas e selos emitidos. A exaltação da tradição regional serviria de contrapeso à política cultural do governo de Getúlio Vargas, que procurou revalorizar o passado sob uma ótica nacionalista e centralizadora, tendente a minimizar as construções simbólicas regionalistas, como as de São Paulo (cf. Oliveira et al., 1982, e Gomes, 1986). Contudo, em maio de 1932, pouco antes da eclosão do movimento armado, o governo federal ainda contemporizava com os paulistas, autorizando a cunhagem de moedas divisionárias de prata, cobre-alumínio e níquel, como lembrança à fundação de São Vicente, aproveitando "os motivos sugeridos pelo Instituto Histórico e Geográfico de São Paulo".[34]

As pesquisas, conferências e festividades devotadas a esse passado abriram espaço, por outro lado, à divulgação de toda uma pintura sobre motivos históricos regionais. Um dos primeiros artistas plásticos a obter reconhecimento no Instituto foi Jules Martin Victor André, francês, sócio-fundador e proprietário da Imperial Lytographia, que fez diversos desenhos, reproduzidos nos diplomas da agremiação. Os dois outros foram Benedito Calixto (1853-1927) e Oscar Pereira da Silva (1867-1939),[35] sócios ingressantes, respecti-

---

34 Apud *IHGSP:* Jubileu Social, p.100. Incluíram-se, também, na relação de datas comemoradas: II Centenário da Elevação de São Paulo a Cidade; I Centenário do Barão Homem de Melo, o mesmo do Arquivo Nacional, Cinquentenário da Abolição da Escravatura, I Centenário do IHGB (com menor realce); e idênticos anos do Padre Chico, de Prudente de Morais e do Visconde de Taunay, avô de Afonso d'Escragnolle.

35 Calixto, homem profundamente religioso, recebera uma bolsa do governo provincial para estudar nos ateliês europeus. De volta a São Paulo, juntou-se a Oscar Pereira da Silva e Pedro Alexandrino Pereira da Silva foi o último artista a receber o Prêmio de Viagem, concedido pela monarquia, fixando residência em São Paulo em 1896, ao término dos estudos. Filiou-se, ainda, à linha de Almeida Júnior, pintor morto jovem, igualmente cultuado pelo Instituto e pela literatura paulistas. Consultar: Campofiorito, *A proteção do Imperador e os pintores do Segundo Reinado – 1850-1890.* Rio de Janeiro: Edições Pinakotheke, 1983, p.48-59; e Durand, J. C. *Arte, privilégio e distinção:* artes plásticas, arquitetura e classe dirigente no Brasil: 1855-1985. São Paulo: Perspectiva, Edusp, 1989. Maria Elizia Borges (1983) traz indicações sobre a pintura de Benedito Calixto em Ribeirão Preto, de 1916 a 1922.

A EPOPEIA BANDEIRANTE

vamente em 1905 e 1909. Ambos estudaram na Europa, onde receberam uma formação acadêmica, perceptível em suas obras e formas de temas religiosos e históricos. Calixto, além de acumular, na entrada do século, um conjunto de quadros sobre a cidade de Santos, escreveria com certa regularidade artigos a respeito da história paulista. Pereira da Silva legaria ao Instituto uma de suas obras mais conhecidas – *A primeira missa em São Paulo*, claramente inspirada no quadro em que Victor Meirelles pintou o início da catequese jesuítica no Brasil. No universo artístico e literário da época, réplicas regionalizadas da nação e exibições de São Paulo ocupavam mentes e nasciam das canetas ou pincéis, neste e em vários outros exemplos.

Apesar da ênfase dada aos temas regionais, os componentes da entidade buscavam, ainda, visar às demais porções da nação. Admitido como sócio em 1897, no ano seguinte Euclides da Cunha proferiria conferência em seu salão nobre – diante de uma plateia que incluiu, entre outros, Teodoro Sampaio, Alberto Loefgren e Orwille Derby – sobre a "Climatologia nos sertões da Bahia" (*IHGSP:* Jubileu Social, 1944, p.39-46). Na memória do Instituto, por diversas vezes, seria lembrado que o notável escritor leu em São Paulo um dos capítulos de *Os sertões*, muito antes da publicação da obra (1902). Diga-se de passagem que Euclides, um fluminense tão afeiçoado aos caboclos de São Paulo – para quem os legendários sertanejos do Nordeste vinham de um ramo colateral ao dos bandeirantes –, seria objeto de um verdadeiro culto no IHGSP.

As atenções voltaram-se, além de tudo, para Minas Gerais, Paraná e Mato Grosso, em incursões analíticas que faziam uso da história para legitimar demandas territoriais ainda em curso. Os sócios do Instituto examinaram e emitiram pareceres sobre a questão pendente dos limites entre paulistas e mineiros[36] e quanto aos restantes, procuraram divulgar estudos a respeito da natureza e da cultura observadas nas terras a noroeste/sudeste, submetidas à ação das frentes pioneiras dos cafeicultores.

Em suas reuniões, realizadas duas vezes ao mês, os sócios ainda discutiram temas relativos ao patrimônio histórico, cuidando de emitir pareceres sobre as origens de inúmeras dioceses e núcleos urbanos

---

36 A pendência, iniciada por volta de 1853, somente seria resolvida em 1937.

e de propor à prefeitura da capital paulista, que fossem homenageadas várias personalidades, com a designação de nomes de ruas, praças, prédios, ou com a construção de estátuas. Muitos dos que receberam essas honrarias foram os próprios sócios do Instituto.

Eles se dedicaram, por fim, a organizar internamente a entidade, criando quatro seções – biblioteca, mapoteca, arquivo, museu[37] – e ao trabalho de publicação dos resultados alcançados. Destes, sobrelevou-se a edição de uma longa série documental: nove volumes de *Documentos Interessantes para a História e Costumes de São Paulo*, dois de *Inventários e Testamentos*, e um de *Sesmarias*.

Mas foi à revista, publicada anualmente, que os consócios destinaram a maior parte do seu labor. Ela daria visibilidade ao IHGSP, circulando entre um público leitor limitado, porém, qualitativamente escolhido: homens eruditos e de letras em geral, políticos e burocratas em variados níveis, famílias abastadas ou de posses medianas. Em 1904, os diretores da agremiação enviaram alguns dos seus exemplares à Exposição Internacional de São Luiz, realizada nos Estados Unidos. Reconhecida e premiada, exatamente no país em que os paulistas buscavam se espelhar, ela recebeu uma medalha de ouro e um diploma, guardados como motivo de orgulho do Instituto e do culto às tradições gloriosas de São Paulo.

ADORNOS E DOCUMENTOS

A leitura da Revista do IHGSP, em seus números de 1895 a 1940,[38] permite acompanhar de perto a produção historiográfica,

---

37 Em 1944, a biblioteca contava com 12.251 volumes (6.820 de livros e 5.431 de periódicos); o museu, "muito pobre", constava de "moedas, medalhas e outras peças"; o arquivo, de uma coleção preciosa de jornais, além de uma "excelente coleção de fotografias e gravuras" que frequentemente socorria o Museu Paulista (*IHGSP:* Jubileu Social, p.91-3).

38 Foram analisados do volume I ao XXXIX. Informações mais completas encontram-se nos relatórios de Marcelo Lapuente Mahl, 1996. Schwarcz, 1993, p.140, ao tratar, em breves páginas, do IHGSP, consultou e classificou os artigos do mesmo periódico, referentes a um intervalo menor (1895-1930), com o objetivo de delinear um rápido perfil da agremiação, em comparação com outras instituições da época. Em razão dessa generalidade, os seus resultados são, em parte, distintos dos aqui expostos.

ou intelectual paulista num sentido mais amplo, nos anos anteriores à criação e à consolidação dos estudos humanísticos da Escola de Sociologia e Política e da Universidade de São Paulo. A análise desse conjunto de escritos, composto de 589 matérias, leva a pensar sobre diferentes questões afetas a tal tipo de trabalho: formas e estilos de textos adotados, áreas de conhecimento valorizadas e concepções que as norteavam, procedimentos de pesquisa, autores e seus perfis "profissionais". As questões vão se ramificando, mas embora não se pretenda dar respostas a todas elas, pode-se, ao menos, indicar alguns roteiros para a sua elucidação. O quadro que se segue possibilita um contato inicial com as formas de textos da época:

Revista do IHGSP (1895-1940)

Tipologia de textos	Nº de matérias	%
Artigos	258	43,8
Biografias, genealogias, elogios fúnebres	92	15,6
Documentos históricos	83	14,1
Atas, editoriais, estatutos, relatórios, pareceres	55	9,3
Discursos, homenagens, comemorações	45	7,6
Conferências	39	6,7
Catálogos, acervos	9	1,5
Crônicas	6	1,0
Notícias	2	0,3
TOTAL	589	100

Fonte: *RIHGSP* (v. I-XXXIX).

As nomeações acima foram empregadas, na maioria das vezes, pelos editores ou autores das matérias. Para alguns textos de formato menos nítido, mas de visível hibridez – aqui chamados de crônicas, por exemplo –, a classificação foi mais trabalhosa (e, talvez, arbitrária), levando a uma leitura comparativa com outros da literatura da época, publicados fora da revista.

Eles se distinguem em dois blocos: os assinados pela comissão editorial e os autorais. Os primeiros reúnem as atas, editoriais, estatutos, relatórios ou pareceres de comissões do Instituto. Os segundos englobam um material diversificado, cujos tipos discursivos muitas vezes se justapõem, dificultando a discriminação: artigos sobre temas variados, conferências, elogios, homenagens, esboços biográficos ou genealógicos, descrições de acervos, notícias a respeito de eventos, transcrições e comentários de documentos, as próprias crônicas etc.

Observa-se a clara predominância dos artigos, os quais, entretanto, não devem ser considerados tendo como base modelos especializados recentes. Quase sempre, eles conservam características discursivas tradicionais, no tocante aos aspectos narrativos, recursos retóricos e figurativos. Desse modo, não se diferenciam, com precisão, dos escritos derivados da oratória grandiloquente, transcritos das falas nas sessões da agremiação: discursos, conferências, elogios fúnebres, apreciações biográficas e genealógicas. E eram tão profusas essas alocuções que, somadas, atingem um percentual de 30%.

A publicação de documentos antigos, comentados ou não, consome também um número razoável de páginas do periódico, demonstrando o apego dos seus historiadores para com as fontes originais. Inventários, testamentos, tratados de limites, cartas e outros, invariavelmente ligados ao poder público, à igreja e aos proprietários rurais, aparecem a cada volume, indicando como se dava, ainda, a formação do acervo do Instituto. Como parte de um olhar historiográfico típico da época, e geralmente chamado de positivista, o documento é não só monumentalizado, como também submetido à crítica externa e interna, para dele se obter a verdade.[39]

O afã de reunir tais monumentos já se manifestava, é bem verdade, desde 1870, como se viu no *Almanach* de José Maria Lisboa.

---

39 Cf. Jacques Le Goff: "No final do século XIX, Fustel de Coulanges pode ser tomado como um testemunho válido de como documento e monumento se transformaram para os historiadores" (1990, p.536). Na sequência, Le Goff cita uma passagem do autor antes mencionado, esclarecedora de que como era visto o documento: "A leitura dos documentos não serviria, pois, para nada se fosse feita com ideias preconcebidas ... A sua única habilidade (do historiador) consiste em tirar dos documentos tudo o que eles contêm e em não lhes acrescentar nada do que eles não contêm. O melhor historiador é aquele que se mantém o mais próximo possível dos textos".

A EPOPEIA BANDEIRANTE

No Instituto, eles passaram a receber um tratamento um tanto mais cuidadoso, embora continuassem a servir de atestado a enredos e substâncias históricas prefiguradas.

A preocupação com a formação de um acervo ampliado pode, ainda, ser seguida mediante a leitura dos catálogos e descrições do material iconográfico e de alguns objetos museológicos, adquiridos pela entidade: mapas, bandeiras, selos, medalhas, moedas, brasões, autógrafos, quadros etc. Resultado do trabalho individual ou de equipe, o estudo dessas fontes atinha-se ao emprego de técnicas ligadas a áreas tradicionais, oriundas dos séculos XVII e XVIII, como a heráldica, a numismática e outras correlatas.

Essas especialidades inseriam-se em diversas áreas de conhecimento, antigas ou modernas, estimuladas pela produção do Instituto. Na revista, as principais áreas se distribuem da seguinte maneira:

Revista do IHGSP (1895-1940)
Áreas de Conhecimento (I)

Áreas	Nº de matérias
História	352
Geografia, História	66
Etnografia, Folclore, História	61
Estudos linguísticos, Etno-geo-linguísticos	13
Genealogia	13
Literatura e Artes	12
Geografia, História Natural, Arqueologia	7
Geografia, Cartografia, Astronomia	3
Arqueologia, História	3
História, Teoria, Historiografia	1
Filosofia	1
TOTAL	532

Fonte: *RIHGSP* (v. I-XXXIX).

Excluídas as atas, editoriais, notícias e outros textos oficiais, as matérias restantes foram sistematizadas, quando possível, seguindo-se as nomenclaturas dadas pelos autores e na ausência destas, com um esforço comparativo em relação aos campos de estudos contemporâneos. Além disso, muitas vezes, foi necessário incluir os textos em áreas abrangentes, em razão das abordagens generalizantes, fluidas ou ecléticas. Nessas circunstâncias (como a área: Geografia, História Natural, Arqueologia), o primeiro termo indica a maior ênfase, e o último, a menor. Traduzidos em percentuais, obtêm-se os seguintes campos:

Revista do IHGSP (1895-1940)
Áreas de Conhecimento (II)

Áreas	%
História	66,3
Estudos aplicados (66,2)	
Historiografia, Teoria (0,1)	
Geografia	14,3
Geografia, Cartografia, Astronomia (0,6)	
Geografia, História (12,4)	
Geografia, História Natural, Arqueologia (1,3)	
Etnografia, Folclore, História	11,5
Estudos Linguísticos, Etno-geo-linguística	2,4
Genealogia	2,4
Literatura e Artes	2,3
Arqueologia, História	0,6
Filosofia	0,2
TOTAL	100

Fonte: *RIHGSP* (v. I-XXXIX).

A primeira evidência é a de que os estudos históricos prevalecem de modo absoluto, não só pela quantidade de trabalhos específicos assim designados (66,3%), como também pela vasta série que lança mão do enfoque histórico, sem constituir estritamente um conjunto de especialidades. As matérias propriamente históricas agrupam um número expressivo de estudos aplicados – sobre personagens ou contextos sociopolíticos, levantamentos documen-

A EPOPEIA BANDEIRANTE

tais, cronologias – e uma quantidade insignificante de textos mais teóricos ou de preocupação historiográfica.[40]

A outra série inclui áreas de conhecimento que ainda eram pouco especializadas no Brasil, cujos limites com a História mostravam-se tênues: Geografia, Antropologia, Arqueologia, Linguística, Literatura e Artes. Isso, apesar do estímulo que as três primeiras, em particular, vinham recebendo, em São Paulo, com a fundação do Museu Paulista e as atividades da Comissão Geográfica e Geológica.[41]

Assim considerando, os trabalhos de fundo histórico alcançariam um percentual em torno de 95%, se nesse amplo espectro fossem computados os estudos específicos, as genealogias e uma grande porção dos trabalhos de Geografia, Etnografia, Arqueologia, Literatura e Artes.

O exemplo da Geografia é sintomático, pois indica uma maioria de estudos de dupla face – Geografia e História (12,4%), formando um campo indefinido, que, com alguma arbitrariedade, poderia ser visto como de Geografia Humana, conforme um recorte atual.[42] O grau incipiente de especialização na área fica ainda mais explícito se considerada a exiguidade de estudos aplicados de

---

40 Evitou-se considerar como trabalhos historiográficos ou de propósito teórico uma extensa quantidade de artigos a respeito da vida/obra de grandes vultos, assim vistos no Instituto: cronistas da época colonial, homens públicos-historiadores e escritores, desde o século XIX etc. Essas matérias são, na totalidade, marcadas por um tom laudatório, em que não há uma preocupação com a "história da história", seus contornos disciplinares, métodos ou aparatos conceituais.

41 São raros na revista os trabalhos teóricos preocupados com o desenvolvimento da disciplina geográfica no Brasil ou no exterior. Um exemplo encontra-se no artigo de G. de A. Moura, "A Geographia Nacional" (*RIHGSP*, v.XV, 1910, p.209-19), que transcreve discurso do autor no Segundo Congresso Brasileiro de Geografia.

42 Exemplos dessa modalidade de estudos: A. Orlando, "Zonas Geographicas brasileiras" (*RIHGSP*, v.XIII, 1908, p.313), artigo em que o autor classifica as diversas áreas do país segundo aspectos geológicos, climáticos, hidrográficos, botânicos e zoológicos, buscando definir quais os cultivos mais propícios em cada uma delas: zonas do café, do arroz, do pinheiro etc., e Diogo Moraes, "A zona da Ribeira" (v.XV, 1910, p.27-36), estudo sobre as origens e evolução das cidades dessa região, com anotações a respeito de suas comunicações, cultura do arroz etc.

120   ANTONIO CELSO FERREIRA

Cartografia ou de Geografia Física.[43] Malgrado tal constatação, aparecem na revista, a cada volume, diversos mapas desenhados pelos "historiadores" do Instituto, denotando a tentativa de aprimorar métodos e procedimentos da disciplina. Não se deve ignorar, porém, que desde o início do século XIX a geografia tendia a crescer e a definir seus métodos, recebendo fartos investimentos dos estados nacionais, em processo de consolidação. Para estes, o concurso dos geógrafos era imprescindível pois deles dependia o mapeamento dos territórios, com vistas à definição das fronteiras.[44] Por outro lado, ela beneficiava o desenvolvimento de técnicas novas, como a fotografia. A Comissão Geográfica e Geológica do Estado de São Paulo faria um uso intenso desses recentes recursos.

Não era diferente a situação da Biologia, que se mantinha subordinada à nebulosa da História Natural, ou da Arqueologia,[45] em fase embrionária de constituição. A própria Antropologia, tratada de modo ambíguo como Etnografia ou Etnologia, dependendo da preferência do autor – mas capaz de suscitar 11,5% das matérias –, confunde-se com a História, ramos da Geografia e o Folclore. Ela ainda abre espaço a vários estudos (2,4%) – atualmente de propriedade da Linguística –, amparados pelos procedimentos da Gramática Histórica, e combinados com abordagens geográficas.

Nesta mesma maneira de ver a questão, os trabalhos de Literatura e as Artes carecem de contornos próprios, surgindo muito mais como comentários genéricos e laudatórios, de preocupação histórica, sobre a vida/obra de escritores e artistas. Entre os paulistas, mereceram homenagens: Almeida Jr., cuja morte, ocorrida na pas-

---

43 Um artigo isolado noticia trabalhos de "Speleologia": Pires, A. O. dos S. "Speleologia Brazileira: Memoria apresentada ao Segundo Congresso Brazileiro de Geographia" (*RIHGSP*, v.XV, 1910, p.3-24). Mais dois ou três trabalhos sobre grutas ainda aparecem na revista.

44 Este assunto foi muito bem analisado, quanto ao caso brasileiro, por Magnoli, 1997.

45 Ricardo Krone, por exemplo, apresentou alguns trabalhos de Arqueologia ao Instituto, entre eles o artigo "O ídolo anthropomorfo de Iguape" (*RIHGSP*, v.XVI, 1911), em que trata de uma figura de pedra descoberta perto do Rio Ribeira, durante expedição da Comissão Geográfica e Geológica. Acompanham o estudo, fotografias do ídolo, artefatos dos sambaquis e mapa da região. Herman von Ihering foi outro dos arqueólogos-antropólogos a contribuir com vários estudos.

sagem do século, é lamentada; os poetas Batista Ceppelos e Franc da Paulicéia; o músico Alexandre Levy; a romancista Thereza Orta, o cronista Pedro Taques. Artistas e escritores de outras regiões elogiados na revista foram: Arthur Azevedo, Aleijadinho, Luiz Gama e Fagundes Varella, tendo estes dois últimos vivido algum tempo em São Paulo.

Por último, o quadro demonstra a inexpressividade, no Instituto, dos estudos de Economia, Sociologia e Filosofia: os dois primeiros entram, tão somente, como temas auxiliares do conhecimento histórico; os segundos, resumem-se a uma única matéria, de objetivos pedagógicos, que indaga como se poderia elevar o nível moral da pátria (*RIHGSP*, v.IX, 1904, p.358).

A leitura desses textos aponta para a coexistência de áreas de conhecimento de velha data, ainda que em processo de mudança e especialização (História, Geografia, História Natural, Etnografia, estudos de linguagem) (cf. Foucault, 1992, p.361-424), com habilidades intelectuais herdadas da historiografia tradicional (Genealogia, Numismática, Heráldica) e disciplinas recentes, em fase de constituição no Brasil (Antropologia, Biologia, Arqueologia, sem falar da Engenharia e da Geologia, que se apresentam, apenas, com três ou quatro artigos específicos). Estas últimas áreas de conhecimento, muito tímidas, mostram-se dissolvidas na totalidade dos escritos, sem demarcar métodos, abordagens ou conteúdos particulares. No fim das contas, elas apenas demonstram a arquitetura artesanal e eclética do conjunto. Desse modo, reafirma-se a inexistência de um campo científico moderno na produção cultural paulista da época, tanto quanto de um campo artístico e literário autônomo, nos termos entendidos por Pierre Bourdieu quanto à França (Bourdieu, 1996). As áreas de conhecimento não só se apresentam pouco distintas entre si, como também presas aos modelos da retórica e sob a capa literária, típica do universo intelectual oitocentista no Brasil.

Os pesquisadores do Instituto reuniam-se e revezavam-se em torno de comissões dedicadas a algumas dessas áreas mais fortes, eleitas nas renovações das diretorias bienais. Para 1922-1924, durante a presidência de Afonso A. de Freitas, por exemplo, além das comissões administrativas foram definidas as de:

História Geral do Brasil (Washington Luis, Domingos Jaguaribe e José de Paula Leite de Barros); História do Estado de São Paulo (Adolpho A. Pinto, Vicente Paulo, Vicente de Azevedo e Affonso d'E. Taunay); Geographia Geral do Brasil (Alberto Penteado, José Carlos de Macedo Soares e Djalma Forjaz); Geographia de São Paulo (José Torres d'Oliveira, Romon Rocca Dordal e Humberto de Queiroz); Ethnographia (Theodoro Sampaio, Vicente Melillo e Justo Seabra); Literatura e Manuscriptos (D. Duarte Leopoldo, Altino Arantes e Américo Brasiliense); Sciencia Numismatica e Archeologia (Julio Conceição, Cel. Ludgero de Castro e José Getúlio Monteiro); Artes e industrias (Benedicto Calixto, Geraldo Ruffolo e Felix Soares de Mello). (*RIHGSP*, v.XXII, 1923)

A construção dos saberes ficava, portanto, ao encargo de homens de formação acadêmica jurídica, médica ou politécnica, porém, "autodidatas", no que diz respeito ao domínio de conhecimentos específicos. Eles enveredavam, sem cerimônia (às vezes, num mesmo estudo), por terrenos diversificados: históricos, geográficos, geológicos, antropológicos ou linguísticos.[46] Até mesmo os dotados de um conhecimento tecnocientífico – engenheiros e geólogos – ou outros, com papéis bem definidos, como os militares, revelavam-se historiadores e etnólogos polivalentes, inclinados ao bacharelismo, como se observa em seus relatos de expedições e trabalho de campo.[47]

Ao referir-se à produção historiográfica das primeiras décadas do século, em suas grandes linhas, argumenta Ângela de Castro Gomes que "as distinções disciplinares não eram claras, sendo elas mes-

---

46 Evidentemente, muitas das leituras próprias dessas áreas eram realizadas nas disciplinas de formação geral dos seus cursos superiores. Ângela de Castro Gomes observa, em sentido um tanto distinto, que "o espaço para o autodidatismo" era "mínimo", "e desaparece com rapidez no início deste século. A formação, além de ser um momento de contatos fundamentais, tem desdobramentos no tipo de contribuição" de cada um. Neste aspecto, ela cita o exemplo de Alcântara Machado, cuja obra, *Vida e morte do bandeirante*, inteiramente construída com base na leitura de antigos testamentos dos primeiros colonos paulistas, não teria sido possível sem uma sólida formação jurídica (1986, p.44-5).

47 Exemplos disso podem ser vistos nos relatórios de Santos, Amílcar Salgado dos (major). "Nos sertões de Araguaia" (v.XXXV, 1938), e Krug, Edmundo. "Às margens do Paranapanema" (v.XXIII, 1925).

A EPOPEIA BANDEIRANTE

123

mas produto quer de interseções, quer da busca do estabelecimento de fronteiras". Para ela, os historiadores da época fornecem um

> bom exemplo de produtores culturais em um amplo espaço do conhecimento, envolvendo biologia, etnologia, folclore, linguística e geografia, além da história. Eles escrevem sobre a história da geografia ou geografia da história, produzem textos sobre flora e fauna brasileiras, estudam línguas indígenas e "olham" etnograficamente festas religiosas e populares, além de serem filósofos e literatos. Mas são esses mesmos homens, em sua polivalência, que estimulam a divisão e a especialização dos campos do conhecimento, apontando, inclusive, a necessidade de reformular cadeiras de ensino que reuniam assuntos de grande diversidade na área de humanidades, em geral, e da história, em particular.[48]

Desse modo, o historiador típico dos institutos era o homem erudito, que transitava, com fluência, por diferentes domínios intelectuais. Nas homenagens, fossem póstumas ou em vida, prestadas aos seus mais notórios representantes, delineava-se o modelo ideal esperado: o homem público, pesquisador sério, escritor de múltiplas habilidades e, além de tudo, dotado de uma bela oratória. Entre os selecionados das gerações mais novas, Afonso de Taunay parecia reunir todas essas qualidades, daí ter sido tão insistentemente aclamado. Mas não era pequena a galeria desses vultos, no passado e no presente: nela poderia caber um Eduardo Prado, homem de muitos escritos e viagens, amigo de Eça de Queirós, como também um Washington Luís, político de carreira brilhante, herdeiro da tradição republicana de Prudente de Morais e igualmente vocacionado à história. Para todos eles, sobretudo os mais velhos, a produção histórica era vista como um ponto de chegada,

> de culminância alcançada por uma escolha de fim de vida. É como se o trabalho historiográfico exigisse um acúmulo de erudição, uma disponibilidade de tempo e uma paz interior, acabando por se tornar a opção final e definitiva de um homem de letras. Nesse sentido, esse trabalho está longe de ser caracterizado como um *hobby* de aristo-

---

48 Ibidem, p.75-6.

cratas decadentes ou desocupados. Não se faz história sem esforço e investimento pessoais.[49]

Traçado o perfil do historiador ideal, os escritos históricos eram apreciados de acordo com um punhado de critérios sem maior sofisticação teórica: a finalidade desse tipo de saber, os procedimentos necessários para sua elaboração e o estilo de escrita desejado.

Quanto ao primeiro aspecto, a história era concebida como um conhecimento fértil de lições, entre as quais se procuravam sentidos de legitimação das ações no presente. Nas palavras de José Feliciano de Oliveira, "vivemos solidários para o presente, mas pelo passado e para o futuro" (*RIHGSP*, v.XII, 1907, p.349). Revestindo-se de acentuado teor nacionalista, ela exigia do pesquisador, antes de mais nada, uma grande dose de afeição pelo país. Segundo Eduardo Prado:

> Para estudar e conhecer a Patria é preciso fazer-lhe o sacrifício do tempo e é preciso o amor, esse amor da Patria que um intrigante qualquer póde, por momentos, fingir, mas do qual uma vida votada ao estudo é a mais concludente das provas. E será possível conhecer o seu paiz sem saber e sem amar a sua história? (*RIHGSP*, v.IV, 1898, p.526)

No entanto, o historiador deveria estar atento às seduções que, porventura, surgissem no seu caminho, levando-o a assumir preconceitos apaixonados. A receita era dada por uns poucos autores do século anterior: filósofos evolucionistas e, principalmente, intelectuais brasileiros. Em geral tomando como base os ensinamentos desses mestres, o restabelecimento da verdade, no trabalho histórico, dependia, fundamentalmente, das "qualidades de observação, imparcialidade" e "isenção de ânimo".[50] Há pouca referência à historiografia europeia: aqui ou acolá aparecem menções aos escritores e historiadores românticos, como Michelet ou Victor Hugo. Quase nada se fala dos historiadores metódicos – com a exceção de

---

49 Ibidem, p.45: esta era, segundo a autora, a expectativa dos intelectuais que, no Estado Novo, faziam o balanço da produção intelectual brasileira até os anos 30. Pode-se dizer que não era diferente o horizonte dos sócios do Instituto, durante o começo do século.

50 Critérios usados por Afonso Antônio de Freitas no parecer favorável à monografia apresentada ao Instituto pelo tenente-coronel Pedro Dias de Campos: "O espírito militar paulista" (*RIHGSP*, v.XII, 1923, p.127).

A EPOPEIA BANDEIRANTE

vagas citações de Fustel de Coulanges, o que leva a supor que eles não estavam incluídos no repertório de leituras do Instituto. A frequência maior de citações é a de autores nacionais como Capistrano e Varnhagem, além dos paulistas já comentados no primeiro capítulo, e de filósofos da história como Comte e Spencer.

Finalmente, do historiador se esperava um estilo de escrita demonstrativo de sua versatilidade nas letras. Nesse aspecto, da mesma maneira como todos eram polivalentes nas humanidades e nas ciências, raros eram aqueles que também não experimentassem as formas literárias poéticas ou em prosa.[51] Em suas obras, intercalam-se biografias e fatos históricos romanceados, contos regionais, crônicas e novelas urbanas ou rurais, memórias e literatura de viagem, poesia, bem como romances de várias espécies.

O intercâmbio de formas narrativas desses gêneros para os escritos históricos, ou em sentido contrário, responde em muito pelos estilos característicos de seus trabalhos.[52] Neles, convivem vestígios peculiares da literatura do princípio do século:[53] documentos e ornatos parnasianos, relatos e "letras floridas", ciência, imaginação poética e retórica.

NO CURSO VERTIGINOSO DO TEMPO

Rebuscados e eruditos, os historiadores do IHGSP debruçaram-se sobre a história brasileira, paulista em especial, deixando ainda a entrever o velho gosto romântico pelo passado. A análise dos temas

---

51 Para Ângela de C. Gomes, contudo, "falar de história a partir dos anos 20 é ... falar de um saber delimitado num campo intelectual maior, que estabeleceu suas fronteiras tanto em relação à prosa de ficção, quanto aos chamados 'estudos ou ensaios político-sociais'" (1986, p.90). Na perspectiva deste trabalho, acredita-se que a autora exagera nas tintas quanto a essa demarcação, pelo menos no que diz respeito à década citada.

52 Atualmente, há toda uma bibliografia que se volta para a análise da narrativa histórica, fornecendo indicações preciosas, como White, 1992; Gay, 1990; Barthes, 1991.

53 Sobre o assunto, consultar, entre outros: Süssekind, 1987, e Paes, 1985. Os historiadores preocupados com a escrita da história poderiam se beneficiar de várias sugestões da crítica literária, caso decidissem cruzar a produção literária e a historiográfica.

desenvolvidos em seus estudos, publicados pela revista, pode dar outras pistas para a compreensão dessa modalidade historiográfica, típica das academias tradicionais. O quadro seguinte oferece uma primeira sondagem da frequência dos assuntos que mereciam os seus interesses:[54]

Revista do IHGSP (1895-1940)
Frequência de Temas

Temas	Nº de matérias	%
Perfis biográficos	201	32,7
Cidades e dioceses	74	12,0
Povoamento e expansão bandeirante	57	9,3
Populações indígenas	46	7,5
Da independência à Primeira República	42	6,8
Movimentos sociais e economia	26	4,2
Instituições	25	4,0
Descobrimentos e colonização	23	3,8
Acidentes geográficos, fenômenos geológicos	16	2,6
Demais regiões do Brasil	14	2,3
Vestígios e Línguas indígenas; falas caboclas	13	2,1
Genealogias familiares	13	2,1
Escritores e artistas	12	2,0
Estudos científicos	11	1,8
Iconografia	11	1,8
Vias e meios de comunicação	11	1,8
Festas, lendas, hábitos, religiosidade	10	1,6
Narrativas de viagem, expedições científicas	7	1,1
Escravidão e abolição	3	0,5
TOTAL	615	100

Fonte: *RIHGSP* (v. I-XXXIX).

---

54 Diversas vezes, foi necessário incluir as matérias classificadas em mais de um item, em função dos seus temas, o que justifica um total superior (615) ao já apontado no quadro precedente (532). Essa duplicidade, entretanto, não prejudica as conclusões extraídas da análise. Não serão comentados, de modo específico, os seguintes itens, já mencionados na parte anterior: acidentes geográficos e geológicos, escritores e artistas e explorações científicas.

A EPOPEIA BANDEIRANTE

Os perfis biográficos formam, sem dúvida, a linha mais extensa dos escritos do Instituto, apresentando-se como o gênero predileto dos autores. Se ainda somados às genealogias familiares, chega-se a um percentual de 34,8%. As 201 biografias, na maioria dos casos transcritas de discursos em sessões solenes – por ocasião da morte ou do(s) centenário(s) de nascimento do homenageado, ou ainda, quando vivo, da sua posse como sócio-benemérito etc. – trazem sempre matizes laudatórios, em linguagem primorosa. Lembrava-se a infância e as dificuldades enfrentadas pelo personagem, as atitudes arrojadas, a incompreensão, muitas vezes, dos que o cercavam e, afinal, o sucesso, atingido na fase madura da vida, ou somente póstumo.

No aspecto narrativo, tais esboços seguem a fórmula: vida-obra, privado-público e físico-psicológico.[55] Para arrancar das cinzas as figuras do passado, os autores procuravam recriar o clima da época em que elas viveram, restituindo-lhes a vida, por exemplo, com os recursos dos textos em prosa. Não é extraordinário, dessa maneira, surgirem diálogos imaginários entre as personagens enfocadas, em meio ao relato objetivo e convencional da história, com suas datas e contextos.

Com poucas exceções, receberam homenagens figuras de São Paulo nesta caracterização: personagens do período colonial (donatários portugueses, sesmeiros, jesuítas, governantes, cronistas, bandeirantes); indígenas lendários de tribos da região; políticos influentes à época dos dois reinados e das regências; além dos expoentes republicanos, escritores e artistas e, sobretudo, os sócios do Instituto. Algumas delas foram objeto de sucessivos esboços, tais como: João Ramalho (oito), padre Diogo Feijó (sete), Alexandre de Gusmão e os Gusmões (seis), Afonso A. de Freitas (seis), Gustavo Beyer (seis), os Andradas (quatro), Braz Cubas (três), Pedro Taques (três) e frei Gaspar (três).

Do conjunto, apenas uma mulher teve sua vida consagrada, Thereza Margarida da Silva e Orta, escritora nascida em São Pau-

---

55 Cf. Gomes, 1986, p.34: A autora realça esta fórmula em sua leitura do suplemento "Autores e livros", do jornal *A manhã* (1941-1945). A nosso ver, ela era também recorrente na revista do IHGSP.

lo, em 1705, e radicada em Portugal, tida como a primeira romancista brasileira[56] (*RIHGSP*, v.XXXV, 1938, p.61). Curioso é também constatar que, nesse item da revista, aparece o primeiro texto escrito por uma mulher: Juventina Dordal, provavelmente esposa do biografado, Ramón Roca Dordal, sócio falecido um ano antes (*RIHGSP*, v.XXXVI, 1939, p.283).

As genealogias, por sua vez, tratam, na totalidade, de famílias paulistas: Taques, Brasiliense, Toledo Piza, Gusmões, de frei Gaspar, de Diogo Feijó, Oliveira Leitão, Malta Cardoso, Lopes Figueira e outras. À medida que avançavam os estudos bandeirantistas, nas décadas de 1910 e 1920, crescia também o interesse em filiar as famílias mais conhecidas da região àqueles desbravadores dos séculos XVII e XVIII.

Seja nas biografias, seja nas genealogias, buscava-se a construção de trajetórias incomuns, responsáveis por grandes realizações, individuais ou clânicas, fazendo-as transcender os marcos da própria colonização, com base no recuo a um passado longínquo europeu. A nobilitação das personagens revela a ambição de fixar uma epopeia paulista, sustentada por indivíduos aos quais se atribuía uma força superior.

Essa obsessiva pesquisa das origens denota, enfim, tanto o investimento grupal na tradição, como a identificação subjetiva com o passado regional, uma vez que muitos dos autores descendiam das pessoas ou das famílias estudadas. Tal identificação era, quase sempre, o porto seguro para aqueles que se viam cercados por forças velozes e desestruturadoras, advindas da modernização: o cosmopolitismo, a imigração, as classes médias e populares, as multidões, a expansão urbana e a fugacidade dos valores sociais e morais.

Os documentos escritos constituem suportes dessa edificação heróica: inventários, testamentos, assinaturas, designações régias e

---

56 Segundo Alfredo Bosi, Thereza Orta cultivou o "romance didático", escrevendo *Aventuras de Diófanes*. Apesar de ter nascido no Brasil, ela foi "muito pequena ainda para Portugal (com seu irmão, o moralista Matias Aires), onde recebeu esmerada educação clássica e de onde não mais regressou. A rigor, não pertenceria à nossa literatura apesar de ter sido chamada 'precursora do romance brasileiro'. Escrevendo já em meados do século XVIII, Teresa Margarida ultrapassa os limites do Barroco não só histórica mas ideologicamente..." (1988, p.52-3).

A EPOPEIA BANDEIRANTE

outros textos oficiais. Eles atuam para comprovar os enredos, tornando-os fidedignos ou verossímeis, daí a valorização dada às habilidades da crítica documental erudita. Mas, numa época de fotografias e filmes, tal arquitetura dependia, ademais, da exposição de uma visualidade que não se encontrava isoladamente no documento escrito. A recolha das imagens do passado poderia, por conseguinte, produzir esse efeito. O que explica todo um empenho para reunir brasões, moedas, medalhas, bandeiras ou outros objetos antigos, que constituiriam a iconografia do Instituto e o emprego dos métodos de especialidades de velha data, como a Numismática, a Heráldica e a Nobiliarquia.

Verdadeiros ou falsos tais brasões, reais ou inventadas essas ascendências nobres? Não importa. Durante algum tempo, vertentes da historiografia preocuparam-se em desvelar as falsificações, as ideologias e os mitos que recobrem certos discursos históricos – nacionalistas, raciais, classistas ou sexistas –, pensando em alcançar, com isso, a plena exatidão dos fatos e processos sociais. Inútil esforço: no lugar deles, acabaram por deixar os rastros das suas próprias invenções e afetos. Em vão seria, igualmente, desvendar as mitificações do passado de quatrocentos anos que as famílias ligadas ao Instituto procuraram ostentar.

Mais atraente será compreender como tal imaginário pode ser, ele mesmo, histórico. Conforme demonstrou Stephen Bann, nos idos subsequentes à Revolução Francesa, em face do desmonte das estruturas do Antigo Regime, da ascensão dos valores burgueses e de uma sensação coletiva de perda de identidade, esse terreno movediço tornou-se propício à ação dos falsários. Manuscritos, mobiliários residenciais, peças de vestuário, brasões ou medalhas foram fabricados às pressas e envelhecidos para adquirir um valor histórico. A par disso, surgiram os antiquários e os métodos de estudo da cultura material do passado, uns para transformar história em negócio, outros para separar o joio do trigo, assim salvaguardando a legitimidade dos museus. Em meio a tudo isso, a literatura romântica contribuiu com os seus espadachins e castelos, donzelas e cavaleiros, todos inscritos em idêntico tempo pretérito, imaginado e inventado.

Victor Hugo foi um dos participantes dessa fabulação: em busca de uma antiga e autêntica origem, desenhou ele próprio sua procedência remota na forma de um brasão familiar. Exteriorizou-a, além disso, em borrões de tinta contendo castelos brumosos, em poemas sobre heróis combatentes de vilões cavernosos e num enorme *H*, que, invariavelmente, acompanhava suas experiências com as tintas. H de Hugo Tête-d'Aigle, nomeação de sua suposta fidalguia, projeção de seu ego diante da história que se evaporava. Ao erguê-lo, Hugo "tinha o direito de se imaginar ... como parte de uma história maior ... A simples história humana poderia ser subordinada, através de uma proeza heróica de reinteração, ao ciclo macro-histórico do mundo orgânico e inorgânico" (Bann, 1994, p.109-28).

Mesmo sem o talento e a sutileza estética do escritor francês, os artífices do enobrecimento paulista eram motivados por um desejo parecido de interação com a história maior. Na ausência de um passado amontoado em séculos que, em fantasia, os europeus buscavam reinstalar, eles, filhos de uma terra nova, emergentes de apenas cem anos, tinham de construir, literalmente, o seu. É lícito que isso seja, também, história.

A demarcação de uma identidade regional exigia, por outro lado, o esforço para definir os contornos do território paulista, nele se localizando os centros urbanos propulsores. É assim que o estudo das cidades ganhou importância equivalente ao dos indivíduos, como se viu, aliás, nas páginas do almanaque de José Maria Lisboa. As cidades paulistas tornavam-se personagens, na geografia e na história, vindo a ocupar um segundo lugar enquanto gênero de interesse (12%).

A evolução urbana desses centros foi investigada tendo como base os levantamentos documentais, estatísticos, arquitetônicos ou arqueológicos, a descrição dos seus benfeitores, a caracterização de suas dioceses, o enquadramento em *close* de algumas de suas ruas, monumentos ou bairros. A capital foi objeto de um maior número de tomadas (21), que vasculham todo seu itinerário no tempo e no espaço da colonização ao século XX, da pobreza ao progresso, do isolamento à vida cosmopolita. Nesses estudos ela é conectada aos povoados do litoral, marcos simbólicos iniciais da odisseia portuguesa na América: São Vicente, São Sebastião, Cananeia, por exemplo. Além destas, Santo André da Borda do Campo recebeu oito "biografias", seguido de seis para Iguape, três para Santos e daí se

A EPOPEIA BANDEIRANTE

voltando para o interior: Sorocaba, Itu, Mococa, Mogi-Mirim, Piracicaba, Tatuí, Taubaté, Porto Feliz, Guaringuetá, Franca e mais uma dezena de outras, até se atingir os núcleos representativos da última expansão, como Tanabi, na boca do novo sertão conquistado.

Em tais trabalhos, sobretudo desde os anos 10, tornava-se uma constante a utilização de fotografias e desenhos, com o propósito de conquistar o leitor mediante fortes apelos visuais, numa época em que crescia o número de publicações ilustradas. Entre outros exemplos: ao publicar *A villa de Santo André da Borda do Campo e a primitiva povoação de Piratininga*, Benedito Calixto reproduziu o seu quadro *Em caminho de Piratininga*, típico da pintura histórica do princípio do século (*RIHGSP*, v.XV, 1910, p.255-63). No longo esboço histórico sobre Mococa, Amadeu de Queiroz fez acompanhar o seu relato de uma série de cartões-postais e fotos dos fundadores da cidade (*RHIGSP*, v.XV, 1910, p.125-98). Nos estudos históricos dedicados à capital, Afonso A. de Freitas procurou evocar as imagens do seu cotidiano desde o início do século XIX, contando com a colaboração dos artistas plásticos Pedro Alexandrino e Oscar Pereira da Silva. Estes recriaram as cenas da velha São Paulo, em composições livres que seguiam a fértil imaginação do autor ou tomando como referentes os instantâneos urbanos tirados há pouco, que se transpunham ao passado com a eliminação dos seus signos "modernos".[57]

Trata-se de narrativas entremeadas de toques emotivos: sentimentos de saudades de um tempo que ficou e, simultaneamente, sensações entusiasmadas diante de um futuro julgado promissor.

---

57 Entre essas ilustrações: *Chácara dos inglezes* (desenho de Pedro Alexandrino); *Largo da Sé* e *rua São Gonçalo* e *Theatro São José* (fotos "maquiadas"), *Na hora da Ave Maria* (composição de Oscar Pereira da Silva, de conformidade com a documentação fornecida de Affonso A. de Freitas). In: "A cidade de São Paulo no anno de 1822" (*RIHGSP*, v.XXIII, 1925, p.133-55). A técnica da pintura a óleo baseada em fotografias foi, também, utilizada em outras ocasiões: "ao assumir a direção do Museu Paulista, em 1917, Afonso de Escragnolle Taunay dedica-se a estruturar a Seção de História Nacional e a desenvolver um projeto de exposições históricas visando as comemorações da Independência em 1922 ... Encomenda telas a óleo a pintores como Benedito Calixto de Jesus, José Wasth Rodrigues, Henrique Manzo, tendo como modelo as fotografias de Militão Augusto de Azevedo que registram aspectos da cidade em 1862 e em 1867" (In: Lima & Carvalho, 1993, p.147-78).

Em certa altura de sua descrição, cercada de uma infinidade de nomes e datas, Amadeu de Queiroz, um desses narradores, dá uma pausa no relato "imparcial", pontuando: "Que saudade! Os olhos ainda marejam, quando a gente se alembra d'isso!". Nostalgia que, nesse e em outros textos, não impedia os autores de se abandonarem aos novos ritmos trazidos com a modernidade, e ritmos presentistas, sentidos nas mudanças irreversíveis que cada cidade retratada parecia atravessar. Em seu estudo sobre Santos, por exemplo, Júlio Conceição busca como termo de comparação, urbana, nada mais nada menos que a cidade de Nova York:

> E assim como a portentosa Nova York tem o desvelado carinho do yankee e constitue o seu orgulho, Santos, que em breve será, sem dúvida alguma, o orgulho brazileiro, deve merecer a estima e patriotica attenção de todos nós. (*RIHGSP*, v.XV, 1910, p.325-6)

O povoamento de São Paulo e a expansão bandeirante formam o tema de 9,3% dos trabalhos e é desse ângulo de visão que os historiadores do IHGSP se voltavam para compreender a colonização brasileira. Daí a profusão de levantamentos geo-históricos sobre as primeiras capitanias, com seus donatários e sesmeiros,[58] e de roteiros bandeirantes. Mais do que quaisquer outros, estes, tidos como fruto da fusão entre o nativo e o europeu, eram glorificados pelo desbravamento do território.

Nos anos 10 e 20, principalmente, ganhou impulso o tema do bandeirantismo, estimulando a releitura dos cronistas dos séculos anteriores e a recolha de todo um material documental: manuscritos, mapas e roteiros de deslocamentos, inventários etc.[59] Reaviva-

---

58 Exemplos de documentos e artigos a respeito do assunto: "Demarcação das terras de Braz Cubas em 1567", "Escriptura de venda de terras a D. Luiz Mascarenhas", "História da capitania de São Paulo no governo de Rodrigo de Menezes" (artigo de Washington Luís), "Cartas, provisões e alvarás da capitania de São Paulo" etc.

59 Alguns exemplos: "Roteiro de uma das primeiras bandeiras paulista", por Orwille Derby (*RIHGSP*, v.IV, 1898-1899); "O primeiro caminho para as minas de Cuiabá", por Gentil de Assiz Moura (v.XIII, 1908). Além desses autores, trataram do assunto: Arthur Orlando, Buarque de Maceno, Basílio de Magalhães, Dias de Campos, Plínio Ayrosa, Paulino de Almeida e Afonso E. Taunay. Sobre a construção do mito bandeirante, ver Abud, 1985.

A EPOPEIA BANDEIRANTE 133

-se um período de aventuras e um espírito coletivo intrépido, considerando-se os bandeirantes como artífices do progresso regional, que continuava na cafeicultura, nas locomotivas, na metropolização da capital e nas indústrias. A atividade bandeirante era assim tomada como o veículo da formação territorial paulista e da própria edificação do país. Assunto privilegiado na revista será, dessa maneira, o resultado desse alargamento, mormente as questões de limites entre São Paulo, Minas Gerais, Mato Grosso e Paraná. Nos primeiros números da revista, o geógrafo Orwille Derby apresentou sucessivos trabalhos sobre tal pendência.[60]

As matérias sobre a expansão portuguesa no continente americano, reunindo 3,8% do total de trabalhos, tinham a finalidade de lançar luz sobre o quadro regional. A perspectiva é convencional, preocupando-se os estudiosos em descrever as rotas europeias, definir as datas dos eventos e caracterizar a ordenação das primeiras capitanias, sempre com o suporte cartográfico. Nesses textos, nota-se o objetivo de enaltecer a presença portuguesa no território, acentuando-se o papel dos jesuítas[61] nos primeiros tempos do Brasil.

Os assuntos locais predominam nas investigações a respeito da colonização, dando oportunidade a diversas matérias sobre a economia, a sociedade e os movimentos sociais do período. Exemplo disso se encontra no extenso estudo, apresentado por Antônio de Toledo Piza acerca das condições miseráveis em que viviam as primeiras populações de São Paulo ("A miséria do sal em São Paulo", *RIHGSP*, v.IV, 1898-1899). Foram publicados, também, documentos relativos à lavoura da cana desde o século XVII, e vários trabalhos sobre a

---

60 "Um mapa antigo das partes das capitanias de São Paulo, Minas Gerais e Rio de Janeiro" (*RIHGSP*, v.II, 1896-1897), "Um documento antigo relativo a Questão de limites entre São Paulo e Minas Gerais" (v.III, 1898), "São Paulo e Minas Gerais, antigas divisas" (v.IV, 1898-1899), "Nota sobre a questão de limites entre os estados de São Paulo e Paraná" (v.VI, 1900-1901).

61 Confira-se alguns títulos e autores: "O caminho da Índia" (discursos de Theodoro Sampaio e João Monteiro: *RIHGSP*, v.III, 1898); "Descobrimento do Brazil" (Carlos Rodrigues, v.XI, 1906); "Viagens de François Pyrard ao Brazil em 1610" (Afonso E. Taunay, v.XIII, 1908); "Os espanhoes no Saldo de Avanhandava" (Eduardo Prado, v.IV, 1898-1899) etc. Ainda, no volume XIII, são transcritas duas conferências realizadas por Oliveira Lima na Sociedade de Geografia de Bruxelas, a respeito dos descobrimentos portugueses.

empresa mineradora.[62] E, afinal, cerca de dez artigos abordam os movimentos sociais nativistas e as rebeliões pró-Independência em solo paulista, como a Anselmada, o movimento de Chaguinhas, as insubordinações das câmaras locais, no início do século XIX. A respeito, ainda do período colonial, somente alguns poucos trabalhos tratam da Guerra dos Mascates, e de atividades econômicas ou outros assuntos que extravasam as fronteiras paulistas. Encontram-se apenas 23% de matérias relativas à formação dos núcleos urbanos e ao povoamento das demais províncias: um solitário estudo sobre Belém do Pará, dois sobre o porto de Paranaguá, três a respeito de Curitiba e quatro de Cuiabá, estas últimas cidades interligando-se à vida colonial pela expansão bandeirante.

No rol dos trabalhos geo-históricos, interesse complementar foi dado às vias e aos meios de comunicação, ensejando 1,8% dos artigos. Os principais temas abordados são os caminhos coloniais, a navegação fluvial em direção às minas e as ferrovias paulistas com destino às regiões fronteiriças em época mais recente.[63] Dois textos aventuram-se na sondagem dos caminhos e veículos aéreos, assim se deslocando do fardo do passado num vôo para o futuro. Um deles transcreve a conferência em que o historiador Domingos Jaguaribe narrou aos sócios do Instituto sua invenção de dois balões com asas para a navegação aérea (*RIHGSP*, v.VI, 1900-1901); noutro, publica-se a saudação que, em 1922, Afonso de Freitas Jr. fez a Gago Coutinho e Sacadura Cabral pela travessia aérea do Atlântico (v.XXII, 1922). O IHGSP ingressava na era dos aviões, mostrando sinais de contemporaneidade.

Mas era no passado que se continuava a pesquisar os alicerces paulistas, em particular nos movimentos políticos pela conquista da liberdade. Tomando o Estado como centro da história nacional, 6,8% das matérias giram em torno da importância dos eventos locais e dos movimentos pró-independência. A autonomia política

---

62 "Os primeiros descobrimentos de ouro em Minas Gerais" e "Os primeiros descobrimentos em Sabará e Caethé", ambos de Orwille A. Derby (*RIHGSP*, v.V e VI, 1899, 1900, 1901).

63 Autores e respectivos assuntos: caminhos coloniais (artigo de Assis Moura e transcrição de estudo de Machado de Oliveira: v. XIII, 1908); ferrovias (Penaforte A. S. Blake, Derby, Garcia Redondo, Araújo Macedo: volumes II, 1896-1897; III, 1898; X, 1905).

A EPOPEIA BANDEIRANTE

dá oportunidade a treze artigos, em que são abordadas as suas origens, os episódios de 1822 na capital[64] e as personagens paulistas que estiveram à frente do movimento. No volume de 1922, dedicado ao centenário da Independência, vários artigos buscam apresentar São Paulo como núcleo do acontecimento (o assunto será analisado com mais atenção no Capítulo 4). Em mais uma dezena de matérias, os mesmos refletores regionais são acionados para iluminar os dois governos monárquicos, a figura de D. Pedro I, a fase regencial, os conflitos armados do Sul... A instalação da República não contraria a regra, trazendo, em oito textos, São Paulo como protagonista da história brasileira.

O IHGSP assumiu sem disfarces a crítica ao antigo governo monárquico e a defesa do republicanismo civil, acomodado na ideologia liberal. Para tanto, intentou revolver as origens republicanas desde o período colonial, reservando aos paulistas o papel de divulgadores e promotores do regime. Já no primeiro número da revista, argumentava Domingos Jaguaribe: "Póde-se dizer que desde que se formou a sociedade brazileira ella não se submetteu jámais ao regimen da monarchia, sinão pela força" (v.I, 1895, p.26).

E além de investirem contra a nódoa imperial, os historiadores de São Paulo buscaram eleger novos heróis nacionais, corporificados em figuras da terra. Em tais delineamentos, D. Pedro I foi reduzido a uma pálida e desequilibrada presença, tendo sido o seu pedestal ocupado pelo enérgico Diogo Feijó. Quanto aos heróis de 1889, no lugar dos ídolos dos positivistas ou dos republicanos radicais, foram contrapostos os pragmáticos Prudente de Morais e Campos Sales. Dessa maneira, o Instituto também participou da ferrenha luta em torno da criação da simbologia republicana.[65] Em 1930, quando a República Velha pereceu, e com ela a hegemonia bandeirante, mais do que nunca foram retomados os exemplos desses vultos heroicos paulistas. Nessa altura, diria Aureliano Leite, ao referir-se ao primeiro presidente civil e, também, primeiro presidente do IHGSP:

---

64 Ver, especialmente: Freitas, Afonso Antônio de. "São Paulo no dia 7 de setembro de 1822" (*RIHGSP*, v.XXII, 1923, p.3-35).

65 A respeito das investidas positivistas para criar heróis republicanos à sua imagem e semelhança, ver: Carvalho, 1990. Marcelo Lapuente Mahl também trata do assunto em seu relatório, já citado, lembrando ainda como Tiradentes, ignorado no Império, foi objeto de culto em São Paulo.

Foi na realidade de tanta monta a austeridade de vida da nossa maior figura republicana civil, tão simples e serena, tão equilibrada, que seu nome passou para a história desacompanhado de uma anedota alegre, dessas com que ensaio de transmitir às minhas biographias um pouco de pitoresco. (*RIHGSP*, 1931-1932)

O republicanismo liberal continuaria a ser invocado após 1930, tendo os sócios do Instituto assumido, como seria previsível, uma posição favorável ao levante contra o governo Vargas. Enquanto durou o movimento, a agremiação esteve praticamente fechada, como foi registrado nas atas da revista:

Attingidos todos os paulistas pelo turbilhão da luta, teve o Instituto também vários dos seus membros, inclusive alguns da Directoria, nas trincheiras distantes da capital. A Directoria felicita-se pelo retorno de todos quantos abandonando estas salas silenciosas e neutras, foram levados, por um idealismo sadio e alto, offerecer suas vidas preciosas para o bem de São Paulo. (v.XXX, 1931-1932)

Sintomaticamente, nos últimos trabalhos compulsados da revista, o ano de 1932 já aparece como um novo marco da história nacional. Paulo Duarte, sócio admitido em 1936 e homem público engajado na causa paulista, foi um dos principais responsáveis por tal inauguração.

Uma outra listagem de títulos (4,0%) dirige suas atenções para as instituições locais, com o objetivo de demonstrar a originalidade, o dinamismo e a força da região. São vários os estudos, por exemplo, a respeito das iniciativas precursoras de São Paulo no campo da educação e da cultura, abordando-se o Colégio dos Jesuítas nos primeiros séculos da colonização; a imprensa, na capital e no interior, as escolas de Direito e Engenharia, a instrução pública, e outras a partir do século XIX.[66]

---

66 Gentil, Frota. "Os jesuítas e a fundação de São Paulo" (*RIHGSP*, v.XXIX, 1930); Freitas, Afonso A. de. "O primeiro centenário de fundação da imprensa paulista" (v.XXV, 1927); Penteado, Ernesto Goulart. "A instrucção pública em São Paulo" (v.XXII, 1922); Carvalho, Afonso. "Abolicionismo e democracia nas Arcadas" (v.XXXII, 1937); Pereira, Armando Arruda. "São Paulo: berço da engenharia nacional" (v.XXX. 1931-1932).

A EPOPEIA BANDEIRANTE 137

O mais incisivo desses estudos sobre a formação das instituições regionais foi assinado pelo tenente-coronel Pedro Dias Campos,[67] na monografia intitulada *O espírito militar paulista*, apresentada ao Instituto em 1923. Em uma extensa visão retrospectiva, ele procurou recuperar a contribuição militar regional "na
communhão brasileira ... desde o mais rudimentar systema colonial
até ao regimen republicano" (cf. apresentação da monografia por
Afonso de Freitas). Ao abrir a monografia, Campos sintetiza a sua
leitura belicosa da história brasileira:

> O espirito militar nas terras de S. Paulo nasceu com o primeiro
> ultramarino que se immiscuiu na vida dos incolas. O espirito guer-
> reiro, o espirito bellicoso, já existia entre os indigenas das mattas
> do Pindorama. Desde os primordios da nossa nacionalidade, vem
> o verdadeiro espirito militar evoluindo, se accentuando e se acry-
> solando na alma das gentes paulistas ... Esse espirito, cujo cultivo se
> torna tão necessario para a defeza da Patria, tem vindo, em marcha
> progressiva, desde os defensores de São Vicente contra os indios do
> planalto, e contra os piratas de Cavendich ... dos que reduziram, em
> Pernambuco, os mocambos de Palmares; desde os bandeirantes auda-
> zes, que em lutas perennes, venceram e dilataram nossas fronteiras;
> dos bravos das guerras do Prata ... dos que nas pugnas do Paraguay,
> fizeram brilhar a justiça e a liberdade americanas ... até nossos dias,
> em que o espirito militar attingiu o ápice do seu desenvolvimento, a
> ponto de conseguir apaziguar melindres nacionalistas, com o fim de
> realizar a organização e a instrucção efficiente de suas forças armadas.
> O espirito militar nesta terra de São Paulo tem permitido á Historia,
> traçar em linhas fulgentes, em paginas épicas, os feitos gloriosos dos
> seus filhos, onde a bravura, o patriotismo, o desprendimento dos
> paulistas, tocam, por vezes, as raias do inverosimel. (*RIHGSP*, v.XXII,
> 1923, p.129-30)

Como se lê, o "espírito guerreiro" do paulista teria sido resultante da natureza bravia do indígena e da disciplina militar dos

---

67 Participante assíduo das reuniões do IHGSP, e seu primeiro secretário em 1923,
ele é assim apresentado na revista: "Paulista, de Campo Largo de Sorocaba
... correspondente de numerosas outras associações scientificas nacionaes e
estrangeiras, portador da medalha de ouro humanitaria, da commenda da
Ordem Imperial do Dragão Verde, officier d'Academie, condecorado pelo
governo francez com as Palmes Académiques".

138 ANTONIO CELSO FERREIRA

portugueses. Não ocasionalmente, o IHGSP estimulou as pesquisas sobre a etnografia e a etnologia indígenas (7,5% dos artigos), com vistas ao entendimento das bases da "civilização paulista". Nesses trabalhos, foram vivificadas as concepções do indianismo romântico do século XIX, do mesmo modo como ocorrera no IHGB.[68] Entretanto, os desafios interpostos pelas teses evolucionistas e darwinistas sociais, desenvolvidas na Europa na segunda metade do século, exigiram um esforço de reinterpretação dos fatos e problemas locais.[69]

De maneira geral, observa-se a preocupação em localizar a miscigenação como o fundamento de uma identidade racial paulista. Nessa perspectiva, os cruzamentos entre as duas etnias são vistos positivamente,[70] reservando-se ao português uma posição de superioridade e ao indígena as qualidades guerreiras naturais. Não obstante, esse bom selvagem teria sido domado, inicialmente pelos jesuítas e depois pelos bandeirantes, caldeando-se nesse contato

---

68 Ver Guimarães, 1988. O autor demonstra que o indígena era visto, no projeto historiográfico do IHGB, sob a ótica civilizadora do branco europeu. Para Von Martius, que publicou a monografia *Como escrever a História do Brasil* – trabalho premiado por aquele instituto, em 1844 –, era o branco o elemento civilizador e unificador das várias raças existentes no país.

69 Sobre tais polêmicas na Europa, consultar Lukács, 1968; e no Brasil, conferir em Ventura, 1991, e Schwarcz, 1993. Em geral, os pressupostos raciais da época (não é o caso de discuti-los de maneira pormenorizada, aqui) condenavam a mestiçagem, considerando-a causa de degeneração das espécies, do desequilíbrio mental, do heteromorfismo e da desarmonia individual. Isto representava um verdadeiro dilema para a intelectualidade brasileira, que se deparava com um país altamente miscigenado, cuja população trazia todas as gradações de cores. A questão foi enfrentada em visões ora pessimistas, ora mais otimistas, por autores do naipe de Sílvio Romero, Araripe Jr., Alencar, Euclides da Cunha, Nina Rodrigues e outros.

70 Nas primeiras décadas do século XX, em São Paulo, poucos foram os intelectuais que aceitaram a tese da inferioridade dos mestiços, pelo menos no que dizia respeito à sua região. Especialmente nos anos 10 e 20, inverte-se por completo essa noção, valorizando-se os cruzamentos, que teriam sido responsáveis pela geração de um "subgrupo racial superior", representado pelo bandeirante. Nesse período, o crescimento do nacionalismo e as novas teorias defensoras da eugenia abalaram bastante os paradigmas racistas da fase anterior. Ver, a propósito: Luca, 1999.

A EPOPEIA BANDEIRANTE

para originar a formação da raça paulista – a raça dos gigantes, nas palavras de Alfredo Ellis Jr.[71]

Entre os historiadores-antropólogos do IHGSP, contudo, não foi levada em conta a maneira violenta pela qual se estabeleceram os contatos entre os dois grupos étnicos, da qual decorreu a imposição de uma disciplina aos naturais da terra, tão louvada por Pedro Dias Campos. Via de regra, a consideração de tal contato era atenuada pela lembrança da catequese jesuítica, o que vem reafirmar a influência do pensamento católico na agremiação.[72] Os autores não desenvolveram estudos sobre as formas de trabalho escravo impostas aos índios, como de resto, fizeram vistas grossas ao trabalho escravo negro em São Paulo. Apenas em uma nota de rodapé, assinada por Afonso A. de Freitas no artigo "Folganças populares do velho S. Paulo", a disfarçada escravidão indígena foi condenada, assim mesmo de passagem, nas tentativas encetadas pelo autor para distinguir como eram chamados, no período colonial, os africanos e os índios:

> Negro chamavam os colonizadores, com a mais clamorosa impropriedade ethologica, aos nossos indigenas ... negro carijó, tememinó, tupinaqui, carajaúua, tamoyo, tupinaen, murumimi, que de todas essas nações existiam 'gente ou peças forras', ineffavel euphemismo de uma disfarçada escravidão, em S. Paulo. Aos negros propriamente ditos, ao africano, chamavam 'tapanhuno', do tupi

---

71 A expressão foi usada, pela primeira vez, por Saint-Hilaire. Ao referir-se aos paulistas dos séculos XVII e XVIII, disse ele: "tem-se a impressão de que esses homens pertenciam a uma raça de gigantes": *Viagem à Província de São Paulo*. 1972, p.VII. Alfredo Ellis Jr. retomou a fórmula, que serviu de título ao seu livro, publicado originalmente em 1926, reformulado nas demais edições para: *Os primeiros troncos paulistas e o cruzamento euro-americano*. Sócio do IHGSP desde 1927, Ellis Jr. escreveu pouco para a revista, nos anos que vão até 1940, mas publicou diversos artigos na imprensa, dos quais resultaria o livro *Pedras lascadas* (1928). Retornaremos a esse autor no Capítulo 4.

72 Entre os autores que se dedicaram aos estudos etnográficos sobre os indígenas, aliás, aparece várias vezes o nome do Monsenhor Camillo Passalacqua, em defesa da ação missionária dos jesuítas. Ao tratar da tribo Pury, em "primitivo estado de homem selvagem", ele afirma: "a experiência tem demonstrado que não é possível tratar a civilização desta gente procurando-a attrahir para a povoação civilizada ... O único meio é o que empregavam os jesuítas ... pela religião" (*RIHGSP*, v.III, 1898).

guarany, tapyynhuna: tapanhuno de Guiné Cassange, da Mina, do Congo. (*RIHGSP*, v.XXI, 1916-1921, p.21)[73]

Na maioria das vezes, os estudiosos do Instituto viam sem estranhamento a presa de índios realizada pelos bandeirantes, em particular os das tribos hostis, espalhadas pelos sertões distantes de Piratininga. Em tais casos, a escravização era encarada como uma audaciosa aventura dos desbravadores, como se explicita nestas palavras de José Felício Buarque de Macedo:

> A presa dos indios, através de inhospitas paragens, foi a mais audaciosa aventura dos bandeirantes, que, antes do meado do seculo XVI, começaram a se internar em desconhecidos sertões, substituindo--se a metropole na formação do nosso território. E assim, nem os rios caudalosos, nem as florestas emmaranhadas, nem os rumos incertos, nem os animaes bravios, nem as intemperies, nem os perigos a cada passo, nada os demoveu do cumprimento, embora inconscientemente, de seu destino historico. (*RIHGSP*, v.XIV, 1909, p.326)

Avolumaram-se os artigos na revista, na busca do indígena ideal que pudesse representar a contribuição da terra para a formação da raça paulista; dezoito deles tratam dos cruzamentos entre brancos e indígenas, das relações destes com os jesuítas e de aspectos de sua cultura material. Entre os grupos indígenas da região estudados, receberam mais atenção os Guaianá, os Caingangue e os Maronomi.[74] Dentre estes, os Guaianá seriam considerados, pela maioria, o fundamento étnico da mestiçagem com o europeu, ocorrida em São Paulo. A eles foram delegadas as qualidades do bom selvagem, que já haviam figurado no indianismo do século XIX. Complementam o bloco dos trabalhos antropológicos quatro textos sobre o estado da etnografia no Brasil e outro defendendo a tese da autoctonia da população indígena da América.

Embora não fosse porta-voz de uma ideia consensual no instituto, Afonso de Freitas assumiu a tese da autoctonia do índio

---

73 A respeito da escravidão indígena, consultar Monteiro, 1994.
74 Nessa série de estudos, há 24 matérias a respeito das tribos indígenas em São Paulo, assinadas por Toledo Piza, Alberto Loefgren, Ricardo Krone, Teodoro Sampaio, Von Ihering, Gomes Ribeiro, Benedito Calixto, Amaral Gurgel, Afonso A. de Freitas, Domingos Jaguaribe, Pedro Dias Campos, João Wetter e outros.

A EPOPEIA BANDEIRANTE

141

brasileiro, de maneira a enfatizar a sua peculiar contribuição no processo de mestiçagem:

> no primeiro norte da Europa, na França, no território dos Estados Unidos, no México, na República da Argentina, no Brazil, têm sido encontrados, no território diluviano, restos humanos fossilizados, muitos dos quaes, na edade calculadamente de trezentos millenios, fosseis que protestam contra a éra recente do apparecimento do homem sobre a terra indicada pelo Genesis. (*RIHGSP*, v.XIV, 1909)

As grandes controvérsias ocorridas no IHGSP deram-se, contudo, em torno da filiação linguística da tribo Guaianá, considerada desde os tempos de frei Gaspar e Pedro Taques como um ramo dos legendários e romantizados tupi. No fim do século XIX e durante as duas primeiras décadas do novo, a questão recrudesceu, em virtude de uma série de circunstâncias: as novas pesquisas etnográficas realizadas desde a criação do Museu Paulista; a polêmica sobre a desigualdade entre as raças e os contatos recentes com tribos selvagens, especialmente os Caingangue, nas frentes pioneiras de São Paulo em direção ao Mato Grosso, a Minas Gerais e ao Paraná.

A propósito desses últimos, é exemplar a descrição feita por Edmundo Krug, um engenheiro-arquiteto encarregado dos trabalhos geológicos da Comissão Geográfica, em relatório da expedição realizada às margens do Paranapanema, em 1906. O autor recolheu dados "sobre as origens, usos e costumes dos selvicolas, alguns já mansos ... outros ainda bravios, de vida errante ... mas todos condemnados á mais completa e rapida absorpção pela onda de progresso...". Para ele, os Caingangue da região, tanto do lado de São Paulo como do Paraná, eram ferozes e traiçoeiros, caloteiros por natureza, preguiçosos na lavoura e no pensar, dotados de um pensamento ilógico e produtores de uma arte rudimentar (*RIHGSP*, v.XXI, 1916-1921, p.319-47).[75]

---

75 Ermelino Leão também realizou estudos sobre essas tribos, comparando-as com os Guaianá: "Subsídios para o estudo dos Kaingangues do Paraná" (*RIHGSP*, v.XV, p.223-52). O autor trata dos seguintes assuntos a respeito da cultura caingangue: língua, concepção de divindade, crenças superstições, culto dos mortos, tradição do dilúvio. Sobre os Guaianá, ele aborda os temas: "Kaingangues e goyanás, a tribu de Tibiriça, o habitat dos Goyanás".

Nesse contexto, colocou-se a indagação: seriam os Guaianá filiados aos tupi ou aos antropófagos tapuia, representados por seus remanescentes Caingangue? Acompanhando esse intenso debate, que envolveu de perto o IHGSP, argumenta John Monteiro:

> Não se tratava apenas de uma querela etnográfica, embora também o fosse. Estava em jogo o mito de origem da sociedade paulista que, desde o século XVIII, pautava-se numa série de afirmações sobre os Guaianá de Piratininga e sobre as origens tupi da grandeza de São Paulo. Durante a última década do século XIX, outros estudiosos conferiram um novo tom ao debate, levantando a sugestão de que os Guaianá da documentação antiga não configuravam grupos tupi e, pelo contrário, seriam nada mais que os remotos ancestrais dos modernos Kaingang – portanto Tapuia, uma 'raça' indígena desprezada pela ciência moderna e pelos defensores do progresso. (Monteiro, 1992, p.127)

Da polêmica participaram, entre outras, personalidades como Herman von Ihering, Teodoro Sampaio, Washington Luís, Afonso de Freitas, João Gomes Ribeiro, Ermelindo Leão; os dois primeiros defensores da filiação dos Guaianá aos Tapuia e os demais partidários de sua derivação tupi. De cada parte, foram procuradas as comprovações científicas necessárias, por meio de estudos linguísticos, levantamentos bibliográficos, esquadrinhamentos geográfico-arqueológicos etc.

À altura de 1910, todavia, predominava no IHGSP a refutação dos argumentos desenvolvidos por Teodoro Sampaio e Herman von Ihering, reafirmando-se, assim, a velha tradição. Ermelindo Leão, por exemplo, concluía de modo artificioso, com base numa distinção entre guaianá e goianase, que aqueles selvagens ainda vivos podiam ser descendentes dos *"goyanás – visinhos e contrários dos Carijós, mas não dos Goyanazes – de Piratininga ... Os representantes actuaes dessas nações americanas somos nós os paulistas e os seus descendentes"* (*RIHGSP*, v.XV, 1910, p.223-52).

Não era diferente a convicção de João Gomes Ribeiro, para quem continuava "de pé a tradição paulista sobre a procedência dos Goyanãs e sua origem tupi, e sobre a primazia de Tibiriçá, como chefe supremo da Confederação Goynã ..." (v.XIII, 1908, p.183-93). O mais enfático seria, no entanto, Afonso de Freitas, um dos principais "escafandristas" da mitológica nação Guaianá:

A EPOPEIA BANDEIRANTE
143

> Mansos e amoráveis os Guayanis de Piratininga, fiéis à observância tradicional dos hábitos dos seus maiores, não haviam contraído nenhuma das bárbaras usanças dos autóctones das quais, inquestionavelmente, tinham conhecimento através do retrocesso em civilização dos Tamoios, seus vizinhos. (apud Monteiro, 1992, p.130)

Estava desobstruído, portanto, o caminho para o resgate das várias contribuições dos indígenas tupi, de um modo geral, à civilização paulista. Dentre tais legados, despertou maior paixão a pesquisa da língua, abordada de um prisma etno-geo-linguístico, o que corresponderia a 2,1% dos artigos.[76] Encontram-se, também, miniléxicos esparramados numa grande quantidade de matérias não computadas nesse total: relatórios de expedições, narrativas de viagem, ensaios sobre folclore e outras. Sempre quando possível, os autores faziam questão de revelar seus atributos de tupinólogos, assim reacendendo o espírito de Alencar e Policarpo Quaresma. Em 1925, o IHGSP chegou mesmo a oferecer aos leigos um curso de tupi-guarani.[77]

De modo particular, foram investigadas as marcas indígenas na designação das cidades paulistas, bem como na composição do vocabulário geográfico e zoológico regional ou nacional. Além disso, debateu-se longamente a respeito da grafia considerada correta para determinados nomes de pessoas, tribos ou acidentes geográficos: "Caramuru, guayaná ou goyaná, tietê ou tieté, ubatuba" etc.[78]

Dando continuidade, enfim, a uma antiga preferência da elite letrada, que também já se havia manifestado nas páginas do *Almanach Litterario*, a revista do Instituto trouxe ao público um conjunto de investigações a respeito das fusões entre a cultura indígena e a cultu-

---

76 Desse total subtraem-se duas matérias de autoria de Jorge Bertolazo Stella, sobre as línguas etrusca e a "conexão basco-americana" (*RIHGSP*, v.XXVII, 1929).

77 Oito anos depois, o Centro do Professorado Paulista também abriria um curso idêntico, destinado aos mestres paulistas, fato que mereceu um voto de louvor do IHGSP (cf. v. XXXIV e XXVI, 1938 e 1939).

78 Vários desses trabalhos foram publicados antes mesmo de 1910. Os autores que mais se envolveram com tais temas foram, entre outros: Orwille Derby, Teodoro Sampaio, Herman von Ihering, Afonso Taunay, Domingos Jaguaribe, Afonso de Freitas, Plínio Ayrosa, Jorge Maia, Armando de Arruda Pereira, Dácio Pires Correa e Rozendo Sampaio Garcia.

ra europeia, sobretudo portuguesa. Esses aspectos foram procurados na linguagem, nas crenças e nos costumes populares das áreas rurais, ou de cidades centenárias, como Sorocaba, Campinas, São Paulo e outras. Os trabalhos que envolvem tal linha combinam procedimentos de áreas mescladas – história, antropologia, folclore, linguística –, elegendo temas como: tradições coletivas, religiosidade, festas, lendas, hábitos.[79]

Nos textos em que se abordam tais temas, as culturas populares são apresentadas como fonte preciosa para a recuperação da genuína "alma" paulista, já então ameaçada de desfiguração em face dos valores modernos. No encalço de suas expressões mais legítimas, os estudiosos dirigiram os olhares tanto ao passado como aos seus últimos vestígios no presente, num conjunto de títulos: "O sertão antes da conquista (século XVII)", "São Paulo de Piratininga no fim do século XVI", "São Paulo no século XIX", "Vestigios de habitos aborigenes nos usos e costumes sertanejos", "Factos e festas na tradição: o S. João e a procissão de Corpus Christi em São Paulo", "Folganças populares do velho São Paulo", "A folia do Espírito Santo" etc.[80]

Em tais trabalhos, os homens de letras do início do século deixavam transparecer tanto o apego à tradição como a intenção de classificar as diferentes manifestações culturais, com base em modernos postulados científicos. Neste particular, era comum identificar muitas das manifestações populares no âmbito das lendas e superstições, o que já se evidenciavam nos próprios títulos, como por exemplo nestes dois artigos de Edmundo Krug: "Deus e os santos na superstição brasileira" e "Curiosidades da superstição brasileira" (*RIHGSP*, v.XXIII, 1925 e v.XXV, 1927).

Como etnólogos-folcloristas, os estudiosos foram à caça desses tesouros, transpondo para as letras diversas informações sobre

---

79 No quadro anteriormente apresentado, tais matérias encontram-se disseminadas nos itens: festas, lendas, hábitos, religiosidade; narrativas de viagem, expedições científicas; e vestígios e línguas indígenas, falas populares.

80 Artigos, respectivamente de: Teodoro Sampaio (*RIHGSP*, v.IV, 1898-1899, v.V, 1899-1900 e v.VI, 1900-1901); Sebastião de Almeida Oliveira (v.XXXV, 1938); João Vampré (v.XIII, 1908); e Afonso A. de Freitas (v.XXI, 1924, e v.XXIII, 1925).

A EPOPEIA BANDEIRANTE 145

os grupos de população menos afetados pelas transformações modernas: seus modos de falar; trovas, cantos e danças; hábitos alimentares; ídolos e rituais religiosos. Durante as décadas de 1910 e 1920, coincidindo com o culto ao bandeirante e ao Guaianá, o caboclo também foi alvo de reverência, embora essa fosse marcada por séria ambiguidade.[81] Ganhava corpo, àquela altura, a literatura regional caboclista, cujas formas narrativas moviam-se dos escritos "científicos" para a "ficção" de caráter documental, ou vice-versa. Grande parte dos autores do Instituto participou de ambas as frentes, escrevendo poemas, contos e romances de tal gênero.

Afonso Antônio de Freitas contribuiu com alguns desses textos, interessado em recuperar os elementos tradicionais num período de "transmutação verdadeiramente cinematographica". Em "Folganças populares do velho S. Paulo", ele passeia do século XVI ao XX, colhendo os sinais do cruzamento cultural entre portugueses e indígenas. Dos primeiros, ele buscava a "grande e salutar ... influencia da religião catholica", responsável pela "suavização" do caráter dos nativos. E destes, pretendia mostrar "a sobrevivência, sem maiores deturpações, dos costumes, dos folguedos, dos cantares, da feição peculiar dos habitos...", apesar dos "embaraços, dos entraves, das barreiras levantadas [contra eles] pelo egoismo luso, pela diplomacia velhaca ... do reinól...".

Com esse propósito, Freitas cercou-se dos dotes de historiador, retirando dos documentos as informações sobre as festas religiosas e pagãs até o século XIX, que nos primeiros tempos foram caracterizadas pela promiscuidade de classes e sofreram, periodicamente, a repressão das autoridades da Coroa. Em suas linhas, ofereceu aos leitores as danças e cantigas anchietanas, o culto às onze mil virgens, as procissões, as mascaradas venezianas, os entrudos e, afinal, o carnaval dos clubes, em data mais próxima, já delimitado nos espaços sociais e geográficos dos grupos abastados e destituído de qualquer função religiosa.

---

81 No vocabulário da época, em geral, o termo "caboclo" substituiria a expressão "caipira", empregada à exaustão no final dos oitocentos. Apesar disso, em algumas versões, caboclo e caipira são tomados como sinônimos. A ambiguidade estava em considerá-lo, a um só tempo, como um sujeito "atrasado" na rota do progresso, e como portador das raízes do povo.

Levado ainda pela curiosidade e munido dos recursos do etnólogo-folclorista, Freitas viajou a Pirapora, "por ocasião das festas padroeiras do anno de 1921, ás quaes acorreram romeiros dos recantos mais remotos de S. Paulo, Estados convizinhos". Guiado pelo "prestante cidadão Gabriel Fernandes, caboclo intelligente e affavel, violeiro emerito e trovador...", ele procurou ver de perto a população que não se envergonhava de "dançar o catêreté e de versejar sobre os themas legados pela tradição...", assim remetendo ao "intimo viver do paulista de outras éras, vislumbrando-lhe a alma singela, o espirito levemente mordaz e satyrico, o genio amoravel e folgazão". Em contato com essa gente, o autor recolheu mais de uma dezena de trovas, tidas por ele como legítimas expressões do "caboclo" e do "tapanhuno puro sangue".[82]

O sintomático é que, em tal colheita, ele tenha feito questão de isolar quaisquer manifestações da cultura negra africana que pudessem contaminar a tradição paulista. Apesar de ter se interessado pela sorte dos negros desde a militância abolicionista na juventude, Freitas negava a eles uma contribuição significativa na formação da cultura brasileira. Conforme suas palavras:

> Infructiferos foram todos os esforços por nós empregados para recompor a literatura africana em São Paulo: nas tradições do povo transplantado do continente negro, nada encontramos, além de ligeiras notícias sobre os costumes dos filhos d'Angola e das quadrinhas ... que longe de ser uma manifestação espiritual da raça a quem tanto deve o Brasil, não é sinão méra critica de origem erudita á humilde condição dos modestos collaboradores da nossa grandeza material. (v.XXI, 1916-1921, p.20)

Segundo o autor, ainda, do negro só restara o samba, inteiramente distinto do cateretê paulista. Mas esse ritmo era apenas o "amalgama das multiplas danças regionaes, da capoeira, do lundu,

---

82 Para ele, contudo, já o caboclo das cidades grandes, no século XX, não era o mesmo; tinha perdido as cores nacionais, andando "requintado em civilização e brunido de snobismo ... effeminado pelo uso do espartilho, janota pela alvura das polainas, pelintra pelo monoculo desgraduado", só prestando atenção ao que "não é nosso" (*RIHGSP*, v.XXI, 1916-1921, p.7-31): essa referência vale, também, para as citações dos dois parágrafos anteriores.

A EPOPEIA BANDEIRANTE

do jongo ... fundamente desfigurado pelo perpassar do tempo e da civilização...". Eis um trecho, por si só rico em significações, da sua descrição do samba, também chamado "umbigada lubrica, lasciva, obscena...":

> A pomba vuô; vuô, sentô,
> Arrebente o samba quéu já vô.
> Eh! Pomba! Eh!
> Entoava no samba de ha uns quarenta annos passados, o ebano figurante, ao som rythmado dos tambaques, adufes e chocalhos, num saracoteio infrene, em contorsões grotescas, sem arte e sem esthetica, lubrico, torpemente lascivo no rebolir de quadris... (v.XXI, p.17-8)

A desqualificação da cultura negra não se explicitou tão somente nesse exemplo citado; ela se revela no interior das próprias teses favoráveis à mestiçagem europeia-indígena e na ausência de estudos específicos a respeito dos escravos e seus descendentes. Ocupando o último lugar na preferência dos autores (0,5%), constata-se a existência de apenas três artigos relacionados aos negros, publicados já na década de 1930, cujo tema é abolição, tratado do ponto de vista liberal das Arcadas.[83]

Sem dúvida, a construção do enredo regional paulista deu-se, no IHGSP, tendo como base aspectos seletivos de grave consequência. A identificação dos seus escritores com o passado não comportava a presença negra: sua ciência-literatura abria espaço, apenas, ao lendário mundo dos herdeiros da nobreza europeia, de braços dados com os seguidores de Peri-Tibiriçá.

---

83 Carvalho, Afonso de. "Abolicionismo e democracia nas Arcadas" (*RIHGSP*, v.XXXII, 1937); Ascoli, Renato. "A escravidão e sua abolição no Brasil" (v.XXIV, 1938); e Cesarino Jr., Antonio Ferreira. "A intervenção da Inglaterra na supressão do trafico de escravos para o Brasil" (ibidem). Exceção à regra encontra-se no esboço biográfico que Gelásio Pimenta realizou do músico paulista Alexandre Levy, artista malcompreendido do final do século XIX, que morreu ainda jovem. O autor procura salientar como o músico incorporou elementos rítmicos dos negros, especialmente o samba, em sua criação de moldes acadêmicos. Ele também comenta a apresentação do artista no Rio de Janeiro, que contou com a presença de Prudente de Morais e alcançou enorme sucesso de público (v.XV, 1910, p.389-403).

Tal enredo inspira-se na épica,[84] pautando-se por concepções e formas históricas pouco renovadas, típicas do século XIX. A sua criação dava-se no interior das letras históricas em sentido amplo, mais do que nos domínios científicos, propriamente ditos. Apesar da historiografia do Instituto ter procurado abastecer-se dos procedimentos de uma área de saber que, na Europa, constituía-se em disciplina – o apego aos documentos e a presunção à objetividade, ou seja, daquilo que, geralmente, se associa à historiografia "positivista" –, pode-se dizer que esses recursos conferem aparência moderna a um conteúdo prefigurado miticamente e que se desenha como parte privilegiada da realização da epopeia branca nos trópicos.

No curso vertiginoso do tempo, o passado era para ser cultuado, mas um passado harmônico, que produzisse efeitos de confiança no futuro. Como disse João Vampré, não sem uma ponta de temor diante do avanço das forças "modernas":

> O meu pensamento sente um prazer íntimo e por vezes delicioso em revolver as cinzas dos annos preteritos. A rememoração do passado deve constituir para nós uma fonte perenne de confiança, de vigor, de claridade, de alegria, de resignação através das amarguras que nos assaltam, sob o peso de uma agglomeração adventicia e aventurosa, alheada do nosso convivio ... Não ha effectivamente sensação esthetica mais viva, mais dominadora e empolgante que a do chronista quando, com amor, exerce esse fakirismo sobre o passado, por um avatar que o restaura. (*RIHGSP*, v.XIII, 1908, p.287)

Em meados da década de 1920, todavia, a insegurança começava a bater as portas da intelectualidade paulista, sobretudo de feição

---

84 Evidentemente, toma-se, aqui, o termo em sua significação aberta, uma vez que ele remete a gênero de estrutura bem-definida, referido a contextos socio-culturais que vão da Antiguidade aos princípios da época moderna. Desde então, a epopeia clássica perdeu terreno, dando origem à forma romanesca, no dizer de Lukács, a "epopeia burguesa". A literatura e a historiografia dos Estados Nacionais, no século XIX alimentam-se, contudo, dos modelos da epopeia. Por épica, pode-se entender, especificamente: "assunto ilustre, sublime, solene, especialmente vinculado a cometimentos bélicos ... acontecimentos históricos, ocorridos há muito tempo, para que o lendário se forme e/ou permita que o poeta" ou, no caso tratado, o historiador "lhes acrescente com liberdade o produto de sua fantasia". Cf. Moisés, 1988, p.184-5.

A EPOPEIA BANDEIRANTE

149

mais conservadora. Diante de forças consideradas ameaçadoras – principalmente, a luta de classes e as novas ideologias políticas do período posterior à Primeira Guerra Mundial –,[85] procurou-se, mais do que nunca, reforçar os pilares da tradição. José Torres de Oliveira, vice-presidente do Instituto de 1922 a 1930, e seu presidente durante toda a década seguinte, resumiu com clareza exemplar os desafios que os novos tempos colocavam à agremiação:

> Precisamos ter sempre, diante dos olhos [o exemplo dos vultos do passado] para nosso encorajamento e conforto, principalmente nos tormentosos dias que correm. Incontestavelmente, de uns tempos para cá, fortes rajadas de insania abalam o mundo. A licenciosidade dos costumes tem descido a baixos degraus de ignominia. Ha, por toda a parte, grandes arrancadas contra a ordem social, ha ardentes lufadas de revolta, ha violentos surtos de anarchia. Golpes de surpresa deslocam os eixos do poder constituido. Explodem, com fragor, as reivindicações operarias ... A *débacle* delineia-se apavorante. (v.XXIII, 1925, p.542)

O NICHO SAGRADO[86]

Os escritos de Afonso Antônio de Freitas uma vez mais, e de Afonso de Freitas Júnior, além de sugerirem a transmissão de bens simbólicos de pai para filho (de resto, comum nas "dinastias" das sociedades desse porte), tipificam, em contornos nítidos, a historiografia paulista da fase anterior a 1930.

Nos anos 20, ambos eram membros os mais conceituados do IHGSP, em particular o primeiro, sócio-benemérito e presidente da entidade de 1922 a 1930, que ainda acumulava o cargo de secretário

---

85 Há uma farta bibliografia a respeito da situação social e política no pós-guerra, que situa em São Paulo, tanto o avanço do movimento operário, representado pelas correntes anarquistas e logo adiante, comunistas, como também as vertentes nacionalistas, civis e militares, que contribuíram para a crise da hegemonia do grupo oligárquico paulista. Entre tais trabalhos, sem pretender alongar demais esta nota, podem ser lembrados alguns fundamentais: Fausto, s.d. e 1978; Decca, 1981; Hardman, 1983; e Corrêa, 1976.

86 Nesta parte, retomo argumentos que desenvolvi no artigo "Entre a tradição e a modernidade, entre a história e o romance" (1995).

da Academia Paulista de Letras. Nascido em São Paulo, em 1870, ele se formara em Humanidades na Escola Mineira e começara a carreira como jornalista, tendo participado da campanha abolicionista e republicana. Lembrado como "escafandrista do passado" (apud Monteiro, 1992, p.129), Freitas já reunia, à época em pauta, uma obra bastante prestigiada.[87] De longe, foi o autor com um número maior de matérias e páginas na revista.

Freitas Jr. esforçou-se para seguir as trilhas do pai. Bacharelou-se em Direito pela Faculdade do Largo São Francisco e lecionou nos ginásios Ciências e Letras e Sílvio de Almeida. Ingressou como sócio efetivo do IHGSP em 1921 e, cinco anos mais tarde, foi eleito o seu orador oficial, tendo proferido vários necrológios e homenagens a personalidades de São Paulo. Nesses mesmos anos, ainda jovem, era promotor público, publicista e historiador, com alguns trabalhos divulgados pela entidade.[88]

Os ingredientes, anteriormente analisados, da elaboração de uma história épica, aparecem exacerbados em suas obras: busca das origens, fontes da tradição, enaltecimento do passado regional e elogio às grandes personagens. Estão também presentes neles o bandeirantismo, a retomada do indianismo e a romantização da cultura popular, especialmente do mundo rural, simbolizando a permanência dos valores antigos no fluxo contemporâneo. Concorre para singularizar essa elaboração, no entanto, a ênfase dada à ação dos missionários católicos, seja no período colonial, seja nos anos posteriores à Independência. Explicita-se em seus textos, dessa maneira, uma história de conteúdo religioso, que muito traduz dos compromissos entre ciência e espiritualidade, característica da historiografia do IHGSP.

---

87 Além de artigos antes já mencionados e de outros trabalhos que serão referidos nesta parte, destacavam-se trabalhos publicados na *RIHGSP* e alguns livros: "Tradições e reminiscências paulistanas, Geographia do Estado de S. Paulo", "Distribuição das Tribus Indigenas na Epoca do Descobrimento"; "Plan – historia da Cidade de S. Paulo"; *Dicionario Historico, Topographico, Estatistico, Biographico, Bibliographico e Ethnographico de São Paulo*. Afonso de Freitas morreu em abril de 1930.

88 Ver dados biográficos do autor no volume XXII (1923, p.351) da *RIHGSP*. Artigos publicados, afora os que serão citados a seguir: "Fagundes Varella, Tiradentes, Olavo Bilac".

A EPOPEIA BANDEIRANTE

Quanto às formas estilísticas, gêneros narrativos e procedimentos discursivos empregados por ambos, não é difícil constatar, ainda mais avivadas, as características de uma história artesanal. Tanto o pai quanto o filho dedicaram-se a diversos campos de conhecimento, com o suporte de filosofias ecléticas, compondo textos em que se observam: farto uso da imaginação, tropos semi--ficcionais, estilo ornamental e acentuada eloquência retórica. Não obstante, tais marcas "literárias" caminham lado a lado com descrições "impessoais" e "objetivas", que se apresentam submetidas aos efeitos da "verdade",[89] por meio da utilização de provas documentais "científicas".

Com a finalidade de exemplificar a proximidade temática, narrativa e "filosófica" dessa obra,[90] vale a pena explorar os fios de encadeamento entre alguns dos seus artigos publicados em 1925. Para tanto, serão considerados os textos: "Folia do Espírito Santo", "A cidade de São Paulo no anno de 1822", "Os restos mortaes do Padre Diogo Antonio Feijó", "Notas sobre a filiação, puerícia e adolescencia do Padre Feijó" e "Piratininga exhumada", de Afonso de Freitas, e "A missa padroeira", de Afonso de Freitas Júnior (*RIHGSP*, v.XXIII).

Tais matérias foram elaboradas como preparativos e na esteira das comemorações do centenário da Independência do Brasil, no auge do ufanismo paulista. Os dois títulos sobre Diogo Antônio Feijó – o primeiro na forma de relatório e o segundo como esboço biográfico – merecem, entretanto, um comentário preliminar à parte. Afonso A. de Freitas apresentou-os em 1918, como resultado dos trabalhos desenvolvidos pela comissão designada pelo Instituto, um ano antes, para investigar o "paradeiro dos restos mortaes ... daquelle que melhor defendeu os interesses brasileiros nas Côrtes de Lisboa e que, quando ministro da Justiça e quando regente do Império, salvou o Brasil da anarchia e da ruina" (*RIHGSP*, v.XXIII,

---

89 Sobre as estratégias do discurso histórico para a produção desse efeito, ver Barthes, 1988.

90 O termo é aqui empregado nos moldes compreendidos por Hayden White (op. cit.); os escritos históricos, independentemente das suas intenções explícitas, contêm uma "filosofia da história" definida nos enredos que prefiguram os acontecimentos.

p.23). Presidida pelo autor, a comissão também foi integrada por Luís Piza, Afonso de Freitas Jr., tenente-coronel Pedro Dias Campos, coronel João Lellis Vieira e pelo padre Desdedit de Araújo.

Há muito a entidade reclamava a localização dos despojos de Feijó, transladados em 9 de novembro de 1852, da Igreja da Ordem do Carmo para a da Ordem Terceira de São Francisco. Já em 1908, Eugênio Egas, outro historiador respeitado do Instituto, manifestara--se a respeito do assunto: "Diogo Antônio Feijó exerceu funções majestáticas ... Em todos os paizes, homens taes descansam em lugares conhecidos, e os seus tumulos, embora simples e toscos e singelos podem ser vistos e venerados pelos patriotas ... Até agora ninguém soube me indicar ... os sete palmos de terra paulista que guardam o corpo e o coração embalsamados de um homen notavel ... Será possível que se perdessem tão preciosos despojos?".[91] Em seu relatório, Freitas argumenta, aliás, que investigações infrutíferas já haviam sido realizadas nos anos de 1882, 1896 e 1908 com o objetivo de localizar o túmulo do padre, ignorado até pela Ordem de São Francisco. Afinal, a tarefa da comissão envolveu a pesquisa de fontes do século XIX e uma extenuante peregrinação por vários lugares da capital, de Campinas e Sorocaba, onde viveu Feijó. Afonso Jr. foi enviado ao Rio de Janeiro com a incumbência especial de encontrar um velho opúsculo em que se narravam os episódios do seu enterro, presenciado pelo autor do folheto. Biografias elaboradas no século passado também foram compulsadas e ainda recorreu-se ao depoimento da "veneranda paulista d. Brasilia Augusta Palhares do Amaral, filha de Antonio Benedicto Palhares de Camargo". Segundo ela, seu pai guardara, antes da sepultura definitiva, o coração do regente conservado num frasco de vidro, envolto em veludo. Morto em 10 de novembro de 1843, Feijó teve seu corpo embalsamado "pelo systema egypciano: o seu coração entregue a Antonio Palhares que o encerra em um frasco de vidro e os olhos, dizem ... são remettidos ao brigadeiro Tobias de Aguiar" (segundo as notas de Freitas, Afonso A., v.XXIII, p.30).

---

91 EGAS, Eugênio. "O padre Feijó: estudo preliminar" (*RIHGSP*, v.XIII, 1908, p.124).

A EPOPEIA BANDEIRANTE

153

O ataúde de Feijó foi, afinal, descoberto entre túmulos ocultos nas paredes da própria Igreja de São Francisco, no entardecer de 19 de junho de 1918. E ao lado dele estava, de fato, alojada a relíquia constante das reminiscências de Brasília Palhares. Na presença de religiosos do local, dos membros da comissão, de um médico legista e de Washington Luís, seu corpo foi identificado e fotografado. O extenso relatório é acompanhado de cinco fotografias do ataúde e do cadáver, além de um desenho do túmulo, feito por Afonso Jr., e de um retrato "a guache, pintado em 1835, na occasião em que o grande regente escrevia o seu testamento" (ibidem). A notícia seguiu rápida para os jornais, mas ensejaria, nos anos seguintes, uma acirrada disputa sobre a autoria verdadeira de tão significativa façanha. A Ordem Terceira de São Francisco afirmou, pelas colunas do *Correio Paulistano* de 13 de janeiro de 1922, ter sido ela, e não o IHGSP, a responsável pela descoberta, declaração que recebeu a irada resposta de Afonso de Freitas no discurso "Quem descobriu os despojos de Feijó?", proferido em 25 de janeiro do mesmo ano.[92]

Para Freitas, encontrar tal nicho sagrado equivalia a restabelecer um dos elos centrais da herança espiritual paulista, ameaçada pelo avanço da modernidade, com o urbanismo desenfreado, o desenvolvimento técnico, a perda dos laços patriarcais, a luta individualista, o cosmopolitismo e a velocidade do tempo. Nos demais artigos citados, ele se queixava das transformações recentemente ocorridas na capital de São Paulo, lançando um olhar panorâmico e retrospectivo sobre a metrópole da década de 20. De "A folia do Espírito Santo", por exemplo, pode ser extraído este trecho que é suficientemente esclarecedor:

> ... o progresso, firmado no moderno systema utilitarista da lucta pela vida, atulhando a formosa 'urb' paulistana de uma multidão que se acotovela e se comprime numa azafama quasi feroz, atravancando-a de vehiculos que rolam em continuo e vertiginoso vae-vem, que se atropelam e se chocam não raro espatifando cousas e esmagando pessoas por amor á velocidade, transformam os habitos do povo paulistano, tornando impraticaveis na moderna capital os velhos costumes tradicionaes ... A grande massa de povo que enche de actividade febril

---

92 *RIHGSP*, v.XIII, p.65-78. Ver, também, o editorial do jornal *O Estado de S. Paulo* (26 jan. 1922).

as ruas da metropole ... no desejo e na necessidade da conquista do bem estar, todo esforço que cada elemento da sociedade moderna carece de desenvolver para não ser esmagado pelos interesses adversos, exerceram funda e rapida influencia nas velhas populações paulistas transformando-lhes o systema pathriarcal de existencia, modificando-lhes os vetustos habitos, derimindo-lhes crenças, suggerindo-lhes novas idéas ... trocando-lhes a felicidade sadia ... de outr'ora, pelo inferno da felicidade brilhante, candente como o ferro em brasa, do viver moderno. A transcorrencia da vida social moderna baseia-se na movimentação agitada, no aproveitamento rapido do tempo: a pratica dos velhos hábitos da primitiva população cidadã paulistana, firmava-se na morosidade contemplativa; dahi a transformação realisada numa rapidez cosmoramica dos nossos habitos e do nosso viver material no ultimo trintennio. (v.XXIII, p.117-8)

Pautando suas linhas pela crítica aos tempos modernos, ele se projetava para arrancar do passado os que considerava como verdadeiros sujeitos da história, as fontes de estabilidade e os valores permanentes. Encontrava-os na comunidade que, há cem anos, ainda era regulada por hábitos austeros, por princípios viris e pela fidelidade ao catolicismo. Em "A cidade de São Paulo no anno de 1822", afirma Afonso Freitas:

> A Paulicêa era, material e espiritualmente considerada, quasi a mesma cidade dos entranhados tempos coloniais: pacata e ordeira, quasi marasmática nas manifestações da vida cotidiana: viril e altiva, como nos tempos do padre Albernaz, da questão jesuítica e da guerra dos emboabas, na defesa dos seus brios e dos interesses da Collectividade. (Ibidem, p.133)

Nessa cidade ordeira e religiosa vivera o regente do Império, personagem apropriado para representar a coletividade, a história e a própria tradição paulistas, preenchendo as lacunas dos tempos heroicos na primeira metade do século XIX. Nas "Notas sobre a filiação, puericia e adolescencia do Padre Feijó", Freitas vasculha uma infinidade de indícios para conhecer as origens sociais e raciais do pobre enjeitado e deficiente físico, agregado à família Camargo que, apesar de todas as adversidades, escalara os mais altos degraus da fama, consolidando não só o prestígio de São Paulo, como também a unidade nacional. Com base nesses vestígios, ele até mesmo se propõe provar que o "genial conterraneo" era filho de Maria

A EPOPEIA BANDEIRANTE

Gertrudes, daquele conceituado clã, fundado pelos bandeirantes. Dessa maneira, por direito de berço e pela qualidade de suas ações, Feijó seria um autêntico descendente daqueles bravos paulistas. Além disso, ele teria incorporado em sua obra, por convicção e dever de ofício, a missão evangelizadora católica. E com uma série de outros elementos factuais, cronológicos, sociológicos e psicológicos, o escritor traçou a síntese dessa nobre figura:

> ... um homem, apoucado de physico, claudicante de saúde, porém, athleta de animo e sadio de espirito que, pela impeccabilidade de suas virtudes, pela limpidez de suas intenções, pela vastidão dos seus talentos, pela rigidez do seu caracter e pela inflexibilidade de suas convicções, impõe-se à vontade nacional, eleva-se ao poder.

Com a finalidade de expor um parecer definitivo, e contrário às insinuações de que Feijó teria sido mulato – como muitas vezes se comentava –, Freitas valeu-se dos métodos científicos disponíveis à época, retirados da Medicina Legal e da Antropologia, relatados deste modo:

> Para attingir tal desideratum fiz largos estudos de anthropologia, adoptando systema de identificação ainda não tentado, que eu saiba, em São Paulo e no Brasil e raramente na Europa, onde conhecemos apenas o caso da identificação do esqueleto de Schiller na Allemanha; systema tão novo que, divulgado, causou natural extranheza em parte da imprensa periodica, não só de São Paulo como da Capital Federal. (Ibidem, p.73)

A ciência forneceria, desse modo, os suportes necessários para uma conclusão a respeito da procedência racial de Feijó. Tendo acompanhado com atenção o exame dos restos mortais do Padre, Afonso de Freitas afirmou que coincidia "rigorosamente com a sua affirmativa antecipada de que o grande regente seria approximadamente branchycephalo".[93] Revelava-se, assim, a raiz branca de um dos ga-

---

93 Cf. o relatório citado: "O medico legista procedeu a uma série de medições no cadaver encontrado: não apresentou laudo, mas forneceu ao relator as seguintes medidas craneanas: diametro occipito-frontal... 0,180; diametro bi-parietal... 0,140; diametro bi-temporal... 0,145; diametro occipito-mentoneano... 0,235. O sr. Affonso de Freitas reduzindo os diametros occipito-frontal e bi-temporal ao indice cephalico correspondente, obteve o seguinte resultado: 145 x 100/180 = 80,55" (Ibidem, p.48).

lhos de maior envergadura do tronco branco-indígena paulista, "prototypo de uma raça e vulto proeminente de uma época". Saber da origem de Feijó, servia para ele, além disso, de "elemento poderoso" na destruição "da fatua e egoística presunpção de que se imbuiram as velhas raças civilizadas e nós mesmos, os brasileiros, nos achamos impregnados, da existência de raças inferiores...".

Curiosamente, a análise do cadáver do padre incitou o autor a revolver, com idêntico e mórbido prazer, as origens soterradas de São Paulo, no texto "Piratininga exhumada". Seu intento, dessa vez, era alcançar ao ponto zero de um povo, o início de uma epopeia que, dirigida pelo branco, alicerçou-se com o vigor selvagem.

O territótio de Piratininga havia sido, até então, motivo de diversas conjeturas que alimentaram a produção de numerosos textos. Mas, carente de comprovações documentais, ficara sujeito às flutuações das narrativas lendárias, tendo sido até mesmo contestada sua existência histórica. Para dar-lhe solidez física, Freitas valeu-se de testamentos dos primeiros séculos da colonização, de evidências linguísticas tupi, de mapas e outros relatos antigos. Dessa maneira, julgava ter exumado mais um corpo, muito embora este não tivesse recebido os benefícios do embalsamamento. Em seu artigo, o historiador comporta-se como o arqueólogo que delimita sítios históricos revolvendo seus vestígios para recriar a arquitetura das civilizações perdidas. Para Freitas, o sítio arqueológico dos Guaianá seria o próprio bairro da Luz, onde coincidentemente morava:

> ... diremos ser aqui, neste semi-abandonado bairro da Luz, onde residimos e neste momento traçamos estas linhas, a situação da procurada Piratininga de Tibiriçá, o grande e poderoso chefe da nação Guayaná ... Em leve declive para a margem esquerda do Tietê, sempre coberta de luxuriante vegetação campesina ... existiu uma ridente e privilegiada região nas proximidades do planalto que mais tarde deveria ser occupado pela urb enorme que se chama São Paulo. Era o celleiro das tribus Guayanás. (Ibidem, p.101)

Esse era o lugar paradisíaco dos primeiros paulistas, coberto de onças, pacas, capivaras, ariranhas, antas ou "perdizes e de tal quantidade de veados que o rio fecundante chamou-se Anhamby...", na extensão do qual "erguia-se a populosa Inhapuambuçú, aldeia principal do chefe Tibiriçá, em cujo tujipar pernoitaram os padres jesuitas na vespera de sua subida ao planalto".

A EPOPEIA BANDEIRANTE

Espalhando tais efeitos visuais, Afonso de Freitas deixou o terreno preparado para que seu filho o fecundasse com suas próprias sementes literárias. No mesmo volume da revista, este traria ao público "A missa padroeira", artigo em que voou ainda mais alto do que o pai, sem se preocupar em vestir a capa documental protetora. Como simulacro dos romances indianistas e também das pinturas históricas alusivas à catequese dos jesuítas,[94] o texto de Freitas Jr. apareceu colorido de metáforas rebuscadas ao estilo parnasiano, termos tupi e diálogos imaginários entre índios e brancos. Ao iniciar sua narrativa, ele arrumou o cenário para a entrada dos atores que haveriam de compor o enredo histórico paulista:

> À sombra daquella arvore gigantesca, frondejando à beira da escarpa, um vulto acobreado, empennachado, guizonante, ergue-se em todo o aprumo de sua magestade selvatica, passeia a vista indagadora em derredor, leva a dextra ao sobrolho e fita o disco solar flammejante na abobada celeste, azulinea, limpida, inifinita...
> Coema ramé: linguareja elle em sua voz guttural, rouca e cavernosa.
> – Quem é esse que assim fala? Esse, imponente como um rajah indiano, que traz sobre a fronte, como orgulho da raça, o canguape de plumagem rubro-amarela...?
> – É Tibireçá – O vigilância da terra, chefe da nação guayaná... (Ibidem, p.7)

E sem abandonar o tom teatral, o autor prosseguiu, descrevendo o encontro entre a natureza (terra e selvagens) e a cultura (jesuítica), entre o espírito indômito (tupi) e a missão colonizadora (portuguesa). Como desenlace, iluminou a cena inaugural, o nascimento de São Paulo, cidade frutificada pela exuberância dos trópicos, mas lapidada pela religiosidade europeia:

> Eil-os os famosos campos piratininganos! Eil-os, em toda a sua pujança bravia e primitiva! Eil-os, em toda a sua belleza ridente e agreste! Eil-os, como nol-os descreveram os primeiros cruzados do Christo em nossa terra!...

---

94 Refere-se aqui aos conhecidos óleos de Victor Meirelles e Oscar Pereira da Silva, já citados.

Subito, levanta-se a esteira que protege a porta dessa pequenina casa e surge à vista deslumbrada do gentio, reunido no recinto, padre Manoel de Paiva, paramentado com as vestes sagradas para missa consagrante da fundação do novo collegio, pedra fundamental de uma grande cidade.

Irrompem, pela primeira vez, accordando os écos virgens das selvas, os canticos lithurgicos do novo credo e o bimbalhar festivo dos sinos...

Os textos aqui comentados se enfeixam numa rede que bem exemplifica as formas e os instrumentos utilizados para a composição de um discurso histórico épico, nas primeiras décadas do século XX. Na elaboração dos dois Afonso de Freitas, vale dizer, ilumina-se a própria historiografia do Instituto paulista, que busca não apenas construir uma tradição para os tempos modernos de São Paulo, mas, sobretudo, um modo de romanceá-los sob o signo da glória.

FIGURA 10 – Construída com donativos do poder público estadual, de famílias conceituadas da elite paulistana e do empresariado, a sede social do IHGSP foi inaugurada, em 1909, no triângulo central da cidade (*IHGSP*: Jubileu Social, p.27).

FIGURA 11 – Em novembro de 1894, Prudente de Morais toma posse como primeiro presidente civil da República e é também eleito presidente honorário do Instituto, no ato de sua fundação (*IHGSP*: Jubileu Social, p.21).

FIGURA 12 – Presidentes efetivos do IHGSP: Cesário Mota Júnior (1894), Manuel Antônio Duarte de Azevedo (1897), Luiz Piza (1912), Altino Arantes (1916), Afonso Antônio de Freitas (1922) e José Torres de Oliveira (1930). Como os demais historiadores do Instituto, eram homens da elite intelectual da política de São Paulo (*IHGSP*: Jubileu Social, p.141).

FIGURA 13 – Entre os sócios-fundadores, quase todos brancos, na maioria paulistas ou vindos de fora mas já assimilados à elite local, salientava-se o geógrafo Teodoro Sampaio, negro e baiano (Sampaio, O tupi na geografia nacional, página de rosto, s. d.).

FIGURA 14 – Placa comemorativa a Pedro Taques, esculpida em 1914. A vida associativa transcorria entre comemorações históricas e elogios fúnebres (*IHGSP: Jubileu Social*, p.101).

FIGURA 15 – Afonso de Taunay, o infatigável orador do Instituto (*IHGSP*: Jubileu Social, p.117).

FIGURA 16 – A razão conduzindo a busca do conhecimento, em desenho de Jules Martin, reproduzido nos primeiros diplomas da agremiação (*IHGSP*: Jubileu Social, capa).

FIGURA 17 – Diploma de participação do Instituto na Exposição Internacional de Saint Louis – EUA, em 1904 (*IHGSP:* Jubileu Social, p.85).

FIGURA 18 – Desenho de Oscar Pereira da Silva tendo como motivo os folguedos populares da velha São Paulo, "de conformidade com a documentação fornecida por Affonso A. de Freitas". Historiadores, etnólogos e artistas plásticos seguiam em busca da tradição regional (*RIHGSP*, v.XXI).

FIGURA 19 – *Em caminho de Piratininga*, quadro de Benedito Calixto, outro pintor afamado e sócio respeitado do Instituto. A pintura histórica criava a visualidade da epopeia bandeirante (*RIHGSP*, v.XXI).

FIGURA 20 – Pela mão da ciência, a epopeia se reafirma com o encontro dos despojos de Feijó, em 1918: estampa do túmulo, localizado na Igreja de São Francisco (*RIHGSP*, v.XXIII).

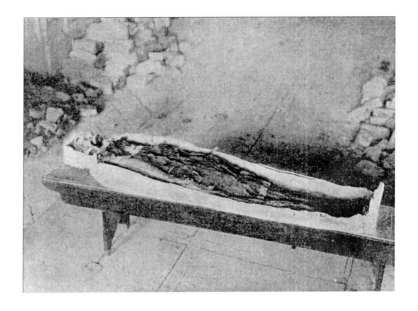

FIGURA 21 – Restos mortais do Regente Feijó, embalsamado "pelo systema egypciano" (*RIHGSP*, v.XXIII).

FIGURA 22 – Retrato a guache de Feijó (1835): "apoucado de phisico, claudicante de saúde", mas um autêntico paulista de origem branca, segundo Afonso A. de Freitas (*RIHGSP*, v.XXIII).

3 ROMANCEIRO PAULISTA
TRAMAS, DRAMAS, PERSONAGENS

O enredo histórico paulista, urdido no amplo espaço da imaginação literária, não coube nos limites da escrita da história, espraiando-se, também, na poesia e na prosa de ficção. Desde meados do século XIX, como já se viu em parte, foi por intermédio da fantasia romântica que se insinuaram os signos históricos regionais, atualizados de acordo com os preceitos científicos do final da centúria, sem perder de todo, entretanto, sua vocação primordial.

É assim pensando que se faz imperioso traçar as grandes linhas dessa criação literária de 1870 às primeiras décadas do século atual, em seus gêneros, recursos estéticos e conteúdos, bem como entender o campo de sociabilidade e organização dos seus autores, o circuito de produção e recepção de suas obras. Objetivos tão vastos que somente poderão ser levemente tocados, ainda mais se consideradas a precariedade da bibliografia sobre o tema, a ausência de levantamentos sistemáticos sobre as fontes e, principalmente, os preconceitos ainda embutidos nas histórias literárias disponíveis, responsáveis por tais carências. Os efeitos destes têm sido o estabelecimento de marcos rígidos de periodização, as visões canônicas quanto ao valor das obras envolvidas e, afinal, o desconhecimento de uma extensa produção, artificialmente classificada como "pré-modernista".[1]

Nesse aspecto, os paralelos entre a história da história e a história da literatura são bastante evidentes, pelo menos no que diz respeito à produção de São Paulo. No primeiro caso, a historiografia profissional contemporânea fez coincidir suas balizas inaugurais com o advento dos estudos universitários, particularmente da USP, desde os anos 40, demarcando o seu terreno em relação aos estudos empreendidos anteriormente, como os do IHGSP, tidos como "pré-científicos", dos quais era preciso distanciar-se para sua afirmação institucional.[2] Da mesma maneira procederam os críticos literários que assumiram a memória e as divisas de fundação estabelecidas pelos escritores de 1922: para eles, a emancipação da literatura nacional começaria nessa data, com a ultrapassagem, realizada pelas vanguardas cosmopolitas, dos conteúdos regionalistas e das formas convencionais e afetadas dos parnasianos. Em ambas as situações, o privilegiar de supostas rupturas estéticas e científicas torna-se um embaraço à compreensão dos elementos de continuidade na criação cultural desses "antes" e "depois": sobretudo a propensão regional que transborda tanto nos estudos históricos

---

1 A expressão foi cunhada por Alceu Amoroso Lima. Nos primeiros estudos críticos de Antonio Candido também se encontram os pilares dessa concepção. Em texto escrito nos idos de 1950, ele delimita dois momentos altos da afirmação literária nacional, no intervalo dos quais estariam localizadas tendências transitórias, como a produção em pauta: "Na literatura brasileira, há dois momentos decisivos que mudam os rumos e vitalizam toda a inteligência: o Romantismo, no século XIX (1836-1870), e o ainda chamado Modernismo, no presente século (1922-1945). Ambos representam fases culminantes de particularismo literário na dialética do local e do cosmopolita; ambos se inspiram, não obstante no exemplo europeu" (Candido, 1985, p.112). O mesmo conceito fundamenta obras como a de Alfredo Bosi (1988) e uma vasta série de outras, cujos paradigmas são atualmente revisados. A crítica a essa periodização tem sido realizada desde os anos 80, especialmente em trabalhos como os de Süssekind, 1987, Sevcenko, op. cit., Hardman, 1983, e Paes, 1985.

2 É notável a inexistência de estudos sobre a historiografia produzida em São Paulo, principalmente a do IHGSP e a das primeiras décadas dos estudos uspianos, quando passaram por esta instituição figuras como Afonso de Taunay e Alfredo Ellis Jr., vindos da primeira agremiação. Observa-se, mais recentemente, um interesse pelo tema, a julgar por algumas pesquisas sobre autores dessa época.

A EPOPEIA BANDEIRANTE 175

como nas obras de ficção, ao longo de muitas décadas do século presente.[3]

De fato, uma breve consulta aos compêndios de história literária basta para indicar que, sob o epíteto de "pré-modernismo", agrupam-se tendências tidas como inacabadas, conflitantes, anacrônicas ou de pouco valor estético – "neoparnasianismo", "neos-simbolismo", "neorromantismo", "neorrealismo-naturalismo" e "neorregionalismo" –, na comparação com a obra iniciada com a Semana de Arte Moderna. No dizer de Alfredo Bosi, e segundo uma visão que subtrai a historicidade peculiar dessas manifestações, elas trairiam "o marcar passo da cultura brasileira em pleno século da revolução industrial" (Bosi, 1988, p.344). Delas, seleciona-se uma meia dúzia de autores, tidos como mais expressivos ou à frente de seu tempo, e uma maioria é esquecida. Como representativos dessa fase, são destacados expoentes nacionais do porte de Lima Barreto, Euclides da Cunha e Graça Aranha, ao lado dos quais se somam uns poucos escritores de São Paulo: Monteiro Lobato, Valdomiro Silveira e, mais raramente comentado, Hilário Tácito.[4]

Ilustrativo dessa maneira de periodizar a criação literária é o estudo de Zélia de Almeida Cardoso, *O romance paulista no século XX*. Para a autora, que entende as duas primeiras décadas do século XX como uma "época particularmente obscura para a própria literatura brasileira, não há muita coisa a ser dita sobre a literatura paulista – e especialmente sobre o romance de São Paulo –

---

3 A revisão crítica desses suportes apenas se inicia. Quanto à produção historiográfica, Maria de Lourdes M. Janotti lança algumas hipóteses sugestivas a respeito de como os estudos paulistas ocultam o seu substrato regional (mas o imputam à produção de outras partes do país, como do Nordeste e do Rio Grande do Sul) por meio de uma fórmula que faz da história de São Paulo o modelo para a história nacional (in Silva, 1990). Em relação à revisão da memória, dos conteúdos e marcos criados pela Semana de Arte Moderna, ver Fabris, 1994a.

4 Quando se trata da revisão do "pré-modernismo", realizada nas três últimas décadas, é grande a incidência dos estudos sobre os dois primeiros autores. De São Paulo, mereceram um número maior de pesquisas as obras de Lobato e Silveira e apenas se iniciam os estudos sobre os escritos de Hilário Tácito. Para os limites deste trabalho, seria fastidioso arrolar essas dissertações e teses.

do período que antecede a revolução modernista".[5] Apesar de tal pressuposto, ela indica, em linhas extremamente sumárias, alguns autores que, via de regra, não constam dos compêndios de história ou crítica literária.

A esses, e outros ignorados em seu trabalho, como de resto nos cânones literários citados – muitos deles pertencentes aos quadros de historiadores e etnólogos, apreciados na parte anterior –, será dada atenção especial no capítulo que ora se abre, cujo foco é a análise da configuração de uma trama histórica e sociológica regional na produção literária de ficção. A literatura paulista da "Primeira República", como parte da literatura nacional, exprime simbolicamente as tensões do limiar da modernidade brasileira. Do modo como salienta Sylvia Tellarolli de A. Leite: "antiga dicotomia impressa na nossa cultura presentifica-se nesses tempos pré-modernos ... o confronto entre o sertão e a cidade, figurado ora no tom regionalista ou na simples cor local, ora na exaltação da cosmópole europeizada ou em sua crônica mundana, ou ainda como libertador canto às avessas, na satírica paródia do sertão e da cidade, que desvela a artificialidade do sertanismo elegante e a afetação do cosmopolitismo *smart*" (Leite, 1996).

Os romances, contos e novelas que estarão em pauta oferecem um lugar privilegiado para tanto, em virtude da natureza peculiar da elaboração ficcional, mesmo aquela de teor documental, característica da literatura brasileira, no período, ou ainda posterior a ele. Na ficção, tem-se a palavra mais aberta e livre na projeção dos imaginários sociais e desejos individuais, apesar dela estar sujeita, como todo discurso, incluindo o histórico, aos interditos do real, às injunções de tempo e espaço que regram as sociedades e suas corporações de ofício.[6]

---

5 Trabalho premiado pela Academia Paulista de Letras em concurso de 1979 (São Paulo: APL, 1983, v.12, p.19).

6 A respeito dos interditos à escrita ficcional, ver Lima, 1982, e Sevcenko, op. cit., p.20: para este, que se baseia em Sartre, "todo escritor possui uma espécie de liberdade condicional de criação, uma vez que seus temas, motivos, valores, normas ou revoltas são fornecidos ou sugeridos pela sua sociedade e seu tempo – e é destes que eles falam".

O IMPÉRIO DA CARNE

Júlio (César) Ribeiro está entre os escritores injustamente recebidos pela crítica literária, embora tenha sido autor de dois livros representativos da primeira safra de romances paulistas e que têm como temática a sociedade regional: *Padre Belchior de Pontes* e *A carne*. O primeiro, que inaugura o gênero do romance histórico[7] paulista, foi publicado em parte, originalmente, nos moldes dos folhetins, em um jornal de Sorocaba dirigido pelo escritor e só depois saiu em livro, em 1876.[8] O segundo foi editado em 1888, com dedicatória "ao príncipe do Naturalismo Emílio Zola", provocando grande celeuma, e vindo a ser um romance longamente estigmatizado.[9]

Jornalista, publicista e professor de escolas afamadas – Colégio Culto à Ciência, Curso Anexo à Faculdade de Direito e Instituto de Educação Secundária –, ele era um homem de letras no rigor da expressão, tendo se dedicado de maneira autodidata a variadas áreas de conhecimento, além da literatura em sentido estrito: filologia, retórica, ciências físicas e naturais, ciências humanas. À história, o escritor demonstrou um interesse também especial, que deixou aflorar em seus discursos de circunstância política e filosófica, bem como no romance histórico. Autor frequente nas páginas dos jornais e outros periódicos do final do Império,[10] ele já nos

---

7 Sobre o romance histórico como gênero literário, consultar Lukács, s. d.

8 Conforme depoimento do autor: "Comecei a escrevê-lo ... sem plano assente, sem seguir escola, sem pretensão de espécie alguma, só e só para encher o espaço de um periódico que ai redigi. Suas linhas, traçadas em retalhos de papel, ora sôbre o mármore do prelo, ou sôbre as galés da composição foram-se convolvendo emaranhando, avultando sem método, como os fios de uma meada que tentam dobar mãos ainda inexperientes". A primeira edição em livro saiu em dois volumes, sob o encargo do poeta Francisco Quirino dos Santos, autor conhecido à época (Cf. prólogo na coleção "As grandes obras da literatura", São Paulo: Edições e Publicações Brasil Editora S.A., s. d.).

9 Para esta leitura, foi utilizada a edição da Ediouro: Rio de Janeiro, s. d., com prefácio de Elsie Lessa e biografia, introdução e notas de M. Cavalcanti Proença.

10 Na campanha republicana, Júlio Ribeiro fundou o jornal *A Procelária*, nome de uma ave que enfrenta as tempestades, simbolicamente alusivo às polêmicas das quais participou: cf. dados biográficos de Proença, op. cit. Parte dos artigos que publicou em jornais, à época, foi reunida no livro *Cartas sertanejas*, s.d. No *métier* jornalístico, ele conviveu com personalidades de proa da época, como Abílio Marques e Pedro Franzen, gerentes da *Gazeta de Campinas*, aos quais dedica palavras de reconhecimento em seu prólogo de *Padre Belchior de Pontes*.

aparecera no *Almanach* de José Maria Lisboa, volume de 1877, com um texto em que procurava provar a presença dos fenícios no Brasil, em eras remotas.[11]

De sua vida breve (1845-1890) poucos historiadores e críticos se ocuparam, não obstante a veemência com que assumiu alguns credos políticos, literários e científicos, tornando-se uma figura emblemática e, de certo modo, "maldita", da elite intelectual abolicionista e republicana de São Paulo. Tais credos aparecem explícitos em seus dois romances, que são verdadeiros manifestos em prosa de suas convicções, carentes de análises minuciosas e menos normativas. Afora o texto de apresentação de M. Cavalcanti Proença, incluso nas edições recentes de *A carne*, encontram-se referências esparsas à sua obra, invariavelmente depreciativas, em sínteses da história da literatura brasileira, como de Álvaro Lins, Lúcia Miguel Pereira, Otto Maria Carpeaux e Alfredo Bosi.[12]

Segundo os rápidos dados expostos por Proença, Júlio Ribeiro era filho de um norte-americano da Virgínia e de mãe brasileira. Estudou na Escola Militar do Rio de Janeiro, mas não terminou o curso, tendo preferido o jornalismo e o magistério. Mineiro de Sabará e paulista "por criação", dizia devotar "às províncias de Minas e S. Paulo um amor ardente, intenso, bairrístico até" (cf. prólogo de *Padre Belchior de Pontes*). Morando em Sorocaba, Campinas e São Paulo, conviveu com a vanguarda abolicionista e republicana destas cidades, onde participou de polêmicas apaixonadas. "Voluntarioso e combativo, não aceitava em seu jornal ... anúncios sobre fuga de escravos ... Abolicionista inflamado, seria, em pouco, republicano dos mais atuantes. Rebelde a toda restrição de liberdade humana, rompe em certa época com o Partido Republicano Paulista, o célebre PRP...".[13] Entretanto, como será visto a seguir, de sua defesa dogmática dos preceitos científicos decorria uma

---

11 "Os Phenicios no Brazil" (*ALSP*, v.II, p.135-43). Ver Capítulo 1, nota 49.

12 Sobre os três primeiros críticos, cf. Proença, op. cit. No livro de Alfredo Bosi, 1988, o autor, embora mencionado diversas vezes como exemplo máximo dos equívocos do naturalismo no Brasil, não é merecedor de nenhum estudo específico.

13 Proença, op. cit. Sobre sua polêmica no interior do PRP, ver *Cartas sertanejas*, s. d., op. cit.

A EPOPEIA BANDEIRANTE

visão bem típica da época, segundo a qual as superstições e crendices da população brasileira eram tanto resultantes do catolicismo, como em grande parte assimiladas dos escravos.

Padre Belchior de Pontes, seu livro de estreia, se bem que merecedor de referências críticas elogiosas quando de sua publicação original no periódico de Sorocaba,[14] não teve a mesma repercussão polêmica de *A carne*. Apesar de seu tom igualmente combativo e de abrir a temática dos desejos carnais, nesse caso, sublimados, permaneceria obscurecido na crítica e ignorado pelo público leitor, em comparação à segunda obra,[15] envolvida em célebre escândalo.

Conquanto já trouxesse à baila postulados "científicos" que seriam extremados mais tarde, ainda "percorre o livro um perfume romântico" (Proença, op. cit.), característico do círculo poético da década de 1870, como se notou no *Almanach Litterario de São Paulo*. Aliás, *Padre Belchior* lembra visivelmente *Eurico, o Presbítero*, do escritor romântico português Alexandre Herculano: seu protagonista, anunciado no título, devota à bela paulista de estirpe, Branca Castanho Taques, um amor sincero mas irrealizável. Destinado à missão jesuítica, é obrigado a renunciar aos desejos humanos, vivendo desde então uma existência atormentada, entre jejuns e suplícios autoimpingidos, até morrer como mártir de São Paulo. A sorte de Branca não é menos cruel: levada a casar-se com o herdeiro de uma família nobre de Piratininga – os Rodrigues – para satisfazer conveniências políticas, carrega da adolescência à velhice seu amor por Belchior, mas mantém a dignidade casta e exemplar da mãe paulista. Os delírios de um amor não consumado, proibido pelo celibato antinatural, acompanham o padre até o fim, apesar de não desaguarem na demência e na morte trágica, como ocorre no desfecho do romance de Herculano.[16]

Em meio à paisagem tropical, tempestuosa e cheia de mistérios, descrita minuciosamente numa linguagem que traz à mente

---

14 Cf. o autor (op. cit.): "a imprensa paulista quase em pêso, fôlhas da côrte e de várias províncias, escritores de mérito reconhecido levantaram 'una voce' à obrinha, exaltaram-na, glorificaram-na".

15 Quanto à crítica, entre as raras menções à obra, ver: Ribeiro, 1976, p.75-7.

16 No panorama literário da segunda metade do século XIX, o tema do celibato aparece de modo recorrente, bebendo na mesma fonte do escritor português. Ainda que não cite o livro de Júlio Ribeiro, Alfredo Bosi chama a atenção para

180 ANTONIO CELSO FERREIRA

os escritos de Alencar,[17] aparecem os dois personagens no começo da adolescência, inseridos num jogo de contrastes, bem ao gosto da sensibilidade romântica. Ele, plebeu de poucas posses, português de sangue mestiço sacrificado à Igreja; ela, fidalga de "sangue puro", imolada a um casamento infeliz:

> ... rosto moreno, olhos negros e vivos, bastos cabelos anelados, tudo nêle acusava essa férvida raça lusa, mistura de gôdo e árabe, cujas ardentes paixões mais ainda requintaram com a transplantação para a terra americana. Alva, loura, empalidecida pela comoção, interrogando a espessura com lânguidos olhos azuis, em que, a par da desfaçatez da criança, havia já uns longes da melancolia de moça, entre assustada e risonha, semelhava ela uma aparição fantástica das brumas do norte, uma 'walquíria da Escandinávia' perdida por entre as selvas do trópico. (Ribeiro, s. d. b, p.10-2)

A ação introdutória do romance desenrola-se em 1656, "a pouco mais de duas léguas da vila de S. Paulo de Piratininga, na margem esquerda do ribeirão de Pirajuçara", mas logo avança para 1707, culminando em 1719 quando desaparecem, simultaneamente, Belchior e Branca. Durante esse tempo, a vida das personagens é subordinada a forças poderosas da metrópole e da colônia, representadas pelas distantes instituições do reino, pelas famílias proeminentes da terra e, sobretudo, pela onipresente Companhia de Jesus. A Guerra dos Emboabas, resultante dos desacordos entre paulistas e portugueses na disputa do ouro descoberto em Minas Gerais, sintetiza o choque desses diferentes vetores, precipitando os acontecimentos. Júlio Ribeiro serve-se do romance histórico para

---

os romances *O seminarista* e *O missionário*, respectivamente de Bernardo Guimarães e Inglês de Sousa: "Protesto contra o cerceamento do instinto pelo voto precoce de castidade, *O seminarista* está na linha do romance passional e retoma, como menos poesia, o esquema final de Herculano no *Eurico*: a loucura do Padre Eugênio após a violação de suas promessas religiosas lembra a morte do Presbítero e a demência de Hermenengarda que fecha o romance português. Bernardo acentua os traços de sensibilidade tolhida, que o idealista Herculano sublimara, e antecipa o romance de tese de Inglês de Sousa, *O missionário*" (1988, p.158).

17 Os romances históricos de José de Alencar também foram fonte de inspiração para Júlio Ribeiro, especialmente os livros *As minas de prata* e *O Guarani*, de enorme sucesso, tomados como modelo do gênero no Brasil.

A EPOPEIA BANDEIRANTE

formular uma interpretação dos sucessos e contradições da colonização portuguesa no Brasil, empreendendo ainda uma análise da formação da sociedade paulista, com seus tipos humanos e raciais, e de seu papel na construção da nacionalidade brasileira.

No preâmbulo do livro, o escritor dá notícia dos procedimentos historiográficos utilizados, fornecendo uma extensa lista das fontes consultadas, no propósito de trazer uma história "verídica", malgrado a ficção necessária para entreter o leitor. Da relação, constam as obras históricas que formavam o repertório de leituras dos homens de letras da segunda metade do século XIX. O curioso é comparar tal procedimento aos métodos usados nos escritos históricos, vistos na parte anterior: se, naqueles, os "documentos", além de se apresentarem como ornatos a mais de uma escrita rebuscada, funcionavam enquanto atestados de verdade para entrechos claramente imaginativos, nessa forma de romance a nomeação das "fontes" delineia-se como recurso para mitigar a "ficção":

> Padre Belchior de Pontes é um romance essencialmente histórico em sua máxima parte: tirados alguns anacronismos necessários ao enredo, algumas ficções e um ou outro personagem de imaginação, tudo o mais teve vida, "passou-se mesmo' como poderá ver quem se quiser dar ao trabalho de compulsar a "Nobiliarquia Paulista" de Pedro Taques de Almeida Paes Leme, a "Vida do Venerável Padre Belchior de Pontes" por Manuel da Fonseca, a "Crônica da Companhia de Jesus" por Simão de Vasconcelos, as "Memórias da Capitania de S. Vicente", por frei Gaspar da Madre de Deus, o "Quadro Histórico da Província de S. Paulo" pelo brigadeiro Machado de Oliveira, os "Apontamentos para a História dos Jesuítas" pelo dr. Antônio A. H. Leal, os "Precursores da Independência" pelo dr. Martim Francisco Júnior, a "Cruz de cedro", pelo exmo. Barão de Piratininga, etc., etc.[18]

---

18 O autor procura, ainda, fornecer outros atestados de veracidade aos seus personagens e acontecimentos: "Um exemplo entre muitos: a riqueza incrível de Doutor Guilherme [Pompeu de Almeida], a magnificência de sua fazenda em Araçariguama, a visita que lhe fez o Patriarca da Etiópia, nada disso é fabulado: como tive ocasião de verificar 'de visu' lá está ainda em S. Paulo, na igreja do Colégio, escondida pelo supedâneo do altar de Santa Rita, a lápida que cobre os restos do Creso americano; acha-se até bem conservado o seguinte gongórico epitáfio em mau latim: Hoc iacet in tumulo Guilelmus; presbiter auro, et genere, et magno nomine Pompeius" (Ibidem, p.6). É bom acrescentar que,

Os heróis do livro são, em sua quase totalidade, extraídos dessas crônicas históricas: além do próprio padre Belchior, são romanceadas as ações de chefes bandeirantes como Amador Bueno – descendente de Amador Bueno da Ribeira – e dos emboabas, em contraponto aos jesuítas. Ao longo dos capítulos, o autor vai expondo lições sobre a sedimentação, em São Paulo, de um sentimento de nacionalidade, sintetizadas nesta fala do protagonista, dirigida àquele bandeirante:

> Desde que a população desta colônia dos Brasís foi crescendo e tomando vulto, foi também medrando um princípio de rivalidade entre os filhos do país e os imigrantes da metrópole. Em Piratininga êsse princípio ... domina exclusivamente disfarçado todavia por certa aparência de submissão e respeito. Os paulistas não primam por fidelidade à monarquia portuguêsa, e o fato que se deu em 1641 com teu ascendente Amador Bueno da Ribeira,[19] é uma amostra eloquente da verdade que ouso manifestar. A descoberta dos terrenos auríferos de Minas Gerais veio proporcionar um teatro vasto para o embate livre dêsses elementos antagônicos: sem sujeição à autoridade, palavra oca nestes sertões, sem o freio moral, sem o temor de Deus, acham-se em campo frente a frente a ambição dos forasteiros e o orgulho dos paulistas. O direito do mais forte é o único que reconhecem, e o resultado é esta guerra. (s. d. b, p.157)

Esta mesma interpretação histórica é complementada, no romance, por intermédio do diálogo entre os emboabas Antônio Francisco e Ambrósio Caldeira, num expediente que traduz, em verdade, o ponto de vista do narrador. Assim, Ribeiro expõe suas conclusões a respeito das divergências entre colonos e portugueses, derivadas de uma visão "lógica" e evolucionista da história, bem como respaldadas em concepções sobre a natureza humana, próprias ao pensamento da época. Ao referir-se às paixões exaltadas, à sede de sangue entre portugueses e brasileiros, diz a primeira personagem:

---

também nos romances alencarianos, era comum aparecerem notas em rodapé com comentários das fontes históricas consultadas ou dos eventos, contextos e personagens reais.

19 Referência ao episódio lendário, recorrentemente tratado na historiografia e nos romances da época, que envolveu a *aclamação* de Amador Bueno a rei, em 1641 (n/n).

A EPOPEIA BANDEIRANTE

183

Não são tanto irmãos os povos que ora combatem-se: a natureza das raças modifica-se com a influência do clima, do modo de viver, das necessidades novas. As colônias têm sido e hão de ser sempre inimigas das metrópoles. Se são irmãos os povos de países colonizadores e colonizados, são irmãos como Jacob e Esau, como Polynice e Etéocles, como Rômulo e Remo, isto é são irmãos pela origem comum, mas irmãos separados por um oceano de despeito. De uma parte milita para acirrar êsse sentimento o orgulho da supremacia adquirida; de outra, o amor próprio ferido, o anseio de independência. O que se passa hoje nesta capitania de S. Vicente é o que se dá também na de Pernambuco. Aqui é Piratininga que se levanta contra as Gerais; lá é Olinda que se ergue contra o Recife; aqui os Portuguêses são vilipendiados com o nome de 'emboabas'; lá, com o apelido de "mascates". O mesmo se dará com a América Espanhola, o mesmo tem de acontecer com a América Inglesa. Mais cedo ou mais tarde êstes países novos levantarão as suas vistas, combaterão pela sua independência, conquistarão a sua autonomia. Seria loucura afagar a ilusão de que as gerações nascidas nestes continentes se nos conservarão sempre fiéis: os americanos não podem ligar ideia de pátria a uma terra que nunca viram, cujas águas nunca beberam, cujos ares nunca respiraram. Como já disse, êles têm necessidades diversas, conseguintemente, diversidade de hábitos. A própria língua tende a modificar-se: cousas novas exigem palavras novas, novo torneio de frases. Interêsses opostos criam separação, e todos os interêsses do velho e do novo mundo são opostos entre si. É questão de tempo: quando os filhos das colônias forem em número maior do que os nascidos nas metrópoles, rebentarão as revoluções, e nada poderá impedir que vinguem. Enquanto esperam, odeiam.

– Terríveis princípios...

– Provados, porém, pelo estudo da natureza humana, firmados pelo direito das gentes, sancionados pela lógica da história. É uma verdade dura para o orgulho dos povos do velho continente, mas é uma verdade – a Europa pertence aos europeus e a América aos americanos. (Ibidem, p.200-1)

Na formação da nacionalidade brasileira, segundo o narrador, os paulistas tiveram um lugar proeminente, dilatando o território, descobrindo riquezas, criando instituições e formas culturais próprias, lançando as bases, enfim, para a autonomia que, fatalmente, teria de se dar, mais cedo ou mais tarde. Isolados no planalto, mas desafiados a procurar no sertão, exuberante e monstruoso, as fontes de sua vida material, esses descendentes dos colonizadores portugueses foram moldando um temperamento orgulhoso e destemido, que os levaria a defender, a qualquer preço, sua honra: "para angariar cabedais e com êles independência e liberdade, atiravam-se aos sertões a lutar com os índios, a arcar com os tigres, a salvar rios caudais, a arrostar a raiva dos elementos, a afrontar as intempéries..." (Ibidem, p.101).

O romance segue acompanhando os preparativos da guerra, a partida do exército para o sertão dos Cataguazes, em Minas Gerais, o cerco do "fortim do Rio ds Morte", até o término do conflito. Tais quadros históricos são emoldurados nos capítulos "O iluminado", "Os paulistas", "O sertão", "Os emboabas", "A guerra" e "O mártir", nos quais Ribeiro oferece ao leitor imagens, vestidas à romântica, de Piratininga na metade do século XVI, em seu panorama físico e social. Na primeira parte da história, a cidade aparece colorida, com seu povo de fidalgos, padres, peões e indígenas, reunido para assistir ao casamento de Branca e João Pires Rodrigues:

> Amanhecera festivo para a vila de S. Paulo de Piratininga o dia 2 de Maio de 1657. Magotes de povo em fatos domingueiros tinham ondeado desde o alvorecer pelas ruas e vielas: pouco antes que o sino de S. Bento tivesse anunciado que ia em meio o curso do sol, como obedecendo a impulso comum, convergira a multidão para o pátio do Colégio dos Jesuítas, cuja igreja enramada de palmas e folhagens deixava ver, pela porta principal aberta de par em par, o seu interior primorosamente adereçado. Os fidalgos de puro sangue, descendentes em linha reta dos companheiros de Martim Afonso, ostentavam às vistas invejosas dos peões os passamanes de ouro e prata, as cambraias alvejantes de punhos e bofes, o setim e o veludo das casacas, as plumas enroscadas dos chapéus, os sapatos de terso cordovão, as fivelas cravejadas de pedraria, os espadins de custoso lavor ... Uma extensa fila de homens côr de cobre, vestidos de pano branco de algodão, estacionavam em um dos ângulos da praça onde desemboca a chamada hoje – rua do Palácio – e que não era mais então do que estreito passadiço; por trás dêles, semi-nús e abordoados a compridos arcos de madeira preta, outros indivíduos do mesmo tipo contemplavam com olhos de pasmo o fervilhar do povo: eram os primeiros os catecúmenos indígenas da Companhia de Jesus; os últimos, índios bravos que à força de carícias os padres atraíam para que presenciassem tôdas as suas festas, tôdas as solenidades do seu culto. (Ibidem, p.65-6)

A EPOPEIA BANDEIRANTE

Às vésperas da luta, no entanto, São Paulo perde o aspecto festivo, pondo no lugar os espíritos guerreiros. À noite, sob a luz das fogueiras, em meio ao frio e à neblina, homens, mulheres e crianças, sem distinção de estratos, formam um mesmo corpo solidário nos "aprestos da guerra":

> ... aqui limavam-se e poliam-se azagaias, ali demontavam-se e compunham-se carabinas, além afiavam-se espadas em veleiros rebolos: as mulheres sentadas em esteiras à frente das casas talhavam e cosiam vestimentas luzidas de côres vivas e brilhantes: o rebater dos martelos nas incudes, o resfolegar dos foles, o sussurar das fraguas, as detonações repetidas, os cantos animados, tudo inflamava o espírito, tudo fazia pulsar açodado o coração: respirava-se a guerra. (Ibidem, p.107)

Às mulheres paulistas, o autor reserva atributos de heroínas modelares, antecipando uma representação que ganharia contornos míticos, muito mais tarde, nos discursos de 1932: São "as viúvas venerandas, espôsas castas e respeitáveis, donzelas pudicas e cingidas pela tríplice corôa da juventudade, da virgindade, e da formosura ..." que incitam seus pais, filhos, maridos ou noivos à luta, negando-lhes as "carícias de filhas", os "afagos de espôsas" e as "ternuras de mães, em quanto não tiver sido lavada a afronta que pesa sôbre Piratininga, em quanto o sangue paulista bradar por vingança" (Ibidem, p.118-9).

A partida dos guerreiros para as terras de Minas é descrita conforme os padrões das narrativas épicas de fundo medieval: ao som dos brados marciais – "São Paulo e avante! Marchemos!" – , desfila o exército diante do convento dos carmelitas, atravessa a ponte do Tamanduateí, desce a ladeira do morro, alonga-se pela "várzea coleando nas voltas caprichosas da estrada como uma serpente descomuna", desaparece numa "nuvem de pó os valentes filhos de Piratininga". Calam-se os sinos, a cidade reduz-se a uns poucos habitantes: "abatidos e cabisbaixos, os poucos moços válidos que restavam, os velhos, mulheres e meninos procuravam em silêncio as suas moradas" (Ibidem, p.127).

Embrenhando-se pela hinterlândia maravilhosa, de longa data palmilhada pelas bandeiras, as tropas alcançam a serra da Mantiqueira, onde mais tarde seriam estabelecidas as divisas entre São Paulo e Minas. Nessa altura, a elas vêm juntar-se homens das demais vilas da região – "os belacíssimos taubateanos ... representantes de Parnaiba, de Itú, de Sorocaba, de Jacareí, de Mogi das Cruzes, de Guaratinguetá e até de nova vila de Pindamonhangaba". Esquecidos de antigas rivalidades, todos se unem no sentimento, "movidos pelo mesmo impulso, ardentes no rancor aos emboabas, resolvidos a tudo". Exército que ainda contava com uma porção de negros, assim pintados no quadro de Júlio Ribeiro: "como pingos de tinta preta que a mão travêssa de uma criança esborrifa por sôbre peça de custoso tecido ... negrejavam aqui e ali os rostos adustos de alguns filhos da Libia, africanos escravos que acompanhavam seus senhores..." (Ibidem, p.170).

A descrição dos sertões é digna das melhores páginas da literatura brasileira da época, vagueando do fabulário romântico às minúcias da informação científica. Como nos romances de Alencar, Ribeiro saúda a natureza majestática com termos altissonantes e, prenunciando Euclides da Cunha, procura esquadrinhá-la com a precisão do geólogo, do botânico, do zoólogo. Para imprimir sua visão da paisagem nacional, o narrador oculta-se segundo as regras da impessoalidade, mas eis que, entretanto, surge por completo, rememorando a infância mineira, misturando tempos históricos: o passado pessoal, envolto nas lembranças do presente, e o passado lendário de seu povo. É o que se lê nesta parte do livro sobre a chegada do exército paulista à atual fronteira do Estado com Minas, no Pouso-Alto, assim nomeado pelos bandeirantes:

> Pouso-Alto! Salve, região selvática, em que correu veloz a minha infância! Salve, montanhas agrestes, que muito galguei com a fronte rorejada de suor e o coração cheio de crenças! Salve, florestas virgens confidentes de meus primeiros afetos! Salve, cascatas ruidosas, que me desalterastes tanta vez os lábios pulverulentos da jornada! Salve, céu puríssimo, alentador, de minhas esperanças de menino!...
>
> Há cento e sessenta e sete anos quando as carícias impudicas da civilização não tinham ainda rasgado e desfeito a clâmide de florestas com que se vestia a rude virgindade dessas regiões ferazes; quando o gênio aventureiro e caprichoso do homem não tinha pendurado do morro de Pouso-Alto êsse acervo de casinhas brancas que hoje veem-

A EPOPEIA BANDEIRANTE

187

se de longe, semelhantes a um fato de travêssas cabras; quando a poética igrejinha que ora coroa-lhe o cume esplanado dormia ainda o sono do nada nos intermúndios nevoentos da concepção; por uma tarde límpidade Abril, no sopé da ladeira, em uma aberta à beira do riacho – estanceava uma pequena comitiva. (Ibidem, p.129-30)

É com essa evocação espectral que Júlio Ribeiro abre o capítulo sobre o sertão, que lhe serve de pretexto para a exposição de teses sobre a natureza animal do homem, reprimida pelos valores religiosos, estes que por sua vez foram impostos aos trópicos pelo catolicismo. Tema que lhe será caro e levado aos limites, ademais, em *A carne*, em cujas páginas, como será visto, ele terá como base as premissas de uma ciência libertadora.[20]

Para ele, no sertão tudo induz à luta pela vida, o esplendor da natureza mal esconde uma infinidade de armadilhas, exigindo que o homem esteja sempre alerta, pronto a lutar pela sobrevivência, diante de inimigos visíveis e invisíveis.

No sertão a noite é magestosa e imponente. Sôbre a vastidão da mata recurva-se o ilimitado do céu: duas imensidades que se beijam. Sombra no espaço, sombra na terra; pavor em tudo. As árvores agrupam-se em massas, confundem-se, tornam-se como espectros gigantescos. A noite é uma cilada. Cada desvão é uma negrura; cada negrura é um esconderijo, cada esconderijo pode ocultar um inimigo. Que inimigo? Um escorpião? Uma jararaca? Um tigre? Um homem? (Ibidem, p.134)

O sertanejo é o único tipo humano capaz de sobrepujar esse mundo selvagem, por conhecer suas artimanhas, por ter-se robustecido em resposta aos seus desafios, por manter vivas suas forças instintivas, por adaptar-se com facilidade ao seu hábitat. No romance histórico de Ribeiro, o sertanejo materializa-se na figura do bandeirante paulista, em consonância à criação de uma imagem de larga recorrência, como se tem acompanhado. Veja-se estes excertos, nos quais o autor caracteriza os costumes de tal tipo rústico, em comunhão ao ambiente natural da serra da Mantiqueira:

---

20 Seja em *Padre Belchior*, seja neste último romance, Júlio Ribeiro traz suas versões das leituras evolucionistas, em inúmeros trechos que serviriam para exemplificar, com perfeição, como se deu a recepção dessas concepções no círculo intelectual brasileiro.

188 ANTONIO CELSO FERREIRA

Eram seis sertanejos robustos e um menino árido, a quem os beijos do sol dos trópicos e as fadigas do deserto já tinham amorenado a cútis, acentuado as feições e endurecido os membros. Sentados ao redor de um brazido, sôbre o qual, enroscado num espeto, chiava, tostando-se, um apetitoso lombo de anta, prasenteiros e bem dispostos entregavam-se às doçuras de amigável palestrar. Um cão veadeiro, deitado na erva a fio comprido, aspirava com o longo focinho estendido sôbre as patas dianteiras os eflúvios deliciosos do assado de veação. (p.130)

Todo o sertanejo é perito em aprestos culinários: em poucos minutos crepitou a chama de uma fogueira de gravetos, ferveu a água, alvejou no caldeirão o clássico 'angu de fubá', e o frugal mas convidativo repasto foi servido sôbre a relva em luzentes pratos de estanho. (p.131)

No sertão o homem é menino, e o menino é homem: o homem é menino pela pureza dos costumes, pela inocência do coração; o menino é homem pela fôrça que vê-se obrigado a desenvolver, pela energia e prudência que ganha precocemente. (p.137)

Essas descrições a respeito do vigor e da adaptabilidade do sertanejo preparam a cena da luta, inicialmente do embate entre o bandeirante Rui Gonçalo e um jaguar, e depois dos paulistas contra os portugueses. O primeiro desenvolve-se num belíssimo duelo que nada fica a dever ao combate do índio de José de Alencar à fera, não fosse o aparato científico com que Júlio Ribeiro o relata, como neste trecho de zoologia sobre o espécime selvagem:

Os índios chamavam-no "sussurarana"; os brasileiros "onça pintada"; os curtidores europeus "grande pantera"; os caçadores "tigre". Como todos os felinos tem as mandíbulas armadas de sete dentes molares cortantes, de doze incisivos e quatro caninos enormes ... tem cinco garras aduncas e retrácteis ... seus músculos são rijos e flexíveis como o aço temperado; o relâmpago não é mais veloz do que os seus movimentos. Sanguinário como o "coguar" ... ataca o homem; ligeiro e forte como o leão, é mais traiçoeiro ... cruel como "tigre real" é mais covarde ... manchado, rojante e insidioso como o trignocéfalo, é a serpente de quatro pés, que por veneno tem a fôrça. O macho, lascívio, voluptuoso e cheio de carícias para com a fêmea, não tem entranhas de pai – devora os filhos. A fêmea é extremosa – por amor e em defesa da prole muda de hábitos, a tudo se abalança, nada teme. O covil onde cria é um recesso vedado sob pena de morte. (p.139)

A EPOPEIA BANDEIRANTE 189

E é nesse terrível covil que penetrará o bandeirante audacioso, no propósito de salvar seu filho, acossado pelo jaguar durante uma caçada. O punhado de páginas em que se desdobra a batalha sangrenta encadeia-se num clima de suspense, entremeado de explicações pormenorizadas da formação geológica e botânica da gruta onde a fera se esconde: "Árvores e rochas, verdura e caverna, perfume e nidor formavam um conjunto inexplicável ... A espaços, casando-se estranhamente as emanações balsâmicas de tão opulenta flora, um como cheiro de sangue e de podridão saía dessa cova e empestava o ar". A natureza é bela, "mas a par do belo está sempre o horrível, ou antes sem horrível não pode haver belo" (p.140-1). Esta, a lição tão bem conhecida, em termos práticos, pelo sertanejo, que lhe fornecia ensinamentos básicos da luta pela vida.

Durante minutos que pareceram horas, as duas forças selvagens mediram-se no escuro do covil. O alívio das tensões dá-se, afinal, com a vitória do bandeirante, significando a supremacia do homem sobre a natureza, a lei do mais forte:

> Na luta com o jaguar, bem como no embate com o touro, há um momento que cumpre aproveitar – é quando o touro abaixa a cabeça, é quando o jaguar salta. Rui Gonçalo sabia. Ao arrojar-se a alimária, êle impeliu a forquilha, apanhou a fera pelo pescoço, levou-a de encontro ao penedo e, curvado para isentar-se dos garraços, coseu-a a facadas. Os músculos da valente besta afrouxaram, as unhas retraíram-se, as patas penderam inertes ... Retirada a forquilha, todo o corpo baqueou em terra, flácido, surdo como um saco cheio de trapos. (p.147)

As mesmas leis da luta pela vida valeriam para as relações entre os homens, naturalmente desiguais em sexos, classes, raças e nacionalidades, a um só tempo belos e horríveis, civilizados e selvagens, racionais e instintivos. Hobbesianamente uns contra os outros, em sua guerra continuada sobrevivem os mais fortes, segundo os preceitos elementares do darwinismo social. Subordinados à evolução inexorável da natureza e da história, eles dependem das instituições – as leis, a Igreja, o Estado –, criadas para domar sua autofagia essencial. Mas essas também podem ser opressoras, a exemplo da escravidão e dos impérios, cuja violência intrínseca dissemina novas rivalidades, sufocando pelo medo os instintos naturais de defesa humana.

A propósito, no capítulo sobre o sertão, Júlio Ribeiro faz a denúncia do regime escravo, numa passagem em que revela a brutalidade dos mesmos bandeirantes para com os negros. Em linhas de um realismo chocante, narra o açoitamento de um escravo acusado de furto na bandeira de guerra, julgado por Amador Bueno para ser submetido a duzentas chicotadas de bacalhau ... "um pedaço de pau com uma tala de couro cru dividida em cinco tiras enroscadas e ressequidas ... É um cavaco de madeira com um retalho de pele, e rasga carnes, dilacera fibras, faz espadanar sangue, avilta, degrada, estigmatisa para sempre...". Eis uma passagem da encenação sinistra, executada por um carrasco, igualmente, negro:

> Ouviu-se um rechino tênue, e cinco betas furfuráceas desenharam-se longas na epiderme arroxada das nádegas do condenado. O miserável torceu-se como uma serpente ferida: um grito rouco, inarticulado, horripilante, indescritível rompeu-lhe o peito ... Troavam os uivos do supliciado; seus dentes batiam como em crescimento de sezões; de todos os poros manava-lhe o suor ... Os pulsos e os tornozelos tinham inchado e também sangravam: com os esforços violentos, com as contrações da dor as correias que os prendiam tinham penetrado nas carnes ... Quando soou o vocábulo duzentos ... satisfeita a lei do deserto ... um dos índios ausentou-se, voltou dentro de pouco trazendo uma cuia com água de sal, e uma navalha de barba. Ajoelhado junto do padecente que mal respirava, fez-lhe na chaga uma, duas, dez escarificações longitudinais com a navalha, depois, tomando a cuia, irrigou-as com salmoura ... Foi a dor tão pungente, o sofrimento tão atroz, tão incomportável a angústia, que o infeliz deu uma estremeção, e perdeu os sentidos. (Ibidem, p.177-8)[21]

Em *Padre Belchior*, contudo, a instituição que atrai os ataques mais irados do romancista é a Igreja Católica, substanciada na Companhia de Jesus. Toda a trama histórica do livro é, aliás, artificiosa-

---

21 Em nota de rodapé, o escritor faz questão de dar veracidade ao relato: "Esta cena é copiada *d'aprés nature*. Ainda em 1864, na cidade de ... teve o autor a pouco invejável oportunidade de testemunhar, como parte componente de um público de mais de quatrocentas pessoas, um ato de tal natureza: substituídas as estacas por uma escada de mão, e ajuntados uns poucos de gracejos obscenos por parte de alguns circunstantes, a cousa teria sido idêntica. As escarificações e a loção de água têm por fim, dizem, prevenir a gangrena e promover a supuração".

mente montada para demonstrar a presença sutil e traiçoeira da missão jesuítica, vista como um fantasma que se alastrava da Europa em direção ao resto do mundo, manipulando corpos e espíritos. Nesse aspecto, os conflitos entre brasileiros e portugueses, se bem que explicados pelas leis da inevitabilidade histórica, do ponto de vista episódico teriam sido incitados por ela, assim como a própria escravidão negra fora um ardil dos padres para preservar o seu mando sobre os indígenas. Os paulistas, em particular, estavam inconscientemente sob o controle da Companhia, sendo suas vítimas Belchior, Branca, bandeirantes e os próprios emboabas. Da fibra sertaneja paulista dependia o desenlace dessa forma de subjugação.

Já nas páginas iniciais do romance surgem as revelações bombásticas, feitas por Gotifredo, chefe-geral dos jesuítas, em reunião secreta ocorrida no colégio de São Paulo. Nela, são expostos aos padres locais da hierarquia superior os segredos e planos de "domínio supremo do orbe" pela Companhia de Jesus. Para atingi-lo, era necessário destruir os impérios, dentre os quais o português, daí a premência de uma guerra da colônia contra a metrópole. O conflito entre os paulistas e os emboabas viria a calhar; bastava evitar desavenças entre os primeiros, unindo suas principais famílias – Rodrigues e Taques – pelo casamento de seus filhos, o que impunha outra tarefa: separar Branca e Belchior, que desde a infância vinham se amando. Maquinação diabólica e rocambolesca, denunciada a Amador Bueno pelo padre Belchior, quando mais tarde descobre que nela figurava como um boneco de cordas:

> Onde se agitam questões de vida ou de morte para a humanidade, onde se embatem os interêsses das gentes, onde tumultuam as paixões dos povos procura, procura bem, que oculto na sombra, sumido nas trevas deparar-te-á o vulto sinistro dos jesuítas. Vê-lo-ás no concílio de Trento proscrevendo a leitura da Bíblia, impondo à consciência uma golilha de ferro, circunscrevendo a religião com uma muralha de bronze: vê-lo-ás junto de Carlos IX, benzendo os punhais para a matança de São Bartolomeu ... vê-lo-ás em Lisboa, instigando Pedro II contra Filipe V; vê-lo-ás em Piratininga, elegendo rei a teu parente; vê-lo-ás no Rio das Mortes, açulando os emboabas contra ti. Por tôda a parte, em todo o lugar, na Etiópia e no Paraguai, em Pekim e em São Vicente, na côrte dos reis, nas alcôvas das rameiras, nos comícios dos povos, no púlpito, na escola, no

confissionário, no seio do lar, sôbre as ondas do oceano, em desertos áridos, no âmago dos sertões, no coração das florestas encontrarás sempre o padre de Jesus, risonho e insidioso, flexível e traiçoeiro. (Ibidem, p.160-1)

Evidentemente, tratava-se de um enredo engenhoso demais e folhetinesco o suficiente para agradar os leitores. Na sequência do livro, após um extenso capítulo sobre a guerra – contendo estratégias, emboscadas e as emoções de praxe dos romances desse tipo –, os acontecimentos ocorrem de maneira a descortinar a vitória bandeirante, sem que, contudo, o império português desabasse, conforme esperava a Companhia de Jesus. Firma-se a paz entre paulistas e emboabas, após uma luta acirrada, e as notícias não tardam a chegar à Corte portuguesa. D. João V, um rei vaidoso e beato, chamado "magnânimo, farejou nos movimentos de Piratininga ... dedo de Jesuíta, mas calou-se..." (p.301-2).[22] Separou o governo de São Paulo da administração do Rio de Janeiro e acabou por elevar sua principal "villa" à categoria de cidade. "Os cabeçudos paulistas ainda se não deram por satisfeitos", e com pressões obtiveram uma ordem régia que os reintegrava na posse das fazendas e minas tomadas pelos emboabas. Então, aquietaram-se e entregaram-se de novo ao fadário de bater sertões (Ibidem, p.301-4). A independência só viria um século depois, enquanto isso, os jesuítas deram continuidade, de maneira melíflua, aos esforços para fundar uma teocracia universal.

Dada sua natureza ficcional, seria desapropriado julgar o romance de Júlio Ribeiro como uma falsificação histórica, do modo interpretado por Manuel Bandeira, em análise crítica na qual argumenta: "sendo o autor católico de criação, a leitura da Bíblia fize-

---

22 É com ironia que Júlio Ribeiro caracteriza o monarca D. João V: invejoso, ele parodiava Luís XIV em tudo, e "quis e conseguiu que Lisboa fôsse uma nova Paris. Em Vendas-Novas teve a sua Versalhes"; era um "rei galopim: andava de noite a correr a coxia pelas betesgas de Alfama. D. João V era um rei D. João: que o digam as santas freiras de Odivelas". As glórias reservadas à história paulista são substituídas por retratos cômicos, no caso português, como se percebe nesta conclusão: "Desde 1º de Janeiro de 1707 até 31 de junho de 1750 reinou em Portugal D. João V. Era vaidoso e beato, e a História chamou-o 'magnânimo'. Ora a história".

A EPOPEIA BANDEIRANTE   193

ra-o presbiteriano, como a razão mais tarde o faria ateu. E era protestante, ao tempo em que escreveu *Padre Belchior de Pontes*, daí as objurgatórias à Companhia de Jesus" (apud Ribeiro, 1976, p.76). Mais valioso, isto sim, será compreender como o seu enredo, ao glorificar o bandeirante/sertanejo, atribui ao passado histórico significados extraídos das aspirações do presente, assim se entrelaçando às demais expressões da elite letrada do período.

Padre Belchior de Pontes é, acima de tudo, romance que se enquadra no debate de ideias filosóficas e científicas do final do Império, trazendo as formulações literárias do republicanismo e do abolicionismo. Sua distinção está, no entanto, em abordar a história regional e nacional, de um ponto de vista radicalmente crítico em relação ao papel nela desempenhado pelos jesuítas, preparando o terreno para que o autor, na década seguinte, assumisse a defesa incondicional do anticlericalismo e do cientificismo. Acompanharam-no no intento, é certo, outros intelectuais da época, adeptos do evolucionismo e do positivismo, mas a presença arraigada do pensamento católico nas rodas intelectuais paulistas abrandaria os espíritos, mantendo acesos os conteúdos sagrados na interpretação histórica regional.

As obras de Júlio Ribeiro são marcadas pelas aspirações libertárias e laicas do republicanismo radical, bradando contra as subjugações dos corpos e das inteligências pela escravidão, pelo Império e pela Igreja. O trecho, já citado, em que o autor discorre sobre os perigos que a noite do sertão carrega, conclui sobre a origem do medo, base de toda a subserviência do homem a esses poderes. Ao falar dos inimigos que a natureza oculta – "Um escorpião? Uma jararaca? Um tigre? Um homem?"–, acrescenta: "Um inimigo mais temeroso que não existe e está presente, que não se enxerga e faz-se temer; que cala-se e ameaça ... É o desconhecido". É esse temor que leva o homem a divinizar o horrível que convive com o belo, os elementos monstruosos da natureza cujas forças desconhece, no romance representados pelo jaguar: "No coração dos sertanejos gerou-se êsse horror sagrado que sente todo o homem ao cercar-se à ara de holocausto de uma divindade sanguinária". Tal horror explicaria o nascimento das religiões, que se fundaria na exploração desse fundo coletivo: "Tôda a religião é bela porque coexiste com o horrível do sacrifício" (Ibidem, p.141).[23] Dessa maneira, a vitória do sertanejo sobre o jaguar simbolizaria mais do que o domínio da natureza: seria a própria superação do medo religioso.

Na figura de Belchior, Ribeiro sintetiza um ser desafiado pela carne, mas atormentado pelo medo que a religião lhe impôs: "o humilde, o santo, o eleito de Deus aos olhos dos homens ... que há mais de meio século dilacera as carnes com cilícios e disciplinas, e que, todavia, ainda se não poude esquecer de que a corôa virginal da única mulher que amou foi tirada por outrem" (Ibidem, p.87). A metáfora da carne já aflora página por página do livro, como na exposição dilacerada do corpo do negro escravo, revelando a violência que preside as relações entre os homens e o próprio mundo natural. Será, porém, no romance seguinte que ela explodirá em toda a sua significação, imperando de modo absoluto, manifestando sua fome, impondo seus desejos, almejando liberdades, vingando-se da sufocação.

O enredo de *A carne* é por demais conhecido, o que dispensa a tarefa de detalhá-lo, se não nos aspectos histórico-sociais que se quer aqui enfatizar. Contra todas as restrições estabelecidas pela crítica no findar do oitocentismo e mesmo depois, o romance alcançou enorme sucesso, sendo, ainda hoje, um dos livros mais lidos da primeira safra literária paulista. Apelidado, à época, de carniça – "carne pútrida, exibida a 3$000 a posta, nos açougues literários de São Paulo"[24] –, foi considerado pornográfico e peça de escândalo pelas mentes puritanas do ocaso do Império, modo

---

23 Interpretação bastante próxima à de Thomas Hobbes, cuja obra talvez tenha sido lida por Júlio Ribeiro. Assim, Ribeiro (1984, p.244-5.) interpreta a reflexão do filósofo inglês a respeito do assunto: "O medo é das principais experiências que temos de nossa condição. Revela ao homem, no estado natural, que este é insustentável: por natureza cada indivíduo quer expandir-se; mas, fazendo-o, entra em guerra com os outros. A morte violenta, resultando da própria natureza humana, limita-a brutalmente; vivemos a temê-la; até haver Estado, o medo é a paixão que melhor nos define ... O estado favorece nossas esperanças. E no entanto só então cresce o mais grave dos medos, ameaçando não só o indivíduo (como a morte violenta), mas o próprio Estado: é o temor às potências infernais, ao Além, que o clero manipula...".

24 Cf. Pereira, op. cit., p.76; e Proença, op. cit.: este último autor refere-se à apreciação da obra feita pelo padre Sena Freitas, em polêmica com Júlio Ribeiro.

A EPOPEIA BANDEIRANTE   195

de ver que ainda repercutiria em Portugal, nos idos de 1930, quando os conservadores pressionaram para que fosse listado no índex. M. Cavalcanti Proença resume deste modo as apreciações que a obra recebeu da crítica: "Para José Veríssimo, o livro é um 'parto monstruoso de um cérebro artisticamente enfermo; para Álvaro Lins, 'a presença de Júlio Ribeiro na história do romance brasileiro é um equívoco'; para Lúcia Miguel Pereira o autor 'só conseguiu compor um livro ridículo'".[25] Em tempos já recentes, tal juízo deixaria de ser guiado pelos aspectos morais ou nacionalistas, embora não mudassem as restrições estéticas fixadas pelos cânones literários.[26] Todavia, a obra do escritor "maldito" despertou grande interesse do público leitor, especialmente feminino que, atraído pelo seu *sex-appeal*, faria dele leitura obrigatória, ainda que às escondidas, antes que os novos meios de comunicação se encarregassem da educação sexual contemporânea.[27]

Projetado como trabalho rigorosamente naturalista e antirromântico, *A carne* presta-se a difundir postulados científicos, defendidos pelo narrador onisciente e por suas personagens centrais. Nele são expostas teses da filosofia genésica, da fitogeografia e da fisiografia, vertentes que condensavam conhecimentos médicos, biológicos, físicos, químicos, geográficos e geológicos característicos da centúria. Não faltam no livro interpretações de sociologia e história com vistas ao entendimento da realidade regional, esboçadas em passagens sobre a economia agrícola de São Paulo, a colonização portuguesa e a transladação do feudalismo para as terras brasileiras. É com esse suporte, além disso ricamente adornado pela erudição – por exemplo, nas expressões em latim, francês, inglês, italiano –, que Júlio Ribeiro pretende realizar uma análise do meio social, definindo suas patologias e prescrevendo-lhe os remédios apropriados, segundo as lições do evolucionismo e do positivismo. Tal ardor cientificista leva-o a buscar todas as formas de circuns-

---

25 Ibidem.
26 No exemplo do compêndio de Alfredo Bosi (1988, p.217), o livro é comparado, em nota de rodapé, aos romances de Aluísio de Azevedo, Inglês de Sousa e Adolfo Caminha, sendo considerado "mero apêndice do Naturalismo".
27 Aspecto lembrado por Elsie Lessa, neta do escritor, em suas recordações do estigma que pesou sobre sua família descender de Júlio Ribeiro (op. cit.).

crever suas personagens nos esquemas deterministas, como indivíduos moldados pelas imposições biológicas e sociais.

No entanto, os protagonistas do livro, eles mesmos embriagados da ciência europeia, ficam, no dizer de Proença, "tão acima de todas as outras personagens, que se torna visível a aberração que representam num quadro descrito com o propósito, realizado, de ser brasileiro".[28] Lenita, a heroína, definida por José Veríssimo como uma "Spencer de saias", é apresentada como uma mulher à parte no medíocre ambiente cultural brasileiro, tendo recebido de seu pai "conhecimentos acima da bitola comum". Em sua formação enciclopédica, lera os principais expoentes da literatura clássica, bem como se atualizara em relação às obras das ciências naturais e sociais do período. Dotada de uma condição cultural superior, contudo, na fazenda onde se instala depois de órfã, irá manifestar, como toda fêmea, sua natureza animal, inevitavelmente condicionada pelas leis da vida. Manuel Barbosa, seu par, é mostrado, igualmente, como um homem incomum. Ao viajar pela Itália, Áustria, Alemanha e França, tivera contatos estreitos com a inteligência europeia, aprendendo, segundo seu pai, "com um tipão que afirma(va) que nós somos macacos". Este cosmopolitismo, entretanto, combinava-se a um modo de viver sertanejo: no Brasil, ele se divide entre a propriedade rural no oeste paulista e o "sertão desconhecido" do Paranapanema, "a caçar animais ferozes, a conviver com bugres bravos". Desquitado da mulher francesa, crítico das convenções sociais, poliglota e envolvido em excêntricas experiências físico-químicas, Barbosa é a figura que cultiva a razão e a ciência, sem perder, entretanto, seus instintos animais. Ambos representam os protótipos desejados das novas gerações de bandeirantes paulistas, libertos do medo religioso e aptos para transformar a sociedade.

Apesar disso, seus passos serão tolhidos pelos valores provincianos que os circundam. Cedendo ao chamado da carne, envolvem-se num relacionamento condenado pelas instituições: grávida, Lenita foge da fazenda para um casamento de conveniência; desesperançado, Manuel pratica um suicídio cientificamente orien-

---

28 Proença, op. cit.

A EPOPEIA BANDEIRANTE

tado. Por meio dessa trama de desfecho trágico, Júlio Ribeiro empreende a mais cáustica crítica à moral sexual da época, a seu ver emparedada pelo casamento, que é assim denunciado no livro:

> Que é o casamento atual senão uma instituição sociológica, evolutiva como tudo o que diz respeito aos seres vivos, sofrivelmente imoral e muitíssimo ridícula? O casamento do futuro não há de ser este contrato draconiano, estúpido, que asenta na promessa solene daquilo exatamente que se não pode fazer. O homem ... que ocupa o supremo degrau da escada biológica, é essencialmente versátil, mudável. Hipotecar um futuro incerto menos ainda, improvável, com ciência de que a hipoteca não tem valor, será tudo quanto quiserem, menos moral. Amor eterno, só em poesias piegas. Casamento sem divórcio legal, regularizado, honroso, para ambas as partes, é caldeira de vapor sem válvulas de segurança, arrebenta. (Ribeiro, s. d. a, p.113)

A análise crítica do autor não se limita, porém, a esse tema, ao contrário, insere-o num quadro abrangente de valores. Envereda pelo conjunto das relações sociais que impregnavam a província, do meio rural ao urbano, explorando seus costumes arcaicos e patriarcais, sua hierarquia rígida, seus graus de violência e tensão entre senhores e escravos. Ambientando o romance na fazenda dos Barbosa, caracteriza as relações de mando da grande propriedade monocultora paulista; introduz informações obtidas da observação do meio, buscando, ademais, suas origens históricas:

> Até 1887 vivia-se em pleno feudalismo no interior da província de S. Paulo. A fazenda paulista em nada desmerecia do solar com jurisdição da idade média. O fazendeiro tinha nela cárcere privado, gozava de alçada efetiva, era realmente senhor de baraço e cutelo. Para reger os súditos, guiava-se por um código único – a sua vontade soberana. De fato estava fora do alcance da justiça: a lei escrita não o atingia ... O seu predomínio era tal que às vezes mandava assassinar pessoas livres na cidade, desrespeitava os depositários de poderes constitucionais, esbofeteava-os em pleno exercício de funções, esperava-o infalivelmente a absolvição. Em Campinas ... todo crime cometido por escravos, fossem quais fossem as circunstâncias, era sistematicamente desclassificado: a condenação, quando se fazia, fazia-se no grau mínimo; a pena era comutada em açoites, e o réu entregue ao senhor, que exercia sobre ele sua vindita particular. (Ibidem, p.98)

Lenita e Barbosa fazem parte desse microcosmo anacrônico e hierarquizado, simbolizado tanto pela casa-grande, como "pela fila de senzalas, cujas paredes de barro cru erguiam-se altas, inteiriças, muito gretadas", e por outro edifício macabro: "a casa do tronco". Ao emoldurá-lo, o autor detém-se na narração das cenas cotidianas rurais, pintando seus tipos subalternos, sob controle do coronel: os negros e os caboclos. Os primeiros, divididos na lavoura da cana, no fabrico do açúcar, nas tarefas domésticas; os segundos, na condição de capatazes e artesãos. Em cena minuciosamente descrita sobre a moagem da cana, ele recria os meios de produção e as energias físicas da economia rural paulista, deixando à vista um mundo animal, em que homens e touros se confundiam na labuta diária. Um mundo já decadente e propenso à quebradeira, submetido às forças do mercado e da especulação, como aparece no lamento do coronel, para quem "à custa do fazendeiro comia o intermediário, comia a estrada de ferro com as suas tarifas de chegar, comia o governo com os velhos e novos impostos, comia a corporação de carroceiros, comia a três carrilhos o comissário, comia o zangão ou o corretor, comia o exportador, comiam todos" (p.60).

Às vésperas da Abolição e da República, a fazenda monocultora insistia em manter-se de pé, mesmo com suas bases técnicas e sociais solapadas pelo recente desenvolvimento econômico, representado pelas ferrovias, pelo comércio e pela vida urbana, com sua burguesia emergente. Supondo, assim, uma oposição entre os pólos arcaico e moderno, entre feudalismo e capitalismo, entre campo e cidade, Júlio Ribeiro discorre longamente sobre Santos e a capital paulista, núcleos condensadores de uma nova sociabilidade. Novos estudos de história e sociologia dão-se no livro, intercalados por outras observações geológicas e botânicas a respeito da formação desses sítios e de seus aspectos no presente. Nas palavras de Manuel Barbosa, transmitidas por carta, Santos aparece como a cidade cosmopolita, dos "enormes transatlânticos alemães", dos "esquisitos e bojudos carregadores austríacos", das "feias barcas inglesas e americanas", "dos mil transportes de todas as nações, dos carroções ... tirados por muares possantes" que transportam mercadorias de um lado para o outro, das ruas onde se esbarra

A EPOPEIA BANDEIRANTE

num "enxame de gente de todas as classes e de todas as cores, conduzindo notas de consignação, contas comerciais, cheques bancários, maços de cédulas do tesouro". A ligar este porto à cidade de São Paulo, descreve a estrada de ferro como "um monumento grandioso da indústria moderna", galgando "desfiladeiros e agruras vertiginosas" (p.75-83), em demonstração do progresso assombroso da província. A capital paulista é desenhada, afinal, conforme os desejos acalentados por Lenita de evadir-se da vida monótona rural, em trecho lapidar sobre os gostos refinados e mundanos da burguesia urbana:

> ... iria a São Paulo, fixar-se-ia aí de vez, compraria um terreno grande em um bairro aristocrático, na Rua Alegre, em Santa Ifigênia, no Chá, construiria um palacete elegante, gracioso, rendilhado, à oriental, que sobressaísse, que levasse de vencida esses barracões de tijolos, esses monstrengos ... à fazendeira, sem arquitetura, sem gosto. Fá-lo-ia sob a direção de Ramos de Azevedo, tomaria por decoradores e ornamentistas Aurélio de Figueiredo e Almeida Júnior ... Faria comprar nas ventes de Paris, por agentes entendidos, secretárias, mesinhas de legítimo Boule. Teria couros lavrados de Córdova, tapetes da Pérsia e dos Gobelins, fukusas do Japão ... Teria cavalos de preço, iria à Ponte Grande, à Penha, à Vila Mariana em um *huit-ressorts* parisiense ... Far-se-ia notar pelas toilettes elegantíssimas, arriscadas, escandalosas mesmo. (p.52)

Em contraste com tal universo de riqueza e modernidade, a vida na fazenda seguia com os seus signos do passado, regrada pelas formas seculares de controle social. Reagindo a isso, os escravos, estimulados pelo abolicionismo, também ansiavam por liberdade, aproveitando todas as oportunidades para embrenhar-se nas matas, à procura de caminhos que os levassem aos ajuntamentos negros em Santos e São Paulo. O romance narra algumas dessas fugas e suas outras formas de vingança contra os brancos, bem como o recrudescimento dos castigos físicos a eles impingidos. As cenas de açoite, já vistas em *Padre Belchior*, repetem-se no livro, sob o vigor do bacalhau e praticadas, mais uma vez, pelos caboclos. Tal como os senhores, eles também revelavam uma mentalidade enraizada no escravismo, como o autor denuncia nestas falas, respectivamente, do coronel e do administrador:

Neste mundo não existe coisa alguma sem sua razão de ser. Estas filantropias, estas jeremiadas modernas de abolição, de não sei que diabo de igualdade, são patranhas, são cantigas. É no chover no molhado – preto precisa de couro e ferro como precisa de angu e baeta. (p.41)

– Olá, seu mestre! Gritou o caboclo, olhe o que aqui lhe trago:
– Chocolate, café, berimbau.
– E a correia na ponta do pau!
– Vai chuchar cinquenta para largar da moda de tirar cipó por sua conta. Não sabe que negro que foge dá prejuízo ao senhor? Olhe só este pincel, está tinindo, está beliscando!

E sacudia ferozmente o bacalhau. (p.45)

Os ideais abolicionistas de Júlio Ribeiro, pautados por uma ótica humanista, não o distanciavam, todavia, do pensamento racial próprio à elite letrada do período. No romance, os negros são objetos de uma investigação sobre a natureza humana, tomada em seu estágio animal. Com base em fundamentos bioantropológicos, o autor refere-se a eles como seres bárbaros em suas relações, maledicentes, intelectualmente inferiores e infantilmente crédulos. Joaquim Cambinda, um feiticeiro, é a personagem escolhida para sintetizar sua raça. Vingativo e cruel para com os brancos e os próprios escravos, conhece todas as mandingas e mais "uma infinidade de superstições, medonhas umas, outras muito ridículas". As cenas de religiosidade ou de danças negras são relatadas sob a ótica do patético e do grotesco, repisando trechos das narrativas etnológicas da época:

Ao som de instrumentos grosseiros dançavam: eram esses instrumentos dois atabaques e vários adufes ... Negros e negras formados em vasto círculo, agitavam-se, palmeavam, compassadamente, rufavam adufes aqui e ali. Um figurante, no meio, saltava, volteava, baixava-se, erguia-se, retorcia os braços, contorcia o pescoço, rebolia os quadris, sapateava em um frenesi indescritível com uma tal prodigalidade de movimentos, com um tal desperdício de ação nervosa e muscular, que teria estafado um homem branco em menos de cinco minutos. E cantava: 'Serena pomba, serena/ Não cansa de serená!/ O sereno desta pomba/ Lumeia que nem metá! Eh! Pomba! Eh! (p.68)

Para Júlio Ribeiro, dada sua inteira proximidade ao mundo natural, o negro é um misto de potência selvagem e animalidade inferior, fornecendo os indicadores dos primeiros degraus biológi-

A EPOPEIA BANDEIRANTE 201

cos e sociais do homem. A escravidão pretende mantê-lo manso, mas acaba por estimular sua ferocidade. Somente com a liberdade e no contato com as formas civilizadas de convívio social ele poderá reaproveitar produtivamente sua energia, escalando, quem sabe, um novo patamar biológico.

Ao observar seus hábitos, o homem dotado de conhecimento científico seria capaz de descobrir a própria animalidade e a etapa em que se encontra na cadeia evolutiva. Tal conhecimento científico traria, dessa maneira, não só os instrumentos para a superação dos modos bárbaros, sobreviventes na história, como também a revelação da positividade da condição humana natural, sufocada pelas velhas crenças e instituições.

Adeptos da ciência e tendo ao fundo um panorama selvagem, Lenita e Barbosa conheciam bem a dupla face da natureza, ainda bela e monstruosa como no ambiente de Branca e Belchior. Desse modo, conscientes, irão consumar seus papéis de macho e fêmea. Ela, em particular, experimenta, um a um, os constrangimentos inerentes ao gênero feminino, explicados nos tratados de fisiologia que frequentavam sua biblioteca. Na própria voz, ou nas palavras do narrador, eles vão sendo analisados em cada manifestação: as sensações provocadas pela menstruação, as alucinações tendentes ao histerismo, o furor uterino nos períodos de cio, despertando maldades... tudo revelava a besta-fera no íntimo da mulher civilizada.

Acompanhando o despertar da carne em seus protagonistas, Júlio Ribeiro focaliza quadros semelhantes aos que, mais tarde, escandalizariam os censores do famoso romance de D. H. Lawrence.[29] Ao desenhar o pano de fundo em que terá lugar o ato de amor entre os dois, colore a natureza de sensualidade: "à lascívia da flora se vinha juntar o furor erótico da fauna. Por toda a parte ouviam-se gorjeios e assobios, uivos e bramidos de amor ... O ar como que era cortado de relâmpagos sensuais, sentiam-se passar lufadas de tépida volúpia". Pintura que ainda recebe os traços de um realismo contundente, apropriado ao propósito naturalista, com a exposição, sem disfarces, de um intercurso sexual bovino presen-

---

29 *O amante de Lady Chatterley* (São Paulo: Abril Cultural, 1972), publicado pela primeira vez em Florença (1928), mas proibido durante 32 anos na Inglaterra.

ciado por "Lenita: em vez de julgá-lo imoral e sujo, como se praz a sociedade hipócrita em representá-lo, ela achou-o grandioso e nobre em sua adorável simplicidade".

O escritor repele a hipocrisia da sociedade de seu tempo, trazendo à luz, por fim, a cena da cópula entre Lenita e Manuel, ápice do romance. Por seu conteúdo laico e libertário, ela oferece um contraponto ímpar aos espetáculos sagrados que povoam a historiografia e a literatura do período:

> Nervosamente, brutalmente, foi despindo a Lenita: não desabotoava, não desacolchetava; arrancava botões, arrebentava colchetes. Quando a viu nua, fê-la reclinar-se sobre o musgo, dobrou-lhe a perna esquerda, apoiou-lhe o pé em uma saliência de pedra, dobrou-lhe também o braço esquerdo, cuja mão, em abandono, foi tocar o ombro de leve, com as pontas dos dedos, estendeu-lhe o braço e a perna direita em linha suave frouxa, a contrastar com a linha forte, angulosa, movimentada, do lado oposto. Desceu um pouco, deitou-se de bruço, e, arrastando-se como um estélio ... Lenita desmaiou em um espasmo de gozo.

O ESTRANHO DA REPÚBLICA

A crítica ao ambiente provinciano e aos valores burgueses estende-se, ainda, pela década de 1890 e na entrada do novo século, na pena de alguns escritores que, após a República, sentiam-se mal-adaptados ao circuito triunfante das letras e da política. Antônio de Oliveira está entre tais autores, tendo deixado impressões dessa vivência em sua obra.

Nascido em Sorocaba, no penúltimo decênio do Império, transferiu-se para São Paulo a fim de estudar na escola de Direito, mas abandonou o curso no terceiro ano por dificuldades financeiras. Daí dedicou-se ao jornalismo, frequentando durante certo tempo o mundo literário, época em que participou da fundação da Academia Paulista de Letras. Alternou-se entre a capital e a cidade de origem, dirigindo jornais, tentando a política, exercendo o magistério e advogando com carta de provisionado. Datam dessa quadra seus principais escritos, na maioria publicados em Sorocaba: *Brumas*, poesia (1893); *Vida burguesa*, contos (1896); *Mário Montene-*

A EPOPEIA BANDEIRANTE

gro, romance (1898); *Sinhá*, romance (1898); *O urso*, romance (1901); *Raça de portugueses*, romance (1904).[30] Distanciado, assim, de um público leitor de maior amplitude, permaneceu também praticamente ignorado pela crítica.[31] Depois disso, pouco se sabe de sua vida e obra, a não ser que queimou um romance inédito e que se tornou irmão franciscano.[32]

O *urso*, que traz o subtítulo "Romance de costumes paulistas", pode ser escolhido como um dos mais sugestivos trabalhos do autor. Tal como se anuncia, ele se enquadra bem numa criação literária que pretendia oferecer uma análise da sociedade da época, delineando seus perfis humanos típicos e examinando seus comportamentos. Antônio de Oliveira procura caracterizar os padrões de convívio e as formas de ascensão social das camadas médias, os ajustes e desajustes dos indivíduos à ordem burguesa, num momento privilegiado – a passagem da Monarquia para a República. As suas personagens contracenam na capital, mas têm as cidades do interior do Estado – a roça – como modelo comparativo de ambiente. Pode-se dizer que o romance dá início a um tema que iria se tornar recorrente desde então.

Fidêncio, o protagonista do livro, é um jovem criado em um lugarejo do oeste paulista, vindo a São Paulo para seguir carreira política e intelectual. Talentoso, adquirira por conta própria co-

---

30 Cf. *Revista da Academia Paulista de Letras*, 1979, p.102. *O urso*, inicialmente publicado em Sorocaba, foi reeditado pela APL em 1976, edição que servirá de referência nesta análise: Biblioteca da Academia Paulista de Letras, v.3.

31 Entre as raras referências encontradas, consta um rápido apanhado de Zélia Cardoso, em obra já citada, e esta breve consideração de Lúcia Miguel Pereira, na apresentação do volume publicado pela APL: "O caso do Urso é particularmente sintomático. Talvez excessivamente influenciado por Eça de Queiroz, Antônio de Oliveira se afirma, todavia, um autêntico romancista, sobretudo pelo estudo psicológico da figura central ... O estilo é lépido e claro, fácil a narrativa, forte o ambiente ... É digno de nota, e talvez único, o caso desse escritor de inequívoca vocação, que em plena produção, se murou num completo silêncio. Quem escreveu 'O Urso', se se pode demitir da literatura ativa, não pode se ausentar da história literária".

32 Cf. a RAPL (op. cit.): "Tomado de crise mística, na década de 30 passou a escrever poemas religiosos, que doou aos frades. Tornou-se irmão franciscano, sem abandonar a carreira jurídica. Queimou os originais de um romance que considerava sua obra-prima e solicitou sua transferência para o quadro de membros honorários da Academia. Faleceu em São Paulo, a 15 de março de 1953".

nhecimento de latim, literatura e filosofia, ainda durante sua permanência no interior da província. Lá também aderira ao republicanismo, tendo sido um dos redatores do Clarim, em cujas páginas dera vazão às "vibrações d'alma", aos "argumentos de fogo contra o regime monárquico" (Oliveira, 1976, p.28). Mas o ambiente da roça e a educação recebida da mãe, segundo um catolicismo fanático e supersticioso, acabaram por nele moldar uma personalidade estranha e doentia, tornando-o um molenga, um bicho-do-mato incapacitado para assumir posições políticas de relevo e para o convívio social no mundo urbano:

> Era neste ponto o mesmo Fidêncio conduzido da roça, enxerto dum acanhamento absurdo, feição morta, olhar sonso, boca trancada, nem que estivesse a remoer no espírito incessantemente imprecações contra a humanidade inteira. Um urso! Ele mesmo outro conceito não fazia de si, mordia-se de raiva quando a sós, numa análise penosa à sua conduta, se reconhecia bestificado numa educação rotineira, com vícios de origem insanáveis pela força de uma desoladora idiossincrasia. (Ibidem, p.105)

A caracterização da personagem segue a receita científica do naturalismo, encaminhando-se pelo "conhecimento frio, racional, metódico, das suas falhas de temperamento, dos seus defeitos de espírito" (p.205). É o que permite ao narrador analisar os desvios de personalidade provocados em Fidêncio pela educação religiosa: "um espírito descaracterizado, sem a nota pessoal, inconfundível, viva, daqueles a cuja modelação não presidiu o dogma com a sua voz ferrenha, não faltaram conluios misteriosos da emoção católica". No romance, o catolicismo refreia a construção da identidade do protagonista, tolhendo-lhe a liberdade e subjugando-lhe a carne, conforme as lições de Júlio Ribeiro. Considerado infame, já então, o livro desse autor, aliás, é mencionado com o artifício irônico, nesta passagem em que Fidêncio é interpelado pela mãe:

> – Eu bem vi ontem, Dencinho. Aqueles modos da Feliciana, eu enxerguei tudo! Felizmente eu estou aqui, hei de vigiá-la ... Lembre-se que é meu filho, que eu não admito bandalheiras. Antes de tudo, a salvação, meu Dencinho, o céu em primeiro lugar! De todos os nossos inimigos o pior é a Carne. Não se esqueça, Dencinho!

A EPOPEIA BANDEIRANTE   205

Ele baixou o olhar contrito:
– A Carne, mãezinha. Não me há de esquecer, pode sossegar ...
Momentos depois, debruçado sobre a secretária, o Fidêncio
continuava a leitura do romance: não se esquecera da Carne. (p.72-3)

Ao desenhar a personagem-tipo, enfim, Antônio de Oliveira
registra em sua aparência física os sinais de determinação do meio
social, segundo as regras essenciais do naturalismo:

... de fato escuro, com as mangas do paletó coçadas, com as calças
caindo-lhe desastradamente sobre as botinas quase rotas, lembrava
logo o tipo encolhido do moço gasto dentro das secretarias, no hábito da dependência, sem um esforço próprio, quebrado inteiramente
na fibra viril. Completara naqueles largos anos de interior a figura
escarrada do funcionário subalterno. Apercebia-se de pronto no físico o costume inveterado da sombra, das salas da roça, onde se cava-
queia a um canto, pernas traçadas, o cigarro amolecido nos beiços.
(p.32)

Como se nota, ele é o mesmo caipira – objeto ora de idealização, ora de naturalização, ou de ambas as disposições somadas –,
de uma longa produção em série do período, traçada nas letras, na
caricatura, nas artes plásticas, no teatro e até mesmo em filmes.[33]
Curioso é que seja representado pelo urso das regiões tempera-
das[34] e não por qualquer animal dos trópicos, da maneira como,
um pouco mais tarde, Lobato o faria, associando-o ao tatu.

---

33 Na pintura, o caipira seria celebrizado por Almeida Jr.; a respeito da caricatura
no período, ver Leite, 1996; sobre peças teatrais e filmes com temática sertaneja, na década de 1920, consultar as indicações de Sevcenko, 1992, cap.IV,
p.247-8.

34 Se bem que ele designasse, à época, o homem arredio, o *bicho do mato*, como
também aparecerá no romance *O professor Jeremias*, de Léo Vaz, publicado
em 1919. Isolado num lugarejo do interior, a personagem-título assim se
autodescreve: "Embriagado pelo sossêgo e pelo silêncio meio inesperado que
me rodeara ... procurei, chegado a Ararucá, isolar-me do mundo ... Deixei
de fazer a barba; deixei de prosear com o próximo e, com certo sacrifício, ao
cabo de uns tempos, deixei de ler os jornais. Fui o Urso, conforme me apelidou Ararucá no meu primeiro estágio em seu seio" (2.ed. 1921, p.28). A referência ao *Urso*, com maiúsculas, pode ser uma menção explícita ao livro de
A. de Oliveira, como também pode derivar de um uso comum do vocábulo.
Neste capítulo, ainda se voltará à novela de Léo Vaz.

Não obstante essa marca, no romance percebe-se uma sutil distinção entre ele e o caboclo, este que também aparece na pele de outra personagem – Barros, um homem robusto e político influente. Se ao primeiro recaem as depreciações quanto ao seu perfil humano e ao seu ambiente, a este último são reservados atributos de virilidade, bem como propriedades terapêuticas ao seu meio: "Rugiam-lhe de indignação os seus cinquenta anos de caboclo, criado nas soalheiras das fazendas, fortalecido num passado recente de vida ativa, ao campo, onde estivera por largo tempo..." (p.22). Caipira e caboclo, portanto, muito embora fossem parte de um mesmo universo, recebem cargas semânticas distintas, como de resto se percebe na leitura de outros textos daqueles anos.

Apesar disso, não predomina em *O urso* nem a visão idílica do campo, à moda romântica, nem a crença em seus fatores regenerativos, ao estilo científico, do modo como seria tratado na literatura paulista, desde o final da década de 1910, quando se ampliou desmesuradamente a temática do meio rural.[35] Tampouco a cidade, condensada na visão da capital paulista, recebe as tintas encomiásticas, tão comuns nos escritos que a tomavam como símbolo do progresso econômico, social e cultural. A roça é, sem dúvida, detratada como ambiente de atraso, mas São Paulo não deixa de ser um lugar provinciano, de costumes falsos e artificiais, copiados da Europa. O seu mundanismo mal esconde os desejos arrivistas das camadas sociais médias, no romance representadas pelas mulheres da moda, bem como pelos políticos e militares inescrupulosos, prontos a exercerem seu mando sobre os demais conterrâneos, da capital ou do interior.

Essa aguda visão crítica do autor acompanha a trajetória desajustada do protagonista Fidêncio, que, ao primeiro contato com a cidade, queda-se maravilhado diante de seu esplendor, de suas possibilidades, de sua modernidade, de seus índices de civilização:

---

35 Embora seja um tema tão caro à literatura brasileira do romantismo ao modernismo, falta uma obra crítica de fôlego que possa situar como nela são representadas as relações entre campo e cidade, ou nas suas variações sertão/litoral e roça/capital. É óbvio que se toma como modelo, neste comentário, o estudo exemplar de Raymond Williams (1989) sobre a literatura inglesa desde o século XVI. Um trabalho recente sobre a produção nacional, que tem o mérito de apontar caminhos, é o de Trindade Nísia Lima (1977).

A EPOPEIA BANDEIRANTE

207

Tinha, enfim, à mão o seu sonho dourado! Era simplesmente abrir uma das janelas, e logo a cidade paulistana a desenrolar-se como um panorama mágico, augusta, assentada dentro da luz, sobre uma bagagem formidável de tradições gloriosas! Esteve um momento entre as sofreguidões do desejo e o medo de uma decepção ... O desejo venceu, atirou-se em mangas de camisa, certo de que ia abraçar, em um rápido golpe de vista o Convento de S. Francisco, o Palácio, o Ipiranga, todos os esplendores de arquitetura e de tradição de que ouvira contar vagamente, na indiferença embrutecedora da roça. (p.42-3)

Comparada a esta imagem de "riqueza, gosto e arte", aparece nas evocações de Fidêncio a pequena cidade do Oeste, onde vivera sua infância e juventude, num longo tempo perdido, que só lhe fez despertar o ódio à roça:

Vinha-se uma descaída temerosa ao lábio ao lembrar-se, antes de tudo, da estação, uma construção imunda, quase invadida pelo capim do pátio, que era um lamaçal perene, com águas estagnadas, em que rãs, à noite, coaxavam atroadoramente. E as casas? Chegou a cuspir de nojo, lembrando-se daqueles chiqueiros, umas casas sem o mínimo feito ou pretensão à elegância, logo ao limiar enxergava-se a terra vermelha, condensação de um pó infindável, alastrando o soalho, desde a porta da rua até a varanda. Nada fugia à poeira! Um colarinho que se pusesse de manhã, logo não suportava, encardido, feito trapo. (Ibidem, p.43)

Mas esse momento mágico dura pouco. Com sua personalidade fraca e suas esquisitices de caipira, Fidêncio torna-se um ser desencontrado num ambiente urbano de frivolidades e competições. Envolve-se carnalmente com sua prima Feliciana, mulher independente e viúva com algumas posses, que no entanto integrava o mesmo "estalão das outras, leviana, sensual, tendo por móvel, acima de todas as razões, o seu capricho...". Levado por ela à fina flor da sociedade paulistana, passa a conhecer as mesquinharias de suas rodas, os interesses em jogo nessas relações sociais, a maledicência que impregnava o contato entre os indivíduos, o uso da política como forma de ascensão social. Rapidamente, ele descobrirá que tanto o ambiente de São Paulo como o da roça compunham um único universo de relações sociais corrompidas, movidas pelas mesmas forças políticas. O desencanto de Fidêncio cresce de modo a abalar suas convicções republicanas: "Desenganado do mundo, não era nem pela República, nem pela Monarquia".

Ao tratar desse percurso sombrio e nada heróico, Oliveira realiza um exame crítico ímpar da vida política paulista nos momentos de transição para o novo regime. *O urso* sobressai, dessa forma, como um enredo inteiramente destoante dos fundos épicos e triunfalistas, então comuns nos escritos regionais. Em sucessivos quadros, delineia os tipos de políticos e os costumes eleitorais da época. A República, longe de representar qualquer mudança significativa de rumos, manteve as velhas formas de mando. Continuavam em cena os coronéis da capital e seus afilhados no interior, com os interesses pessoais acima das ideologias; permaneciam os mesmos currais eleitorais da roça; acomodavam-se os antigos monarquistas liberais no partido vitorioso...

Fidêncio, por sua vez, em seus derradeiros momentos, bandeia-se para o partido espiritual, para a legião sacrossanta dos que, através dos obstáculos materiais, através da vida e do mundo, permanecem de olhos fixos no céu: a absorção do misticismo católico. Ele se reencontra, dessa maneira, com a via religiosa que seu conhecimento científico negava, em caminho inverso aos heróis de Júlio Ribeiro. É sintomático que a personagem antecipe a própria conversão do autor de Sorocaba, revelando um percurso que não deixa de ter alguns sinais autobiográficos. Igualmente malsucedido na capital, na sociedade burguesa e na República, talvez por isso Antônio de Oliveira tenha legado uma obra que não se deixou levar pelo otimismo ingênuo dos estreantes na *belle époque* paulista.

FOLHETINS ESTRANGEIROS E SARAUS REGIONALISTAS

Se nesses romances inaugurais da literatura de São Paulo têm-se as primeiras análises dos costumes locais e a fixação dos pilares de um enredo histórico paulista, será somente a partir da metade do decênio de 1910 que ganhará corpo uma produção nitidamente propensa a enraizar e expandir o modelo de um imaginário regional. A paisagem social e política desta unidade do país já estaria, entretanto, bastante alterada, se contraposta à do final do século

A EPOPEIA BANDEIRANTE

XIX, demarcando as linhas da produção cultural e da recepção dos leitores.

O *métier* literário e científico, longe de orientar-se essencialmente pela iniciativa das vanguardas, fossem elas compostas de malditos ou bem-aceitos na burguesia ascendente, seguia agora estimulado pela ação de agentes institucionais ligados ao poder público e pelas potencialidades do mercado. Como já foi visto, boa parte da intelectualidade paulista ocupava posições de prestígio no aparelho de Estado, incentivando o patrocínio deste a atividades científicas e artístico-literárias. Além disso, um conjunto de vetores nacionais e internacionais, desenhado pelas forças assim chamadas da modernidade, no contexto imediatamente anterior e posterior à Primeira Guerra, contribuiria para cristalizar tendências e gostos do público, desse modo incidindo sobre a escrita literária.

Em linhas gerais, o notável crescimento da população,[36] em grande parte favorecido pela imigração estrangeira e pelas migrações internas, colocava a perspectiva de uma ampliação da faixa de leitores, o que aparecia como um forte estímulo para os homens de letras, malgrado seus constantes lamentos em relação à exiguidade desse público real.[37] Eles tinham certa razão quanto a esse aspecto restritivo, mormente se considerado o alto índice de analfabetos em São Paulo: de acordo com os dados de 1920, 70% dos habitantes do Estado, sendo 42% da capital, eram iletrados.[38]

---

36 Contando com uma população total de 1.284.753 habitantes, em 1890, o Estado de São Paulo passaria a somar 6.100.705, em 1930, perdendo apenas para Minas Gerais, embora seu crescimento tenha quadruplicado no período, contra apenas uma duplicação da mineira. Na capital, em particular, as cifras acompanham o quadro geral: 239.820 pessoas em 1900 e 579.033, em 1920. Confira-se estes dados em Queiroz, 1976, p.455, e Love, 1982, p.19-44.

37 Difícil seria aferir o universo real de leitores. Teresinha A. Del Fiorentino (1982, p.19-21) apresenta algumas informações sobre o assunto, distingue entre os que compravam livros (entre eles, os que os utilizavam para enfeitar as estantes) e os que de fato os liam. Um dos indicadores desse público seria a rede de bibliotecas e gabinetes de leitura, em expansão no período, mas há poucas informações sobre seus haveres e movimento.

38 A taxa de analfabetos em todo o território nacional suplantava a de São Paulo, alcançando 76%: cf. Recenseamento do Brasil (1920), apud Fiorentino, ibidem, p.3-4.

Esses dados brutos, contudo, não são suficientes para caracterizar seja as limitações, seja as virtualidades e segmentações do público paulista da época. Havia diferentes modalidades de analfabetos e alfabetizados: os de origem nacional, saídos das classes depauperadas e inteiramente à margem das letras, aos quais se juntavam os estrangeiros desconhecedores do idioma da terra ou em primeiro contato com ele – os criadores do "português macarrônico" falado –; os principiantes nas primeiras leituras, brasileiros ou não, que se beneficiavam do relativo alargamento do ensino público; e finalmente os leitores das camadas médias e altas. Existiam, assim, formas distintas de acesso à leitura, derivadas de campos de sociabilidade heterogêneos, disputados avidamente pelos meios de comunicação, principalmente os jornais e as revistas. Tais variações não só condicionavam o mercado receptor, como também estabeleciam distinções de gostos que dificilmente poderiam ser ignoradas pelos produtores culturais. A progressão da imigração, especialmente, era motivo ora de considerações otimistas, ora de lamentos: valendo para a mesma data citada, cerca de 1/5 dos paulistas eram estrangeiros, a metade dos quais italianos (cf. Queiroz, 1976, p.455).

Seja como for, expandia-se inigualavelmente o mercado editorial de jornais, revistas ou livros, em compasso com as outras atividades comerciais e industriais. Segundo o levantamento de Teresinha del Fiorentino, em seu estudo pioneiro sobre a produção e consumo da prosa de ficção, do início do século a 1922 funcionaram 106 editoras em São Paulo, com significativos capitais investidos e lucros alcançados.[39] Apesar das oscilações do ramo, a empresa editorial tornava-se uma atividade rentável: em 1920, por exemplo, das cerca de vinte editoras existentes quinze foram responsáveis pela publicação de 203 obras, num total de 901 mil exemplares. O que levaria Monteiro Lobato, um dos editores mais ousados do

---

39 Para os dados de 1920, a autora computa 3.500 contos em capitais e 2.500 contos obtidos com a venda de livros. Quanto ao conjunto de casas editoras de 1900 a 1922, ela alerta para a dificuldade de classificar se estas eram efetivamente editoras, distribuidoras ou apenas tipografias: Queiroz, 1976, p.10, 47-8.

A EPOPEIA BANDEIRANTE

período,[40] a comentar: "Faço livros e vendo-os porque há mercado para a mercadoria; exatamente o negócio do que faz vassouras e vende-as, do que faz chouriços e vende-os".[41]

Conquanto São Paulo ainda figurasse entre os maiores clientes de casas editoras do Rio de Janeiro, experimentava-se um sucesso evidente, atribuído a vários fatores somados, além do aumento populacional: "ao encarecimento do livro estrangeiro durante e depois da guerra; ao aparecimento de editores ... empreendedores; à atuação da imprensa periódica; a um aumento do gosto pela leitura provocado pelo interesse despertado pelo noticiário de guerra; ao progresso das artes gráficas, melhorando a aparência dos livros; ao aparecimento de bons ilustradores".[42] Os jornais e revistas representavam os mais sérios concorrentes ao consumo de livros[43] e, frequentemente, eram acusados pelos escritores de moldar um leitor medíocre, aferrado à notícia breve, ao comentário banal, ao visual das fotografias e caricaturas. Mas eram esses mesmos homens de letras muitos dos redatores e cronistas nas páginas desses periódicos, dos quais extraíam alguma fonte de renda e nos quais divulgavam seus livros ou faziam a crítica de obras alheias.

---

40 A experiência editorial do escritor deu-se no período do pós-guerra, com o lançamento de autores estreantes, inicialmente sob a responsabilidade da *Revista do Brasil*, e com a organização de uma eficiente rede de distribuição. Depois de 1920, ele organizou a firma Monteiro Lobato & Cia, que publicava e vendia livros em boa parte do país. Esta empresa alcançou relativo sucesso até 1925, quando caminhou para a falência. Cf. informações de Cavalheiro, 1955; Fiorentino, 1982, p.23-5; e Luca, 1997.

41 Lobato, *A barca de Gleyre*; apud Fiorentino, op. cit., p.9.

42 Cf. comentário na *Revista do Brasil*, em janeiro de 1921: apud Fiorentino, ibidem, p.23.

43 Já no início do século (cf. levantamento do *Almanaque Melillo para o ano de 1904*), havia no Estado de São Paulo 76 jornais, sendo treze diários; 73 eram políticos, noticiosos, literários, religiosos ou comerciais e três científicos; 71 redigidos em português e cinco em italiano, alemão e espanhol (apud Fiorentino, op. cit., p.32). O aumento do número de revistas também foi avassalador, indicando mesmo uma segmentação de públicos, especialmente o feminino, o infantil e o profissional. Em São Paulo destacaram-se: a *Revista Feminina*, *São Paulo Ilustrado*, *Criador Paulista* etc. Além desses títulos, é de se contar toda uma rede de pequenos jornais e revistas voltados para o público imigrante, de periodicidade irregular, muitos dos quais ligados à militância política e cultural anarquista: para o assunto, consultar, entre outros, Hardman, 1983.

Dessa maneira, se a imprensa periódica apresentava-se como competidora, não deixava de ser uma parte vital desse tipo de produção. Além de proporcionar o contato dos redatores com um público menos restrito, ela estimulava o aprendizado de técnicas narrativas compatíveis com as novas sensibilidades da vida moderna, resultantes da velocidade das experiências e das novas tecnologias presentes no cotidiano. As formas de comunicação beneficiavam-se, especialmente, das inovações introduzidas pela linguagem do cinema e da propaganda, as quais repercutiam na própria escrita literária, levando a conteúdos e a formatos inusitados de textos e registros simbólicos (cf. a respeito Süssekind, op. cit.). O êxito alcançado pelo gênero dos contos, novelas e reportagens, por exemplo, derivou, sem dúvida, da experiência jornalística de muitos autores. Os escritores mais bem-sucedidos dos anos 10 e 20 não passaram apenas pelo sisudo *O Estado de S. Paulo* ou pela conceituada *Revista do Brasil*, mas circularam também pelas linhas das revistas de frivolidades. Um exemplo entre outros: ao anunciar um dos seus números, em 1916, para o qual escreveram autoras como Júlia Lopes de Almeida, Presciliana Duarte de Almeida e Ana Rita Malheiros, a *Revista Feminina* lembrava a presença de "umas quadras primorosamente cinzeladas de Amadeu Amaral e de um interessante e delicado estudo de René Thiollier, o príncipe elegante da Vila Fortunata (o retrato do colaborador é... uma paixão)" (apud Fiorentino, 1982, p.33-4).

Não passava despercebida aos escritores, portanto, a tendência progressiva a uma segmentação do público leitor. Nos anos 20, o *boom* editorial comportava não só a publicação de livros de literatura, em sentido estrito (cerca de 49%), mas também as obras de direito, medicina, comércio, conhecimentos úteis e literatura de cordel, sem falar dos trabalhos didáticos, englobados em algumas destas categorias (Ibidem, p.11). Além do mais, já se dava grande atenção ao público feminino, tido como receptor de poesias floridas e romances folhetinescos,[44] e ao infantil, habilmente farejado de modo precursor, por exemplo, pelo autor de *Narizinho*.[45] E, fi-

---

44 Sobre a recepção dos folhetins, consultar Meyer, 1996.
45 "Em 1919, ele dirigia-se diretamente ao público infantil escolar ao adaptar La Fontaine e preocupava-se com a adequação dessas fábulas à mente infantil."

A EPOPEIA BANDEIRANTE
213

nalmente, escritores e empresários distinguiam o leitor erudito do leitor médio ou popular, manejando a linguagem e os conteúdos de acordo com esses alvos. O autor versátil era aquele capaz de escrever ensaios históricos e etnológicos para os consócios do IHGSP e do Museu Paulista, crônicas e críticas para os leitores dos jornais e revistas *up-to-date*, novelas históricas ou contos folclóricos para o leitor médio, poemas para mulheres e amantes da arte em geral, ou ainda estórias de fundo maravilhoso para crianças e jovens.

Não eram muitos os que sabiam fazê-lo, mas alguns conseguiam dividir-se pelo menos entre duas ou três dessas habilidades. Para não citar o tão óbvio Lobato, basta lembrar de Amadeu Amaral e Paulo Setúbal, entre os mais conhecidos. O primeiro, além de ter assinado, durante anos, uma coluna no jornal *O Estado de S. Paulo*, na qual escrevia crônicas urbanas, crítica literária, estudos folclóricos e linguísticos, publicou o conhecido *O dialeto caipira* e algumas novelas e poemas. Dada sua fama, foi repetidas vezes convidado para realizar conferências em clubes e associações.[46] Paulo Setúbal, de sua parte, alcançou enorme sucesso como autor de inúmeros romances e ensaios históricos, do livro de poemas *Alma cabocla* e de um volume de memórias, *Confiteor*, publicado após a sua morte.[47]

A literatura garantiu notoriedade a muitos intelectuais paulistas: na década de 1920, entre as obras de maior tiragem, encabeçadas, evidentemente, por trabalhos sobre a agricultura e a criação de animais, por exemplos: *Almanaque Agrícola Brasileiro*, *Vademecum do criador de porcos* e *Almanaque do criador de aves domésticas*; figuraram livros de Monteiro Lobato (*Urupês, Negrinha, Narizinho arrebitado, Cidades mortas* e *Ideias de Jeca Tatu*), Paulo Setúbal (*Alma cabocla*), Léo Vaz (*O professor Jeremias*), Hilário Tácito (*Madame Pommery*), Amadeu Amaral (*O dialeto caipira* e *Um so-*

Em 1921, "O Saci era anunciado exclusivamente para crianças e outros livros infantis começaram a ser escritos, como o Marquês de Rabicó" (Fiorentino, op. cit.). A autora ainda dá notícias de várias obras infantis, escritas por outros autores no período.

46 O autor também foi redator de vários outros jornais, na capital e em cidades interioranas, e um dos fundadores da *Revista do Brasil*. Sobre ele, consultar a biografia escrita por Paulo Duarte, *Amadeu Amaral*, 1976.

47 Dados a respeito do escritor podem ser extraídos de Cardoso, 1983, e da *RAPL*, 1979. A produção destes dois autores será analisada mais à frente.

neto de Bilac), Leôncio de Oliveira (*Vida roceira*), Guilherme de Almeida (*Livro de horas de Soror Dolorosa*), Cassiano Ricardo (*Jardim de Hespérides*) e Menotti del Picchia (*Flama e argila*).[48]

Predominava, no período, a publicação de poesias, indicando o apogeu do Parnaso paulista. A prosa situava-se imediatamente atrás, com um número considerável de obras. O seu gênero mais difundido foi o conto, avaliado como um formato apropriado para o moderno leitor nacional. Para Herman Lima, em depoimento de 1922, "o homem do século XX e do ano 3000 não se poderá mais dedicar à leitura patriarcal dos poemas infindos e romances inacabáveis, que fizeram a ventura de nossos avós"; no que concordava Lobato, que dizia: "Tenho mais fé em contos do que em romance, porque a preguiça nacional aumenta e o conto é mais curto" (apud Fiorentino, 1982, p.64-5). Em proporção menor apareceram os romances, as novelas e as memórias. Entre os prosadores de São Paulo, salientados pela crítica no início da mesma década, agrupavam-se os nomes de Alfredo Pujol, Amadeu Amaral, Léo Vaz, Hilário Tácito, Valdomiro Silveira, Cornélio Pires, Albertino Moreira, Martim Francisco, Veiga Miranda, Sud Menucci, Cláudio de Sousa, Agenor Silveira, Afonso de Freitas, Afonso E. Taunay, Fernando Azevedo, Monteiro Lobato, Menotti del Picchia, Júlio Mesquita Filho, Heitor Morais, Moacir Piza e Alcântara Machado. Alguns destes ficariam mais conhecidos por seus estudos históricos. Da lista, quase a metade também integrava o quadro de sócios do IHGSP, o que vem reafirmar a tendência bifronte de historiadores e ficcionistas, já comentada.

Ao lado dos paulistas, quase sempre estreantes, seguiam com prestígio de público os autores estrangeiros, principalmente os de folhetins, e os escritores nacionais do romantismo e do regionalismo, de outras partes do país. Sucesso garantido continuavam a ter Alexandre Dumas (*Os três mosqueteiros, Vinte anos depois, O vis-*

---

48 Os trabalhos citados de agricultura e criação de animais foram editados, respectivamente, com tiragens de 48.000 e 10.000 exemplares. Os livros de literatura com maior número de exemplares foram os de Monteiro Lobato (o primeiro com 8.000 e os últimos com 4.000), ficando os demais com 4.000 e 3.000 exemplares: cf. informações retiradas da *Revista do Brasil* (março de 1921), apud Fiorentino, p.12.

conde de Bragelonne), Enrique Perez Escrich (*A esposa mártir*, *A formosura da alma*, *O coração nas mãos*), Xavier de Montépin (*Alma negra*, *As duas rivais*, *O crime de Rochetaille*) e Ponson du Terrail (*A mocidade de Henrique IV*, *Os falsos herdeiros* e *Sem-ventura*). Quanto aos brasileiros, a preferência recaía sobre José de Alencar (*As minas de prata*, *Iracema*, *O gaúcho*, *O guarani*, além dos seus romances urbanos), Bernardo Guimarães (*A escrava Isaura*, *O ermitão de Muquém*, *O garimpeiro*, *O bandido do rio das Mortes*), Coelho Neto (*Praga*), Afonso Arinos (*Pelo sertão*), Godofredo Rangel (*Vida ociosa: romance da vida mineira*), e Hugo de Carvalho Ramos (*Tropas e boiadas*) (Ibidem, p.67-8). Os enredos rocambolescos, coloridos com panoramas históricos para iluminar a ação dos heróis, continuavam atraindo a atenção dos leitores, bem como os temas rurais, carregados de conteúdos evasivos do agitado tempo em que se acreditava viver. Tendo em vista a grande ressonância dessas obras, os editores esforçavam-se para encontrar equivalentes em popularidade, entre os livros recentes de autores nacionais, que pudessem ser consumidos como os já consagrados. Em 1921, a Sociedade Olegário Ribeiro lançou a *Novella Semanal*, uma "revista de contos e novellas" que pretendia, a baixos custos, divulgar escritores brasileiros, "encorajando os novos e despertando o gosto do público pela leitura" (p.68).

O grande filão da literatura paulista, sucesso de público e crítica do momento, não fugiria à regra desses escritos regionais citados, compondo-se de contos, novelas, romances e versos ambientados sobretudo na roça ou em pequenas cidades do interior, tendo os caboclos como personagens ou meros figurantes, e alimentando-se de uma ótica folclorista, pitoresca, anedótica. Irrompia no palco a literatura caboclista, já vislumbrada em textos dos três últimos decênios do século XIX e interrelacionada aos estudos etnológicos e históricos do IHGSP ou do Museu Paulista. Impulsionada pelo olhar científico do homem letrado urbano, ela se irradiava em enfoques naturalistas, beirando a caricatura, sem contudo eliminar inteiramente uma sensibilidade romântica, perceptível no fundo nostálgico e nos tons idílicos com que, muitas vezes, se descreviam as paisagens rurais.

Do início do século a 1930, cerca de trinta títulos noticiaram obras dessa natureza, sem contar alguns escritos de autores modernistas, como Menotti del Picchia, Cassiano Ricardo e Plínio Salgado, os quais a crítica costuma envolver com outros invólucros.[49] Já em 1891, o *Diário Popular* publicava "O rabicho", tido como primeiro conto regionalista de Valdomiro Silveira, escritor que, entretanto, só viria a ser amplamente reconhecido em 1920.[50] Dão sequência à relação: José Gabriel Toledo Piza (*Contos da roça*, 1900); Emília Moncorvo Bandeira de Mello (*Um drama na roça*, 1907);[51] Cornélio Pires (*Musa caipira*, 1910); Ulisses de Sousa Silva (*À beira do Rio Pardo*, romance, 1912); João Pedro da Veiga Miranda (*Redenção*, romance, 1914); Valdomiro Silveira (*Desespero de amor*, conto, 1916); Antônio Joaquim da Rosa (*A cruz de cedro*: romance paulista, 1917); Armando Caiubi (*O caso de Jundiuvira*, conto, 1919); Carlos da Fonseca (*Vida rústica*, 1918); Leôncio de Oliveira (*Vida roceira*, 1918); Salviano Pinto (*Redimidos*, 1918), Monteiro Lobato (*Urupês*, contos, 1918); Cornélio Pires (*Quem conta um conto* e *Conversa ao pé do fogo*, 1919); Lobato (*Cidades Mortas*, 1919); Veiga Miranda (*Mau olhado*, 1919); Lobato (*Negrinha*, 1920); Valdomiro Silveira (*Os caboclos*, 1920); Cornélio Pires (*Cenas e paisagens da minha terra*, 1920); Amadeu Amaral (*A pulseira de ferro*, novela, 1920); Jerônimo Osório (*Ana Rosa*: romance de costumes paulistas, 1920); Léo Vaz (*O professor Jeremias*, 1920); Paulo Setúbal (*Alma cabocla*, poemas, 1920); Augusto de Oliveira e Souza (*Piraquaras*, 1921); Armando Francis-

---

49 A referência, aqui, é, respectivamente, às obras *Juca Mulato, Martim-Cererê* e *O estrangeiro*. Para os críticos, que pouco exploraram as filiações destes escritos ao regionalismo, seria ainda mais equivocado vincular neste as experiências mitopoéticas de Mário de Andrade (*Macunaíma*) e Raul Bopp (*Cobra Norato*), este último um escritor participante da Semana de Arte Moderna, mas que não havia nascido em São Paulo.

50 Nesse intervalo, o escritor também publicaria outros contos no *Diário da Tarde*, no *País*, na *Gazeta de Notícias*, na *Bruxa* e na *Revista Azul*, posteriormente agrupados em seus livros: cf. Bosi, 1988, p.236. Sobre o autor, consultar Silveira, 1997. Antes mesmo deste escritor, outros homens de letras ensaiaram prosas com conteúdos e formas do regionalismo, como se viu na leitura do *Almanach Litterario de São Paulo*.

51 Cf. informação de Melo, 1954. A referência é importante por lembrar a presença feminina na literatura paulista, ainda que fosse diminuta. No dicionário citado faz-se também menção a outra escritora de São Paulo: Elisa Teixeira de Abreu, autora do romance *A viúva Barros*.

A EPOPEIA BANDEIRANTE

co Soares Caiubi (*Sapezais e Tigueras*: contos sertanejos, 1921); Otoniel Mota (*Selvas e choças*, 1922); Arlindo José Veiga dos Santos (*Os filhos da cabana*: no fundo dos sertões, 1923); Cornélio Pires (*As estrambóticas aventuras de Joaquim Bentinho, o queima campo*, 1924); Aureliano Leite (*Brio de caboclo*, 1926); Pedro Augusto Gomes Cardim (*Caboclos*, teatro, 1930).[52]

A *Revista do Brasil* encarregou-se de publicar muitos desses contos e a própria editora de Monteiro Lobato lançou vários romances e coletâneas dos escritores "caboclos". Outros ficaram sob a responsabilidade da Sociedade Olegário Ribeiro, de *O Estado de S. Paulo* e de editoras de menor porte, como a Piratininga, o Pensamento, Andrade e Melo, O Livro, Teixeira, A Eclética e Salesiana. O escritor de *Urupês* merece um comentário à parte, como editor e participante de tal tendência literária. Em razão das críticas por ele feitas à falsidade da figura do caipira, que transpareceria em alguns desses escritos e à qual contrapôs o nada romantizado *Jeca*, Lobato costuma ser lembrado como um escritor pouco à vontade no surto caboclista.[53] Os que assim pensam, enfatizam as suas posturas racistas e higienistas em relação ao homem do campo, assim minimizando o seu papel como entusiasta de uma literatura que

---

52 A relação pode não estar completa, dada a carência de estudos sistemáticos sobre o assunto, e talvez peque pela inclusão de obras que, rigorosamente, têm estatuto diferenciado (caso, por exemplo, de *O professor Jeremias*, aqui listado apenas por ter como pano de fundo o ambiente rural). As informações para a sua composição foram obtidas em diversas fontes, a maioria delas lacunares: Cardoso, op. cit.; *RAPL*, op. cit.; Fiorentino, op. cit.; Leite, 1989. Afora os conhecidos livros de Lobato, Silveira e Pires, mais facilmente disponíveis, os demais foram localizados em diferentes bibliotecas. Em razão das lacunas das fontes, não é possível fornecer as referências completas de edição. Destes títulos, alguns foram escolhidos para comentários ilustrativos da temática rural.

53 Um fragmento da polêmica sobre o Jeca, centrada no embate entre Lobato e Cornélio Pires. De acordo com o primeiro: "O caboclo do Cornélio é uma bonita estilização – sentimental, poética, ultrarromântica, fulgurante de piadas – e rendosa. O Cornélio vive, e passa bem, ganha dinheiro gordo, com as exibições que faz do seu caboclo. ... e o público mija de tanto rir. O meu Urupês veio estragar o caboclo do Cornélio – estragar o caboclismo". Para este último: "O nosso caipira tem sido vítima de alguns escritores patrícios, que não vacilam em deprimir o menos poderoso dos homens para aproveitar figuras interessantes e frases felizes como jogo de palavras. Sem conhecimento direto do assunto, baseados em rápidas observações sobre mumbavas e agre-

buscava as raízes autênticas da nacionalidade no homem do interior, livre dos vícios da macaqueação estrangeira.[54] Ele não só estimulou tal tipo de produção, como manteve um estreito contato pessoal com muitos dos seus expoentes, durante toda a vida. Além disso, torna-se imperioso lembrar que as ambiguidades do regionalismo não se resumem às posições de Lobato. Vindas de longe, como já foi exposto, elas continuaram a manifestar-se na pena dos escritores de um modo geral, nas telas dos pintores e em outras áreas de linguagem, expressando-se em posturas simultâneas de idealização, naturalização ou condenação das personagens rurais retratadas, nos investimentos afetivos e desejos concomitantes de afastamento em relação a elas.

A quase totalidade dos escritores do caboclismo provinha das cidades do interior, sendo parte deles originária de famílias dedicadas à agricultura. Alguns exemplos marcantes: Valdomiro Silveira nasceu em Cachoeira Paulista e passou a infância em Casa Branca, onde dizia ter começado o "aprendizado de coisas brasileiras"; Cornélio Pires era de Tietê, herdeiro de sitiantes humildes, com prole numerosa; Paulo Setúbal, filho de um comerciante de Tatuí, manteve aceso, até o fim da vida, um amor ardente pela cidade natal, para onde retornou várias vezes; Amadeu Amaral vinha de uma família pouco abastada de Capivari; da mesma cidade chegara Leo Vaz, escritor que ainda peregrinaria por diversos lugarejos do interior, exercendo o magistério; Veiga Miranda, mineiro de Campanha, foi professor, durante muito tempo, na região de Ribeirão Preto, onde também se dedicou à agricultura; o próprio Lobato, de Taubaté, descendia de uma família aristocrática de pro-

---

gados ... certos escritores dão campo ao seu pessimismo, julgando o todo pela parte, justamente a parte podre, apresentando-nos o camponês brasileiro coberto de ridículo, inútil, vadio, ladrão, bêbado, idiota e nhampan!". Em 1924, contudo, Lobato revê suas posições, reconhecendo o valor da obra de Cornélio Pires: "Há tanta verdade nos teus tipos, tanta vida, há tanto humanismo na tua obra, há tanta beleza, e tanta originalidade em teu estilo que estás garantido, estás à prova do tempo...". Apud Leite, op. cit., p.77-8,116-21.

54 Não é o caso de acompanhar com detalhes o debate sobre Lobato e sua obra, até porque há uma bibliografia muito extensa sobre o assunto. Mais especificamente sobre as concepções raciais e de arte nacional do autor, podem ser citados: Campos, 1986; Chiarelli, 1995; Leite, op. cit.; Apóstolo Neto, 1998; e Luca, 1998.

A EPOPEIA BANDEIRANTE

219

prietários rurais. Tais escritores alternavam-se entre o interior e a capital, integrando um círculo letrado que ia da fazenda ao *boulevard*, ou vice-versa, como no caso dos célebres Eduardo Prado, na virada do século dividido entre a Europa e a Fazenda do Brejão,[55] e de Afonso Arinos, bipartido até o fim da vida (1916), entre Paris e o sertão brasileiro.

Mas suas origens ou vivências no mundo rural não explicam de todo o ímpeto com que se lançaram à busca de uma identidade brasileira (e regional), assentada nas coisas do campo. É preciso procurar no próprio ambiente urbano do período, especialmente desde o pós-guerra e com vistas internacionais, os sentidos dessa louvação ao rústico, ao primitivo, aos valores da roça, tidos como de permanência. Em páginas altamente sugestivas, Nicolau Sevcenko discorre sobre o clima artístico-intelectual e o imaginário coletivo em uma São Paulo assolada pelos espetáculos e ritmos da tecnologia moderna (cinema, aviões, automóveis, esportes de massa), tanto como pelo europeísmo agressivo (temporadas de ópera e dança, mostras de artes plásticas do velho continente), onde, ao mesmo tempo, podia ser sentido um anseio generalizado de "amparo espiritual, miraculoso, que se manifestou das mais diversas formas", dentre elas o apego aos mitos sertanejos. No apogeu do culto ao moderno, na entrada dos anos 20, deu-se de modo em nada paradoxal, um "esforço sistemático e concentrado pelo desenvolvimento de pesquisas sobre cultura popular sertaneja e iniciativas pela instauração de uma arte que fosse imbuída de um padrão de identidade concebido como autenticamente brasileiro". Continua o autor:

> Essa busca pelo popular, o tradicional, o local e o histórico não era tida como menos moderna, indicando, muito ao contrário, uma nova atitude de desprezo pelo europeísmo embevecido convencional e um empenho para forjar uma consciência soberana, nutrida em raízes próprias, ciente da sua originalidade virente e confiante num destino de expressão superior. Naturalmente, nem o deslocamento e a desagregação provocados pela urbanização vertiginosa, nem a amea-

---

55 *Entre a fazenda e o boulevard*, assim Ângela de Castro Gomes situa a trajetória de Eduardo Prado (1986, p.98-102).

ça oním̃oda representada pela cosmopolitização maciça de São Paulo eram fenômenos indiferentes a essa reação. Introduzir novos laços, a pretexto de resgatar elos, seria uma forma de forjar vínculos simbólicos que substituíssem nexos sociais e políticos que os novos tempos e suas condições haviam corroído. (Sevcenko, 1992, p.236-7)

O caboclismo foi, ademais, uma das facetas da pregação patriótica, levada ao "paroxismo" desde "o início da cruzada de Bilac na Academia do Largo São Francisco e a criação da Liga Nacionalista".[56] Jornada da qual participaram vários intelectuais paulistas, a exemplo de Júlio de Mesquita Filho, Amadeu Amaral e Monteiro Lobato, além de estudantes de Direito, políticos e outros membros da elite regional, os quais formavam um quadro, na maioria, de jovens que disputavam posições políticas no PRP, partido hegemônico. Alimentava tal sentimento nativista a ideia de pesquisar as fontes vitais de regeneração da vida nacional na tradição, na história e na cultura popular rural, como antídoto ao cosmopolitismo exacerbado, ao vício do homem urbano de copiar padrões culturais das nações decadentes.

À parte tais intercorrências ideológicas, entretanto, o caboclismo seria prontamente assimilado ao mundo dos espetáculos populares, do consumo das camadas médias e das elites europeizadas, passando dos livros para outros meios de comunicação. Em 1919, duas empresas rivais disputaram o privilégio de verter para o cinema os contos de Lobato: *Os faroleiros*, *O estigma*, *Bocatorta* e *O comprador de fazendas*.[57] Nesse mesmo ano, os cinemas da capital ofereceram ao público outros filmes nacionais: "*Ubirajara*, com 'enfeites, tabas, arcos, flechas, e demais ornamentos ... e estrelado por 'mais de du-

---

56 Criada em 1915, ela catalisou o sentimento nativista do pós-guerra, ao lado da *Revista do Brasil* (fundada em 1916) e da Sociedade de Cultura Artística. Cf. Sevcenko, 1992, p.247, e Luca, 1998. Em linhas sumárias, a Liga defendia "a regeneração dos costumes políticos, a educação cívica, a ser empreendida pelas classes dirigentes e intelectuais ... um nacionalismo que prioriz[asse] o interesse social, colocado acima do individual. Como é fácil observar, luta por valores cívicos, e não contra o sistema oligárquico, com o qual de certa maneira se identifica, pois dele se origina, não representando, portanto, maior risco ao grupo assentado no poder" (Leite, 1996, p.52).

57 Somente o primeiro conto foi filmado: cf. Fiorentino, 1982, p.82, e Galvão, 1975, p.290.

A EPOPEIA BANDEIRANTE

221

zentos índios', *A caipirinha*, 'único filme nacional até hoje editado em estilo americano'; *Alma sertaneja*, mostrando 'seus lânguidos cantares', as 'festas do arraial, as danças, até as arraigadas lutas" (Sevcenko, p.248). Os saraus regionalistas também entravam na moda, promovidos por revistas, clubes e associações, com apresentações de músicas, danças e poemas sertanejos. Paulo Setúbal declamou muitos dos seus versos nessas ocasiões, assim como Cornélio Pires ficaria conhecido por contar anedotas de caipiras, além de ter sido o primeiro escritor a gravar discos com poesias ao som das modas de viola, coletadas em suas excursões pelos sertões.[58] Mas o exemplo de maior repercussão ficou reservado à peça O *contratador de diamantes*, de Afonso Arinos, encenada em 1919, no Teatro Municipal. Cuidadosamente planejada sob o patrocínio da alta sociedade paulistana, tendo como atores jovens desse segmento, além de "pretos de verdade", ela alcançou enorme sucesso de crítica e público (Sevcenko, p.240-5).

ALMAS CABOCLAS

Nessas circunstâncias, é claro, o caboclismo, embora indicasse, em muitos casos, a investigação sincera das supostas fontes originais e autênticas da nacionalidade, iria apresentar-se com diferentes significações, compatíveis com as demandas de autorreconhecimento social e de bens simbólicos de consumo, observadas entre os grupos recém-urbanizados. A crítica contemporânea cuidou de estabelecer os limites estéticos de tal tendência, enfatizando suas oscilações: "entre o registro documental e a idealização, entre

---

58 "O escritor organizava tournées pelo interior de São Paulo, Minas Gerais, Goiás, exibindo-se com assiduidade a partir de 1914. Reforçando o trabalho desenvolvido na ribalta, participa de programas de rádio, grava vários discos e chega mesmo a fazer filmes. A sátira dos costumes políticos do tempo, especialmente contra o perrepismo, Cornélio registrou em seus discos" (Leite, op. cit., p.119). A autora ainda fornece os títulos de cinema, à época, ligados à obra do escritor: "Filmes de Cornélio Pires: *Brasil pitoresco* (1923); *Vamos passear* (1934). Filmes baseados em histórias de Cornélio Pires: *Curandeiro* (1918), roteiro extraído do conto *Passe os vinte*, de *Quem conta um conto...* (Ibidem, nota 3, p.144).

o ornamento e a anedota, manifestações no fundo muito próximas de uma mesma causa, a discriminação do diferente ... o contraste entre campo e cidade, sobrelevando-se o primeiro como espaço de reencontro homem-natureza, forma de resgate da integridade perdida na cidade ... o pitoresco no confronto entre dois discursos dissonantes: o tom erudito, formal, elaborado com base na norma culta, utilizado pelo narrador, oposto à expressão coloquial, dialetal, próxima à oralidade, em geral aspeada, utilizada pelas personagens". As exceções correriam por conta dos escritores que "expõe(m) visão mais solidária, espraiando no tecido da narração a expressão linguística do interiorano, amalgamada à voz do narrador ... nivelando e aproximando indiferenciadamente as duas expressões". Quando se trata do regionalismo paulista, é frequente destacar Valdomiro Silveira entre estes últimos.[59]

Alma cabocla, livro de versos de Paulo Setúbal, traduz com eloquência uma visão idealizada, que converte o campo em amparo espiritual para o homem urbano. Publicado em 1920, seus 3 mil exemplares esgotaram-se em menos de um mês e ainda teria sucessivas edições nas décadas seguintes. Os poemas do autor, muito admirados pelo público, seguiriam "transcritos em antologias e livros escolares, recitados nos saraus literários e programas radiofônicos, inscritos nos álbuns das moças...".[60]

Em suas memórias, o escritor assim narra as condições de elaboração de seus versos, escritos num período de convalescença em Tatuí, depois da descoberta da tuberculose pulmonar que lhe afetara os pulmões:

> Eis-me de novo em Tatuí com minha mãe. Seis meses, bucólicos e sossegados, a respirar com deleite os ares nativos. Seis meses de ócios repousantes e inspiradores ... A minha alma cabocla, aquela alma lírica que eu trouxera da terra e que principiara a fanar-se ao pó da vida citadina, ressurgiu festivamente e buliçosamente dentro de mim. Fiquei de novo poeta ... E cantava:

---

59 Leite, op. cit.: esta argumentação resume bem as posições de vários outros críticos, como Alfredo Bosi, Regina Zilberman e José Paulo Paes. Célia Regina Silveira, em seu trabalho sobre o autor de *Os caboclos* (1997), traz uma visão semelhante à exposta neste comentário.

60 Cf. apresentação, sem autoria, na edição utilizada neste estudo: São Paulo: Saraiva, 1949.

A EPOPEIA BANDEIRANTE

223

> Como um caboclo bem rude,
> Eu vivo aqui, nesta paz,
> A recobrar a saúde
> Que eu esbanjei, quanto pude,
> Nas tonteiras de rapaz...

> E recobrei de fato. Não há exageração nisso. A saúde refloriu-me ridente. Difícil suceder a alguém reação tão vigorosa como a reação que irrompeu do meu organismo seivoso. Voltei para São Paulo. O médico examinou-me de novo. E não teve a menor hesitação em afirmar à minha mãe que eu estava curado. (Setúbal, 1963)

A doença do escritor não foi inteiramente curada: as crises iriam acompanhá-lo até 1937, quando morreu aos 44 anos, época em que escrevia essas memórias. A experiência dolorosa da doença levou-o à espiritualidade, tendo o autor se tornado um católico fervoroso. No entanto, a roça, em seus versos, aparece com valor regenerativo para os males provocados pelo ar viciado da metrópole, pelos excessos da boemia, pelo desgaste dos espíritos e dos corpos na vida errante cosmopolita. No poema "Uma história simples", Setúbal fala de uma "formosa e tentadora prima", que:

> Com seu donaire fino e romanesco,
> Veio à procura de melhor saúde,
> Beber na serra um leite gordo e fresco,
> Haurir no campo a luz dum sol bem rude.
> (Setúbal, 1949, p.97)

Em outro, intitulado "No trem de ferro" (Ibidem, p.101-7), verseja sobre um rapaz "dos mais mundanos" que,

> Herdeiro de uma tia filantropa,
> Deixara a Pátria, no verdor dos anos,
> Pelas sonhadas tentações da Europa
> E andou, moço e feliz, numa doidice,
> catando sensações de terra em terra
> E invernos de Paris, verões de Nice,
> Céus de Madrid, nevoeiros de Inglaterra
> Por tôda a parte, o coração em fogo,
> Êle esbanjara a mocidade ardente!

Enfim, cansado e farto, já grisalho,
– Sombra roída pelos desenganos,
Tornou um dia à Pátria, ao verde galho
Onde se abrira a flor dos seus vinte anos.

Trazia nalma, como chaga horrenda
Um grande mal que urgia de remédio
E foi buscar, nos ócios da fazenda,
Um bálsamo eficaz para o seu tédio.

Ao final do poema, o "bucolismo, ingênuo e casto" da vida na roça tonifica-lhe o espírito, fazendo-lhe "brotar as rosas da saúde". E, na fazenda onde viera para curar-se, ele ainda encontra "professôrinha" que tomaria como esposa, num desfecho feliz.

O autor prossegue pintando vistas idílicas, e num arroubo de enlevação, diante de tanta "simpleza", revela o desejo de "despedaçar o canudo/ com a carta de bacharel". Com olhos de uma benevolência patriarcal, no poema "A gente" traça uma série de tipos rurais: o caçador, "Traz a lapeana de lado/ e um perdigueiro malhado/ que salta no carreador"; o violeiro, "Quando o luar desenrola/ No espaço, o místico alvor/ Põe-se a chorar na viola/ as mágoas do seu amor"; o tropeiro, "Ao longe, num largo trote/ com elegâncias de peão/ - bombacha, espora e chicote/ passa na estrada o Mingote/ montado num alazão"; o caboclo, "Lá está na foice, roçando/ o velho Jeca Morais/ caboclo bom, gênio brando/ Apenas, de quando em quando/ bebe algum trago demais" (p.27-32).

Ao retratar as cenas cotidianas, Setúbal inscreve as relações sociais da fazenda numa aquarela de puro estilo aldeão, realçando os laços de solidariedade entre os desiguais, apagando os conflitos ou as formas de controle e dependência do mundo rural. Na festa de São João, unem-se "poviléu" e "pessoas de fino trato", numa "campônia alegria":

Destaca-se entre essa gente
a flor do mundo local
O padre, o juiz, o intendente
– o próprio doutor Vicente
que é deputado estadual!

A EPOPEIA BANDEIRANTE

Mas os próprios versos desnudam, sem querer, a separação entre o salão da casa-grande, onde estes últimos dançam a quadrilha, ao som do piano – "Balancez! Tour! En avant..." – e o terreiro do café, onde a caboclada diverte-se aos acordes da viola:

> Lá fora, alegre e gabola
> Num terreiro de café
> Ao rude som da viola
> A caboclada rebola
> Num tremendo bate-pe!
> ... À voz do pinho que chora
> Por sob a paz do luar
> fremindo vai, noite afora
> essa alegria sonora
> da caboclada a bailar! ("São João", p.63-70)

As trovas sobre o trabalho na roça revestem-se, ainda mais, de um olhar complacente, edulcorando o universo rural. Tudo se torna paisagem, até mesmo os homens no eito, ou a "colônia na estrada tranquila, graciosa como uma vila". Nela estão presentes o negro: "Num quadro, curvo e sòzinho/ um pobre negro, o Bié/ A passo, devagarinho/ com seu rumoroso ancinho/ Lá vai, rodando, o café"; os colonos, "Lá vem o dia apontando.../ Que afã! Já todos de pé!/ Ruidosos, tagarelando/ Vão os colonos em bando/ Para os talhões de café"; o imigrante italiano, "Aqui, um forte italiano/ Queimado ao sol do equador/ Solta aos ventos, belo e ufano/ Num timbre napolitano/ A sua voz de tenor"; o espanhol, "E uma sanguínea espanhola/ De grandes olhos fatais/ Em baixa voz cantarola/ Uns quebros de barcarola/ Magoados sentimentais" ("A fazenda", p.21-7). No desenlace do poema, todos se juntam num único cântico patriótico:

> Que cantem!... Essa cantiga
> Brotada no coração
> Seja a prece que bendiga
> A terra que hoje os abriga
> A pátria que lhes dá o pão! ("Os colonos", p.53-6)

Se o campo de Setúbal é nada mais que uma paisagem exterior, projetada pelo poeta nos seus momentos evasivos, carregados de lembranças da infância,[61] na qual desfilam cenas bucólicas e indivíduos romantizados, outras versões do mundo interiorano aparecem à época, com maior carga de verossimilhança e indicando uma potencialidade de integração entre o narrador e o mundo narrado. É o caso da prosa de Cornélio Pires e Valdomiro Silveira, guardadas as devidas diferenças entre os dois e ressalvada a atmosfera anedótica e pitoresca com que o primeiro divulgou suas personagens. Paulo Setúbal, dizendo carregar uma "alma cabocla", nunca deixou de ser um bacharel embevecido diante da roça e nostálgico de suas origens perdidas. Pires e Silveira, ao contrário, mantiveram-se fiéis a esta, lutando para preservar seus valores, apesar de também terem suas obras enredadas nos fluxos de consumo urbano.

Cornélio não era um erudito, tendo mal completado o curso primário, mas dedicou-se com empenho à criação de uma literatura de fundo rural, centrada nos hábitos caipiras. Nesse propósito, contou com o estímulo de Amadeu Amaral, seu primo, um autodidata de formação sólida e erudita, também vocacionado para as "coisas da roça". Valdomiro Silveira, por seu turno, formou-se em Direito, em São Paulo, após o que voltou para o interior, exercendo a profissão em Santa Cruz do Rio Pardo e em Casa Branca. Nestas cidades, procurou estreitar o contato com a roça, que lhe fornecia os motivos literários. Ambos devotaram-se à afirmação da imagem do caipira, em diferentes frentes de atuação.

De Cornélio Pires sobressaem os contos e as crônicas de *Quem conta um conto* (1916) e *Conversas ao pé do fogo* (1921), além dos poemas de *Cenas e paisagens de minha terra* (1921). Ele também escreveu *Joaquim Bentinho, o Queima Campo* (1924) e *Sambas e cateretês* (1932), estes uma reunião de poemas de autores do sertão. Sylvia Tellarolli de Almeida, ao estudar a produção do escritor em seu livro sobre a caricatura na literatura paulista, anterior ao modernismo, chama a atenção para a proximidade entre seus con-

---

61 Para Raymond Williams (1989, p.397), "com frequência a ideia de campo é uma ideia de infância: não apenas as lembranças localizadas, ou uma lembrança comum idealmente compartilhada, mas também a sensação da infância, de absorção deliciada em nosso próprio mundo, do qual, no decorrer do processo de amadurecimento, terminamos nos distanciando e nos afastando, de modo que esta sensação e o mundo tornam-se coisas que observamos".

A EPOPEIA BANDEIRANTE

tos e a linguagem jornalística, "entre a narração e os 'causos' contados por caboclos ao pé do fogo". E lembra que sua linguagem "incorpora fortes marcas do dialeto utilizado pelos caipiras" (Leite, op. cit., p.115-7). Atuando como um folclorista, num período em que proliferaram os estudos etnológicos e históricos sobre a cultura popular rural, ele se valeu da observação e do registro documental para compor sua ficção. Para tanto, tomou como foco de seus estudinhos, especialmente, a zona de sua terra de origem, situada no sul do Estado. Ela lhe fornecia "os hábitos, costumes, crenças, casos, lendas e a linguagem do interiorano" (Ibidem, p.120). Contudo, seja na sua obra, seja na de Silveira, o caipira serve como tipo para caracterizar a gente rural de outras zonas do Estado, bem como de "regiões limítrofes de Minas Gerais, Rio de Janeiro, Paraná e Mato Grosso" (p.47), para as quais, com exceção do Rio, dirigiam-se as novas frentes pioneiras paulistas.

O caipira de Pires define-se em oposição ao Jeca, de Monteiro Lobato: "é trabalhador, forte, tímido em contato com os da cidade, folgazão e alegre em seu meio, de rara inteligência e argúcia, tem maleabilidade para todo serviço, é dócil, amoroso, sincero e afetivo, desanimando apenas quando não trabalha em terra de sua propriedade ... No confronto com o trabalhador estrangeiro, ele ganha em envergadura". Enquanto Lobato "parte de um epítome da raça, de um tipo significativo, mas não o único, e o generaliza à condição de amostra coletiva; aquele procura, em resposta, partir do geral para uma caracterização particularizada, e por isso menos reificadora" (p.22).[62] Tipos rústicos por excelência, os seus caipiras aparecem como os últimos mananciais da flora e da fauna, mas acossados pela monocultura: a um só tempo ingênuos e espertos, fortes e fracos, tímidos e folgazões. Daí, talvez, sua repercussão nos auditórios da capital, frequentados por homens submetidos às

---

62 Não é o caso de analisar, aqui, os diferentes tipos de caipiras que aparecem em sua obra. Para Sylvia Tellarolli, um deles – o caipira caboclo – aproxima-se bastante do Jeca lobatiano, como um preguiçoso, sujo e esmulambado, embora não estivesse perdido: "Para salvá-lo ... bastam duas coisas tomadas a sério: a escola e a obrigatoriedade do ensino ... mas de verdade" (*Conversa ao pé do fogo*). Solução que não se distanciava da campanha higienista e da apologia da educação e da saúde pública, na década de 1910.

linhas homogeneizadoras da sociabilidade urbana, por isso mesmo ávidos dessas derradeiras safras culturais espontâneas.

Na prosa cômica e caricatural do autor, ele ganha diversidade: "o caipira branco, o caipira caboclo, o caipira preto, o caipira mulato. A definição dos tipos obedece a um roteiro comum: inicia-se com a genealogia, seguida depois da descrição de características físicas exteriores (o corpo, a face, as roupas), culturais (comportamentos, crenças) e sociais (a relação entre os membros da comunidade, a relação com o trabalho" (Ibidem, p.122). Curiosa é essa tipologia, que, além de quebrar uma unidade longamente construída, fixada por idealização e/ou estigmas, incorpora segmentos étnicos negros e mulatos, a rigor até então excluídos da caracterização do caipira ou do caboclo.

Algo semelhante ocorre na prosa de Valdomiro Silveira, expressa nas obras *Os caboclos, Nas serras e nas furnas, Mixuangos* e *Lereias*.[63] O seu universo caboclo/caipira é multifacetado, procurando traduzir uma época de "desorganização cultural causada pela agricultura em escala comercial e pela urbanização cultural" (Silveira, 1997, p.114). Nessa ficção, que também apresenta propósitos documentais, o caipira é definido menos por suas características raciais, e muito mais por suas manifestações na cultura (língua, costumes, crenças, lendas, memórias), tanto quanto por suas distintas formas de inclusão social no mundo das fazendas. Entre eles aparecem distinções estabelecidas pelo nível econômico – os que "possuem a terra (sitiantes e fazendeiros) e aqueles que não a possuem (meeiro, parceiro, empreiteiro)" (p.115) –, embora todos fossem provenientes "dos mesmos troncos familiares, e seus antepassados compartilh(ass)em, originariamente, das mesmas condições de vida".[64]

O caipira de Silveira surge como a fonte das tradições paulistas, sendo associado ao protótipo de representação da história regional – o bandeirante. Mas, contra a moda do período, que o figurava segundo um modelo aristocrático, o escritor de *Os caboclos*

---

63 Destas, apenas a primeira foi publicada em livro, em 1920; as demais saíram, respectivamente, em 1931, 1937 e 1945.

64 Cf. Candido, 1964, p.80; citado também em Silveira, op. cit.

confere-lhe características populares. Aliás, ele mesmo se considerava um paulista típico, descendente desses antigos sertanistas:

> ... à similhança de Alcântara Machado, sou um paulista de mais de duzentos anos, porque todos os meus aqui nasceram e meu quinto avô foi o bandeirante Carlos Pedroso da Silveira. Agora pergunto eu não lhe parece mais direito que use só a linguagem de meus avôs e dos meus cafumangos, que será um dia, talvez um pouco modificada e com certeza aperfeiçoada, a língua nacional? (Apud Silveira, p.84)

Mais ainda do que de um tempo presente, transitório e fugidio, é de um passado imemorial e de feições míticas, emergente nas memórias das horas arrastadas, que fala esse caipira. Passado que o escritor ambicionou recuperar pelo registro dos vestígios de sua linguagem dialetal, levando-o à construção de uma prosa que tanto se aproxima da postura folclorista, própria ao círculo letrado da época, como dela se distancia, ao compor uma poética da oralidade, que ultrapassa a intenção científica. Se em seus primeiros escritos, a voz do caipira é conduzida pelo narrador culto, tal como nos textos etnológicos e na prosa ficcional da maioria dos autores do começo do século, em sua última publicação – *Lereias*: histórias contadas por elles mesmos –, Silveira emprega o recurso do narrador/personagem caipira, compartilhando de "forma plena a experiência dessa personagem (Ibidem, p.108).[65] No romanceiro paulista, a obra do escritor significa a exposição mais acabada da alma cabocla.

Era, no entanto, a perspectiva científica que orientava a maioria dos textos sobre o mundo rural enraizado na tradição. Este se tornou um laboratório privilegiado para o homem de letras examinar, com distanciamento crítico, as manifestações de uma cultura perseguida pelo processo de modernização. Assim acontece, em parte, nas considerações de Lobato sobre o caipira; assim também ocorre nos estudos de Amadeu Amaral sobre a língua e as tradições populares.

Contrário aos sentimentalismos que, segundo ele, ainda reinavam no país, sob a roupagem de um "romantismo regionalista",[66]

---

65 A bibliografia crítica sobre o autor é bastante extensa e pode ser encontrada neste livro.

66 "Em quase todo o Brasil ainda reina e viceja uma espécie de romantismo regionalista e plebeísta, que faz questão de exaltar as qualidades de inteligên-

230   ANTONIO CELSO FERREIRA

Amaral firmou-se no cenário paulista como um dos principais expoentes do novo espírito científico, oferecendo ao público uma obra pautada por análises etnológicas, histórico-linguísticas e sociológicas, perceptíveis até mesmo em suas crônicas e ensaios ficcionais. Não obstante tal marca, impregna seus textos uma indisfarçável simpatia pelo caipira, tido como representante de um mundo arcaico em extinção. Nas linhas nacionalistas do escritor, ouve-se uma espécie de lamento contra tal perda da tradição. Em suas crônicas urbanas, reunidas no livro *Memorial de um passageiro de bonde*, há um tempo que se dissolve na pressa moderna e outro, mais lento, inscrito nas memórias, antiurbano por natureza, mas inteiramente fadado a esfacelar-se.[67]

O dialeto caipira, publicado em 1920, constitui uma incursão substancial do autor nesse passado somente apreensível pelos vestígios linguísticos. Apresentado como um estudo de fonética, lexicologia, morfologia, sintaxe e vocabulário da prosódia caipira, o livro toma como pressuposto a diferença essencial desse dialeto em relação à língua portuguesa.[68] As fontes do autor foram variadas: não só as investigações sobre o tupi, realizadas por Teodoro Sampaio e alguns dicionários do português arcaico, como também listas de vocábulos enviadas por seus amigos do interior, ou mesmo as obras de folclore e de prosa regionalista de Catulo Cearense,

---

    cia, bom senso, perspicácia, valentia, bondade e honradez das populações rurais. Isto não tem nenhum inconveniente apreciável quando permanecemos no terreno da vida comum. Constitui até um aspecto simpático e útil da nossa psicologia de povo, porque é bom que os povos não percam inteiramente a estima de si próprios. Não há, porém, coisa mais contrária ao espírito científico do que tais sentimentalismos" (Amaral, 1982, p.3).

67 As crônicas do *Memorial* (1976a) foram publicadas no jornal *O Estado de S. Paulo*, em 1927, e sairiam em livro somente em 1938.

68 Datam do primeiro romantismo as bases de um debate sobre a peculiaridade do português falado no Brasil, polêmica que seria retomada, com novos fundamentos, no contexto nacionalista das décadas de 1910 e 1920. A esse respeito, ver Luca, 1998. Sobre a contribuição da obra de Amaral, ver prefácio de Paulo Duarte ao livro (*Dialeto caipira e língua brasileira*), para quem: "O *dialeto caipira* é um livro precursor. O falar errado do caipira servia de pretexto apenas para uma literatura leve, de interesse recreativo. Estudá-lo, entretanto, à luz da linguística, analisar as suas deformações, espiolhar-lhe o vocabulário sistematicamente, investigando-o, perscrutando-o, não passava pela cabeça de ninguém" (p.21).

A EPOPEIA BANDEIRANTE

Cornélio Pires, Carlos Fonseca, Simões Lopes Neto e Hugo de Carvalho Ramos (cf. Duarte, 1976, p.33). A ciência, como se observa, continuava a beber no riacho literário da ficção, bem como esta procurava revestir-se da pesquisa documental.

O estudo é precedido por um breve apanhado histórico das origens e trajetória dessa forma dialetal, que teria permanecido até "cerca de vinte e cinco a trinta anos atrás", isto é, 1890. Tal "falar caipira dominava em absoluto a grande maioria da população e estendia a sua influência à própria minoria culta", compondo-se de um vocabulário formado por: a) "elementos oriundos do português usado pelo primitivo colonizador, muitos dos quais se arcaizaram na língua culta"; b) "de termos provenientes das línguas indígenas" [tupi]; c) "de vocábulos importados de outras línguas, por via indireta" [africana, quichúa, castelhana e dos dialetos ibero-sul-americanos]; "dos vocábulos formados no próprio seio do dialeto" (Amaral, 1976c, p.41 e 55). Sintomático é observar que, das influências recebidas das três raças constituintes da população brasileira, o escritor tenha minimizado a importância do legado africano, o que seria mais tarde contestado, por exemplo, por Paulo Duarte, autor de sua biografia. Para Amadeu Amaral:

> A maior parte dos vocábulos africanos existentes no dialeto caipira não são aquisições próprias. A colaboração do negro, por mais estranho que o pareça, limitou-se à fonética; o que dele nos resta no vocabulário rústico são termos correntes no país inteiro e até em Portugal. (Ibidem, p.64)

Não sem uma ponta de mágoa, afirma o autor que o processo "dialetal iria longe, se as condições do meio não houvessem sofrido uma série de abalos, que partiram os fios à continuidade da sua evolução". E nomeia os fatores dessa interrupção:

> De algumas décadas para cá tudo entrou a transformar-se. A substituição do braço escravo pelo assalariado afastou da convivência cotidiana dos brancos grande parte da população negra, modificando assim um dos fatores da nossa diferenciação dialetal. Os genuínos caipiras, os roceiros ignorantes e atrasados, começaram também a ser postos de banda, a ser atirados à margem da vida coletiva, a ter uma interferência cada vez menor nos costumes e na organização da

nova ordem de coisas. A população cresceu e mesclou-se de novos elementos. Construiram-se vias de comunicação por toda a parte, intensificou-se o comércio, os pequenos centros populosos que viviam isolados passaram a trocar entre si relações de toda a espécie, e a província entrou por sua vez em contato permanente com a civilização exterior. A instrução, limitadíssima, tomou extraordinário incremento ... Hoje ele acha-se acantoado em pequenas localidades que não acompanharam de perto o movimento geral do progresso e subsiste, fora daí, na boca de pessoas idosas ... Desapareceu quase por completo a influência do negro, cujo contacto com os brancos é cada vez menor e cuja mentalidade, por seu turno, se modifica rapidamente. O caipira torna-se de dia em dia mais raro, havendo zonas inteiras do Estado, como o chamado Oeste, onde só com dificuldade se poderá encontrar um representante genuíno da espécie ... Por outro lado, a população estrangeira, muito numerosa, vai infiltrando suas influências ... Os filhos dos italianos, dos sírios e turcos aparentemente se adaptam com muita facilidade à fonética paulista, mas na verdade trazem-lhe modificações fisiológicas imperceptíveis, que se irão aos poucos revelando em fenômenos diversos dos que até aqui se notavam. (p.41-2)

Circulando num público de repertório mais erudito, *O dialeto caipira* iria constar como referência obrigatória da bibliografia acadêmica durante várias décadas. Mas o autor também buscou o leitor médio, publicando no mesmo ano *A pulseira de ferro*, novela de enorme sucesso, ambientada numa localidade da roça, a fictícia Candeias. Nesse caso, embora não tivesse ausente a intenção de registrar vocábulos e falas arcaicas – além do português italianado de uma das personagens, denunciando a recente modalidade de fala popular –, o escritor volta-se para a observação dos valores sociais num espaço ermo, distante da capital que, todavia, já perdera os vínculos vitais com a tradição.[69]

A personagem principal da novela é o vigário "Guilherme, boa pessoa, coitado! mas pouco esperto e bastante sentimental..."; e os demais são o sacristão "Chicão, caboclo analfabeto e simplório"; a

---

69 No prólogo da novela, o escritor nega-lhe o rótulo de regionalista: "Nem houve outra qualquer intenção, a não ser a que move todos os contadores desinteressados de histórias, desde as boas negras velhas, que as contam à beira dos berços, até aqueles que piedosamente as contam à beira dos leitos mortuários" (Amaral, 1976c, p.4).

A EPOPEIA BANDEIRANTE

mulata "Rosa, criada da casa paroquial"; o bacharel Veloso; o barbeiro italiano Nicola; o boticário; o jornalista Camacho. A estória desenrola-se numa paisagem morna, sob um tempo arrastado em que tais tipos, característicos dos lugarejos do interior, contracenam com "papagaios nas gaiolas, gatos plácidos e borboletas a revolutear". O argumento é trivial: o padre, tendo recolhido em sua casa um negrinho abandonado, o qual passa a criar e se torna objeto de sua afeição, é envolvido numa onda de boatos,[70] sendo considerado, à boca pequena, como o seu verdadeiro pai. Magoado, decide abandonar o povoado, não sem antes tecer exaustivas reflexões sobre a vil natureza humana. Seu infortúnio é então comparado a outra estória escabrosa, bem ao gosto da literatura de revivescência naturalista, em moda naqueles anos:[71] o caso de uma família simples de ferreiros, vítima da maledicência que levara à morte um a um dos seus membros. Raquel, a única filha dessa gente humilde, adolescente "vestida de chita" e tendo no braço uma pulseirinha de ferro fabricada pelo pai, é acusada de ter se deixado levar pelos afagos do bacharel Veloso, um homem bem mais velho do que ela. Inconformada com a calúnia, joga-se no poço; logo após, morrem-lhe a mãe e o pai de desgosto. Veloso, por seu turno, com sua honra posta em xeque, torna-se uma espécie de ermitão, descrente da bondade humana.

A novela não se prestaria a maiores ilações, não fosse o fato de proceder a uma análise a respeito dos códigos de sociabilidade vigentes numa comunidade atrasada, onde se distinguem o homem rude da cidadela e o homem bem-nascido e bem-criado – ledor infatigável de letras sagradas e profanas, este último vivido no texto tanto pelo vigário como pelo bacharel, ambos vítimas da ignorância do meio social. Desencontrados no ambiente rústico, apesar

---

70 Curiosamente, o tema da novela estimulou um interessante ensaio escrito por Franco da Rocha sobre a *Psicologia do boato*. O diretor do Juqueri chegou mesmo a enviar suas páginas para Amadeu Amaral, logo após a publicação do livro. Paulo Duarte incluiu-o como texto de apresentação do livro *Novela e conto*, que integra a edição mais recente (anos 70) das obras do escritor de *O dialeto caipira*.

71 Alfredo Bosi comenta esse tipo de enredo, comum na produção da época, por exemplo nos contos de Monteiro Lobato, marcados pelo "paroxismo patético não menos arquitetado dos finais imprevistos e sinistros" (op. cit., p.243).

das boas intenções de se integrarem a ele, e das simpatias paternais para com os caipiras, estas personagens revelam a impossibilidade, no limite, de o homem de letras compreender o mundo grosseiro e iletrado que toma como objeto. Em *A pulseira de ferro*, é o próprio Amadeu Amaral o narrador a questionar-se sobre tais fronteiras socioculturais.

Até aqui, saltam à vista duas grandes linhas temáticas na literatura sobre o campo: uma que o retém afetivamente pelos vestígios do passado, da tradição, do tempo mítico, das memórias; e outra, que o toma no presente como espaço de observação, sob uma perspectiva de estranhamento e distância, permitindo ao escritor reconhecer-se como dele distinto. *O professor Jeremias*, romance de Léo Vaz, faz parte da segunda inclinação, versando sobre Ararucá, cidade também muito parecida com a Candeias do padre Guilherme. Publicado pela *Revista do Brasil* e recebendo altos elogios de Lobato, o livro teve grande aceitação entre os leitores, sendo reeditado no mesmo ano de 1920.[72] A crítica, em geral, manifestou-se favoravelmente a ele, identificando no texto influências de Machado de Assis, Eça de Queirós, Anatole France e outros escritores estrangeiros.[73]

Trata-se de uma espécie de autobiografia da personagem-título, ou de um texto memória adentro, endereçado ao filho com quem o narrador perdera o contato desde a infância do garoto. Tendo abandonado a mulher, depois de uma série de fracassos familiares, profissionais e literários, Jeremias refugia-se na remota Ararucá, atuando como um mestre-escola de primeiras letras. Nesse ambiente deserto de cultura, ele passa a viver como um urso, tal como o protagonista do livro de Antônio de Oliveira – um verda-

---

72 Em 1921, o romance alcançou a quarta edição. O exemplar utilizado nestes comentários faz parte dessa tiragem (Vaz, 1921).

73 O único balanço feito sobre o livro, décadas posteriores, conserva a mesma apreciação: "O romancista de Capivari ... se diz admirador de Machado de Assis; reconhece, ainda, o apreço em que tem Eça de Queirós, Renan, Anatole France, Swift, Sterne. É provável, entretanto, que essa admiração manifestada decorra da afinidade que Leo Vaz parece ter com tais autores. Como Machado de Assis e Anatole France, Léo Vaz é um cético; como Eça, um irreverente; como Renan, um racionalista. Como Swift, é irônico sem ser sarcástico; como Sterne, é capaz de reunir sensibilidade e humor" (Cardoso, 1983, p.34).

A EPOPEIA BANDEIRANTE 235

deiro ermitão, de barbas crescidas, a olhar com mordacidade os hábitos locais. A cidade do sertão é também o ponto de fuga do presente, o espaço privilegiado que lhe permite rever sem nostalgia as origens familiares, o tempo do ginásio e da Escola Normal, os amores, o casamento desastroso, os ensaios malsucedidos no campo literário: "uma profunda ironia se desprende de todo o texto, ironia própria de alguém que sorri com comiseração e benevolência do deslumbramento alheio, que avalia a mediocridade dos seres e das coisas e tem, para com o mundo, uma atitude a um tempo complacente e desdenhosa" (Cardoso, 1983, p.35).

É da observação do panorama medíocre de Ararucá, pano de fundo do romance, que o narrador toma fôlego para tal autorreflexão corrosiva. Reflexão que reitera o conflito do homem de letras com o seu meio social, da maneira já vista em outros escritos. Vale reter alguns fragmentos dos capítulos iniciais, nos quais ele fixa, com maestria, a paisagem desolada do vilarejo:

> Prêso a esta vila que ... é chamada Ararucá e fica (vide a quebreira depois da viagem em lombos de mulas ásperas) a sete montanhosas léguas do ponto final da via férrea, nada me resta a fazer, dadas as aulas que manda dar o Regimento das Escolas Isoladas e fechada a farmácia onde se conversa à tarde, senão esperar que o dia seguinte me traga de novo as aulas, e a farmácia subsequente...

> Ararucá é o vilarejo criado pela Providência a fim de que eu tivesse um campo onde exercesse a minha missão, quando a ela lhe desse na telha criar-me a mim mesmo. Encosta-se na rampa de um pequeno morro oblongo e molha os últimos quintais na água barrenta de um ribeirão seu homônimo, que rumoreja ao pé da vila e se detém, antes e depois de rumorejar, em sucessivos açudes de moinhos de fubá. Êstes são as fazendas. Nas acrobacias da cotação do café, Ararucá viu de um dia para outro desbravarem-se as capoeiras adjacentes, na faina do plantio fascinador ... Ora, a meio do furor, vai o pelotiqueiro e desmaromba a 2$000, fazendo que os derrubadores abandonassem as coivaras e as ambições, deixando Ararucá a pão seco com os cereais plebeus ... Enquanto a reviravolta não vem, vai vegetando. A estrada de ferro, que da vizinha cidade de S. Antônio do Itaíba, ao farejar os fretes próximos, abrira uma picada promissora, encolheu os trilhos ao sentir incerto o futuro ... É enfim, Ararucá, o que em S. Paulo se chama lugar de muito futuro.

236 ANTONIO CELSO FERREIRA

Tem trezentas casas e um pardieiro. Tem também uma igreja matriz, em indefinida reconstrução, mais um cubo de alvenaria branca, com grades nas janelas, haste de bandeira sôbre a porta do meio, e que a hipérbole de algum rábula denominou – o Forum, alcunha que foi logo encampada pela população. No Forum se hospedam adventícios ladrões de cavalos e, de três em três meses, os jurados que os condenam. De vez em quando algumas barracas de ciganos à saída de Itaíba, vêm, por algumas semanas, aumentar o número de fogos. Mas isso é raro.

Povoam êste Ararucá ... um chefe político, media dúzia de vereadores, um juiz de direito ... delegado de carreira, escrivães e mais funcionários; um fiscal dos feitos municipais, um farmacêutico, duas lojas com os respectivos sírios, um sapateiro, um algibebe, um barbeiro, um ferrador, um reverendo evadido ao positivismo lusitano, uma banda de música, cujo mestre, além de se incumbir do pistão, desempenha as funções de secretário da Câmara e da irmandade de S. Benedito, um cambista de loterias, um do bicho, um coletor de rendas do Estado ... e, como vêm nos programas de teatro, para as personagens de pequeno vulto: – soldados – caipiras – criados – povo.
Ai está dentro do mundo, Ararucá, e dentro de Ararucá o canto onde respira êste Jeremias Pereira que estas regras escreve ... Não seria aqui que havia de escrever-se a Ilíada nem o D. Quixote. (Vaz, 1921, p.16-20)

E por aí segue o narrador, colorindo com ironia mais uma cidade morta lobatiana e deixando a entrever sua própria experiência de professor caipira, de homem de letras num país de analfabetos, onde os conteúdos épicos soariam, no mínimo, deslocados. Na literatura paulista, o romance de Léo Vaz situa-se como exceção ao ufanismo corrente e um dos seus momentos mais expressivos.[74]
Outra linha que merece atenção na produção literária paulista do período envolve os escritos dedicados à formação histórica do universo rural da região. Veiga Miranda contribuiu com alguns romances nesta vertente, dentre eles *Redenção* (1914) e *Mau olhado* (1919). Natural de Minas Gerais e formado na Escola Politécni-

---

74 O escritor também publicou os livros *Ritinha e outros casos* (1923) e *O burrico Lúcio* (1951), além de *Páginas vazias*, crônicas divulgadas antes em *O Estado de S. Paulo*. Leonel Vaz de Barros (1890-1973), egresso de Capivari, foi professor e jornalista, tendo iniciado estas lides em Piracicaba, Itapui e outras cidades do interior: cf. *RAPL* (1979, p.68).

A EPOPEIA BANDEIRANTE   237

ca, o escritor foi rapidamente assimilado no círculo intelectual e
político paulista, exercendo o jornalismo, o magistério e a política
e tendo sido o primeiro civil a ocupar o Ministério da Marinha,
durante o governo de Epitácio Pessoa.[75] Apesar de ter tratado de
assuntos locais muito cultuados no período, não é possível aferir
a recepção do público às suas obras, o mais das vezes compostas
como calhamaços descritivistas e prolixos.

Já no primeiro livro mencionado, ele escolhe um tema que
seria muitas vezes repetido desde então: os conflitos envolvendo a
decadência da aristocracia rural e a ascensão social dos imigrantes.
Para retratar tais linhas históricas, o autor narra o caso do amor
proibido entre um filho de fazendeiro e uma imigrante, inserindo
a trama em fins do século XIX. *Mau olhado* retoma esses fios do
romance histórico de ambiente rural, descrevendo cenas passadas
"há trinta ou quarenta ou talvez sessenta annos", na região norte-
-nordeste do Estado de São Paulo. Dada essa originalidade de
localização do entrecho ficcional – não mais adstrito à velha zona
do café do Vale do Paraíba, à capital do Estado ou mesmo ao oeste
representado por Campinas –, é interessante elegê-lo como foco
de apreciação (Miranda, 1919).

Mau olhado fala do microcosmo social das últimas frentes
pioneiras de conquista do território paulista, dramatizando a ação
dos mineiros na colonização da área fronteiriça entre Minas Gerais
e São Paulo, na divisa com o Rio Grande. Há, no romance, várias
referências a cidades ali situadas, como as paulistas Barretos e Franca
e as do sul de Minas, Frutal e Prata. Emana do texto um tom de
reminiscência desse espaço onde o escritor viveu a infância, e para
o qual retornou já com o diploma da Escola Politécnica e a fama
de homem de letras.

---

75 Outras obras de João Pedro da Veiga Miranda (1881-1936): *Dulce*, novela
(1904); *Pássaros que fogem*, contos (1908); *Os três irmãos siameses*, romance
(1916); *O margarida*, novela (1916); *A eterna canção*, contos (1922); *A serpente
que dança*, romance; *Maria Cecília e outras histórias*, 1930; *Os faiscadores*,
crítica literária; *Prancha*, teatro; *Álvares de Azevedo*, biografia, 1931; *Ninon*,
romance inédito; *O voluntário de Santa Terezinha*, romance, 1932. O escritor foi também sócio do IHGSP, desde 1927, e ocupou uma cadeira da APL:
consultar *RAPL*, 1976, p.133, e Cardoso, 1983, p.27-8.

O capítulo inicial do livro acompanha a saga dos pioneiros que, premidos pela decadência da agricultura no sul de Minas, partem para a exploração dos terrenos desconhecidos no mapa paulista, comprando extensos alqueires de terras devolutas ou tomando-as dos nativos. Das terras de origem, eles trazem suas formas próprias de organização social e um conjunto de regras definidas pela tradição patriarcal e pela religiosidade. A escravidão continua a ser a base da propriedade rural, condicionando as relações sociais e étnicas. A criação do gado mantém-se como a atividade econômica principal, estimulando uma agricultura, apenas, de subsistência. O fazendeiro, reverenciado como chefe e benfeitor de um extenso aglomerado populacional, dirige os escravos negros e um conjunto de agregados e dependentes (feitores de escravos, empreiteiros, artesãos), além da própria família, sobretudo as mulheres, destinadas a papéis domésticos claramente demarcados. Os fundamentos do latifúndio permanecem nas fazendas recriadas em solo paulista, caracterizando--se pelo emprego de técnicas agrícolas rudimentares, pelo sistema de trocas costumeiro, por relações de mando e submissão, pelo culto à tradição e o apego ao catolicismo rústico.

Não faltaria muito, entretanto, para que esse universo fosse alcançado por nova frente pioneira, vinda do sul, com a cafeicultura, as ferrovias e a mão de obra imigrante, assim abalando os alicerces de tal sociedade. Enquanto isso não ocorria, transcorre a história em *Mau olhado*, numa atmosfera quase feudal, de subsistência econômica e autonomia política.

O protagonista do livro é o alferes Malachias Rodrigues, um sertanista mineiro que:

> Comprou a herança de umas vagas e extensas sesmarias, e partio. Partio como os hebreus antigos, comboiando o gado, os servos e a família. E gosara, finalmente, o espaço indemarcado, fantasiando as raias do seu território pelos cursos dos grandes rios e defrontando a um dos lados a largueza do sertão immenso, onde só por ventura as tribus selvagens lhe poderiam ameaçar a propriedade. E aquellas brenhas infindas se lhe afiguravam abrangidas nos seus direitos, sonhando outras e outras fazendas abertas por alli fóra, e ricas, e ricas e prósperas, e todas subordinadas à Boa Esperança, como colonias à metrópole. Apenas sobre duas faces, ao norte e ao nascente, se lhe deparavam, e assim mesmo a leguas de distancia, visinhos proprietários, por títulos irrefutáveis. E

A EPOPEIA BANDEIRANTE

239

> como elle, atiravam-se todos à criação do gado, encetando um ou outro a cultura da canna, do fumo, do algodão, mais para dar serviço à escravatura do que para outra cousa. (Ibidem, p.5-6)

Viúvo aos cinquenta anos, com três filhas para criar e um filho enviado para receber as ordens religiosas em Mariana, o alferes Malachias tomara como segunda esposa, ainda em Minas Gerais, uma menina de doze anos, Maria Isolina. Mas, infeliz no casamento e submetida ao domínio patriarcal do marido, ela irá desvelar, progressivamente, uma personalidade mórbida, adoecendo como uma mártir na fazenda paulista. Sua vida encaminha-se para a fatalidade com a chegada do enteado padre, chamado pelo pai para tomar conta dos misteres católicos na capela local. Apaixonados, Maria Isolina e Nho Lívio formarão o par doentio no centro dramático da trama, em torno do qual o escritor exercitará sua literatura de naturalismo extremado. A primeira, "foi se deixando viver, refugiada na sua decadencia e no seu desalento...", e de crise em crise nervosa, "toda a sua figura banhara-se de uma espiritualidade soffredora ... sempre pallida, de largas manchas rôxas"; o segundo, magro e macilento, revelaria no corpo os tormentos da repressão sexual e da culpa cristã. Ao redor deles, numerosas personagens vão tipificando um microcosmo violento e supersticioso, formado por caboclos ignorantes, negros bárbaros e uma ralé servil. O drama amoroso da madrasta e do enteado serve de núcleo para o autor documentar, com virtuosismo ornamental, o universo agrário da região.

O livro é dedicado "a Coelho Neto, o maravilhoso evocador da vida e da paisagem sertanejas". Assim como este escritor maranhense, que a crítica reconheceria como "a grande presença literária entre o crepúsculo do Naturalismo e a Semana de 22",[76] Veiga

---

76 Para Alfredo Bosi (1988, p.223), além dele, "só Rui Barbosa, na oratória política, e Euclides, no chamado à consciência da terra e do homem, ocuparam lugar tão relevante na cultura pré-modernista. O prosador maranhense parecia talhado a propósito para polarizar as características de gosto que se soem atribuir ao leitor culto médio da Primeira República. Um leitor que julga amar a realidade, quando em verdade não procura senão as suas aparências menos triviais ou menos trivialmente apresentadas: um leitor que se compraz na superfície e no virtuosismo: um leitor, em suma, fundamentalmente hedonista". De Coelho Neto destacam-se as obras: *A capital federal* (1893), *Miragem* (1895), *Inverno em flor* (1897), *Turbilhão* (1906), *Rei negro* (1914).

Miranda revela em seu romance a curiosidade, a memória, a sensualidade verbal e a pretensão científica, ao gosto do leitor da *belle époque*. A apresentação das suas personagens principais é precedida, passo a passo, de verdadeiras fichas clínicas, levando ao paroxismo as crenças biológicas dos naturalistas. As paisagens rurais e as cenas cotidianas da fazenda são retratadas com o mesmo excesso de adjetivação e ornamentalismo que marca a obra do romancista por ele homenageado.

A ambição científica de *Mau olhado* dispõe-se num caleidoscópio de olhares: etnológico, folclórico, sociológico, geográfico, histórico, psicológico. O romance não difere, dessa maneira, de uma grande extensão de escritos da época, cujos conteúdos e formas denunciam o ecletismo das abordagens, o beletrismo e o cientificismo mesclados. Veiga Miranda, o narrador onisciente, pretende abarcar o meio rural em todos os seus aspectos. A descrição da terra, seja da paisagem mineira, seja da paulista, intercala a todo passo a ação das personagens, não tanto para revelar condicionamentos geográficos sobre o homem, mas sim para criar um efeito de ultrarrealismo. Os amplos terrenos de pastagens, as pequenas colinas aqui e ali espalhadas, os grotões, as represas, as matas nativas, os trilhos sulcados pelos carros-de-bois, as estradas reais e as picadas – tudo é pormenorizadamente desenhado e qualificado. Tal cenário, ricamente adornado, enquadra as diversas ações humanas na fazenda, narradas com rigor detalhista: os longos dias de colheita e moagem da cana para a fabricação da rapadura; o trabalho com os rebanhos bovinos, na pecuária extensiva, para a obtenção do leite e da carne; a labuta nas plantações de algodão e milho para o consumo interno; os afazeres diários dos escravos na cozinha da casa-grande... O romancista anota as várias fases de cada uma delas, classifica a divisão do trabalho por condição social, sexo e idade, registra as formas de labor aprendidas e transmitidas de geração a geração. Veja-se este excerto sobre a etapa final do fabrico da rapadura:

> Todas as noites, depois de acceso o grande lampeão da mesa, começava a empalhação das rapaduras. Moleques e pretinhas haviam ficado, durante o dia, horas e horas no paiol, cortando as palhas. Escolhiam as espigas maiores, roletendo-as no topo com uma

A EPOPEIA BANDEIRANTE

faca bem afiada, e atirando as palhas para um jacá ao lado. Dous ou tres pretos velhos eram destacados para os mattos a tirar a embira. Conheciam as arvores proprias cuja casca dava uma fibra extensa e flexivel, succedaneo do barbante nas fazendas de canna ... Mal se accendia o lampeão, suspenso por uma carretilha ao tecto, sobre o centro da mesa, surgiam os moleques rodando tres ou quatro balaios cheios de palha cortada, até pontos conveninentes em torno da mesa ... Maria Isolina era sempre das primeiras a tomar lugar à mesa por ocasião desses serões. Aprazia-lhe aquelle trabalho em commum, doze, quinze, vinte pessoas em torno à mesa ... Ao longo da mesa, à sua frente, à sua direita e à esquerda, os antebraços das mulheres agitavam-se, de mangas arregaçadas... (Miranda, 1919, p.180-3)

Mau olhado é também romance pródigo no relato das cenas de caçadas, pescarias, passeios ao pomar, viagens em comitivas, procissões religiosas, festas sagradas e profanas, dando largas à imaginação e à curiosidade do leitor urbano. Ao narrar as festividades que acompanhavam as comemorações religiosas, reitera o mesmo afã, já comentado a propósito de outros textos, de esquadrinhar e classificar segundo os paradigmas raciais vigentes, as diversas manifestações étnicas. Os negros aparecem, neste aspecto, como os mais visados: suas umbigadas são tidas como a expressão de uma sexualidade primitiva; sua música, a própria evidência do barbarismo e da antiestética; seus instrumentos toscos, a configuração material de um estágio animalesco.

Nos capítulos finais, o romance encaminha-se para um curioso desenlace trágico, ilustrativo das leituras em moda, naqueles anos, da célebre obra de Euclides da Cunha. Inesperadamente, o solo paulista torna-se palco de um impiedoso período de estiagem, típico do Nordeste. Na paisagem desoladora, de árvores ressequidas e animais mortos, minguam as fontes de alimentos, manifesta-se a violência em cada ato, as superstições e crendices transformam--se em fanatismo. É então que, nas cercanias da fazenda, surge um beato medonho a arrebanhar escravos, agregados e gentes das vilas próximas com promessas de redenção. Anunciando o fim do mundo e o julgamento dos pecadores, ele conduz a população pobre à vingança contra o fazendeiro orgulhoso, sua mulher adúltera e o padre enfeitiçado pela madrasta, vistos como aqueles que atraíram a ira divina no sertão. Depois de uma luta sangrenta, a fazenda do alferes é incendiada, debandando-se os seus proprietários. Maria Isolina e Lívio, os protagonistas do livro, fogem ao cerco implacável dos bárbaros, internando-se na mata onde os esperam a consumação do amor reprimido e a morte. É desse modo que *Mau olhado* intertextualiza, com o paladar da bela época, as substâncias literárias, históricas, etnológicas e geográficas de um conjunto muito maior de escritos do período.

Na produção literária regional, finalmente, outra linha de inegável sucesso envolveu o romance histórico sobre eventos ou personagens de São Paulo. Neste caso, os conteúdos históricos, longe de se prestarem à simples contextualização de figuras e enredos ficcionais, tornavam-se o próprio núcleo romanesco. Sintomático é o fato de os escritores dessa modalidade literária serem, eles mesmos, historiadores ou considerados como tal. Por intermédio dos romances ou contos históricos eles buscavam alcançar um público amplo, não apenas representado pelo homem erudito, mas sobretudo pelo leitor médio. Não seria um erro afirmar que seus escritos significaram esforços inauditos de popularização dessa forma de conhecimento histórico.

Tal filão literário traduziu ao público, de maneira didática, amena e sedutora, os enredos épicos da história paulista articulados sob a roupagem "científica" nos compêndios e revistas especializadas. Já em 1902, os anúncios editoriais divulgavam um conto de Couto de Magalhães sobre os Guaianá à época da fundação de São Paulo, tema preferencial da historiografia de então; em 1913, Domingos Jaguaribe Filho publicava seu romance sobre os herdeiros de *Caramuru*; e sete anos depois a *Revista do Brasil* noticiava o conto *Bandeirante*, de Otoniel Mota.[77] O primeiro autor, morto em 1898, assistira à fundação do IHGSP; os demais eram membros efetivos da agremiação.

Foi, entretanto, Paulo Setúbal, sem sombra de dúvida o maior expoente desse gênero de escritos. De sua copiosa obra salientam-se: *A marquesa de Santos* (1925), *O príncipe de Nassau* (1926), *As maluquices do imperador* (1927), *A bandeira de Fernão Dias*

---

77 Magalhães, 1902; Jaguaribe, 1913; Mota, Bandeirante. In: *Revista do Brasil* (*São Paulo*), v.5, p.59, nov. 1920: cf. Fiorentino, 1982, p.96-120.

A EPOPEIA BANDEIRANTE

243

(1928a), *Nos bastidores da História*: episódios históricos (1928b), *Os irmãos Leme* (1933), *O ouro de Cuiabá*: crônicas históricas (1933), *El-Dorado*: episódio histórico (1934), *O sonho das esmeraldas* (1935a), *O romance do Prata* (1935b).

Para o escritor, contar a história brasileira na forma romanesca equivalia a realizar um trabalho educativo, cultural e patriótico de vulgarização desse saber até então reservado a uns poucos. Convicção claramente exposta neste trecho do prólogo de *El-Dorado*:

> O que vai escrito neste livro, portanto, sabem-no com profusão esses dez de mestre Taunay. Mas acontece que esses dez não são o Brasil. O Brasil são quarenta milhões. Torna-se, pois necessário, como obra educativa, cultural e patriótica, levar a essa multidão, tanto quanto possível, um pouco dessa nossa bela e comovedora História do Brasil que só raros iniciados têm assim a fortuna de conhecer. Legar, contudo a essa multidão honrosamente e limpidamente: isto é, com probidade histórica e fidelidade documental. Eis porque trabalhador modestíssimo, sem o menor vislumbre de pretensão, tracejei para a minha gente esta contribuiçãozinha humilde, grão de areia, em que se relatam os vaivéns episódicos da conquista do ouro no Brasil. (Apud Ribeiro, 1976, p.142)

Dotar a história de tons belos e comoventes, com probidade e sustento documental: eis o recurso pelo qual Setúbal pretendia apanhar o leitor, levando-o a identificar-se afetivamente com o passado brasileiro, sobretudo paulista. Propósito que obteve um inquestionável êxito, a deduzir das sucessivas reedições de seus livros, anos a fio, e das constantes louvações feitas pela crítica ao escritor, pelo menos até a década de 1940.[78] O consumo de seus romances não deixaria de corresponder, todavia, aos desejos evasivos daqueles que se inseriam num presente histórico perturbador, para os quais semelhante

---

78 Para os editores, os livros do autor eram um achado. Monteiro Lobato, que se responsabilizou pela publicação de *A marquesa de Santos*, entusiasmou-se com o número fantástico de 50 mil exemplares, alcançado pelo livro (apud Ribeiro, op. cit., p.133). A respeito da crítica, Ângela de Castro Gomes informa que, durante o Estado Novo, Setúbal era saudado como o mais lido e popular de nossos romancistas históricos. Embora não fosse um historiador *tout court*, ele era reconhecido como um escritor vocacionado para divulgar a história por meio de uma ficção que não prejudicava o que ela tinha de essencial (*História e historiadores*, p.120).

passado, em cores românticas e heróicas, podia significar uma espécie de apoio espiritual, ou se não tanto, o sucedâneo dos entretenimentos folhetinescos, cinematográficos e teatrais.

A marquesa de Santos, sua obra mais lida, escrita na esteira das comemorações do centenário da Independência, exemplifica com perfeição as intenções, o estilo literário e os procedimentos "historiográficos" do autor.[79] Protagoniza a história, como é sabido, a amante de D. Pedro I, Domitila de Castro Canto e Melo, figura que abre o livro, emoldurando a capital paulista de janeiro de 1813, no dia do seu casamento com o alferes Felício Pinto Coelho de Mendonça: "... a Titília, como lhe chamavam os de casa, era um criaturinha perturbante, linda boneca de dezesseis anos, leve como uma pluma, botão de rosa ao amanhecer". Seduzindo o leitor, de imediato, com tal olor romântico, segue o narrador na caracterização da personagem: "Tinha o talhe fino, a cinturinha breve, ar de graciosa petulância. Que primor de tentações! Os cabelos eram negros ... encaracolando-se num *donaire* petulante. Olhos também negros ... A bôca, vermelha, muito úmida ... que enlouquecia a rapaziada do tempo". Por último, Setúbal filia Domitila a uma família paulista de estirpe, atribuindo-lhe qualidades nobres e de pureza racial: "O velho João de Castro sempre se gabara de seus avós. Glorificava-se, frequentes vêzes, de ser fidalgo de lei. A sua mulher, D. Escolástica Bonifácia, apregoava-se, também, com orgulho, descendente dos Toledo Ribas. Eram êles, não havia dúvida, gente de sangue limpo, honrada, com larga parentela na cidade e na Província" (op. cit., p.5-6).

Será em torno dessa mulher atraente que Setúbal construirá o seu enredo histórico, dos antecedentes da Independência aos primeiros anos do Império. Nesse interregno, desfilam no livro cenas de 7 de setembro de 1822, da aclamação de D. Pedro em São Paulo e no Rio de Janeiro, da "Noite da Agonia", da viagem do imperador a Salvador. Em tais quadros transbordam a pompa imperial, os rituais e rivalidades da Corte, o ambiente provinciano da capital paulista, tudo com tintas impressionistas. Personagens históricas

---

79 Os comentários a seguir têm por base a edição de 1972, feita pela Saraiva, em São Paulo.

A EPOPEIA BANDEIRANTE

ganham vida e sentimentos, sublimes ou prosaicos: Chalaça, o alcoviteiro do Imperador; D. Leopoldina, a imperatriz ciumenta e infeliz; damas concorrentes na Corte; e, é claro, o inevitável Patriarca da Independência, José Bonifácio. Em torno deste, Setúbal reafirma os ideais políticos mais puros da elite paulista, garantindo a perpetuação do imaginário ufanista da região.

A grande história ganha em Setúbal um sentido mundano, estabelecendo-se a cumplicidade entre o leitor e os heróis. Estes são trazidos ao domínio comum, com suas paixões e imperfeições. Domitila move-se pelo amor ao príncipe, não se furtando a ferir as convenções e a abalar a Corte; D. Pedro age por impulsos e arroubos emocionais; Leopoldina morre, desvelando a fragilidade da mulher traída. A história chega ao público com cenário de alcova e em esboços picarescos, centrada no par de amantes ilustres.

Essa mesma história mundana é, contudo, arquitetada mediante os procedimentos essenciais do historiador, isto é, amparando-se em fontes inequívocas. Em notas de rodapé, ou mesmo no corpo da narração, o autor compara os locais de ocorrência dos eventos no passado e no presente, estabelece datas, discute e enuncia as fontes utilizadas: atas da Maçonaria e do Império, textos de jornais, manuscritos, decretos, cartas, memórias e crônicas variadas, obras de historiadores conhecidos, tais como Eugênio Egas, Rocha Pombo e outros. Em seus livros seguintes, ele continuou a amparar-se em documentos, mas evitaria relatá-los em virtude de algumas restrições a esse expediente, apresentadas por críticos literários.[80]

Em *As maluquices do imperador*, Setúbal continuou a romancear a vida de D. Pedro. Nos seus demais livros, com a exclusão da elogiada obra sobre Maurício de Nassau, voltou a atenção para temas prioritariamente paulistas, mormente sobre o bandeirantismo, nos títulos mencionados anteriormente. Mais do que qualquer ou-

---

80 No introito de *As maluquices do imperador*, Setúbal faz sua autodefesa: "Críticos dos trabalhos meus anteriores, notadamente o Sr. Agripino Griecco, censuraram-me o colocar, no fim das páginas, a citação das passagens onde apanhei a anedota ou o fato curioso. Acham que isto afeta o texto. É mostrar os andaimes do edifício. Não fiz desta vez, citação alguma. Mas, é bom que o leitor saiba, desde agora, não haver eu inventado a substância de nenhuma das histórias que aí vão. Catei-as de vários autores. Uns já embolorados, outros de uso corrente" (apud Ribeiro, op. cit., p.124).

tro autor, seria ele o responsável por fixar o perfil desse herói no imaginário coletivo da época. Não foi à toa que seus escritos seguiriam, por algum tempo, sendo indicados ou adotados nos ginásios, estimulando, ainda, o surgimento de toda uma literatura infanto-juvenil de motivos históricos regionais.[81]

Nos anos 20 e 30, ao lado do escritor de Tatuí, outros historiadores também se aventuraram pelo romance histórico. Afonso de E. Taunay, autor de abundantes biografias, crônicas e estudos volumosos sobre o café e as bandeiras, entregou-se à ficção documental em *Leonor de Ávila, romance brasileiro seiscentista*, e *Índios! Ouro! Pedras!* Alfredo Ellis Jr., o principal ideólogo da raça paulista, escreveu *Jaraguá*: romance histórico da penetração bandeirante, um libelo histórico-regionalista, logo após os insucessos de 1932. E ainda em 1938, na entrada do Estado Novo, Aureliano Leite re--evocaria o passado bandeirante em *Amador Bueno, o Aclamado*.

As linhas temáticas até aqui expostas não esgotam, porém, a literatura paulista nas décadas em pauta. Desde meados do decênio de 1910, uma prosa urbana de naipe um tanto distinto ganharia relevo no panorama cultural, disputando lugares no palco campestre/caboclo/bandeirante e ainda contrapondo recortes velozes do presente aos fragmentos de um passado histórico imobilizado. Ela viria em escritos satíricos, decadentistas ou vanguardistas, carregada de personagens populares urbanas e falas imigrantes, em cenografias cosmopolitas contrastantes, sem que por isso se desprendesse de um chão/imaginário regional em permanente reposição literária.

IMORTAIS DA ACADEMIA PAULISTA DE LETRAS

Notam-se em São Paulo, nos finais do século passado, as primeiras tentativas de organização dos escritores e intelectuais em uma instituição de formato regional. Em 1885, sob a liderança de João Mendes de Almeida, foi fundada a Sociedade de Homens de Letras, cuja existência seria, entretanto, efêmera. A partir daí, em-

---

81 Hernâni Donato, Francisco Marins e Mário Donato são alguns exemplos de escritores com obras desse gênero, produzidas depois dos anos 40.

A EPOPEIA BANDEIRANTE

bora já se cogitasse na criação de uma academia segundo o modelo francês, outras agremiações cumpriram o papel de aglutiná-los, ainda que de maneira dispersa, particularmente o Instituto Histórico local, afamado pelo beletrismo e pelo prestígio político. A Faculdade de Direito, com o seu Centro Acadêmico e alguns grêmios literários,[82] o Museu Paulista, o Conservatório Dramático e Musical, os ginásios e muitas vezes as salas do poder estadual representavam ainda locais de contatos, convívio e integração dos letrados, especialmente dos bem-situados socialmente. O surgimento da Academia Brasileira de Letras[83] no Rio de Janeiro, quase coincidentemente ao do IHGSP, porém, contribuiria para despertar antigas competições, mantendo acesa a ideia anterior.

Outros espaços, na maioria informais, continuavam sendo os lugares de sociabilidade e organização espontânea dos escritores ou, principalmente, dos candidatos a tal. As repúblicas, uma tradição que remontava ao nascimento do curso de Direito do Largo São Francisco, atraíam, ainda no começo do atual século, muitos daqueles vindos do interior ou de outros Estados, sedentos de liberdade para a criação poética e para o ingresso na vida boêmia. Unindo jovens pela amizade e em torno das mesmas leituras e utopias, elas foram laboratórios de experiências estéticas inovadoras, nem sempre vistas com bons olhos pelos autores já bem estabelecidos. Uma das mais famosas delas era a do Minarete, que reuniu desde 1902 o grupo Cenáculo, sob a liderança de Monteiro Lobato. A vida ali decorria entre piadas e risos, e altos sonhos de glórias literárias. Liam muito. Discutiam de tudo...[84] As "panelas" dos es-

---

82 Além dos lentes da faculdade, dedicados à literatura, passaram por ela vários grupos de estudantes, organizados em torno de corporações nas quais se discutiam filosofia, poesia e artes. Em 1916, foi fundado o Grêmio Literário Álvares de Azevedo, "de cujas tertúlias participaram diversos elementos do futuro núcleo modernista (Guilherme de Almeida, Ribeiro Couto, Antônio Carlos Coutos de Barros etc.)" (Miceli, 1979, p.9).

83 Fundada em 1896, nos moldes da Académie Française de Lettres: sobre o assunto, ver Needell, 1993, p.224-9.

84 Cavalheiro, Edgar. *Monteiro Lobato*. Vida e obra. 3.ed., São Paulo: Brasiliense, 1962, v.I, p.60. Ver também as próprias lembranças de Lobato em *A barca de Gleyre*, 1959. A obra de juventude do escritor é sugestivamente analisada no capítulo "Vai, Lobato, ser *gauche* na vida!", da dissertação de Apóstolo Neto, 1998.

248   ANTONIO CELSO FERREIRA

tudantes de Direito, muitas vezes rivais e distintas do ponto de vista social, a exemplo da República Destruidora, da Catacumba e da Plebe Acadêmica nos anos 10 e 20, eram verdadeiros centros de iniciação literária.[85] Outra casa de má fama seria a *garçonnière* de Oswald de Andrade, aberta no pós-guerra, por onde passaram rapazes de vida noturna e literária, uns mais, outros menos conhecidos à época: o próprio Lobato, Menotti del Picchia, Léo Vaz, Guilherme de Almeida, Ignácio da Costa Ferreira, Edmundo Amaral, Sarti Prado, Vicente Rao etc. Nessa república de amores e discussões estéticas, foi escrita em 1918 a obra "coletiva" *O perfeito cozinheiro das almas deste mundo*.[86]

Os cafés, os ateliês de artistas, as livrarias no triângulo central da cidade e adjacências[87] também formavam os pontos de encontro da vida boêmia, do debate literário e da polêmica política, favorecendo a troca de experiências, principalmente, entre os mais jovens. Os saraus e almoços literários, em moda naqueles anos, por outro lado, abriam possibilidades de contatos entre os consagrados e os pretendentes à fama, fornecendo ainda canais de aproximação destes com a elite paulistana, ávida de consumo da alta cultura. Finalmente, eram locais de permanente agitação literária as salas de redação seja dos pasquins, seja dos grandes jornais como *O Estado de S. Paulo*,[88] o *Correio Paulistano*, a *Platéia*, *A Gazeta*, o *Diário Popular*; ou as casas editoras, a exemplo da *Revista do Bra-*

---

85 "A primeira reunia os 'playboys da época, a segunda era uma espécie de sociedade secreta restrita aos membros do Grêmio (eram 'seres perfeitos', segundo os estatutos), cada sócio tendo como patrono um letrado ou um sábio, a terceira congregava rapazes do interior de condição social relativamente modesta, vários deles com inclinações revolucionárias de esquerda, leitores de Marx, Dostoievsky, Merejokovski, Gorki)". Cf. memórias de Paulo Nogueira Filho, apud Micelli, 1979, p.9.

86 Cf. apresentação de Mário da Silva Brito: In. Andrade, 1992, p.VII e VIII.

87 Sobre tal espaço, na perspectiva de Oswald de Andrade, ver Ferreira, "Roteiros perdidos", 1996a, p.79-100.

88 O grupo Mesquita, proprietário do jornal, disputou o controle político da oligarquia estadual, cooptando boa parte da intelectualidade. Para tanto, além de publicar a *Revista do Brasil*, lançou em 1915 uma edição noturna, o *Estadinho*, contratando escritores famosos e jovens promissores: desse suplemento participaram "Moacir Pisa, Adelmar de Paula ... Antônio de Mendonça, Alexandre Marcondes Machado, o Juó Bananere, Antônio Figueiredo ... Otávio de Lima Castro, Pinheiro Júnior, Paulo Duarte ... Foi Pinheiro Júnior quem

A EPOPEIA BANDEIRANTE

sil e da *Cia. Monteiro Lobato*, onde se arquitetou a formação de um grupo paulista, às vésperas da Semana de Arte Moderna (Leite, 1996, p.59-61).

Tais ambientes, muito embora fossem frequentados por aspirantes à consagração no pequeno mundo das letras, não eram, evidentemente, espaços de segurança institucional. Não obstante, eles mantiveram sua importância mesmo depois do aparecimento da academia paulista, principalmente nos vinte primeiros anos (1909-1929) em que esta teve uma representatividade muito reduzida no conjunto de letrados. Nessa fase, alguns intelectuais trataram de buscar, à margem dela, alternativas para o fortalecimento do grupo. Uma delas foi a Sociedade dos Autores, criada em 1917 sob a direção de Amadeu Amaral, Vicente de Carvalho, Armando Prado e outros, com a finalidade de defender os direitos autorais.[89] Depois de 1930, contudo, entrariam para a academia vários escritores desses circuitos alternativos de organização ou dos grupos boêmios e antiacadêmicos de outrora.

Mas não foram poucos, sobretudo os de uma geração mais velha, nascidos na metade do Império, no auge da cultura francófila, e já assimilados a um modo aburguesado de vida, os que se queixaram da ausência em São Paulo de uma agremiação que pudesse garantir a respeitabilidade dos literatos. Joaquim José de Carvalho era um deles e sob sua batuta foi idealizada a Academia Paulista de Letras, em duas versões: uma em 1907, natimorta, e outra em 1909, fundada oficialmente, mas consolidada somente em 1929, quando ele já havia falecido.[90]

---

levou Monteiro Lobato para o Estadinho depois, em 1919, para o Estado". Cf. Paulo Duarte, apud Micelli, op. cit., p.3-4.

89 Também participaram da diretoria da sociedade Luís Carlos da Fonseca e Roberto Moreira e do seu conselho superior: Adolfo Pinto, Afonso E. Taunay, Alberto Seabra, Alfredo Pujol, Augusto Freire da Silva, Carlos de Campos, Firmino Witaker, José Carlos de Macedo Soares, Júlio Mesquita, Luís Pereira Barreto, Ramos de Azevedo, Reinaldo Porchat, Sílvio de Almeida, Teodoro Sampaio, Valente de Andrade, Veiga Miranda, Washington Luís e Gomes Cardim. Muitos destes eram ou seriam membros da APL: cf. Fiorentino, 1982, p.76-7.

90 Os comentários sobre a APL, expostos a seguir, baseiam-se num dos raros relatos sobre a entidade nesses anos inaugurais: Nunes, Carlos Alberto. "Pe-

250

ANTONIO CELSO FERREIRA

Tendo-a projetado de acordo com o modelo da ABL, Carvalho não possuía, contudo, o prestígio literário e político de Machado de Assis, em torno do qual nasceu e rapidamente se fortaleceu a instituição sediada no Rio de Janeiro. Apesar de defensor ardoroso da ideia, ele era pouco conhecido na intelectualidade paulista e praticamente ignorado por muitos como escritor, daí a fragilidade da sua liderança que chegou mesmo a comprometer a execução da proposta.[91] Não deixa de ser irônico, ademais, o fato de a APL, que revelou desde o seu batismo os desejos de afirmação dos escritores locais em relação aos imortais da Academia Brasileira, ter sido capitaneada por um carioca.

Nascido em 1850, Joaquim Carvalho formara-se em medicina no Rio de Janeiro, tendo chegado a São Paulo somente no começo do século seguinte, depois de uma série de andanças e trabalhos profissionais. Esteve em Buenos Aires, auxiliando a Comissão Médica Brasileira no combate à febre amarela; clinicou em Minas Gerais até 1874; alternou-se então entre sua cidade natal e outras províncias, a exemplo do Paraná, onde permaneceu por vários anos, atuando também como professor. De sua obra escrita há notícias de estudos médicos, de alguns títulos de geografia, história e gramática e de uns poucos escritos satíricos que se perderam, nem mesmo havendo deles exemplares na própria biblioteca da academia.[92]

A proposta do médico carioca incitou, já em 1907, um tal grau de disputas e desavenças entre os pretendentes à glória, que resul-

---

quena História da Academia Paulista de Letras: 1909-1955". *RALP*, 1979, p.155-231. Trata-se, é óbvio, de uma narrativa de teor laudatório, escrita por um membro da associação. Como ele mesmo informa, as fontes para o estudo da criação da entidade foram, na sua maioria, perdidas, daí o recurso a este material secundário.

91 Exatamente por isso, observa-se nos escritos publicados pela APL um esforço, o mais das vezes infrutífero, de engrandecer a figura do seu fundador.

92 Seriam estes últimos: "*A justiça*, poemeto satírico e *A jagunceida*, poema ou paródia extraída de *Os sertões*, de Euclides da Cunha". Quanto aos primeiros, observa ainda Carlos Alberto Nunes, de modo complacente: "Certamente, nenhum desses trabalhos seria obra-prima no seu gênero; mas preencheram no devido tempo uma lacuna apreciável, numa época em que não tínhamos editores e que se ressentia da falta de livros didáticos em vernáculo..." (op. cit., p.159-62). Joaquim José de Carvalho morreu em 1918, tendo ocupado a cadeira número 4 da academia. Ver também: *RALP*, 1980, p.64.

A EPOPEIA BANDEIRANTE

251

tou no seu fracasso em poucos meses. Brasílio Machado, herdeiro de uma das mais conceituadas famílias de São Paulo, foi dado como presidente da academia, sem qualquer eleição formal, além de ter-se instalado uma verdadeira batalha pela indicação dos amigos que deveriam nela ingressar. Exerceram pressões com essa finalidade, principalmente, Francisca Júlia e Vicente de Carvalho,[93] os quais, frustrados em seus pleitos, deixaram de apoiar a organização. O próprio Joaquim Carvalho acabou por se incompatibilizar com alguns outros, desligando-se afinal da academia que ele mesmo criara e conclamando os demais a idêntico gesto.

A segunda tentativa, em 1909, e que acabou por vingar, também não passou incólume pela fogueira das vaidades. Mal saindo do papel, despertou uma polêmica que durou cerca de dois anos, publicamente exposta pela imprensa. Investiram contra ela, pelas páginas do jornal *Comércio de São Paulo*, dois jovens estudantes de Direito – Roberto Moreira e Simões Pinto. Moreira foi direto ao ponto, comparando a nascente academia paulista com a já "apodrecida" instituição carioca:

> A ideia de se organizar aqui um cenáculo de homens de letras, à maneira da agremiação que, com o nome de Academia Brasileira apodrece no Rio de Janeiro, é velha e abominável... agora porém segundo rosnam, as coisas estão em bom caminho, e, dentro de pouco tempo, estalará a Academia Paulista de Letras, para a tortura do bom-gosto, do senso-comum, da gramática e de todas as coisas respeitáveis deste mundo, e para gáudio dos literatos de meia tigela, dos escrivinhadores inéditos e sequiosos de notoriedade, que anseiam por fugir à justa obscuridade em que vivem, em que viverão eternamente, escouceando, escabujando, berrando impropérios à indife-

---

93 Ambos eram renomados poetas parnasianos: a primeira (1874-1920), nascida em Xiririca-SP, escrevera as obras *Mármores* e *Esfinges*. O interessante é que, na segunda tentativa de fundação da APL, ela declinaria do convite para disputar uma das vagas, alegando que "depois que se casara vivia para o lar" (cf. Nunes, op. cit., p.171). Vicente de Carvalho (1866-1924) nasceu em Santos, cursou a Faculdade de Direito, militou na campanha republicana e, depois de 1892, afastou-se da vida política, tendo sido fazendeiro em França por algum tempo. São de sua autoria os livros *Ardentias* e *Relicário*, obras que o consagraram junto ao público, ao lado de Bilac, como um dos poetas de maior êxito no período. O escritor também foi eleito para a ABL (ver Bosi, 1988, p.257-8 e 260-2).

rença sensata do público que lhes não lê a versalhada hedionda, que lhes não tolera o sarapatel de contos, de romances, de artigos.[94]

O texto foi, é claro, rebatido prontamente pelos defensores da agremiação, especialmente por Valdomiro Silveira, que se julgou agredido pelos dois vivazes moços, e pelo próprio Joaquim Carvalho. Este cuidou de exaltar, no mesmo jornal, as qualidades literárias das personalidades escolhidas para a composição da academia, em longo artigo contendo a enumeração dos imortais emergentes. Brasílio Machado, reafirmado como presidente do sodalício, também respondeu às acusações de Moreira, em discurso defensivo durante a sua festa de fundação:

> Somos obscuros; antes de nós outros muitos o foram. Na parcela de trabalho que tomamos por quinhão, bem sabemos que o sulco aberto agora será talvez mal alinhado, mas enche-nos a esperança de que pelo lavor de outras mãos se corrija o defeito do traçado, e dele cresça a abundância da colheita, nesta terra de São Paulo, tão nutriente e pródiga de extraordinárias riquezas. A obscuridade, que somos, sucederá, talvez, a benemerência que nos escusa e perdoa o atrevimento da iniciativa. (Apud Nunes, *RALP*, 1979, p.170)

Uma digressão curiosa: decorridos, porém, cerca de quarenta anos dessa impertinência juvenil, Roberto Moreira acabaria ingressando no cenáculo paulista, depois de uma carreira política bem--sucedida no PRP, que lhe abriu a possibilidade de integrar a elite regional. O irônico é que ele figuraria na casa enquanto mais um literato obscuro, tal como grande parte dos primeiros consócios acusados em seu libelo: de sua bibliografia constam artigos jurídico-políticos e uns esparsos textos literários, dentre os quais se surpreende o livro de versos *Estuário*, inédito.[95]

---

94 Artigo publicado em 9.11.1909: o autor era colaborador do próprio jornal que, considerando as ofensas propagadas no texto, recusou-se a divulgar suas matérias seguintes (apud Nunes, op. cit., p.165-6).

95 Nascido em Casa Branca (1887), Roberto Moreira bacharelou-se na Faculdade do Largo São Francisco, trabalhou n'*O Estado de S. Paulo* e exerceu a carreira jurídica. Como parlamentar, foi líder do PRP no Congresso Nacional. Durante o Estado Novo, retirou-se da vida pública, dedicando-se à advocacia e à participação na Sociedade de Cultura Artística. Foi eleito para a APL em

A EPOPEIA BANDEIRANTE

253

Simões Neto, da sua parte, questionou a arbitrariedade da fixação de quarenta cadeiras para a academia.[96] Indagou aos proponentes se na paulicéia havia uma tão pequena quantidade de escritores e alertou para a injustiça de se abandonar do lado de fora rapazes esperançosos, deixando assim subentendido o seu desejo de participar do círculo de notáveis. Isto, contudo, nunca viria a ocorrer.

As refregas não pararam por aí, repercutindo até mesmo em outras cidades paulistas. Em 28 de novembro do mesmo ano, por exemplo, o *Diário de Santos* divulgou um editorial designando com sarcasmo a instituição recém-criada como uma "Academia Paulista de Medicina", em alusão à profissão do seu fundador (Nunes, p.168-9). Outra querela desenrolou-se até 1911, envolvendo este último e, novamente, Vicente de Carvalho. Excluído da nova composição do grêmio literário, o afamado poeta de Santos bombardeou seu homônimo pela imprensa, alcunhando-o, bem como os seus seguidores, de literatos de "poucas letras". Consta até mesmo que distribuiu um opúsculo difamatório na noite de 27 de setembro de 1911, quando se comemorou, com pompa e solenidade, o segundo aniversário da agremiação. Os Carvalho digladiaram-se bravamente, o primeiro pelas páginas de *O Estado de S. Paulo*, e o segundo no *Correio Paulistano*. Devolvendo o epíteto a seu adversário, Joaquim Carvalho cognominou-o "literato de excessivas letras". A polêmica só foi resolvida quando se abriu, ainda em 1911, a vaga da cadeira 37, para a qual o poeta de *Relicário* foi, finalmente, eleito.

Mas, fundada oficialmente, a academia não mostrou a que veio, apresentando, até o início dos anos 20, ou mesmo depois, uma débil vida associativa. Os seus membros só se reuniam esporadicamente, quando muito para preencher cadeiras vacantes, em virtude da morte de alguns dos seus pares. Sem recursos financeiros definidos, arquivo permanente, biblioteca ou revista de divulgação, ela não alcançou o prestígio esperado, chegando a beirar a

---

1956, nela permanecendo até morrer, em 1964 (Cf. *RALP* 70 anos da Academia Paulista de Letras, op. cit., p.116-7). Iremos reencontrá-lo no capítulo seguinte, como orador oficial nas comemorações paulistas do centenário da Independência do Brasil.

96 Este número foi, aliás, copiado da APL que, por sua vez, tomou de empréstimo à instituição de Richelieu com todo o seu ritual sucessório: cf. Needell, 1993, p.226.

falência. Agravava a situação a falta de sede própria, fato que persistiria, aliás, até 1955.[97] Nas primeiras décadas, os seus rituais foram celebrados em salões diversos, como os do Conservatório Dramático e Musical, da Casa Mappin, da Companhia Paulista, do Teatro Municipal, da Faculdade de Direito ou do Tribunal do Júri.

A APL somente viria a ganhar fôlego durante a presidência de Amadeu Amaral (1919-1929) e de Alcântara Machado (1929-1941), quando foram reformulados os seus estatutos, preenchidas vagas pendentes, com a inclusão de pessoas mais jovens e dinâmicas, além de iniciadas atividades culturais e comemorativas de alguns eventos.[98] Nessa fase também se nota uma aproximação mais estreita entre a instituição e o poder público estadual, que lhe garantiria certa expressão pública e visibilidade.

O perfil da agremiação não destoa, como seria de esperar, das demais instituições acadêmicas surgidas no período, regional ou nacionalmente. Como a ABL e as várias academias estaduais, ela buscou assegurar a respeitabilidade e o prestígio de um segmento dos homens de letras, via de regra de tendências políticas, filosóficas e artísticas mais conservadoras, ainda que se mostrasse maleável para também incluir alguns escritores inclinados à renovação. Da mesma maneira que as suas congêneres, ela revelou grande dependência ao poder constituído, servindo de veículo para a consagração de políticos influentes, mas de poucas letras. E do mesmo modo como ocorreu no IHGSP, a APL cedeu suas cadeiras para algumas dinastias da terra, perpetuando seus capitais simbólicos. Finalmente, ainda em compasso com o Instituto, colaborou para o fortalecimento de um discurso épico regional, pautado na celebração da literatura e da história locais. Com essas características, a agremiação

---

97 Somente em 1948 foi doado, por Fernando Costa, governador do Estado, o terreno para a construção do palácio da APL, quando, em solenidade que contou com a presença de Eurico Gaspar Dutra, presidente da República, foi lançada sua pedra fundamental. O prédio, instalado monumentalmente no Largo do Arouche, foi inaugurado em 1955.

98 A década de 1930 parece ter sido o seu período mais fértil. Em 1936, a APL patrocinou, em Campinas, a comemoração do centenário de Carlos Gomes – três anos depois do centenário de Casimiro de Abreu; neste mesmo ano recepcionou artistas teatrais portugueses e celebrou seus trinta anos: cf. *RAPL. 71 anos da APL*, op. cit., p.26-8.

A EPOPEIA BANDEIRANTE   255

paulista teria o mesmo perfil da instituição carioca, assim descrito
por Jeffrey Needell: "uma academia de homens que envelheciam
prosaicamente como burocratas, professores, diplomatas e advogados" (1993, p.229).

Uma análise, ainda que breve, do seu quadro de patronos e
membros eleitos até 1940, confirma na APL os mesmos padrões
sociais e profissionais, bem como idênticos pendores literários
ecléticos, válidos para o IHGSP. Vejamos alguns dos seus aspectos
representativos.[99]

Quanto aos patronos, foram escolhidos vultos na maioria
paulistas de nascimento (28), como não poderia deixar de ser. Da
lista constam, entre os mais louvados, os inevitáveis José Bonifácio
(o Velho e o Moço), Diogo Feijó, Eduardo Prado, Álvares de Azevedo, Martim Francisco, Pedro Taques, Bartolomeu de Gusmão,
Barão de Piratininga, Paulo Eiró, Brigadeiro Machado de Oliveira,
Varnhagem, Toledo Piza, Cesário Mota Jr., Paulo Egídio e outros.
Os demais foram eleitos por sua participação histórica, de algum
modo, em atividades culturais de São Paulo, como nos exemplos
de Anchieta, Euclides da Cunha, Luís Gama, Júlio Ribeiro, Teófilo
Dias, Caetano de Campos e Rangel Pestana. E a APL revelou-se tão
ciosa da preservação da cultura regional que, durante a presidência
de Altino Arantes nos anos 40, foram substituídos dois patronos
nascidos em outros Estados: conforme proposta de Mário de
Andrade – ele mesmo –, Benjamin Constant daria lugar ao paulista Matias Aires, um moralista do período colonial; e a cadeira
patrocinada por Artur Azevedo receberia como padrinho Martins
Fontes, escritor santista de extensa obra.

Uma mulher, a mineira Bárbara Heliodora – "a heroína da
Inconfidência" –, esposa de Alvarenga Peixoto, também foi lembrada. O interessante é que ela seria patrona da única cadeira ocupada, à época, por uma imortal viva: Presciliana Duarte de Almeida,
igualmente vinda de Minas, poetisa casada em São Paulo com Silvio de Almeida. Neste aspecto, mas com parcimônia, a APL contra-
riou a regra da sua congênere do Rio de Janeiro, que não permitia
o ingresso de mulheres no seu quadro.

---

99 Dados extraídos da *RAPL*. 70 e 71 anos da APL, op. cit.

Desse conjunto, e com exceção dos dois patronos incluídos na década de 1940, apenas oito haviam sido escritores de poesia, prosa ou ensaios, em sentido estrito, tendo obtido reconhecimento literário: Álvares de Azevedo, Luís Gama, Júlio Ribeiro, Francisco Quirino, Paulo Eiró, Teófilo Dias, Antônio de Godoy e Euclides da Cunha. Historiadores, cronistas e autores de textos com preocupação nitidamente histórica somam o segundo número em importância: Pedro Taques, José Bonifácio, Machado de Oliveira, Varnhagem e Eduardo Prado, sem falar de Euclides. Sete dos patronos foram também sócios do IHGSP: Prado, Cesário Mota, Paulo Egídio, Antônio Piza, Monteiro Júnior, Monsenhor Manuel Vicente e o autor de *Os sertões*.

Os restantes, majoritários, compõem uma lista mais heterogênea, em que predominam os políticos com funções no alto escalão do governo federal e no de São Paulo, nos três poderes, à época da Monarquia ou no começo da República. Profissionalmente, a maioria tivera formação superior, pela ordem de importância, em Direito, Teologia, Medicina e Ciências Naturais ou Humanas, 23 dos quais com diplomas obtidos no Brasil e dez no exterior. Também aparecem alguns militares, jesuítas e membros da hierarquia católica. Em geral, com o desconto destes últimos, os patronos eram provenientes de famílias ricas, tendo sido, muitos deles, fazendeiros. Quase todos se dedicaram a atividades variadas na política, no magistério e no jornalismo.

A classificação da obra escrita dos patronos da APL, em áreas de conhecimento e gêneros literários, revela semelhanças muito claras com as dos sócios do IHGSP, tipificando as inclinações de gosto e interesse do homem bem-formado do século XIX. Nos escritos de belas letras avultam de longe as poesias, seguidas de algumas peças teatrais, sermões, memórias e uns poucos romances e novelas. Nas Humanidades predominam os estudos históricos, etnográficos e etnológicos e, em escala menor, os jurídicos, políticos e pedagógicos. No campo das ciências naturais e das técnicas, sobressaem trabalhos de mineralogia, estudos médicos e inventos.[100]

---

100 Tanto com respeito à análise da obra escrita, quanto à das origens e atividades profissionais dos patronos e ocupantes das cadeiras da APL, vale assinalar as

A EPOPEIA BANDEIRANTE 257

O quadro de fundadores quase nada altera dessas linhas sociais, profissionais e literárias, com raízes no século passado. Sua composição envolveu uma maioria absoluta de paulistas de nascimento (22), ao lado de outros aqui radicados e bem-assimilados na elite intelectual (doze).[101] Quanto à formação acadêmica, 34 deles possuíam diploma superior: vinte em Direito, seis em Medicina, três em Teologia e os demais em Engenharia, Humanidades e Letras. Ao que tudo indica, somente um havia realizado curso na Europa, o que já demonstra uma mudança na comparação com os patronos. Os religiosos eram os mesmos eleitos para o IHGSP: dois monsenhores e um pastor presbiteriano.

Do ponto de vista social, parte significativa do rol de fundadores da APL vinculava-se ao núcleo da elite política regional, englobando deputados, senadores, vereadores, juízes, promotores, diretores de instituições financeiras e administrativas: o exemplo de maior porte desse grupo era Pedro de Toledo, político que prestou relevantes serviços a São Paulo desde o Império e que seria aclamado governador de todos os paulistas durante o movimento de 1932. Havia também os burocratas em cargos de hierarquia inferior, e um número bastante expressivo de professores, tanto lentes da Faculdade de Direito, quanto dos cursos secundários. A atividade jornalística era prezada por quase todos. Não eram poucos os pertencentes a famílias ricas, normalmente de fazendeiros, embora já se fizesse notar a presença de indivíduos vindos das camadas médias em ascensão e uns poucos de origem humilde: entre estes, Benedito Otávio de Oliveira, tipógrafo na juventude, em Campinas, e depois funcionário da Cia. Paulista de Estradas de Ferro.

Seis dos fundadores garantiram, na APL, a sucessão das famílias paulistas mais reconhecidas. A cadeira número um foi a que representou a principal dinastia até 1940, tendo como patrono o brigadeiro José Joaquim Machado d'Oliveira, seu filho Brasílio Machado como membro-fundador e primeiro presidente da enti-

---

enormes lacunas que se observam nas biografias, geralmente rápidas, da maioria dessas figuras. Por tal razão, os dados expostos delineiam apenas grandes linhas, pecando, talvez, pela ausência de especificações.

101 Não foi possível obter informações com respeito à procedência dos seis restantes.

dade, e seu neto José de Alcântara Machado como sucessor. Outros exemplos de patronos, fundadores ou sucessores: Martim Francisco e Martim Francisco Filho, José Bonifácio (o Velho e o Moço), Estevão de Almeida e Guilherme de Almeida, e Ezequiel Ramos e Ezequiel Ramos Jr. A família Campos também contribuiu com dois irmãos: Américo e Carlos de Campos.

A análise da produção intelectual dos membros fundadores indica a presença de apenas cinco escritores de literatura, *stricto sensu*, ao lado de uma imensa maioria de poetas nas horas vagas ou de autores de trabalhos jurídicos, médicos, históricos, geográficos, folclóricos, filológicos, filosóficos e religiosos. Isto sem falar daqueles, cuja soma não é pequena, que não tinham qualquer obra de relevo publicada, exceto os discursos políticos e acadêmicos. Escritores eram Cláudio de Souza, também da ABL e reconhecido como autor de romances de fôlego; Antônio de Oliveira, Gomes Cardim, Valdomiro Silveira e Amadeu Amaral. Em comparação com a produção dos seus patronos, as suas obras já se encaminhavam para outros gêneros, além da poesia: romance, novela, conto, teatro, memória etc. Historiadores, ensaístas e folcloristas com estudos bem-conceituados, foram Eugênio Egas, Basílio de Magalhães e João Vampré. Mas, curiosamente, do conjunto quase todos se consideravam historiadores: 23 deles eram também sócios do IHGSP.[102] A marca eclética, pouco especializada e beletrista desta instituição repetia-se, sem dúvida, na APL.

Durante os anos 30 e 40, depois de desencadeada a reforma de 1929, houve a preocupação de reformar a entidade para dela afastar a imagem de uma academia de poucas letras, traçada por seus críticos. Nas eleições então realizadas, seriam indicadas, prioritariamente, figuras com perfis especificamente literários, abrindo-se a possibilidade do ingresso de escritores mais jovens, de origens

---

102 Brasílio Machado, Pereira Barreto, Joaquim Carvalho, João Vampré, Freitas Guimarães, Wenceslau de Queiroz, Monsenhor Francisco Paula Rodrigues, Alberto Seabra, Erasmo Braga, Martim Francisco Sobrinho, Carlos de Campos, Sílvio de Almeida, Benedito Otávio de Oliveira, Reinaldo Porchat, José Luís de A. Nogueira, Estevão de Almeida, Monsenhor João Manfredo Leite, Carlos Ferreira, Eugênio Egas, Amadeu Amaral, Basílio de Magalhães, Pedro de Toledo e José Feliciano: *RAPL*, op. cit.

A EPOPEIA BANDEIRANTE

259

sociais menos tradicionais, portadores de ideais compatíveis com os novos tempos, o que fatalmente desembocava no grupo de 1922. Neste aspecto, segundo a visão oficial do memorialista Carlos Alberto Nunes, a maioria dos imortais ainda se ressentia "das provocações da campanha de 22, principiada na Europa alguns anos antes, por Marinetti e outros pregadores do niilismo literário, e em São Paulo e no Brasil pelos inquietos promotores da Semana de Arte Moderna" (op. cit., p.188).

Aceitos sem grandes contestações foram imediatamente Cândido Mota Filho, Plínio Salgado, Cassiano Ricardo, Menotti del Picchia, Paulo Setúbal, Sud Menucci, Guilherme de Almeida (nome justificado por herdar de direito a cadeira do pai) e Alfredo Ellis Jr. – alguns deles vindos do modernismo, mas todos defensores de ideias conservadoras, expressivas do regionalismo colado a 1932, e muitas vezes de um nacionalismo de direita. Data também do período a entrada de Amadeu de Queirós, Nuto Sant'Anna, Rubens do Amaral, Léo Vaz, Veiga Miranda, Monteiro Lobato e René Thiollier. O nome de Mário de Andrade não mereceu acolhimento imediato mas, já no final do decênio de 1930, acabou por ser aceito, assim abrilhantando, com modernismo democrático, a tradição da academia paulista. O que não deixava de confirmar a tendência dos novos literatos de se acomodarem à ordem institucional.

Nas fileiras desses sucessores não faltariam, todavia, expoentes das letras em sentido lato – historiadores, filólogos, educadores, sociólogos, teólogos –, cuja obra romanesca ou poética era de menor importância, nem mesmo os velhos representantes do poder político e religioso estadual. Da lista faziam parte: Alfredo Pujol, Ciro Costa, Ulisses Paranhos, Arthur Mota, Otoniel Mota, Álvaro Guerra, Aristêo Guerra, Spencer Vampré, Lourenço Filho, Altino Arantes, Monsenhor Castro Nery e Dom Benedito Alves Souza. Quanto aos historiadores recém-empossados, pode-se lembrar os nomes de Alcântara Machado, Afonso Antônio de Freitas, Aureliano Leite, Afonso de E. Taunay, afora os já mencionados Ellis Jr., *doublé* de romancista, e Setúbal, *doublé* de historiador. Depois de 1940, era a vez do ingresso de mais dois: Sérgio Buarque de Holanda e Washington Luís. O primeiro, já renomado, seria também um dos mais brilhantes historiadores da Universidade de São Paulo; o último era, entretanto, e antes de mais nada, um político, o que atesta a perpetuação de uma íntima convivência entre a APL e o poder estadual. Nenhuma diferença, portanto, em relação ao IHGSP, do qual, aliás, a imensa maioria (cerca de vinte) também fazia parte.

Já então a APL contava com uma revista capaz de divulgar os escritos dos seus membros, de exaltar os seus feitos e de construir sua própria memória. Em novembro de 1937, apareceu o primeiro número do periódico, dirigido pelo secretário-geral René Thiollier, e organizado por Cassiano Ricardo, Otoniel Mota, Menotti del Picchia e Oliveira Ribeiro Neto. No editorial, mais do que para apresentar uma academia renascida, os redatores esforçam-se para afirmar a importância das letras paulistas no cenário brasileiro, em linhas que trazem à tona os vestígios de uma competição mal--resolvida com os literatos de outras partes do país, sobretudo os da velha Academia Brasileira de Letras. Competição que recrudescia depois da derrota de 1932 e com o advento do Estado Novo, assumindo as formas ressentidas do ufanismo regionalista. Vale deixar que tão eloquente peça fale por si mesma, desvelando os desejos de prestígio dos homens de letras daqui:

> A Academia Paulista de Letras quer ... dizer a S. Paulo, e ao Brasil, que ela vive e labora; que não é um cenáculo de Pantagruéis ou sibaritas, cuja atividade consiste em se reunirem uma vez por mês na Casa Mappin, saboreando um delicioso almoço, entre amabilidades fluidas e luminosas, elegendo novos membros e marcando as datas das recepções. A Academia quer mostrar ao país – e tem obrigação de o fazer – que S. Paulo não é a terra de broncos apatacados, que só leem jornais para saber o preço à rubiácea, quasi de saudosa memória, ou aos pomos brancos e amarelos.
>
> ... A lenda de que S. Paulo é mais ou menos isso, a terra da gente prática, laboriosa, endinheiranha, mas iletrada, cheirando a azinhavre e mais ou menos de inteligência obtusa e imaginação romba, anda por aí nos ares, às vezes oculta ... Nas próprias tertúlias de alhures, e nas revistas em que elas se cristalizam e perpetuam, por vezes se vislumbram ares de compaixão por este gigante de robustos membros – Adamastor americano que não passa, entretanto, de rochedo mudo, sem nem sequer o lirismo do camoniano...
>
> Para esses nossos amigos que nos sobreolham compungidos da nossa inópia mental, S. Paulo não é mais do que uma espécie de oficina de Vulcano ... Sem dúvida, num povo de atividade às vezes

A EPOPEIA BANDEIRANTE

> quasi febril – como a da capital paulista – mesmo os que se dão às letras pelas letras, à arte pela arte, não têm, certo, o mesmo lazer e as mesmas oportunidades dos que vivem em terras onde a sexta, após um labor flauteado, vai até à noa bem-aventurada...
>
> Se o nosso Vulcano chispa de sol a sol, como é verdade, também a nossa Minerva rasga sulcos luminosos para o Brasil inteiro, e o nosso Apolo não receia confronto com o mais bizarro que por ventura exista em algum rincão sul-americano ... Nem se esqueça que neste recanto de malhos e de íncudes, de machados e aluviões, de rechinar de de serras e rodar de tratores a gasolina, é que acaba de surgir uma iniciativa sui generis ... o Departamento de Cultura da nossa municipalidade, a cuja frente se encontra um membro da nossa Academia.[103]
>
> A Revista procurará mostrar ao Brasil que S. Paulo pensa, sente e vibra ... e que quer levar para o caudal de nossas letras, o seu contingente sereno, profundo e luminoso, com o mesmo vigor e senso de equilíbrio que fez a sua grandeza econômica e industrial.
>
> Não pede o primeiro lugar no banquete das letras, mas apenas o privilégio de se assentar à mesa ao lado de seus pares, com a conciência de que não os envergonha. (*RAPL*, v.I, n.1, p.3-5, 1937)

O editorial da revista, como se vê, tinha um propósito claro: contra a lenda que fixava o retrato de São Paulo como a terra exclusivamente do trabalho, acenava com o novo mito de uma "terra do trabalho e da cultura".[104] Criando seus próprios mitos, os imortais da APL disputavam um lugar à mesa do banquete de letras nacional, desnudando, mais uma vez, os condicionamentos regionais do romanceiro paulista.

---

103 Referência a Mário de Andrade, diretor desse órgão e recém-admitido na APL (n/n).

104 Sobre a imagem da terra do trabalho e seus contrapontos cariocas, ver Ciscati, 1998.

FIGURA 23 – J. J. Carvalho, médico carioca e literato de "poucas letras", fundador da APL (*RAPL*, 1979).

FIGURA 24 – Os três primeiros presidentes da APL: Brasílio Machado (eleito em 1909), Amadeu Amaral (1919-1929) e Alcântara Machado (1929-1941): Amadeu entremeia a dinastia dos Machado (*RAPL*, 1979).

FIGURA 25 – Acadêmicos nos anos 30: (da esquerda para a direita) Otoniel Mota, René Thiollier, Spencer Vampré, Navarro de Andrade, Menotti del Picchia, Ribeiro Neto, Cândido Mota Filho, Ulisses Paranhos, Cassiano Ricardo, Plínio Ayrosa, Rubens do Amaral; (sentados) Manuel Carlos, Monteiro Lobato, Alcântara Machado, Altino Arantes, Eugênio Egas (*RAPL*, 1979).

A EPOPEIA BANDEIRANTE

FIGURA 26 – Membros da APL, em outra fotografia da mesma época: (da esquerda para a direita) Monsenhor Castro Nery, Valdomiro Silveira, Menotti del Picchia, Mota Filho, Cassiano Ricardo, Ribeiro Neto, Rubens do Amaral, Spencer Vampré, Francisco Pati, René Thiollier; (sentados) Altino Arantes, Afonso de Taunay, Afrânio Peixoto, Alcântara Machado, Eugênio Egas, Guilherme de Almeida (*RAPL*, 1979).

4 VELHOS HERÓIS, NOVAS VANGUARDAS
ATUALIZAÇÃO DA TRADIÇÃO PAULISTA DESDE OS ANOS 20

O ano de 1922 passaria a ser lembrado em São Paulo como o de um verdadeiro terremoto cultural, precedido, aliás, por um abalo sísmico na acepção física do termo, ocorrido em fins de janeiro, que, embora de pequeno alcance, deixou à flor da pele os nervos da agitada população paulistana.[1] O epicentro simbólico do fenômeno permaneceria, entretanto, associado à Semana de Arte Moderna que, no mês seguinte, intentou sacudir os alicerces da tradição letrada nacional.

O que ficou soterrado durante muito tempo, contudo, foi o fato desse tremor fazer parte de uma correria sôfrega para escavar as raízes tradicionais da cultura brasileira, disputada por atletas das letras e da política, de diferentes modalidades, e não redutível,

---

1 Mais interessante ainda foi que ao abalo sísmico se seguiu, imediatamente, "um pandemônio de latidos, guinchos e relinchos dos animais da cidade e, ato contínuo, o fragor de milhares de armas de todos os tipos, disparadas por gente que temendo se tratar de assalto ou invasão, desnorteada por ter ouvido outros disparos ou simplesmente por descontrole nervoso, descarregou os cartuchos que tinha às mãos ... Que os nervos andassem à flor da pele não deveria surpreender. As condições tumultuosas em que se operava a metropolização de São Paulo, acrescidas da aguda tensão social e política, mais a vertigem irrefreável das novas tecnologias, eram de monta a deixar todos e cada um dos seus habitantes em palpos de aranha" (Sevcenko, 1992, p.224).

portanto, ao time modernista. "O que se via em São Paulo nesse momento", era o desejo de "restabelecer uma 'memória' de tinturas coloniais; um empenho pelo resgate e identificação com uma cultura popular, mormente de recorte 'sertanejo' ... e um curioso modernismo parisiense, que ensinava a desprezar a velha Europa moribunda e a amar a pujança da América e a 'magia dos trópicos'" (Sevcenko, 1992, p.255). Este último, em particular, concorria para introduzir no álbum histórico nacional, ainda mágico e selvático, lançando mão de toques e técnicas contendo algo de futurismo, a linguagem cosmopolita falada nas ruas, o torvelinho social da metrópole e os velozes ritmos experimentados pelo homem urbano no trânsito de automóveis, bondes e trens, nos esportes, no cinema, nos desfiles militares ou no carnaval.[2]

A república paulista das letras, em suas distintas e entrecruzadas manifestações, buscava novos conteúdos simbólicos e respostas utópicas, numa época em que o antigo edifício social brasileiro parecia ameaçado pela crise internacional, iniciada especialmente desde a Primeira Guerra. E além disso, num momento em que o universo populacional da região tornava-se mais diversificado como composto étnico e mais nuançado como pirâmide social – sobretudo com a imigração estrangeira no litoral, as migrações mineiras no norte/nordeste do Estado, o crescimento do operariado e das camadas médias nos centros urbanos –, era imperativo para ela assegurar o seu primado na história por meio do estabelecimento de elos imaginários com os grupos adventícios.

Nos anos 20, a estrutura da sociedade paulista estava bastante mudada: a aristocracia, que sedimentara toda uma ordem sociopolítica e um modelo integrado de representação da história regional sob sua tutela, via-se desafiada pela aparição de novos componentes sociais com suas inevitáveis demandas de poder e identidade. À testa dessas demandas, típicas de uma economia urbana, ou agrário-industrial, estavam os proprietários industriais de origem estrangeira, os pequenos e médios fazendeiros, muitos deles imigrantes, bem como um contingente operário que se agitava em greves e

---

2 Ibidem. A abertura em acordes heróicos dos anos loucos e Da história ao mito e vice-versa duas vezes, respectivamente, p.23-88 e 223-307.

A EPOPEIA BANDEIRANTE

269

formas inusitadas de organização. Tudo isso revelava o alto grau de tensão social reinante, ao qual se acrescentava a existência de um populacho perigoso e hostilizado, composto de imigrantes mal--assimilados, negros, mulatos e pelos demais párias da sociedade.[3] Por mais intoleráveis que soassem, principalmente, as manifestações operárias, ou indesejáveis fossem seus promotores, não se podia ignorar que o cenário de São Paulo era muito mais complexo e perturbador do que o projetado pelos antigos bacharéis fazendeiros para a viagem da locomotiva paulista.

Diante desse desafio, foram variados e até conflitantes os esforços para atualizar ou substituir o discurso épico regional, em parte desgastado, de modo a possibilitar a integração dos segmentos sociais emergentes numa mesma identidade histórica. Ecos culturais do indígena e do caipira eram nostalgicamente relembrados como folclore, etnologia e história, aos quais pouco a pouco se iam adicionando ingredientes da cultura popular do imigrante que há três décadas afluía para a terra. A imagem de um território concebido como fronteira sempre aberta, à semelhança dos Estados Unidos, e de uma sociedade maleável e dinâmica, nascida da mescla entre o português e o indígena, berço da aventura bandeirante em direção ao progresso, tinha o efeito de buscar a reconciliação tanto entre os socialmente desiguais, como também entre os já estabelecidos e os recém-chegados, nacionais e estrangeiros, passado e presente, tradição e modernidade, impulsos ancestrais e energias de vanguarda.

Como observa Sevcenko, "a fusão entre a História, o popular e o moderno articula o jargão com que a nova identidade da 'razão nacional' se apresenta ao público das grandes cidades, difundida pelo incoercível poder de sedução das musas, agora tecnologicamente equipadas" (p.254). A história, que há muito já entrara na ordem do dia da produção cultural de São Paulo, em almanaques, livros, jornais e revistas, ingressava desde o decênio de 1920 na era dos espetáculos públicos, pronta a atrair, com o seu poder de sedução, os segmentos à margem de seu discurso institucionalizado,

---

3 Ver Sevcenko, op. cit., p.245; Dean, 1971; Fausto, s. d. *Crime e cotidiano*, Hardman, 1983.

270 ANTONIO CELSO FERREIRA

assim buscando novas formas de coesão social, ainda que fossem de natureza apenas ritualística.

A propósito de tais esforços, não será absurdo abrir este capítulo com outro evento, sem dúvida muito distinto da irreverente Semana de Arte Moderna, mas igualmente ocorrido no mesmo ano e destinado a um público muito maior. Trata-se da comemoração do Primeiro Centenário da Independência do Brasil, festejada com pompa e estardalhaço, sob o patrocínio do governo estadual. O acompanhamento dessa celebração não oferecerá apenas um efeito de contraste em relação à alardeada semana dos modernistas. Permitirá também, supõe-se, a sondagem do entrechoque de forças na república paulista das letras e dos dispositivos simbólicos por elas acionados naquele ano em que a terra pareceu, mais do que nunca, tão movediça.

1922: SIMULAÇÃO E ESPETÁCULO DA HISTÓRIA

O centenário de 1822 buscou integrar a "comunidade imaginária" paulista numa mesma representação, dramatizando o ato fundador da nacionalidade como parte de um grande feito coletivo em que São Paulo desponta como presença nuclear na história brasileira. É assim que a solenidade, em sua vulgarização nas praças públicas, sintetiza com clareza exemplar o modelo épico que deu consistência à historiografia paulista do período. Modelo, diga-se de passagem, assumido sem reservas por seus idealizadores e atores, e exposto de diversas maneiras: nas figurações das esculturas ou pinturas exibidas, na retórica dos discursos proferidos ou nos seus modos de enredar a história, assim como na própria organização sequencial da comemoração.[4]

---

4 A reconstituição do evento seguirá a narração da *Revista do IHGSP* (v.XXII, 1923), entendida como fonte testemunhal dos fatos ocorridos, bem como parte integrante e modelar da concepção de história que os enformaram. O número da revista, consagrado à passagem do 1º Centenário da Independência do Brasil em São Paulo, além do relato minucioso e ilustrado com fotografias, traz vários outros artigos sobre a efeméride, alguns já comentados no Capítulo 2: "São Paulo no dia 7 de setembro de 1822" (Afonso A. Freitas), "O espírito

A EPOPEIA BANDEIRANTE

Mas, acima de tudo, essa epopeia foi projetada como espetáculo, numa simulação em movimento para um público mergulhado no prosaico da vida cotidiana da cidade e, por isso mesmo, ávido por encenações e rituais coletivos. Não seria exagerado dizer que tal simulação, ela mesma, procurava alcançar o estatuto de fato histórico, ao situar-se como momento de refundação das origens, em seu esplendor e glória.

A festa foi precedida de uma série de iniciativas, tendo integrado o calendário nacional de celebração da Independência, cujo evento-núcleo deu-se no Rio de Janeiro, organizado pelo IHGB. Nos anos anteriores, já se previam o embelezamento das margens do Ipiranga e a feitura de um monumento a ser inaugurado durante o centenário. O próprio Museu Paulista foi reformado às pressas e Afonso de E. Taunay, seu diretor, organizou várias exposições comemorativas, uma delas recriando a velha São Paulo em pinturas que tinham como matriz fotografias do século XIX (ver Lima & Carvalho, 1993). Outros monumentos foram preparados ou restaurados, em Santos e na região litorânea em geral. Sob os auspícios de diversas instituições culturais, a pintura e o romance de motivos históricos também receberam estímulos, ganhando enorme relevo na produção artística.

Oswald de Andrade, em *A estrela de absinto*, oferece um quadro sugestivo dos preparativos da data:

> São Paulo tumultuava na expectativa das festas do Centenário. Artistas brasileiros, recém-chegados da Europa, armavam *ateliers* ... no Palácio das Indústrias, agora em rápido acabamento. No pavilhão térreo, alinhavam-se as maquetes do concurso para o Monumento do Ipiranga. Havia uma pulsação desconhecida nos meios artísticos da cidade. Fundavam-se revistas, lançavam-se nomes, formavam-se grupos.[5]

---

militar paulista" (Pedro Dias Campos), "Saudação a Gago Coutinho e Sacadura Cabral" (Afonso de Freitas Jr.), "Notas sobre o príncipe D. Pedro" (Leôncio do Amaral Gurgel), "Tiradentes" (Afonso de Freitas Jr.) e "Notas ao São Paulo no dia 7 de setembro de 1822" (Afonso de Freitas).

5 Andrade, 1978. *A estrela de absinto*, livro publicado em 1927, faz parte desta trilogia, precedida dos volumes *Alma* (editado em 1922 com o título geral da obra), e completada em 1934 com *A escada vermelha*. Serão feitas referências à trilogia de Oswald diversas vezes neste capítulo.

Washington Luís, que naquela altura ocupava a presidência do Estado, esteve à frente de toda a programação, que, além das praças públicas da capital, transcorreu em sessões de vários órgãos: Instituto Histórico, Tribunal de Justiça, estabelecimentos de ensino superior, escolas secundárias e primárias, igrejas e lojas maçônicas. As festividades também se esparramaram por muitas cidades do interior: Campinas, Santos, Amparo, Casa Branca, Franca, São Carlos, Araraquara, Barretos, São Roque, Jaú, São Bernardo, Pirassununga, Cajuru, Rio Preto, Limeira, Mogi-Mirim, Piracicaba, Palmeiras, Guaratinguetá, Taubaté, São Sebastião... Ex-prefeito da capital e político eleito com uma plataforma de governo que se dirigia às novas classes, Washington Luís representava uma figura emblemática dos novos tempos. Entusiasta do automobilismo, "mestre de cerimônias da cidade, mago da pompa e circunstâncias dos grandes rituais cívicos de São Paulo" (Sevcenko, 1992, p.149), ele também era um historiador das horas vagas, dedicado a fixar a tradição paulista.

Diante de uma plateia estimada, com algum exagero, em torno de cem mil pessoas, iniciou-se a série de atos oficiais na colina do Ipiranga, numa manhã enevoada, que ameaçava obscurecer o brilho do centenário. Ao longo do dia, caiu uma chuva "miuda, ininterrupta e intermitente ... característica da Paulicéa", que, entretanto, não arrefeceu o "enthusiasmo dos paulistas", de acordo com a descrição arrebatada dos redatores do Instituto.[6]

Na tribuna presidencial estavam presentes Washington Luís e família, secretários de Estado, presidentes do Senado e da Câmara Municipal de São Paulo, presidente e ministros do Tribunal de Justiça, corpo consular, o general comandante da 2ª região militar

---

6 Cf. *RIHGSP* (1895-1939, p.43). Em estudo sobre o bairro do Ipiranga, Barro e Bacelli (s. d., p.81) informam: "Durante a tarde do dia 7 de setembro, uma chuvinha intermitente acompanhou as festividades. À noite, os pavios molhados [dos fogos de artifício n/n] negaram fogo. Pior foi a situação dos carros. Os jornais mancheteiam a procissão de automóveis que desde a manhã apinhavam as redondezas do festejo. As ruas, sem nenhuma pavimentação, o chuvisqueiro e o contínuo passar dos carros, transformaram, em poucas horas, todo o local num imenso atoleiro que somente permitiu a saída dos veículos no dia seguinte". Tudo isso, segundo os autores, porque a prefeitura preocupou-se apenas com o embelezamento da área restrita ao Museu Paulista e do monumento a ser inaugurado, sem dar atenção às suas cercanias.

A EPOPEIA BANDEIRANTE 273

acompanhado do general Rondon, o comandante da Força Pública Paulista, representantes da imprensa e outras autoridades. Diante do palco foram levantadas arquibancadas para abrigar a banda musical composta de quinhentos professores, a banda policial do Estado e uma guarda infantil formada por escoteiros. Na esplanada estenderam-se, em colunas, o corpo de cavalaria da Força Pública e os seus batalhões, num total de 3.400 homens.

Após a execução do hino nacional, deu-se a inauguração do monumento que desnudou, "aos olhos da multidão, por entre applausos frementes e prolongados, a reconstituição, idealizada por Pedro Americo em sua extraordinaria tela esculpida por Ximenes, da scena do grito da Independencia".

O assunto merece uma breve digressão. Prevista em lei de 1912, a obra foi apenas parcialmente entregue em 1922 (seria concluída depois de quatro anos), contendo a base do monumento com a frisa inspirada no quadro de Pedro Américo,[7] ao lado da qual foi erguido o palanque de honra. A escultura inacabada, de autoria de Ettore Ximenes (de Roma), disputara num concurso que se desenrolou de 1917 a 1920, concorrendo com mais de vinte projetos, entre escultores brasileiros, ou, na maioria, estrangeiros de vários países: Itália, Argentina, Dinamarca, Uruguai, Suíça, Estados Unidos e Espanha. Das maquetas expostas ao público no Palácio das Indústrias, e amplamente discutidas pela imprensa, ganharam a simpatia de escritores e jornalistas os projetos de Etzel-Contratti (de Turim) – de inspiração alegórica –, de Brizzollara (também da Itália e autor do monumento à independência argentina) – que trazia alguma nota moderna e fugia ao uso abusivo de lugares-comuns, e o de N. Rollo (de São Paulo). Este último foi assim apreciado por Monteiro Lobato, um dos críticos mais participativos na contenda: "Toda symbolica, sem notas veristas ou annedoticas que a fizessem prosaica, domina-a uma ideia central de fundo alcance philosophico. É um conceito amplo de independencia como só o têm sociológicos. Esta idéa ergue o monumento inteiro, no todo e nas partes, de modo a fazer delle um poema de rara unidade".[8]

---

7 A respeito do quadro de Pedro Américo, consultar Oliveira & Mattos, 1999.
8 Comentário de Lobato no jornal O *Parafuso* (Apud Barro & Bacelli, s. d., p.43-5.

274 ANTONIO CELSO FERREIRA

Segundo Lobato, no entanto, a despeito das preferências do público e dos críticos, uma comissão formada por vereadores, engenheiros, funcionários públicos e empreiteiros votou na proposta de Ximenes. Em estilo neoclássico, usando e abusando de citações e recursos já desgastados, para o escritor seu projeto era

> ... um presepe de gesso, vazio de idéa, frio, inexpressivo ... Além disso, está inçado de elementos incongruos ... Enfeitam-no duas esphinges aladas. Por que? Qual a significação dessa nota egypcia? Lateralmente há dois leões de asas. Por que? Qual a intenção desse toque assyrio? Atrás figuram mais dois leões estes sem azas. Por que? ... No grupo central há um carro de triunpho tirado por dois cavallicoques e guiado por uma mulher grega. Em redor della, a pé, caminham figuras gregas ou romanas. Na rabada do troly, um indio... Pery, visivelmente, o Pery dos mambembes lyricos que escorcham o Carlos Gomes pelo interior ... Há ainda uma frisa onde se plagia, com o mais deslavado topete, o quadro celebre de Pedro Americo – estragando-o, porém, como uma variante de interpretação grotesca. D. Pedro, de boca aberta, está a proferir o grito, e a comitiva, em vez de, electrizada, attender à foz do imperial senhor, corcorvéa, sacode espadas, dá pinotes, berra, zurra, como farrista em dia de festa, depois de grosso beberete. (Barros & Micelli, s. d., p.43-5)

Corria à boca pequena, durante o concurso, que Ximenes reaproveitou para o Monumento do Ipiranga um projeto apresentado ao czar da Rússia, mas inviabilizado pela vitória da revolução bolchevique e que havia proposto uma maqueta idêntica ao governo da Bélgica (Cf. Amaral, 1970, e Barros & Micelli, ibidem). Comentava-se, também, que a escolha da sua escultura resultou de um nítido favorecimento político, mas nada disso viria a empanar o brilho da inauguração da obra, em setembro de 1922.

Sem importar, aqui, discutir a originalidade do monumento e tampouco os interesses que levaram à sua eleição, resta apresentar dois argumentos. O primeiro chama a atenção para a importância do debate em torno da escolha da obra de representação histórica, corroborando a ideia, já enunciada ao longo dos capítulos anteriores, sobre as funções referenciais do discurso histórico na cultura de elite da época, consideradas dentro dela as relações entre o erudito e o popular. O segundo aponta para os recursos estilísticos ecléticos e as citações recorrentes (chamados neoclássicos), mas nem por isso

A EPOPEIA BANDEIRANTE

275

vazios de sentido, que buscavam combinar elementos de vária procedência, passíveis de serem vistosamente admirados pelo público, num enredamento épico, belo e triunfalista da história. Eles indicam, ademais, que havia uma circulação internacional de representações históricas naqueles anos, universalizadas e padronizadas em citações e referências comuns, válidas para contextos diversos.[9] Característicos de diversas expressões do período, seja na historiografia, na literatura ou nas artes visuais, tais modos de representação, ao mesclarem formas do repertório acadêmico europeu e uma simbologia brasileira, patenteada desde o século XIX, criavam o efeito plástico e persuasivo da inserção da história nacional (iluminada pelo foco paulista) na grande história da civilização.

Tais recursos plásticos não diferiam das figurações de uma retórica parnasiana, que tinha no ritmo, na sonoridade e nas metáforas visuais as principais armas de convencimento de um público habituado a ver o majestoso e a ouvir o eloquente. No decorrer da festa do centenário eles seriam fartamente evocados, numa sucessão de falas.

Roberto Moreira – o jovem vivaz que investira contra as instituições apodrecidas quando da fundação da APL, mas agora sob as bênçãos do PRP –, proferiu o primeiro discurso oficial. No seu preâmbulo, o orador lançou mão do sentimento de êxtase para exprimir a imagem de uma comunhão coletiva da história, que julgava presenciar no Ipiranga:

> Que vos poderei dizer que valha este movimento, esta vibração, estes applausos, as ondulações irrefreiaveis desta immensa multidão? ... Que palavra é mais vivaz, que garganta é mais potente, que oratória é mais subjugante do que o quadro comovedor destas torrentes humanas, derramadas, em proporções nunca vistas, sobre as perspectivas relvosas destes sítios predestinados? (*RIHGSP*, 1923, p.43)

E assim invocando a exteriorização de uma alma coletiva – a alma paulista, a alma nacional –, inicia o orador uma longa recapitulação da história brasileira. Amparada pelo modelo da epopeia e

---

9 Estudos comparativos dos monumentos do período, em diferentes países, poderiam ser úteis para a compreensão do assunto, embora não exista uma bibliografia ampla sobre tal questão.

pela noção da predestinação histórica, ela traduz, com preocupação didática e zelo ornamental, as teses da historiografia paulista: "Porque é isso o que vislumbro em nossos fastos, velhos já de quatro séculos, onde fulge, em lampejos de glória e allucinação de heroismo, a epopéa de um povo intrepido que edificou por si a sua patria".

Com apelos aos clichês de um nacionalismo ufanista, cuja base era o louvor à exuberância natural do país e a capacidade de adaptação dos colonizadores ao meio, chega ele à projeção da imagem de uma civilização superior, contrariando os juízos dos teóricos que profetizaram para o Brasil a "degenerescencia incuravel da raça" ou o seu "esphacelamento social". Para o orador, foi em São Paulo que germinou a nação brasileira, como fruto do esforço comum para desbravar e ampliar o território. Esforço do qual resultou uma coesão racial e social, que jogaria por terra as teses pessimistas. Daí a conclusão, que não deixa margem a dúvidas: "Porque, como sabeis, o Brasil foi feito pelos brasileiros, ou melhor, pelos paulistas".

No encadeamento das estações da história nacional, uma a uma recebe do tribuno a iluminação paulista necessária: os filhos da terra foram invariavelmente os protagonistas da conquista da orla marítima, do desbravamento dos sertões, da formação das primeiras instituições políticas e do surgimento dos ideários emancipacionistas, da vitória republicana e assim desde então. O fato de a independência ter se dado às margens do Ipiranga nada teria, dessa maneira, de fortuito: foi em São Paulo que vicejou a corrente libertadora – liderada por personalidades marcantes, como os Andradas –, que levou o príncipe regente lusitano a decidir-se pelo rompimento com Portugal.

A terra paulista estava, enfim, predestinada a ser o palco da liberdade e do progresso, como se ouviu no *gran finale* do discurso:

> Numa página suggestiva, conta Eduardo Prado ... que, no tempo de Anchieta, quem destas paragens contemplasse o povoado de Piratininga, só vislumbraria, atufados em névoas, a maneira de uma esquadra ancorada nas alturas, os perfis solitarios das egrejas. Pois bem. Olha e agora. Que é que vedes? Tudo mudado. Mudada esta collina, que se cobriu de jardins, palácios e monumentos; mudado o vale proximo, que se transformou em cidade; mudada a cidade distante, que já não é apenas visivel pelo branquejar algodoado dos seus templos esparsos, mas pela selva fantastica dessas torres atrevidas,

A EPOPEIA BANDEIRANTE

dessas cupolas fulgentes ... dessas chaminés empenhachadas de fumo, e pela massa enorme, compacta, transbordante, confusa, do casario derramado nas baixadas, alcandorado nos outeiros encravados nas vertentes, a attestar, materialmente, na eloquencia de suas linhas monumentaes, o progresso de São Paulo, a civilização do Brasil, a grandeza da Patria. (*RIHGSP*, 1923, p.52)

Em sua conclusão, Roberto Moreira alinhava expressões que se tornavam, à época, corriqueiras nas diversas representações de São Paulo – selva fantástica dessas torres atrevidas, chaminés empenachadas de fumo –, revelando uma visão mais projetiva do que "real" da cidade, amplamente explorada pelos modernistas.[10]

Nada mais comovente para encerrar tal discurso que um poema sinfônico, peça então regida pelo maestro Savino de Benedictis diante de uma plateia enlevada. Mas a evocação épica exigia algo além da grandiloquência retórica, da monumentalidade e da sonoridade pungente. Clamava pelo documento, o atestado da verdade histórica, daí a subsequente visita exemplar das autoridades ao Museu Paulista, cujas coleções, adquiridas timidamente desde 1895, mas ampliadas para as comemorações do centenário, haviam ganhado a companhia das exposições pictóricas sobre a velha São Paulo. Foram abertas ao público oito salas consagradas, sobretudo, à história paulista e apresentada a nova decoração do "majestoso perystilo, da escadaria monumental e do Salão de Honra, onde apenas se apresentava outrora o quadro de Pedro Américo" (Taunay, 1937, p.48).

Segue-se à visita um extenso *tour* por lugares históricos ou que, como tal, se pretendia inscrevê-los. De automóvel, a comitiva presidencial alcançou a avenida Paulista a fim de inaugurar uma estátua elevada à memória do poeta Olavo Bilac,[11] sendo recebida

---

10 Para Fabris (1994a, p.31), "se definimos a visão que os modernistas fornecem de São Paulo como um 'mito tecnizado' é porque ela é mais projetiva do que efetiva, sem que isso implique o não reconhecimento do processo de modernização acelerado. Mas é justamente por ser acelerado que tal processo exibe tantos choques e contradições, obliterados na construção da épica da cidade, que leva em conta tão somente seus aspectos positivos, coincidentes com as conquistas da burguesia industrial".

11 Não só na capital Bilac foi homenageado; em inúmeras cidades do interior também foram realizadas agitadas campanhas para angariar fundos com esse propósito, numa demonstração de verdadeira idolatria ao poeta.

por estudantes da Faculdade de Direito, representantes da Liga Nacionalista e mais um aglomerado de espectadores. Na homenagem, Francisco Patti foi o responsável pela oratória, que se valeu do culto parnasiano aos artistas clássicos para dar vazão a um nacionalismo pomposo, apropriado para a ocasião. Aludindo à passagem do poeta pela Faculdade do Largo São Francisco, onde conclamou os moços à luta em defesa do serviço militar obrigatório, concluiu o orador que "Olavo Bilac encarnou a consciencia de uma nação inteira. E que São Paulo foi, ainda uma vez, o monte Sinai de onde o propheta falou". A mesma tônica marcaria os infindáveis discursos nas demais solenidades, sempre carregada de metáforas bíblicas e imagens míticas greco-romanas.

Ao meio-dia, um trem especial da São Paulo Railway desceu em direção a Santos, levando Washington Luís e seu *staff*, além de vários jornalistas. Na estação da cidade, às 14 horas, os excursionistas foram recepcionados por autoridades locais e um público compacto, como as fotografias publicadas na revista buscaram focalizar. Teve início outra série de inaugurações, sendo a primeira na praça da Independência, onde foi apresentado à população o monumento aos irmãos Andradas, concebido em projeto de Taunay, Antonio Sartório e Castel. Discursaram no ato Roberto Simonsen, chefe da empresa construtora das várias obras entregues em Santos, e Eugênio Egas, historiador bem-afamado, membro da comissão executiva do projeto.

A escultura trazia no topo a trindade dos irmãos santistas – José Bonifácio, Martim Francisco e Antônio Carlos de Andrada –, com a musa da liberdade estampada uma escala abaixo, a representar os ideais de luta contra todas as tiranias. Eugênio Egas traçou o perfil de cada um deles, com o intuito de assinalar, mais uma vez, a participação condutora dos paulistas (e dos santistas, em especial) no processo de independência. Numa comparação eivada de adjetivações, entre José Bonifácio, o irmão mais ilustre, e D. Pedro, reservou ao primeiro o papel principal, derivado das qualidades do verdadeiro herói: a prudência, a reflexão e o critério. Caracterizou o segundo, em contrapartida, com os atributos menores de uma personalidade voluntariosa: "o principe era a mocidade intemerata, sequiosa de gloria e altos feitos retumbantes ... D.

A EPOPEIA BANDEIRANTE

Pedro á a acção, Bonifácio é o critério; o principe é a espada, Bonifácio é o livro".

Da praça da Independência as comemorações deslocaram-se para o prédio da Bolsa Oficial do Café, recém-erguido em cimento armado, granito róseo e mármore, e financiado com base num imposto de 20 réis, cobrado durante vários anos por cada saca de café comercializada.

Expressão da opulência material alcançada por São Paulo, segundo a comissão executiva da construção, o palácio foi apresentado como a evidência de um estágio superior de civilização, que se manifestava no desenvolvimento artístico e científico, na arquitetura e na engenharia. No discurso de inauguração da obra, Gabriel Junqueira – presidente da Bolsa – empreendeu nova aula de história, lembrando um percurso nacional árduo, dos começos da colonização, simbolizados por Santos, àqueles anos prósperos. Ao fazê-lo, inspirou-se no painel Fundação da Vila de Santos, encomendado a Benedito Calixto para ornamentar o palácio, e que emoldurava as várias etapas da vida da cidade, cada uma a representar um momento da história paulista e nacional. Junqueira procurava a força imaginativa que levou o artista a colorir as cenas de um Brasil em progressão e equilíbrio, nas quais, em contraste histórico, apareciam: os fundadores do núcleo urbano, religiosos, "damas notáveis, aborigenes semi-civilizados", autoridades do tempo do império na cidade ainda acanhada, e a "Santos actual, com todos os requintes de uma cidade moderna ... com o seu porto e docas modelares, atulhados de navios de todas as nações do mundo". Para o orador, e também na concepção de Calixto, a cidade daqueles anos 20 era a própria realização de uma utopia, visionada muito antes, por Anhanguera, em sua contemplação da praia santista.

Imaginação, visão, voo de espírito: que outra figura brasileira poderia expressar, com tamanha magnitude, tal capacidade de antecipação da história, se não Bartolomeu de Gusmão, o padre voador? Não ao acaso, a cidade completaria suas homenagens, na oportunidade de uma reanimação da vida nacional, com uma estátua desse santista do século XVI, esculpida por Lourenço Massa, da Academia de Belas Artes de Gênova, e erigida na praça que levava o nome do herói.

O padre voador, que em Coimbra desenvolveu o plano de um balão de ar aquecido, precursor da aviação, teve sua biografia delineada pelo comendador Alfaya Rodrigues. Fundamentando-se em pesquisas feitas na Torre do Tombo, na Sociedade Geográfica de Lisboa, na Biblioteca do Porto e na Universidade de Coimbra, o tribuno procurou cercar-se da verdade documental para conferir verossimilhança a uma história encadeada numa linguagem com predominância dos aspectos conotativos metafóricos.

Numa das passagens mais enfáticas do discurso, Rodrigues estabelece correlações entre o voo de Bartolomeu de Gusmão, três séculos antes, e a odisséia da travessia do Atlântico por avião, ocorrida meses atrás naquele mesmo ano de 1922, protagonizada pelos portugueses Sacadura Cabral e Gago Coutinho. As duas experiências significariam a continuidade de um único empenho, do qual teria resultado o reencontro de dois gênios nacionais – Portugal e Brasil –, separados como estados nacionais, mas irmanados em espírito.[12] As viagens aéreas proporcionariam, dessa maneira, a expressão mais sublime da fusão entre as duas culturas, antevista no sonho do primeiro Cabral, o navegador. Por conseguinte, as invenções de brasileiros como Gusmão e Santos Dumont, esta em data mais recente, nascidas de mentes privilegiadas, fariam parte de uma mesma envergadura épica. Entre elas, o orador cria liames de uma história que se antecipava no sonho, mas que se materializava como fruto da obstinação dos heróis. A história é assim metaforizada como voo do espírito, no epílogo do ritual santista de consagração do ato humano, demasiado humano.

As cenas de maior glorificação da história, contudo, ainda estariam por vir na sequência daquele 7 de setembro. Já era quase noite quando o cortejo de políticos e jornalistas iniciou, em uma fileira de automóveis, a subida do Caminho do Mar. Na estrada íngreme, repavimentada para a ocasião e reaberta ao trânsito, seria realizada uma verdadeira simulação dos acontecimentos históricos desde a colonização. Simulação, no entanto, solitária por não mais

---

12 Sobre o mesmo assunto, amplamente comentado naquele ano, também vale a leitura de *Saudação a Gago Coutinho e Sacadura Cabral*, feita em 6 de junho de 1922 por Afonso de Freitas Jr. na sede do IHGSP (*RIHGSP*, 1895-1939, p.353-66).

A EPOPEIA BANDEIRANTE

281

contar com as amplas plateias de espectadores, se bem que mediada pelos atentos jornalistas que cobriam o ato. Para tanto, estavam previstas sucessivas inaugurações de ranchos-monumentos, erigidos por iniciativa pessoal de Washington Luís, cada um a significar uma etapa da caminhada brasileira rumo aos tempos modernos. No texto de apresentação da solenidade, publicado na revista, eles são vistos como a "lembrança dessa luta épica pela riqueza de S. Paulo e pela grandeza da Pátria ... as reminiscencias desse viver tão typico e tão caracteristicamente pittoresco ... todo o progresso paulista em suas gradações perpassadas ao longo da estrada de Santos que os modernos 'Ranchos' invocam à alma affectiva dos Paulistas".

O Caminho do Mar consubstanciaria a própria história nacional, ao condensar, no solo escarpado do litoral de São Paulo, todos os significados de uma escalada contínua. Ali poderia ser revivida a independência em sentido autêntico, encarada não apenas como fato político consumado, mas, sobretudo, como nascimento de uma nação.

Quatro monumentos simbolizariam tal epopeia, na serra "emblema da intrepidez, da coragem e do descortino dos paulistas": o Cruzeiro Quinhentista, em Cubatão; os marcos em pedra encomendados pelo governador Lorena em 1790; o Rancho da Maioridade, alusivo ao período de 1840; e o Rancho de Paranapiacaba, em memória do presente.

A cerimônia comportava a parada da procissão em cada um deles, de modo semelhante ao ritual de contemplação e revivificação da paixão cristã, denunciando um fundo religioso, próprio do compromisso entre ciência e fé no pensamento histórico dos letrados tradicionais, à época. Mas foi no último rancho/estação/monumento que a procissão permaneceu por mais tempo para ouvir o discurso de Júlio Prestes. Figura em ascensão no PRP e discípulo de Washington Luís, ele ordenou sua oratória como uma aula didática de história pátria, ricamente paramentada com imagens sugestivas.

Expondo a ideia de uma história em evolução – que curiosamente sincretizava, no pano de fundo cristão, os estágios civilizatórios concebidos pelos positivistas – teocrático, metafísico e positivo –, Júlio Prestes define o papel dessas referências simbólicas:

Erguidos à margem desta estrada, como um culto ao passado, elles ligam entre si as idéas e a vida, o tempo e o espaço, explicando o presente ... E quem, conhecendo apenas a nossa origem, desconheça o nosso evoluir da caldeagem das raças, dos soffrimentos e victórias, das trévas da escravidão e dos fulgores da liberdade, ainda se maravilhará ante os esplendores de S. Paulo, tão inexplicáveis como as lendas das cidades magicas que florescem nas Atlantidas do sonho e da imaginação. (*RIHGSP*, v.XXII, p.76)

E assim prossegue o orador, descrevendo a natureza maravilhosa e bravia com que se depararam os descobridores, seus índios ferozes e animais selvagens, civilizados os primeiros na catequese jesuítica e domados os segundos pela energia dos colonizadores. Nesse palco nasceu a Piratininga colonial, a terra-mãe onde "surge o primeiro caboclo, mixto das duas raças que se cruzam, trazendo, com as qualidades superiores do portuguez, a resitencia e o sangue quente do selvagem, forjado para as aventuras e para fazer a irradiação da nacionalidade". O caboclo seria, pois, o fundamento do bandeirante paulista.

O monumento quinhentista, próximo a Cubatão e ao pé da serra, sintetizaria "a história, a religião, as tradições, os sentimentos, a alma e o espírito que foram os ideaes daquelle tempo ... Eil-a, erguida e plantada no alto, como a indicar o caminho, a imagem da Cruz, que foi o primeiro symbolo da nacionalidade".

O segundo monumento, instalado na subida da serra com duas pedras, ali colocadas quando o governador Bernardo José de Lorena mandou calçar oito quilômetros de estrada, em 1790, representaria o desenvolvimento econômico da colonização: "São Paulo colonial já exportava para as outras capitanias e para a metropole o excesso de sua producção, e já importava para supprir suas necessidades ... O tropeiro foi nessa época um dos mais fortes elementos de vida e progresso".

Esse marco descortinaria todo o século XVIII e o início do XIX: o próprio alvorecer da cafeicultura, com a chegada das primeiras mudas da planta; a passagem dos naturalistas estrangeiros pela região, trazendo a ciência europeia; o trânsito das ideias de liberdade e, afinal, a independência.

A fase seguinte da história paulista/brasileira teria como referência o Monumento da Maioridade, construído como um palacete

A EPOPEIA BANDEIRANTE

283

adornado com varandas. Ele recordaria a estrada de rodagem, à altura de 1840, com um painel representando a passagem, por ali, de D. Pedro II na sua viagem a São Paulo. E, assim, traria à memória cívica a época do império constitucional, com seus líderes políticos, principalmente paulistas, quando a política era liderada por Antônio Carlos e Martim Francisco, a ordem legal pelo Duque de Caxias e pelo brigadeiro Tobias, a agricultura pelo senador Vergueiro, a arte por Gonçalves Dias e Porto Alegre, a ciência por José Bonifácio e Saint-Hilaire, a indústria e o comércio por Paes de Barros. Finalmente, o quarto monumento simbolizaria a época vivida pelos homens do centenário, no rancho onde tinha lugar a oratória:

> Estamos no Rancho de Paranapiacaba, em pleno regimen de liberdade republicana ... em plena sazão da democracia, colhendo os fructos da liberdade pregada pelos republicanos de 1870, e estamos na realidade daquelle sonho, vendo a Patria engrandecida e fortalecida, prospera e feliz, expandir-se sob o regimen da Republica Federativa de 1889. (*RIHGSP*, v.XXII, p.89)

E não poderia ser diferente. Concebendo a história enquanto uma marcha para a civilização, com os paulistas como os seus artífices, o remate da aula teria de ser a afirmação dessa força política regional, garantida pela República. O enredo épico deságua na razão política, evidenciando a finalidade didática do saber histórico: "explicar o presente pelo passado, como um ex-libris de nossa história, aberto aos olhos dos que nos visitam".

Concluído o programa comemorativo no Caminho do Mar, os já exaustos atores chegaram a São Paulo em plena noite, quando ainda estavam previstas a passagem do cortejo triunfal pela avenida Paulista e uma queima de fogos de artifício. Mas a exibição pirotécnica não pôde ser realizada, segundo a imprensa, porque os pavios dos cartuchos estavam úmidos, em decorrência das chuvas que caíram naquele Sete de Setembro. O espetáculo foi, afinal, adiado para a noite seguinte, quando retornaram às ruas as mesmas platéias extasiadas. Então, centenas de fogos voaram para o céu, numa apoteose "occupando dezeseis mastros, muito demorada, funccionando todos ao mesmo tempo, com um combate no ar de cores e bombas de effeito contínuo, e para finalizar, uma descarga de cincoenta morteiros de bombas de cores e estouro, com um grande tiro sêcco".

RISO DOS CONDENADOS

Uma indagação de fundo poderia ser lançada. Qual o alcance efetivo desse espetáculo de consagração e simulação épica da história, considerados tanto os diferentes públicos, quanto as novas forças sociais e sociabilidades que se manifestavam na metrópole paulistana? Expostos os modelos e formas que davam substância ao discurso histórico dos eruditos paulistas, bem como as funções às quais ele se destinava, restaria saber de que modo os diversos segmentos sociais, étnicos e culturais responderam a tal empresa simbólica de finalidade homogeneizadora.

Não é fácil responder à questão. É certo, porém, que os enredos históricos épicos ainda guardavam, nas primeiras décadas do século, alguma eficácia referencial na afirmação das identidades coletivas, mesmo que eles tivessem de se alicerçar na exterioridade do majestoso e do eloquente, assim como nos rituais espetaculares, cinematográficos.[13]

Acontece, todavia, que outros enredos disputavam com a epopeia paulista seus lugares na cidade, significando demandas heterogêneas de fixações simbólicas e anseios de vida comunitária. Alguns eram mais visíveis, entre eles os pleitos dos vários grupos étnicos. A colônia portuguesa, por exemplo, organizou-se para expor o seu Monumento à Raça, homenageando os aviadores lusitanos que haviam atravessado o Atlântico, e os italianos mobilizaram-se para erguer um monumento a Verdi. Tanto na capital como em diversas localidades do interior, assistia-se à fundação de jornais, clubes e sociedades para congregar conterrâneos estrangeiros. Especialmente os italianos mostraram-se ciosos do seu passado, criando numerosas associações que levavam o nome dos artis-

---

13 Para Sevcenko (op. cit, p.98-9), esses discursos "funcionavam como um cenário simbólico-político a estimular, salientar e confirmar disposições emocionais, regularizadas na interação dos habitantes com o espaço público".

A EPOPEIA BANDEIRANTE   285

tas, poetas e personalidades políticas da terra-mãe, sobretudo Dante Alighieri.[14] Todas essas homenagens buscavam sua solidez na história, traduzindo-se numa verdadeira febre estatutária, como observou um editorialista do período (apud Sevcenko, 1992). Fora de tal campo de concorrência monumental ficaram os segmentos ostensivamente marginalizados, social e simbolicamente, cujo exemplo mais acabado eram os negros. Estes podiam contar, no máximo, com os velhos poemas lacrimosos do abolicionismo, cheios de mães-pretas a amamentar bebês brancos, num clichê que em breve também viraria escultura em pedra.

Além de se fragmentar nesses múltiplos desejos e expressões de referências históricas, a população também vivenciava, como num paradoxo, formas modernas de sociabilidade e simbolização das experiências, cuja natureza presentista dispensava a dimensão atemporal da epopeia. Advindas com os novos ritmos de trabalho e lazer, com o individualismo e o surgimento das massas, ou consagradas pelo cinema, elas se manifestavam em sua face mais expressiva nos novos rituais e espetáculos públicos. As partidas de futebol, as demonstrações de aviação e automobilismo, os festivais artísticos e as exibições cinematográficas eram, dentre outros, os momentos de uma comunhão coletiva que se bastava no momento presente, assim desalojando o passado e sua imortalidade.[15]

As festas cívicas da época, a exemplo da comemoração de 1922, adotaram o figurino dos espetáculos desse tipo, como se viu, conjugando mecanismos arcaicos e modernos de simbolização. Talvez delas tenham sido retidos, contudo, apenas estes últimos, em seus conteúdos cenográficos. De qualquer modo, o discurso oficial, integrador da comunidade paulista, que se expôs nessas oportunidades, apesar da sua pretendida permeabilidade e do seu invólu-

---

14 Um exemplo aleatório: nas cidades de Rio Preto, Catanduva, Santa Adélia, Taquaritinga e Matão, foram fundadas, desde a primeira década do século, as seguintes sociedades italianas: Società Cesare Battisti, Italia Risorta, Dante Alighieri, Gabriele D'Annunzio, Principe Umberto, Stella d'Italia, Società di Beneficienza Patria Italiana (cf. Corinaldesi, 1925).

15 Cf. Sevcenko, idem. O cinema, os automóveis e o futebol aparecem como temas frequentes na literatura do período, em particular na obra de Oswald de Andrade, como já tive oportunidade de analisar em *Um eldorado errante*: São Paulo na ficção histórica de Oswald de Andrade, op. cit.

cro moderno, dificilmente poderia corresponder aos anseios dos desenraizados seja no tempo seja no espaço, distribuídos pela região e concentrados na capital de maneira mais evidente.

Não é fortuito que, como expressão desse desencontro, desde meados da década de 1910 tenham surgido diversos escritos em verso e prosa cuja temática, de predominância urbana, acabaria por estampar, de maneira corrosiva, as contradições e os limites do modelo institucionalizado de representação da história e da sociedade de São Paulo. Divulgados pela imprensa, grande e pequena, ou na forma de livros, muitas vezes acompanhados de registros visuais vários, principalmente caricaturais, eles se apresentavam como porta-vozes dos novos tempos, grupos sociais e ideários, não só investindo contra alguns dos pontos simbólicos nodais de sustento daquela representação, como também procurando fundar pilares alternativos para a edificação de um enredo original tanto para a região quanto para a nação. A corrente autodenominada modernista tem suas raízes nessas atitudes de contestação.

Isto não significa dizer que tais tendências críticas representassem um circuito homogêneo de sociabilidade, ideias ou manifestações estéticas, inteiramente à parte, portanto, do mundo letrado tradicional e das rodas do poder. Do ponto de vista social, nesse universo cabiam rapazes oriundos de famílias ricas e ilustres da república das letras, alguns filhos de imigrantes das camadas médias, propensos à literatura e às artes, ou outros paulistas do interior recém-chegados à paulicéia, em busca da ascensão política e intelectual. Tratava-se de um microcosmo, ao mesmo tempo, "dependente do mundo oligárquico e relativamente marginal do sistema cultural dominante" (Hardman, 1983, p.126), unido por algumas características comuns: a juventude boêmia, os gestos desabusados e o inconformismo diante das convenções sociais, da literatura bacharelesca e dos vícios da política oligárquica. Eles se pautavam, enfim, por ideias oposicionistas, ainda que presas aos ideários liberais, construídas com base num repertório eclético de leituras e na convivência com militantes políticos de correntes distintas, nacionalistas ou anarquistas. As repúblicas, as *garçonnières*, as salas de redação da imprensa, os bares e cabarés, como já foi dito antes, eram os locais de intercâmbio das suas ideias políticas e experiên-

A EPOPEIA BANDEIRANTE

cias jornalísticas, artísticas e literárias. Esses rapazes, ainda não integrados em instituições como o IHGSP, a APL ou mesmo no PRP, voltavam-se para a crítica maliciosa dos costumes e da mentalidade vigentes.

A imprensa anarquista, que desde o começo do século floresceu no Rio de Janeiro e em São Paulo, trazendo a denúncia da miséria social e atacando as velhas instituições – a Igreja, os partidos políticos, o nacionalismo e o militarismo –, não deixou de repercutir nesse círculo de letrados. Da mesma maneira, não passou despercebida entre eles a luta operária, conduzida pelos libertários, que atingiu o ápice nas greves do final da década de 1910, demonstrando a presença marcante da população estrangeira em São Paulo.[16] A juventude boêmia e contestadora buscaria, desde então, expor em seus escritos as novas formas de identidade social, a aculturação étnica e as tensões da cidade recém-industrializada, falando em nome dos seus desajustados em suas folhas satíricas e antibacharelescas. Não era raro, além disso, a demonstração de simpatias pelo anarquismo, haja vista os exemplos de Oswald de Andrade, Ricardo Gonçalves, Martins Fontes, e até mesmo a participação de alguns deles, como Cornélio Pires, na imprensa libertária.[17] O *Rigalegio – Organo Independento do Abax'o Pigues i do Bó Retiro*, criado por Marcondes Machado – o Juó Bananére – para o jornal O *Pirralho*, em 1913, trazia, com humor, as divisas:

---

16 Sobre o anarquismo, de uma bibliografia muito maior, ver: Magnani, 1982; Maram, 1979; e Beiguelman, 1981.

17 Cf. Hardman, op. cit., p.126: "Oswald de Andrade foi um deles, chegando a confessar que o 'impressionaram bastante' as atividades e repentinas aparições do movimento operário e da imprensa anarquista, na simbólica figura de Oreste Ristori. O poeta e estudante de direito Ricardo Gonçalves (1883-1916) foi outro exemplo de quem manteve alguns contatos mais próximos com o movimento anarquista, naquela fase ... Ricardo Gonçalves esteve ligado a um grupo da boêmia paulistana (Minarete) onde participavam Martins Fontes, Monteiro Lobato e outros. Seu comprometimento mais ativo com o anarquismo (do que, por exemplo, as simpatias difusas e meramente intelectuais de um Oswald de Andrade), combinou-se com uma produção poética bem parnasiana, como nos sonetos féis ao modelo, em Ipês". O mesmo autor dá notícia de um poemeto de Cornélio Pires – o escritor regionalista –, publicado em 1911 e intitulado "O monturo", cuja temática guardava interseções com as ideias anarquistas (p.139-40).

288 ANTONIO CELSO FERREIRA

"Anarchia, sucialismo, literatura, vervia, futurismo, cavaço" (Leite, 1996, p.147-8).[18] Da mesma maneira, o semanário anticlerical *O Parafuso*, do qual participaram, entre outros, Oswald e Voltolino, demonstrava lá suas inclinações libertárias.

Apesar de tais simpatias difusas pelo pensamento ácrata, os escritores dessa safra alimentaram-se, muito mais, das disputas políticas ocorridas no interior do grupo dominante de São Paulo, revelando, desse modo, a condição de jovens aspirantes ao poder na república das letras. Desde 1910, durante o governo de Hermes da Fonseca na República e de Rodrigues Alves no comando de São Paulo, dois grupos digladiaram-se no hegemônico Partido Republicano Paulista, em torno dos principais postos estaduais. A crise acentuou-se, em 1916, com a indicação de Altino Arantes para a presidência do Estado (e coincidentemente para o IHGSP), contrariando os interesses de uma facção encabeçada por Júlio de Mesquita Filho, dono do jornal *O Estado de S. Paulo*. Formou-se, então, uma dissidência, da qual, de certa forma, fizeram parte os fundadores do *Estadinho*, os mesmos rapazes que gravitavam nas rodas da boêmia, da imprensa e da literatura satírica: Monteiro Lobato, Alexandre Marcondes Machado, José Maria de Toledo Malta, Léo Vaz, Moacir Piza, Voltolino etc. É nesse contexto que também surge a Liga Nacionalista e, mais tarde, com o avanço do embate, dá-se a formação do Partido da Mocidade (1922) e do Partido Democrático (1926).[19]

O fato é que a produção jornalística e literária desses autores fez uso da sátira e da ironia cortante como arma de combate aos costumes políticos, às instituições, às convenções culturais, aos hábitos privados e à mentalidade da velha oligarquia, a tudo isso contrapondo a dinâmica de uma cidade sacudida por novos valores e forças sociais. Os seus escritos ganharam corpo em jornais e revistas como *O Pirralho*, *O Parafuso*, *O queixoso* e o próprio *O Estado de S. Paulo*, bem como em alguns romances e livros de contos ou crônicas. Não se pode dizer, contudo, que o grupo fosse nitidamente radical: de *O Pirralho*, por exemplo, participaram per-

---

18 Sobre o autor, consultar também Antunes, 1996.
19 Sobre o contexto político em que apareceram tais escritos satíricos, ver: Carone, 1991; e Leite, op. cit.

A EPOPEIA BANDEIRANTE   289

sonalidades de perfil mais conservador, como Amadeu Amaral, Emílio de Menezes, Paulo Setúbal, Coelho Neto e Olavo Bilac, entre outros. A produção de Monteiro Lobato à época, tão afamada pelo tom polêmico, também se insere nesse conjunto.

Segundo Sylvia H. T. A. Leite, que se baseia em esquema de Edgar Carone, a literatura satírica paulista do período pode ser decomposta em três linhas: "1) trabalhos puramente polêmicos cujos fatos são explícitos e que são apresentados diretamente. Nesse nível se enquadram *Oligarquia paulista*, de Ivan Subiroff, e *Roupa suja*, de Moacir Piza; 2) mistura deliberada de polêmica e literatura. Nesse caso se enquadram, por exemplo, as poesias de Moacir Piza (*Vespeira, Galabaro* etc.); 3) restringe-se à corrente de elaboração literária ... Aqui se enquadra a poesia de Juó Bananére e a ficção de Hilário Tácito, em que se observam elementos polêmicos implícitos" (1996, p.54). Alguns textos, ilustrativos desse composto, serão aqui comentados e ainda será acrescentado o primeiro tomo da trilogia *Os condenados*, de Oswald de Andrade, publicado em 1922, mas escrito desde 1917. Embora este não seja um livro de sátira, sua temática coroa, de alguma maneira, a corrente em pauta.

As informações biográficas acerca de alguns desses expoentes, sem falar dos conhecidos e sempre citados Lobato e Oswald, não deixam dúvidas quanto ao fato de pertencerem aos quadros da elite letrada paulista, ou dos pretendentes a ela. Nereu Rangel Pestana (1879-1951), cujo pseudônimo era Ivan Subiroff, formou-se em Odontologia no Rio de Janeiro, foi membro do IHGSP e fundador do jornal *O Combate*, junto com seu irmão Acilino. Atuou intensamente na imprensa, publicando no jornal *O Estado de S. Paulo* uma série de reportagens sobre o perfil da classe política no poder, reunida posteriormente no livro *Oligarquia paulista* (Ibidem). Moacir de Toledo Piza (1891-1923), ovelha negra de uma família paulista de sobrenome ilustre, formou-se em Direito, tendo se dedicado em sua breve existência à advocacia e ao jornalismo. Foi delegado em Santa Branca, mas sua carreira sofreu os prejuízos de um temperamento apaixonado e de uma tumultuada vida pessoal. Manteve um "relacionamento turbulento com Nenê Romano, mulher de vida livre, ela também envolvida em episódios tempestuosos, numa relação que se

interromperia com o fim trágico da vida de ambos" (Ibidem, p.55).
Alexandre Ribeiro Marcondes Machado (1892-1933), o Juó Bananére, que assumiu a máscara da personagem gráfico-literária mais popular da época, tornando-se um "paulistaliano", era "filho de uma boa família do Vale do Paraíba ... nascido em Pindamonhangaba ... Em criança, vive em Araraquara e Campinas, onde frequenta o ginásio e, finalmente, vai para a Escola Politécnica de São Paulo" (Carelli, 1982, p.101). Na capital, entrou para o jornalismo por necessidades financeiras desde a morte do pai, escrevendo para o *Estadão* e tornando-se conhecido em *O Pirralho*, para o qual ingressou a convite de Oswald de Andrade. Sua carreira incluiu vários projetos arquitetônicos, construídos principalmente em Araraquara (Leite, 1996, p.145-71)

José Maria de Toledo Malta (1885-1951), ou Hilário Tácito, nasceu em Araraquara, estudou em Itu e formou-se pela Escola Politécnica de São Paulo. Engenheiro bem-conceituado, sendo um dos responsáveis pela construção do famoso Edifício Martinelli, deixou alguns trabalhos nesse campo de atividades, além do romance *Madame Pommery*, sua única obra romanesca. Amigo de Lobato, conviveu com a equipe da *Revista do Brasil*, editora que também publicou seu livro. Seu pai, Francisco de Toledo, era advogado e membro do IHGSP, tendo sido deputado estadual e federal, além de secretário estadual da Fazenda nos primeiros anos da República (ver Moraes, 1988, e Leite, op. cit., p.181-216). Finalmente, como o nome indica, Lemmo Lemmi (1884-1926), o Voltolino – criador da caricatura gráfica do Juó Bananére –, era italiano, filho de um escultor que imigrou para São Paulo, nas últimas décadas do século passado, a fim de participar da construção do Museu do Ipiranga. Diferentemente dos demais, ele tinha origens sociais modestas, mas se adaptou bem à terra brasileira e passou a dedicar grande amor a São Paulo, considerando-se mesmo um verdadeiro paulista. Voltolino privou da amizade da maioria dos escritores dessa fase e mesmo do modernismo (Carelli, 1982, p.84-5; e Belluzo, s. d.).

Lemmo Lemmi e Alexandre Marcondes ficaram conhecidos pela criação da figura do Juó Bananére, realizada graficamente pelo primeiro e em termos linguísticos pelo segundo. O Juó passaria a

A EPOPEIA BANDEIRANTE
291

representar o imigrante italiano, tornando-se uma personagem extremamente popular, que repercutiria ainda nos escritos de Oswald e, um pouco depois, nos de Antônio de Alcântara Machado: "a figura de Voltolino é ... fluida e móvel, desempenhando o seu Juó uma série distinta de ocupações e comportamentos, todos eles bem típicos do ítalo-paulista, especialmente o mais humilde". Mas não só desse segmento popular: "encontra-se também a figuração do imigrante italiano ou do seu descendente que alcança alguma ascensão social, sendo, nesse caso, risível o modo ostensivo como arroga a sua italianitá" (Leite, op. cit., p.146). O Bananére de Alexandre Marcondes, por sua vez, traz uma expressão verbal que mistura o "calabrês, o napolitano e o vêneto com o português falado pela população mestiça e negra, e pelo caipira, todos recém--chegados à metrópole" (Chalmers apud Leite, op. cit., p.175). As duas configurações acabam por desempenhar, via humor, o papel de porta-vozes dos recém-chegados, expressando a sua necessidade de reconhecimento social.

Além da invenção gráfico-literária dessas novas personagens, a sátira política destes e dos demais escritores/jornalistas procurava expor o ridículo e o grotesco dos desafetos políticos, desmascarando as contradições dos seus discursos. Não é o caso de aqui se analisar em minúcias tal produção, mas apenas de indicar alguns exemplos constantes da bibliografia sobre o tema. Juó Bananére/ Alexandre Marcondes, em linguagem macarrônica e fazendo uso da paródia, não poupou os principais homens de poder da época: de Wenceslau, presidente da República de 1914 a 1918, a Altino Arantes, "chamado às vezes Artinho (deformação de Altinho), ou então de Artino Arantesco, que rima, entre outras coisas, com grotesco. O futuro presidente Washington Luís, prefeito da cidade nesta época, também é atacado (Oxinton), mas a vítima predileta de Juó Bananére é o marechal Hermes da Fonseca ... o Hermese, o Mareschialo ou o Dudu" (Carelli, op. cit., p.107). As caricaturas de Voltolino, por outro lado, atacavam, dentre outros aspectos, a confusão mental reinante na comunidade italiana, em decorrência das tentativas dos políticos, por todos os meios, de conquistar o seu eleitorado, "captando sua benevolência através de associações esportivas, como o clube de futebol Palestra Itália ou o clube náutico Fiume d'Annunzio". Num período em que o eleitorado paulista tornava-se cada vez mais cosmopolita, sendo perseguido com promessas estapafúrdias pelos candidatos, Voltolino desenha a caricatura "Às urnas, bandeirantes', na qual aparecem, na primeira fila, além de Juó Bananére ... um turco, um japonês, depois um alemão e, provavelmente um polonês, bem como outros estrangeiros...". Ele denunciava, além disso, a retórica dos poderosos que teimavam em acentuar as facilidades para a ascensão social do imigrante em São Paulo, mostrando, em outras caricaturas, o avesso dessa escalada em personagens humildes como "um varredor de ruas, um acendedor de lampiões, um músico de banda e um carregador" (Ibidem, p.97-8). De acordo com a lúcida conclusão de Sylvia Tellarolli de Almeida, o efeito dessas sátiras não foi tão somente o desgaste dos desafetos políticos da facção dissidente:

> Ao retratar criticamente o circunstancial, a sátira não deixa de desnudar fraquezas das instituições; quando Juó Bananére deboche do queixo de Altino Arantes ou da "urucubaca" de Hermes da Fonseca, do maquiavelismo de Pinheiro Machado ou da senilidade de Rodrigues Alves, alguma coisa do poder constituído também se desfaz nesse riso; quando Nereu Rangel Pestana cria como persona um russo "bolchevique" para avaliar negativamente a oligarquia, ou quando Moacir Piza lava publicamente a "roupa suja" do PRP, é difícil avaliar em que medida o efeito dessas críticas se restringe a um reforço à facção dissidente da Oligarquia, pois, como um bumerangue, elas se voltam também contra as fraquezas daqueles que aparentemente favorecem. Apreendendo nas caricaturas a contorção grotesca das contradições de homens públicos ou parodiando o discurso empolado e vazio dos bacharéis, sátira, às avessas, desvela muito da vida e do tempo; desnudando publicamente a fragilidade de indivíduos proeminentes, revela também, por extensão, os limites das instituições que os mantêm, e as tensões da sociedade em que atuam. (Leite, op. cit., p.53-4)

É interessante perceber que as críticas do grupo também se voltaram contra as duas principais instituições que reuniam os letrados paulistas, articulando o seu discurso histórico-literário, eloquente e bacharelesco: o IHGSP e a APL. Elas aparecem, por exemplo, no poemeto em paródia "O sodalício", escrito por Moacir Piza em 1916, e incluído em *Vespeira*, obra póstuma do autor

A EPOPEIA BANDEIRANTE

293

(1923). Estes versos humorísticos foram feitos a propósito de uma das sessões do Instituto, quando o Dr. Alfredo de Toledo propôs uma homenagem a Teixeira de Freitas – que completava seu centenário. Seguiu-se, então, uma solenidade conforme os expedientes comuns de consagração dos homens de letras. Moacir Piza, que sintomaticamente descendia de uma família com vários membros fundadores do IHGSP, descreve em seus versos o ridículo da cena da homenagem, iniciada com todos os presentes de pé, em silêncio durante cinco minutos. Confiram-se alguns trechos do poema em que o autor satiriza os rituais do sodalício, com suas figuras de fama intelectual e linguagem empolada:

Foi um solenne pagode/ A Assembleia desse dia/ Bocage a celebraria/ Se fôra vivo, numa óde/ Com justo motivo póde/ Regosijar-se o finado:/ Pois culto mais elevado/ Não teve o grande patrício/ Que o illustre sodalicio/ Conservando-se calado.../.

Num paiz onde a eloquencia/ É soberana virtude/ E desaba como alude/ Sobre a misera assitencia/ Exhibir tal continencia/ – Cinco minutos! – de facto/ Não há dúvida que é um acto/ Maravilhoso, estupendo/ Que só se acredita vendo/ Como eu vi, estupefacto!. ...

Que, entre os membros do Instituto/ Há talentos formidandos/ E que os sabios são aos bandos/ – É coisa que não discuto:/ Cá por mim, até reputo/ Em grande conta tais sábios/ Peritos nos astrolábios/ E mecánica dos mundos/ Mas ainda mais profundos/ Quando não abrem os labios...

Poucos serão, além disto/ Os congressos (não engrosso...)/ Que possuam, como o nosso/ Um Benedicto Calixto/ A cujo lado registo/ Um Desdedit Araujo/ Padre-philosopho e cujo/ Talento e modos ufanos/ São o pasmo dos profanos/ E do vulgacho sabucho.

E o Passalacqua? E a madura/ D. Maria Renozte/ Que de taes sabios no lote/ Não faz, certo, má figura?.../ E aquelle de pelle escura/ Conego Hygino chamado?/ E o Ernesto Goulart Penteado?/ E o Ludgero famoso/ Que morreria de goso/ Se chegasse a deputado?...

Ora bem: se realmente/ Ha no Instituto taes sabios/ Aquella inercia de labios/ Não deve pasmar a gente/ Pois, embora ella aparente/ Uma tolice que espanta/ Ha por ahi quem garanta/ – E eu afirmo, sem receio -/ Não foi por falta de meio/ Nem por falta de garganta...

Em summa; applaudo a atitude/ Do inegualavel congresso/ A cujo bom senso peço/ Que de systema não mude/ Ponha-se logo um açude/ À oratória avacalhada:/ Pois seria idéa azáca/ Que, em vez de

294 ANTONIO CELSO FERREIRA

dizer tolice/ O instituto persistisse/ Sempre de boca fechada... (Apud Leite, op. cit., p.220-4)

A APL, templo dos imortais de poucas letras e de uns tantos poetas cultores da retórica e do passado glorioso, foi alvo dos ataques humorísticos de Juó Bananére. Debochando das acirradas disputas que se davam entre os políticos e intelectuais pelas suas cadeiras, ele se apresentava na imprensa, em linguagem de blague dialetal, como um "barbieri, giurnalista", e mais um "gandidato à Gademia Baolista de Letras". Alexandre Marcondes ainda cobriu de ridículo um dos principais expoentes do conservadorismo político e cultural do período: Spencer Vampré, professor da Faculdade de Direito, membro do IHGSP e da APL, que trazia no nome a homenagem de seu pai ao filósofo evolucionista Herbert Spencer.[20] Parodiando a "Canção do exílio", de Gonçalves Dias, o "giurnalista" assim se refere a essa figura austera e quase folclórica, que não dispensava o uso da velha cartola: "Na migna terra tê parmeras/ Dove ganta a galligna dangola/ Na migna terra tê o Vapr'elli/ Chi só anda di gartolla". Vampré também aparece com o mesmo figurino, imortalizado nos "Versignos" de Marcondes: "Quano Gristo fiz o mondo/ Uguali come una bolla/ o Spensero Vapr'elli/ Andava giá de gartolla". São alvos de suas paródias, igualmente, os poemas românticos de Castro Alves, a literatura parnasiana e os ingênuos versos caboclos, em moda naqueles anos, todos bem-apreciados na academia. Exemplos destes últimos: "Piga-pau é passarigno/ O papagallo tambê/ Tico-tico non te denti/ Migna avó tambê non tê ("Versignos"); e O bacate é una fruitinha/ chi tuttos munno cunhéce/ a gente mexe bê elli/ I disposa... o che parece? ("Becedário poético")" (apud Leite, op. cit, p.162 e 170).[21]

As agremiações tradicionais da elite paulista receberam, além disso, a fina ironia de Hilário Tácito. *Madame Pommery* – seu livro

---

20 Vampré (1888-1964) nasceu em Limeira, viveu a infância e a adolescência na cidade natal e em Rio Claro, tendo mais tarde cursado a Faculdade de Direito em São Paulo, na qual ingressaria como lente de Filosofia do Direito e de Direito Romano. Seus escritos resumem-se a trabalhos jurídicos e algumas memórias sobre a academia: cf. *Revista da APL*, volumes de 1979 e 1980, respectivamente p.121 e 156.

21 Ver, também, Carelli, 1982, p.116-20.

A EPOPEIA BANDEIRANTE

publicado em 1920 como "uma crônica muito verídica e memória filosófica" da vida da personagem-título, uma cafetina, e de seus "feitos e gestos mais notáveis nesta cidade de São Paulo" – foi dedicado "ao Instituto Histórico e Geográfico, à Academia Paulista de Letras, à Sociedade Eugênica e mais associações pensantes de S. Paulo". Curiosamente, a obra seria reeditada em 1977, pela própria entidade, talvez como uma maneira tardia de homenagear o injustiçado ficcionista, ausente de seus quadros.[22] Mas tampouco Moacir Piza, Juó Bananére ou o caricaturista Voltolino chegaram às portas da *gademia*, até porque morreram antes das reformas da década de 1930, quando foram admitidos alguns sócios de perfil menos conservador. Do time boêmio, irônico e satírico, somente Léo Vaz e Monteiro Lobato foram devidamente por ela consagrados.

Madame Pommery obteve grande sucesso de público à época, embora permanecesse quase ignorada pela crítica durante muito tempo, apesar de suas qualidades indiscutíveis. A começar pelo jogo de contrários já anunciado no pseudônimo adotado por Toledo Malta e no nome dado à personagem central do romance. Como salienta Eliane Robert Moraes, "se Hilário carrega uma série de significados relativos ao riso, Tácito remete a uma referência séria, evocando a figura do famoso historiador latino da antiguidade, Publius Cornélius Tácitus".[23] *Pommery*, por outro lado, traz à lembrança duas francesas célebres: "a primeira é Madame Bovary, protagonista do famoso romance de Gustave Flaubert ... a segunda é Madame Pompadour, dama elegante que se tornou célebre na corte do século XVIII, ostentando a fama de ser a 'favorita' de Luís XV". Além disso, Hilário Tácito desejava "compor uma personagem que associasse os dotes sedutores de uma aos dotes devassos da outra, sendo o nome, ainda, a marca de um champanhe francês, bebida que a personagem do livro orgulhava-se de ter introduzido na noite paulistana" (Moraes apud Tácito, 1988).

---

22 Na "Nota explicativa" da nova edição, Osmar Pimentel argumenta que, ao fazê-lo, a entidade demonstrou um saudável *fair play*, considerando-se a dedicatória corrosiva do autor (São Paulo: APL, Biblioteca da APL, v.6, 1977).

23 No comentário de Monteiro Lobato sobre o livro: *Tácito, porque aquilo é história, e Hilário porque é história alegre* (apud Leite, op. cit., p.184).

Mas a protagonista da história também recordava outra favorita da Corte, neste caso brasileira: a Marquesa de Santos, paulistinha de "puro sangue" e figura que seria em breve celebrizada, com cores românticas, por Paulo Setúbal. Nas palavras do próprio Hilário Tácito:

> Ah, se sobre a Marquesa de Santos, se sobre Mme. Pompadour tivessem os historiógrafos um cronista tão fiel como eu, juro que hei de ser sobre Mme. Pommery! – Quanta coisa não haveria que refundir na história de D. Pedro I no Brasil e de Luís XV na França! ... Porquanto esta senhora admirável não demonstrou nem a menor habilidade, nem menor diplomacia, no cativar os corações de poderosos magnatas.[24]

Toledo Malta possuía uma vasta cultura humanística, derramada pelo texto em diversas citações de autores da Antiguidade à idade contemporânea, a exemplo de Virgílio, Bocage, Rabelais, Camões, Montaigne, Voltaire, Kant, Taine, Sainte-Beuve, Carlyle, Zola, Oscar Wilde...[25] Ao mencionar Taine, em particular, ele explica o método adotado para a composição de sua Pommery: não iria traçá-la segundo a cartilha darwinista tão apreciada pelos bacharéis, mas de acordo com uma liberdade de arbítrio absoluta, buscando reconstruir seu gênio:

> ... o leitor perspicaz ... há de estar adivinhando lá consigo que eu rezo pela cartilha do Taine darwinista e já lhe irão lembrando a influência do meio, a série de quatro termos e quejandas pedantárias. A verdade, porém, é que, se a fascinação de Taine me atrai algumas vezes pelas veredas que abriu, não é menos certo que as suas outras doutrinas me parecem muitos menos invulneráveis do que pensam geralmente os bacharéis e os jornalistas. O valor de Taine, como crítico, reside mais no seu admirável talento literário do que na transposição do darwinismo, o qual tanto trabalho lhe custou para se convencer que arremedava. Prefiro a sinceridade de um Sainte-Beuve, o qual, sem nunca as enunciar, se conforma com as famigeradas leis

---

24 Tácito, 1998, p.14. Nas citações do livro será utilizada esta edição, contendo os textos de apresentação de Moraes: "Entre o deboche e a ironia" e "São Paulo dos vícios elegantes".

25 Como expressão desse repertório erudito, ele deixou uma tradução dos *Ensaios de Montaigne*, publicada postumamente pela José Olympio Editora.

A EPOPEIA BANDEIRANTE

do ambiente; mas procura, antes de tudo e direitamente, a interpretação, ou reconstrução do gênio particular que estuda. Esta, a maneira que mais possibilidades oferece para se fazer da crítica ou da história uma obra pessoal e viva – obra de arte, em suma, como pretendia Oscar Wilde. Para terminar esta digressão erudita, mas oportuna, direi que não me comprometo a acompanhar ... nem Wilde, nem Taine, nem Sainte-Beuve; mas pretendo conservar liberdade de arbítrio absoluta, para proceder em tudo segundo as minhas doutrinas próprias, originais, sobre a matéria. (Tácito, 1988, p.15-6)

Tais referências prestam-se no livro, exatamente, ao propósito de zombar da cultura bacharelesca do período, que se manifestava numa retórica cheia de florilégios eruditos mas de parcos conteúdos, e na repetição de esquemas da literatura naturalista do século XIX. Elas servem, ainda, para conferir um tom de "seriedade" a uma narrativa picaresca e a um tema bocageano. Aliás, um dos aspectos que a crítica recente mais tem admirado em *Madame Pommery* diz respeito à composição da própria figura do narrador: satírico como nas obras clássicas mais representativas do gênero, irônico tal qual Machado de Assis, debochado como nas futuras memórias de Oswald.[26]

O livro é um misto de ficção romanesca e crônica de costumes, dedicado a alinhavar a biografia gloriosa de Ida Pomerikowsky, prostituta que aportou no Brasil para desbotucunizar[27] a cultura nacional. No lugar dos grandes vultos da historiografia paulista, Hilário Tácito elege como protagonista uma figura de bordel – bordel luxuoso, é claro –, em nítida provocação aos historiadores de então:

---

26 Para Moraes, "assim como acontece com a biografia do autor, a história da personagem ... é atravessada por diversos desvios narrativos. Não é de estranhar, portanto, que o narrador acabe por subverter a coerência da crônica biográfica exemplar, abrindo mão da progressão temática linear e cronológica para dar curso livre a seus devaneios" (op. cit., p.5). De acordo com Leite, "é um narrador que aparentemente se mantém a uma segura distância dos fatos narrados; é a voz do bom senso, o educador que visa formar as novas gerações; é paradoxalmente, um homem 'sério', que se propõe a registrar e enaltecer os feitos 'exemplares' de Madame Pommery" (op. cit., p.184).
27 Na apresentação do livro, Hilário Tácito diz-se "natural da Botocúndia", terra de índios ainda em processo de civilização.

298 ANTONIO CELSO FERREIRA

... não ignoro que outras penas mais abalizadas e mais destras poderiam, com vantagem, desempenhar-se da tarefa ingente, que me impus, erguendo a Mme. Pommery um monumento literário à altura dos seus talentos, dos serviços que tem prestado à nossa incipiente desbotucudização, e da importância primordial que exercitou em toda a nossa economia política, social e doméstica, no tempo de três lustros.

Observo, porém, que esses que sabem dos fatos desta história, e os podiam contar com o brilho e com a eloquência que me escasseiam, não sendo cronistas, não no fazem; e os cronistas de profissão não o escrevem porque os ignoram. Desta situação ressalta, claramente o falso critério que há de ter o futuro historiador, no combinar as forças diversas que fazem andar na atualidade a nossa máquina social, faltando-lhe no polígono delas uma componente do peso e da preponderância de Mme. Pommery. (Ibidem, p.13)

Com efeito, a protagonista integra as novas forças sociais imigradas para modernizar São Paulo: duas nações, a Espanha cavalheiresca e a Polônia das baladas, disputam a glória de lhe ter sido o berço. Seu pai era um *lambe-feras* num circo de ciganos; sua mãe uma noviça de um convento de Córdoba, que desertara de sua missão religiosa para acompanhar, por algum tempo, o lambe-feras bestial. Muito jovem, Ida foi entregue pelo pai a um estuprador idôneo, em troca de um pagamento de nove mil coroas. Esperta, ela passou a fazer disso sua profissão: perambulou longos anos pelas cidades europeias e, em Marselha, decidiu embarcar para fazer a América:

Mme. Pommery desembarcou um belo dia em São Paulo, com as suas roliças enxúndias, quatro conçonetas realejadas, um fato de toureador e dois baús. Começou pobremente. Depois cresceu e se multiplicou; granjeou fortuna, importância e honrosa fama, alargando-se cada vez mais por toda a terra seduzida o insidioso influxo da sua personalidade. (Ibidem, p.16)

Com a proteção do "coronel Pinto Gouveia – comissário de café, sujeito de sessenta anos e abalizado comerciante", ela abre no centro da capital o deslumbrante "Paradis retrouvé, rendez-vous" que se tornaria um verdadeiro centro civilizador na *belle époque* paulista. Pommery sentia-se mesmo uma mulher predestinada a corrigir os "erros e disparates que presenciava" na vida paulistana: os hábitos pouco

A EPOPEIA BANDEIRANTE

higiênicos da "prostituição indigena", o costume de tomar cerveja, cuspir no chão... "Cumpria-lhe o dever apostólico de remodelar esta gentilidade, anunciando-lhe a Nova Lei do amor corrupto, feito limpo, decoroso e sublimado pelo batismo da Champanha", diz o narrador em uma mordaz crítica à mentalidade religiosa vigente, assim como às teorias eugênicas e higienistas do começo do século.

Conta-se mesmo que seu romance foi inspirado na história real de Madame Sanches – "proprietária do Palais de Cristal, então situado na rua Amador Bueno, n.º 10 –, que ostentava a fama de ser a cafetina mais rica de São Paulo".[28] O *Paradis* de *Madame Pommery* será frequentado por gente das camadas dominantes e médias paulistas: representantes da aristocracia local e seus servidores na burocracia e na imprensa, arrivistas do comércio ou da indústria e jovens boêmios, filhos da elite letrada. Alguns exemplos desses *habitués*, adoradores da cafetina, afora o Pinto Gouveia, protótipo dos coronéis: Dr. Felipe Mangancha, conhecido cirurgião, "diretor e tesoureiro da Companhia Paulista de Teatros e Passatempos"; o bacharel Romeu de Camarinhas, um bem-remunerado almoxarife da Intendência; Sigefredo, um alemão vindiço, que esbanjava "no jogo e na gandaia os juros e os capitais das suas indústrias futuras; Chico Lambisco", redator de jornal, "sujeito útil aos políticos de cima, quando mandam, pouco temível aos debaixo, que ainda poderão mandar".

Para servi-los, Pommery põe à disposição meninas "internas do colégio": "Leda Rokoff, loura eslava, madura e muito grande, exibia sobre a carne de açucena muito creme de rainha, pó de arroz cheiroso, e uma parte do milhão de jóias que um grão-duque lhe dera na gloriosa mocidade; Isolda Bogary, uma muito graciosa francesinha: Coralina", uma italiana "rechonchuda popolana, que dava umas risadas malandras com os trinta e dois dentes fora e as ventas para o teto" (Ibidem). As francesas, como eram chamadas na vida real, apareciam à época como figuras associadas à modernidade. "Aos olhos provincianos dos boêmios paulistas, ela[s] ofere-

---

28 Moraes, op. cit., p.8: autora que se baseia em informações de Rago, 1991. Para Rago, os bordéis da alta prostituição tornavam-se, na *"belle époque*, escolas de civilidade", lançando modas para moças e rapazes de família e criando códigos de comportamento e interação social no submundo (p.172).

cia[m] um novo perfil da prostituta, sendo idealizada[s] não só por seu mítico poder de sedução, mas sobretudo por seu domínio das regras do comportamento civilizado". Substituindo a "meretriz de rua, em geral uma antiga escrava estigmatizada como vítima do destino e da pobreza" (Moraes, 1998), as francesa[s] surgem no livro como representantes das novas energias capitalistas, em oposição às velhas forças produtivas.

O tema de fundo da crônica de costumes em *Madame Pommery* é, na realidade, a decadência da antiga aristocracia cafeeira, algo que já prenunciara em Júlio Ribeiro ou Antônio de Oliveira, e que reincidirá de modo marcante nas obras de Oswald de Andrade, Menotti del Picchia, Afonso Schmidt e mais uma dezena de escritores paulistas. A heroína de Hilário Tácito também se insere, com humor e ironia, nas leis da evolução histórica, cumprindo a missão de acelerar a degola dos coronéis em nome do progresso social e dos novos investimentos no mundo dos negócios:

> O desprendimento e abnegação dos Coronéis era um ponto mais que demonstrado. Bastava atraí-los a um ambiente adequado, onde estivessem bem combinadas as tentações da carne e da embriaguez com as pompas de um luxo espetaculoso, para os ver despojarem-se de tudo, até da própria camisa ... De modo que, sabendo-os levar – como ela saberia – com aquele seu tino de adestradora de ursos, não medo de malogros. E tão bem dourada lhes faria a pílula que lha haviam de engolir sorrindo e quem sabe se pagar em dobro. (Tácito, op. cit., p.56)

Mais ainda do que isso: no final da história, dá-se uma acomodação de forças, em benefício da moralidade familiar, da preservação religiosa e do ajuste social sem traumas. O que já previa o narrador no início do romance: "Cinquenta anos apenas depois do descobrimento, já o Padre Manuel da Nóbrega escrevia a D. João III que mandasse para cá mulheres, ainda que fossem erradas. Vieram muitas, e erradíssimas. Casaram-se com a gente principal; e corrigiram-se". Pommery, como estas, decide também se corrigir: milionária, vende o Paradis Retrouvé e se retira à vida privada, à espera de um consórcio feliz e de ser aceita entre as mulheres da *high society* paulistana. Toledo Malta interrompe sua narração, imaginando o futuro da heroína:

A EPOPEIA BANDEIRANTE

> E porque eu não sou profeta, não tenho culpa nenhuma se a narração ficou suspensa. Pois eu até daria uma garrafa de champanha para poder continuar este capítulo, pelo menos, até a primeira apresentação de Mme. Pommery no baile do Eletro Clube, em companhia do esposo, o conde X ou o barão de Z... Mas não posso. Apenas me consolo com o presságio da festa, que há de ser das mais brilhantes, como uma vitória definitiva de Mme. Pommery, a qual passará entre alas de sorrisos e amáveis demonstrações. (Ibidem, p.150)

O interessante é que esse humor e o tema picante da alta prostituição procedessem de um homem "calado, introspectivo, atingido desde cedo por uma surdez implacável", cuja conduta em nada se parecia com a das figuras mundanas retratadas em seu romance (Pimentel, "Nota explicativa", apud Tácito, p.7). Personalidade, em vários aspectos, oposta à de outro representante da imprensa e das letras boêmias do período, e que se tornaria conhecido como o agitador cultural do modernismo: o expansivo e fanfarrão Oswald de Andrade.

Pois foi este mesmo indivíduo, cultuado como um irreverente e alegre demolidor das convenções, quem expôs a face mais sombria de tal ambiente de transformações socioculturais, objeto do riso irônico dos novos literatos. Desde fins da década de 1910, ele vinha preparando sua interpretação original da moderna história paulista, em escritos que pretendiam romancear o crepúsculo de uma era. Em 1922, parte deles foi editada com o título *Os condenados,* primeiro volume de uma *Trilogia do exílio*. E, de fato, Oswald continuaria, obsessivamente, a cumprir seu projeto durante um bom tempo, publicando *A estrela de absinto*, em 1927, e anunciando *A escada de Jacó*, que sairia em 1934 sob o nome *A escada vermelha*, cujo adjetivo valia "como uma tomada de posição ideológica".[29] Nesse mesmo ano, o escritor iniciaria mais um ciclo literário – *Marco Zero*, previsto para cinco volumes –, e que de certa maneira

---

29 Cf. Brito, 1974. "O aluno de romance Oswald de Andrade": prefácio de *Os condenados*, 1978 – escrito em que este estudioso do modernismo comenta a ciranda de datas que envolveu o projeto, indicando ainda seus aspectos autobiográficos. Vale observar que o primeiro volume da trilogia foi publicado simplesmente como *Alma*, na última edição das obras completas do autor, em 1990.

302   ANTONIO CELSO FERREIRA

retomaria, à luz dos novos fatos históricos e engajamentos políticos, o mesmo tema crucial.[30]

O livro, como era de esperar naquele ano da Semana de Arte
Moderna, provocou certa celeuma: alguns o consideraram imoral,
outros o tomaram como inovador, muitos procuraram assinalar
as influências estrangeiras que carregava, lembrando os nomes de
Zola, Dostoiévski, Wilde, Poe, D'Annunzio, entre outros. Com o
passar dos anos, acumularam-se várias referências críticas à obra,
segundo diferentes ângulos de visualização. Houve quem enfati-
zasse sua "técnica cinematográfica" ou ainda seu "expressionismo
trágico", e quem depreciasse seu "entulho *art-nouveau*" ou seu
"gongorismo psicológico decadentista".[31] Mário da Silva Brito
argumentou que se tratava do "elogio fúnebre de uma época".
Apesar de tais adjetivos, tanto o primeiro livro como toda a trilogia
do escritor – e não seria demais acrescentar *Marco Zero* – perma-
neceriam obscurecidos pela crítica.

As três personagens centrais de *Os condenados* integram o
universo popular da capital paulista, circulando por seu submundo,
como à beira de um precipício. Diferentemente das figuras de Hilário Tácito, encontradas no bordel de luzes e luxo, elas contracenam
em palcos miseráveis e escuros. Além do mais, não representam os
novos imigrados, com sua zombaria e vozerio étnico-social; são
apenas indivíduos desencontrados do passado paulista e das classes de origem. O núcleo da trama é dado por Alma, jovem "fulva
de olhos glaucos", irremediavelmente arrastada para a *lama* (o
trocadilho é do autor). Órfã desde menina, fora criada pelo avô,
um velho de princípios morais rígidos, saudoso dos seus troncos
familiares. Apaixonada pelo cafetão Mauro Glade, ela anda pelos
cabarés de baixa categoria atrás de seu macho cruel e violento,
mas também lascivo e sensual. Este, por sua vez, é tão somente
um "filho confuso de confusos dramas da América" e de um pai

---

30 *Marco Zero* foi idealizado em cinco volumes (*A revolução melancólica, Chão,
    Beco do Escarro, Os caminhos de Hollywood* e *A presença do mar*), dos quais
    somente os dois primeiros foram publicados, um em 1943 e o outro em 1945.
    Trato da obra em *Um eldorado errante*, 1996a.
31 Juízos, respectivamente, de Monteiro Lobato, Sérgio Milliet, Haroldo de
    Campos e Antonio Candido, cf. Brito, op. cit.

A EPOPEIA BANDEIRANTE

303

"merceeiro do Braz, grosso e insensível como um cepo de açou gue". Mauro nada possui, "a não ser a vida por herança. Investindo com unhas de atavismos piratas para os mundos coloridos dos *dancings*, fizera-se macho na meia-tinta embriagada dos prostíbulos ... Adunco, metálico, dançava nas ceias noturnas como um deus decaído". Completa o triângulo o telegrafista João do Carmo, que "morava sem ninguém, num quarto de sobrado antigo, na Avenida Tiradentes". Para fugir da existência medíocre, na solidão ele lia Charles Baudelaire, ou extravasava sua força nadando no rio Tietê. Apaixona-se por Alma, seguindo-a obstinadamente como um cão sem dono, e recebendo em troca apenas o desprezo. João do Carmo perambula em busca de Alma, que segue os passos de Mauro, que tem como destino a perdição.

A vida na metrópole é febril, estonteante, como uma torturada quermesse. O autor expõe seus instantâneos de modernidade e miséria moral. Ruas movimentadas de gente e carros, apitos de fábricas, luzes dos *dancings*, espetáculos teatrais, aristocratas, arrivistas, cínicos, moralistas, trabalhadores, vadios, soldados... Mas, na neblina da noite, as três figuras avançam ao léu, condenadas. João do Carmo suicida-se nas águas do Tietê; Mauro Glade segue como cafetão perverso, carregando o lema "coração de mulher, coração de rameira"; Alma mantém-se atraída pela queda na "pauliceia desvairada, armada em capela mortuária".

O livro traz um punhado de citações religiosas, que exprimem o sentimento órfico do autor, abrindo-se, aliás, com a epígrafe bíblica: "Expulsou Adão. E colocou ante o paraíso das delícias um Anjo com uma espada de fogo, para que guardasse o caminho da árvore da vida". As personagens do livro são como os decaídos do paraíso, sempre à espera de uma porta que nunca se abre. Elas somente se alternam no labirinto da metrópole, à margem da história. No final do romance, anuncia-se a entrada em cena de Jorge d'Alvelos, primo de Alma – personagem-síntese da intelectualidade boêmia, portando traços autobiográficos de Oswald –, um escultor que chegará da Europa, nos próximos volumes do livro, para completar o circuito desesperançado de *Os condenados*. Ele também virá em busca de um enredo pessoal que, no último volume da trilogia, será perseguido como o da própria nação.

Nessa atmosfera de decadência e paradoxais projeções futuristas, de tragédia existencial e desvario, de riso e amargura, de demolição e reconstrução dos signos da brasilidade, será celebrado o advento do modernismo, por meio do qual a imaginação literária paulista atualizará, em versão de vanguarda, o discurso da tradição.

MODERNOS MAMELUCOS

Não é o caso de se reavaliar, nestas páginas, o significado global do movimento modernista de São Paulo, que se desencadeou desde fins da década de 1910, foi organizado em torno da Semana de Arte Moderna de 1922 e desdobrou-se em tendências conflitantes a partir de 1925. De qualquer maneira, para se analisar como os modernistas atualizaram o discurso da tradição regional, será necessário reter alguns parâmetros revisionistas, estabelecidos pela crítica nas últimas décadas. Tal revisão tem procurado superar o "autorretrato mítico" do movimento, delineado "por seus protagonistas e por uma geração de críticos e historiadores empenhados na defesa da causa da arte moderna que frequentemente esposou as razões da primeira hora sem contestá-las ou questionando-as muito timidamente" (Fabris, 1994b, p.9).

A própria distinção entre modernismo e pré-modernismo, criada para singularizar a opção estético-política dos escritores e artistas de 1922, foi profundamente abalada em estudos que mostraram, dentre outros aspectos, como a elaboração artística anterior a esta data já trazia à tona novas personagens e motivos sociais e políticos, típicos de um contexto de modernização, bem como exprimia, em seus conteúdos e formas, o horizonte técnico da modernidade.[32] De acordo com essas análises, a questão moderna já era um elemento crucial na produção cultural brasileira desde o começo do século, "e não uma súbita descoberta do grupo de São Paulo por volta da década de 1920".[33]

---

32 Ver a respeito: Süssekind, op. cit.; Hardman, op. cit.
33 Fabris, 1994b, p.18. Ver, também, a respeito da crítica de arte nos anos precedentes a 1922, Chiarelli, 1995.

A EPOPEIA BANDEIRANTE

A crítica recente enfatizou, por outro lado, a natureza paradoxal do modernismo brasileiro. Para Ronaldo Brito, ele projetou para o "futuro o que tentava resgatar do passado. Enquanto as vanguardas europeias se empenhavam em dissolver identidades e derrubar os ícones da tradição, a vanguarda brasileira se esforçava para assumir as condições locais, caracterizá-las, positivá-las, enfim". Mencionando especificamente as artes plásticas, o autor argumenta que a produção nacional não era formalmente moderna: ao contrário da europeia, cuja experimentação (cubista, surrealista, por exemplo), fundamentava-se na rejeição dos sistemas clássicos de representação (função referencial, realismo, semelhança, verossimilhança), ela "revelava o primado do tema, a sujeição da pintura ao assunto. Para reencontrar, abraçar ou mesmo projetar o Brasil, era necessário, indispensável, dar-lhe um rosto, uma feição".[34] Essa proposição poderia ser, também, estendida às obras literárias do modernismo: mais do que uma tendência de ruptura com as formas estéticas conhecidas e de destruição dos conteúdos épico-nacionalistas, elas envolvem uma "redescoberta" do Brasil, pelas quais se atualiza, conforme um olhar paulista, a reflexão histórica e sociológica nacional, mantendo-se acesas, dessa maneira, as funções referenciais da elaboração literária.[35]

Em concordância com Brito, Annateresa Fabris afirma que "os limites da modernidade artística brasileira residem sobretudo na questão da brasilidade...". Segundo ela, os modernistas "elaboraram a própria ideia de modernidade, de olhos postos em São Paulo" e "ignorando uma série de manifestações que apontavam na mesma direção a partir de um outro centro geográfico, o Rio de Janeiro".[36]

Tal marca regional, na criação modernista, já fora apontada, de passagem, por críticos apegados à afirmação da memória do

---

34 Brito, "A semana de 22: o trauma do moderno", apud Fabris, op. cit., p.15.
35 Sobre a "redescoberta" do nacional pelos modernistas, ver Candido, "Literatura e cultura de 1900 a 1945 (panorama para estrangeiros)". In: Candido, 1985, p.109-38. A respeito das tendências modernistas internacionais, ver Bradbury & McFarlane, 1989.
36 Fabris, 1994b, p.15 e 21. Sobre a "desqualificação" do Rio de Janeiro entre os modernistas, ver: Velloso, 1993, p.89-112; a respeito da produção cultural carioca no período, ver Gomes, 1993, p.62-77.

movimento, sendo, todavia, circunscrita à atuação dos escritores que assumiram posturas políticas conservadoras, a exemplo de Guilherme de Almeida e Cassiano Ricardo.[37] Para Alfredo Bosi, um desses críticos, a condição paulista foi sublimada na arte dos radicais, Mário, Oswald, e contrabalançada pela face internacional, na obra de autores como Antônio de Alcântara Machado e Sérgio Milliet.[38] Desse modo, Bosi reitera a avaliação de Antonio Candido, para quem o modernismo significou um momento de equilíbrio na dialética entre o nacional e o internacional e, portanto, de superação das "fases" literárias precedentes, em que ora se pendia para um, ora para outro lado (Candido, 1985).

A esse respeito, são mais persuasivos e questionadores os argumentos de Annateresa Fabris em seu estudo sobre os anos inaugurais de atuação da "vanguarda" paulista (1920-1922). Baseando-se em fontes pouco exploradas pela crítica, ela detecta, entre os vários expoentes do movimento, indícios de uma visão apaixonada e heroica da cultura regional, herdeira da tradição. Dela compartilharam autores representativos de correntes díspares, tais como Menotti del Picchia, Oswald, Mário, Cândido Mota Júnior, Luís Aranha, Carneiro Leão e até mesmo um não paulista, como Ronald de Carvalho (Fabris, 1994b, p.1-32). Em alguns desses escritores – pode-se acrescentar –, essa visão evoluiria para o regionalismo ufanista, entrelaçado, curiosamente, a um nacionalismo exaltado; e em outros, levaria a uma revisão crítica da formação da nacionalidade, que preservou, entretanto, a ideia da superioridade da cultura paulista.

Elegendo a cidade de São Paulo como lugar por excelência da modernidade brasileira, tais escritores reelaboraram o discurso épico-regional e o revestiram com imagens futuristas, numa projeção otimista e frequentemente acrítica, presa ao ideário burguês. Sob sua batuta, São Paulo é concebida como fulcro irradiador de um novo modo de civilização, em uma série de metáforas que acrescenta novos tropos às substâncias iterativas da imaginação letrada regional.

---

37 Ambos aglutinaram-se, desde 1925, em torno do grupo Verde-Amarelismo, que ainda contaria com Menotti del Picchia e Plínio Salgado. O grupo rivalizou com a tendência antropofágica, liderada por Oswald de Andrade, e iria afinar-se com o Integralismo, na década seguinte.

38 Bosi, "As letras na Primeira República", in: Fausto, 1985, v.9, p.312.

A EPOPEIA BANDEIRANTE

307

Ela passa a ser a cidade tentacular, vertical e industrial, prototípica da civilização industrial e louvada como um mito tecnizado.[39] Para Oswald de Andrade, a "luminosa metrópole, estuante de labor intelectual, fatalizada a futurismos de atividades, de indústria, de história e de arte, leader mental da nação", é um laboratório de ideias e escolas, pelas quais se criam expressões libertas das velhas fórmulas perras (Ibidem, p.9-10). Menotti del Picchia, por sua vez, estende seu olhar a todo o Estado, concebendo São Paulo como o "braço que trabalha, o cérebro que cria, o antípoda complexo dos cismarentos patrícios do norte, os quais ainda descansam, pacíficos, nas velhas normas ancestrais, sem as perturbações criadoras da concorrência do industrialismo insone, da batalha financeira americana" (Ibidem, p.5-6).

Não é difícil perceber a simetria entre tal discurso e a retórica dos velhos bacharéis paulistas, expressa, por exemplo, na comemoração do centenário da Independência. Ao celebrarem, segundo uma visão mais projetiva que efetiva, os índices futuristas da metrópole industrial,[40] os modernistas não deixavam de escavar suas raízes numa história lendária, da mesma forma como procediam os segundos para justificar o fausto regional no presente. Para Carneiro Leão, o progresso econômico e cultural de São Paulo deitava "raízes na energia dos bandeirantes" e na "impulsão realizadora do passado" (apud Fabris, p.10-1). Na pena de Ronald de Carvalho, "a figura histórica do bandeirante é transposta e aplicada aos fazendeiros, aos industriais, aos 'criadores de fortuna', aos *self-made*, istó é, àqueles 'indivíduos práticos, de gênio claro e po-

---

39 Cf. Fabris, op. cit. Baseando-se em Mircea Eliade, a autora define "mito tecnizado como um mito intencional, finalizado em si mesmo, fruto de uma comunidade particular, que busca em determinados momentos do passado alguns valores congeniais a seus objetivos presentes" (p.8).

40 De acordo com Fabris, op. cit., os modernistas projetaram um modelo de civilização industrial, que não correspondia à cidade ainda marcada pela economia agrária, pelo provincianismo e pelos valores culturais dos fazendeiros. No aspecto físico-arquitetônico, o crescimento de São Paulo dava-se em termos mais horizontais que verticais, desmentindo a ideia de uma metrópole à americana; seu nascente parque industrial não dispunha de bases muito sólidas; os fazendeiros ainda se mantinham enquanto grupo dominante; a cidade exibia contrastes sociais e culturais gritantes, provenientes da estratificação social criada desde o período colonial (ver, especialmente, p.13-32).

308 ANTONIO CELSO FERREIRA

sitivo', que se erguem como contraponto aos 'gramáticos e bacha-réis', aos 'críticos e doutores' que pululam pelo resto do país" (Ibidem, p.4). O próprio movimento modernista passou a ser asso-ciado ao mito da bandeira paulista: se os bandeirantes dos séculos XVII e XVIII empenharam-se na expansão territorial, os bandei-rantes modernistas assumiam a tarefa da modernização cultural do país, seguindo, contudo, os mesmos objetivos de conquista. Nessa empreitada, explicitava-se a visão de superioridade regional e as rivalidades com outras partes do país, sobretudo o Rio de Janeiro.[41] Sob o pseudônimo de Hélios, Menotti del Picchia escreveu em sua coluna no *Correio Paulistano*, em 1922, a propósito de uma viagem dos modernistas à capital federal:

> Os paulistas, renovando as façanhas dos seus maiores, reeditam, no século da gasolina, a epopeia das "bandeiras". Desta feita, não partem elas para o sertão ínvio e incerto, amarelo de lezírias, erriça-do de setas. Os bandeirantes de hoje compram um leito noturno de luxo e seguem, refestelados numa poltrona "poolman", ardorosos e minazes, rumo da Capital Federal. Anteontem, partiu para o Rio a primeira "bandeira futurista". Mário Moraes de Andrade – o papa do novo Credo – Oswald de Andrade, o bispo, e Armando Pamplona, o apóstolo, foram arrostar o perigo de todas as lanças ... A façanha é ousada! ... a "bandeira" futurista terá que afrontar os megatérios, os bizontes, as renas da literatura pátria, toda a fauna antediluviana, que ainda vive, por um milagroso anacronismo...[42]

É assim que a revisão da história regional, em curso no movi-mento modernista, acaba por receber tinturas raciais, de acordo com os postulados da época, como se percebe nesta definição, ain-da de Menotti del Picchia, sobre o brasileiro de São Paulo:

---

41 Segundo Mônica Pimenta Velloso: "Desde há muito, os intelectuais paulistas vinham insistindo na questão da hegemonia do seu estado, destacando-o como o centro dinâmico da nação. Tal espírito presidira a criação do Centro Paulista, em 1907, no Rio de Janeiro. Contando com o respaldo do governo estadual, o centro promove uma série de eventos, como conferências, solenidades cívicas, reuniões, exposições sobre a indústria paulista etc., com o objetivo de instituir na capital um 'centro de convergência paulista'" (op. cit., p.94).

42 Hélios, "A bandeira futurista", in: *Correio Paulistano*, 22 out. 1922, apud Brito, 1974, p.316-7. Citado também por Gomes, 1993, p.67.

A EPOPEIA BANDEIRANTE   309

ser poligenético, múltiplo, forte, vivo, culto, inteligente, audaz, fruto de muitas raças em combate, resultante de muitos sangues e adaptado, pela força das leis mesológicas, no meio em que surge, temperado pelo clima, plasmado pela força da fatalidade histórica; traz no seu organismo uma civilização multissecular, uma cultura requintada. (Apud Fabris, p.6)

Na autoimagem dos modernistas, entretanto, o movimento pautou-se, fundamentalmente, pelo combate ao passadismo, que, segundo eles, se expressava no patriotismo retórico, no regionalismo ingênuo, e em anacrônicas formas parnasiano-bacharelescas. Não seria equivocado lembrar, todavia, a semelhança entre suas posições e as de Monteiro Lobato, não integrante e mesmo crítico do movimento. Como é sabido, ele combateu, arduamente, a cultura letrada de imitação e o decalque romântico-indianista que dava suporte ao discurso épico nacional. A respeito dessa coincidência, argumenta Eduardo Jardim de Moraes que "se, por um lado, eles rejeitavam a posição regionalista de Monteiro Lobato em nome de um nacionalismo que era o caminho de acesso ao universal, por outro lado percebemos a existência dessa forma de bairrismo paulista que valoriza o regional em detrimento do nacional" (Moraes, 1978, p.105).

Nessa medida, a vanguarda modernista deu prosseguimento à busca, já iniciada na década anterior, de novas figurações para a reescritura da história paulista. Nas obras de Menotti del Picchia, Guilherme de Almeida, Cassiano Ricardo e até mesmo de Oswald e Mário de Andrade, nota-se a pesquisa de outros mitos de origem, perseguidos para substituir o "decalque chateaubrianesco do Peri de tangas e tacapes" (Fabris, p.6). Nos escritos mitopoéticos dos três primeiros – *Juca Mulato, Raça* e *Martim Cererê*[43] –, a ideia de uma raça paulista é alargada para congregar sangue novo, composto de índios, negros, mulatos, bem como dos imigrantes recém--chegados. Nas poesias *Pau-Brasil* (1925), publicadas em Paris por Oswald de Andrade, a história nacional é revista de um prisma bairrista-metropolitano, em tons primitivistas e técnica poética da

---

43 Picchia, *Juca Mulato* (1917), Almeida, *Tôda a poesia*: canções gregas (1921-1922), *O festim* (1922), *Meu* (1922-1923) e *Raça* (1925). São Paulo: Livraria Martins Editora, 1952; Ricardo, *Martim Cererê* (1928).

indústria cinematográfica. Em *Macunaíma* (1928), finalmente, Mário de Andrade desenha a nova síntese da nacionalidade, representada pelo anti-herói das selvas e da metrópole, racialmente ambivalente, positivo como Peri e negativo como Jeca Tatu.

Torna-se possível compreender, desse modo, como se conjugam, no modernismo, posturas aparentemente contraditórias: combate ao passadismo e retorno à tradição, cintilações futuristas e ancoragem na história, louvor à civilização industrial e temáticas decadentistas, culto aos signos modernos e figuração mítica das coisas da terra, internacionalismo, brasilidade e regionalismo. A leitura dos textos mencionados e de alguns outros títulos, publicados nos anos precedentes à Semana de Arte Moderna ao final dos anos 20, permite ilustrar tais incidências.

Juca Mulato, por exemplo, é um poema telúrico, escrito em 1917, antes do modernismo propriamente dito, que dá mostras do sentimento patriótico do autor, retomado com intensidade na década seguinte. Del Picchia escolhe como herói um caboclo do mato que, embora vigoroso, anda sempre a cismar, como um gênio triste da raça. A personagem integra o rol de tipos populares rurais, desenhados por escritores e artistas desde o final do século XIX, assemelhando-se, pelo sentimentalismo, ao violeiro caipira de Almeida Jr., e pelo aspecto de desolação, ao Jeca de Lobato. A sua tristeza racial, por outro lado, remete a uma proposição que ganhará fôlego no ensaio *Retrato do Brasil* (1928), de Paulo Prado, publicado em fins da década seguinte.

Apesar disso, *Juca Mulato* é delineado como uma figura carregada de robustez e grandiosidade selvagem, em oposição à figura raquítica do Jeca de Lobato. Assim como nos escritos do regionalismo, a personagem vive em comunhão com a natureza, de forma rude e simples. Apaixonado e não correspondido pela filha da patroa, pensa em deixar a terra, mas é vencido por seu chamado irresistível:

> Juca olhou para a terra e a terra muda e fria
> pela voz do silêncio ela também dizia:
> Onde estejam teus pés, eu estarei contigo.
> Tudo é nada, ilusão! Por sobre toda a esfera
> há uma cova que se abre, há meu ventre que te espera...

A EPOPEIA BANDEIRANTE

311

> Nesse ventre há uma noite escura e ilimitada,
> E nele o mesmo sono e nele o mesmo nada.
> Por isso o que vale ir, fugitivo e a esmo,
> buscar a mesma dor que trazes em ti mesmo?
> Tu queres esquecer? Não fujas ao tormento...
> Só por meio da dor se alcança o esquecimento.
> Não vás. Aqui serão teus dias mais serenos,
> que, na terra natal, a própria dor dói menos...
> E fica, que é melhor morrer (ai, bem sei eu!)
> no pedaço de chão em que a gente nasceu. (Picchia, s. d., p.49)

Em *Raça*, Guilherme de Almeida empreende uma síntese poética da formação da nacionalidade brasileira, composta de quadros sobre as suas três raças constituintes: o português, o índio e o negro. O poema é tido como representativo da "fase" modernista do autor, mas desvela também sua maestria beletrista, experimentada no parnasianismo. Os vocábulos são raros; as imagens, fulgurantes; os versos, longos. Trata-se de uma construção lírica em que cada quadro cumpre função metonímica: no primeiro, aparece o cavalheiro colonizador "de pendão e caldeira, de baraço e cutelo, senhores cruzados"; no segundo, os indígenas, com "cocares de penas, colares de dentes, feitiços de pau"; no terceiro, os negros africanos "sem tarimba nem tanga, fazendo banzé, muamba e mandinga, corcundas, trombudos". Nesse excesso ornamental, o poema deixa vazar estereótipos mais que conhecidos: o índio é exuberante e supersticioso; o português, audacioso e sonhador; o negro, bestial e voluptuoso. Na última parte – Minha cruz –, Guilherme de Almeida exalta o papel do mestiço, consubstanciado no bandeirante desbravador da nacionalidade, expressando seu nativismo paulista, pelo qual foi consagrado como principal poeta da terra:

> Há uma encruzilhada de três estradas sob a minha cruz
> de estrêlas azuis:
> três caminhos se cruzam – um branco, um verde
> e um prêto – três hastes da grande cruz.
> E o branco que veio do norte, e o verde que veio
> da terra, e o prêto que veio de leste
> derivam, num novo caminho, completam a cruz
> unidos num só, fundidos num vértice.
> Fusão ardente na fornalha tropical de barro vermelho,

cozido, estalando ao calor modorrento dos sóis imutáveis:
– filibusteiros, saqueadores; fidalgos sesmeiros de
vastos latifúndios e arcos inumeráveis:
senhores de engenhos e de currais; nababos, negreiros;
mascates; mercantes de quinquilharia;
sertanistas – mamelucos, mestiços, cafusos – queimando
malocas e afundando igaras da bugraria...
Policromia de sotainas pretas ajoelhadas sob cipós e
papagaios, erguendo hóstias nas mãos de lírio
e vertendo, sob luas fabulosas, no cálice de oiro da
terra o sangue teatral do martírio...
Mas na riba do rio lá em baixo, três braços torcidos
num único empurram no mato
o primeiro canoão da primeira monção e soltam bem
alto a primeira bandeira – bem alto!... (Almeida, 1952,
p.199-20)

A publicação de *Raça* rendeu uma rápida polêmica entre Sérgio Milliet e Mário de Andrade, que esclarece bem os dilemas enfrentados pelos modernistas em torno da questão nacional. Nas páginas de *Terra Roxa e outras terras*, Milliet resenhou o livro, enfatizando suas qualidades poéticas pela ótica do nacionalismo e da valorização dos elementos regionais. Segundo ele, Guilherme de Almeida

conseguiu, ainda, deslumbrar, embebedar de santa poesia os leitores mais exigentes, os críticos mais apegados às chapas modernistas. É que ele tocou na corda musical: na nossa brasilidade ... Pode-se criticar *Raça*, sob o ponto de vista mesquinho dos modernismos franceses e italianos. Eu nego, porém, qualquer valor a essas críticas, porque o nosso modernismo tem de ser diferente. E Guilherme é profundamente brasileiro. Digo mais: paulista ... Todo esse pedaço é profundamente nosso, de São Paulo. Isso não é um defeito, porque só se é brasileiro sendo paulista, como só se é universal sendo do seu país.[44]

A resenha mereceu uma carta-protesto de Mário de Andrade, publicada no número seguinte da mesma revista, na qual o poeta de *Pauliceia desvairada* questiona o "sentido simbólico heroico

---

44 In: *Terra roxa e outras terras*. São Paulo, 20 jan. 1926. Ano I, n.1, apud Moraes, 1978, p.104-5 e 175.

A EPOPEIA BANDEIRANTE

313

grandiloquente e errado", empregado por Milliet à palavra paulista. Argumentando que não pretendia negar "um valor enorme sobretudo no passado" dos seus "coestaduanos", ele lembrou que era necessário, contudo, "tomar cuidado com os símbolos e com os sentimentos perniciosos". Para ele,

> como símbolo o paulista é também aquela besta reverendíssima da guerra dos Emboabas, ainda por cima arara e covardão. É o homem que não soube tornar fecundo o ouro sem conta de minas. É o homem que abandonou toda uma região porque, sem providências de tratamento, sem bom senso e carinho, ela não dava mais café. E é ainda o homem... bom inda é cedo para comentar o procedimento dos paulistas durante a Isidora e a gente vive em estado de sítio. Porém eu, que vivi na rua observando revoltosos e legalistas, tenho muito que contar sobre a psicologia do povo paulista.[45]

Dizendo-se avesso a todo "bairrismo histérico desnacionalizante" e saudosista, Mário de Andrade conclui seu raciocínio com uma indagação a Milliet: "E a nossa riqueza e progresso atuais, você já reparou como eles nascem do acaso, de circunstâncias climáticas e geológicas? Você já meditou naquelas frases verdadeiras da *Paulística* de Paulo Prado sobre a decadência do caráter paulista?".[46] A propósito desse debate, Eduardo Jardim de Moraes apresenta uma sugestão interessante. No seu entender, a carta de Mário "é um primor de contradições: Ao mesmo tempo que pretende romper com o bairrismo desnacionalizante ... ele enumera ... todos os traços negativos da psique paulista", trazendo, portanto, a mesma posição do criticado. Ao invés de "à maneira ufanista, cantar o forte povo paulista", ressalta seus aspectos negativos: "a maneira de pensar, no entanto, é a mesma ... Seus propósitos são nacionalistas, mas seu fundo revela os traços de arraigado 'paulistismo'" (Moraes, 1978, p.107).

---

45 In: *Terra roxa e outras terras*. São Paulo, 3 fev. 1926, n.2, apud Moraes, p.106-7 e 175.

46 O debate ensejou uma resposta de Milliet, divulgada no número 3 do periódico (21 fev. 1926). Intitulada "Pontos nos is", nela o crítico se defende, argumentando: "Na minha crônica falava de Guilherme que só podia ser brasileiro sendo paulista. Isto é: sendo ele. Se se tratasse de um carioca, diria: ele só é brasileiro sendo carioca", apud Moraes, p.107.

A sugestão de Moraes merece ser aprofundada, acentuando-se que os argumentos de Mário sobre os traços negativos da psique paulista e sobre a decadência do seu caráter foram inspirados nas obras de Paulo Prado, conforme citação no próprio texto. A referência a tais ensaios torna-se, portanto, imprescindível para a compreensão dos significados do regional e do nacional nos escritos modernistas.

Em torno dele gravitaram os expoentes do movimento, admiradores confessos de seu brilhantismo intelectual, do seu cosmopolitismo e de sua paixão pela história do Brasil. Herdeiro de ilustre família paulista, influente no mundo político e dos negócios, Paulo Prado catalisava a atenção da vanguarda artística e literária, com suas teses polêmicas e seu entusiasmo diante dos empreendimentos modernistas. Verdadeiro mecenas do movimento, ele contribuiu para a organização e o financiamento da Semana de 22, adquiriu telas dos novos artistas, prefaciou os poemas *Pau-Brasil*, de Oswald, e estimulou o intercâmbio entre os escritores paulistas e o viajante franco-suíço Blaise Cendrars. Afora isso, escreveu assiduamente para o jornal *O Estado de S. Paulo*; dirigiu, junto com Lobato, a *Revista do Brasil* (1923-1925); e participou da fundação do Partido Democrático, em 1926. Finalmente, deu largas à sua vocação de historiador, portando-se como discípulo de Capistrano de Abreu.[47] Os seus ensaios mais conhecidos foram *Paulística* (1925) – no qual incluiu o artigo mencionado por Mário, sobre a decadência de Piratininga, e que já saíra nas páginas do *O Estado de S. Paulo*, dois anos antes – e o já citado *Retrato do Brasil*. Em várias ocasiões, foi reverenciado pelos escritores modernistas: Oswald dedicou-lhe as *Memórias sentimentais de João Miramar* (1924); René Thiollier homenageou-o no capítulo A semana de Arte Moderna, do livro *O homem da galeria* (1928); no ano seguinte, Mário de Andrade dedicou-lhe *Macunaíma*, em cujo prefácio (inédito), refere-se a *Retrato do Brasil*, que também seria editado em breve, mencionando seu débito para com o autor.[48]

---

47 Aspectos da biografia do autor podem ser encontrados em Levi, 1977; e Calil, "Introdução" e "Cronologia", in: Prado, 1997, p.7-45.

48 "Não podia tirar a documentação obscena das lendas. Uma coisa que não me surpreende porém ativa meus pensamentos é que em geral essas literaturas rapsódicas e religiosas são frequentemente pornográficas e em geral sensuais.

A EPOPEIA BANDEIRANTE

315

Em *Retrato do Brasil* estão condensadas as ideias de Paulo Prado sobre os fatores raciais, sociais e culturais constituintes da tristeza brasileira. A obra foi concebida como um ensaio impressionista,[49] tendo sido consagrada, seja à época, seja mais recentemente, por suas qualidades literárias. No livro, o autor expõe os "defeitos" de formação histórica da sociedade brasileira, o que não o impede de defender, de maneira voluntarista no *Post-scriptum*, uma revolução nacional regeneradora: "não uma simples revolta de soldados, ou uma investida disfarçada para a conquista do poder...", mas uma revolução capaz de inserir o país nas forças novas de libertação mundial, deflagradas desde a guerra de 1914-1918, e nas quais o modernismo parecia integrar-se enquanto movimento cultural.[50] Muitos dos argumentos e das impressões de Paulo Prado sobre a formação racial e cultural do Brasil, expressos desde *Paulís-*

Não careço de citar exemplos. Ora uma pornografia desorganizada é também da quotidianidade nacional. Paulo Prado, espírito sutil pra quem dedico este livro, vai salientar isso numa obra de que aproveito-me antecipadamente", apud Calil, p.42.

49 Nas palavras do autor: "Este Retrato foi feito como um quadro impressionista. Dissolveram-se nas cores e no impreciso das tonalidades as linhas nítidas do desenho e, como se diz em gíria de artista, das 'massas e volumes', que são na composição histórica a cronologia e os fatos ... Restam somente os aspectos, as emoções, a representação mental dos acontecimentos, resultantes estes mais da dedução especulativa do que da sequência concatenada dos fatos ... Considerar a história não como uma ressurreição romântica, nem como ciência conjuntural, à alemã, mas como conjunto de meras impressões, procurando no fundo misterioso das forças conscientes ou instintivas as influências que dominaram, no correr dos tempos, os indivíduos e a coletividade. É assim que o quadro – para continuar a imagem sugerida – insiste em certas manchas, mais luminosas, ou extensas, para tornar mais parecido o retrato" (op. cit., p.185-6).

50 No prefácio dos poemas de Oswald de Andrade, Paulo Prado argumenta: "A poesia 'pau-brasil' é, entre nós, o primeiro esforço organizado para a libertação do verso brasileiro. Na mocidade culta e ardente de nossos dias, já outros iniciaram, com escândalo e sucesso, a campanha de liberdade e de arte pura e viva, que é a condição indispensável para a existência de uma literatura nacional. Um período de construção criadora sucede agora às lutas da época de destruição revolucionária, das 'palavras em liberdade' ... A mais bela inspiração e a mais fecunda encontra a poesia 'pau-brasil' na afirmação desse nacionalismo que deve romper os laços que nos amarram desde o nascimento à velha Europa, decadente e esgotada..." ("Poesia Pau-Brasil", in: Andrade, op. cit., p.58-9).

tica, assim como sua vaga ideia de revolução,[51] corresponderam às expectativas dos modernistas, ou foram por eles ressignificados textualmente.

O livro inicia-se com a célebre proposição: "Numa terra radiosa vive um povo triste", originário dos "dois grandes impulsos que dominam toda a psicologia da descoberta e nunca foram geradores de alegria: a ambição do ouro e a sensualidade livre e infrene que, como culto, a Renascença fizera ressuscitar" (Prado, 1977, p.53). Os "degredados, criminosos, náufragos e grumetes rebelados", primeiros troncos de povoamento da terra, viviam num "individualismo infrene, anárquico pela volatilização dos instintos sociais" (ibidem, p.92-3), multiplicando-se em uniões de "pura animalidade", no contato com o "índio sensual" (p.72). A escravidão contribuiu para exacerbar a tendência de volatilização referida, levando à "hiperestesia sexual", facilitada pela submissão e pela afetuosidade da negra africana: "aqui a luxúria e o desleixo social aproximaram e reuniram as raças" (p.189-90). Da luxúria e da cobiça resultou a melancolia, que "nos povos, como nos indivíduos, é a sequência de um quadro de psicopatia: abatimento físico e moral, fadiga, insensibilidade, abulia, tristeza" (p.142). E assim:

> No Brasil, o véu da tristeza se estende por todo o país, em todas as latitudes, apesar do esplendor da Natureza, desde o caboclo, tão mestiçado de índio da bacia amazônica e dos sertões calcinados do Nordeste, até a impassibilidade soturna e amuada do paulista e do mineiro. (p.143)

A leitura psicológica da história brasileira (Leite, 1976, p.262-7), realizada por Paulo Prado, fundamenta-se em fatores raciais extraídos da biologia, da etnologia e da eugenia, ainda em voga no

---

51 Para Dante Moreira Leite (1976, p.267), a ideia de revolução de Paulo Prado, embora "embrionária e não totalmente explícita", sugere dois caminhos para a modificação da realidade nacional: "Num extremo, quase chega a sugerir uma verdadeira revolução, capaz de derrubar a oligarquia ... nesse sentido, sua solução sugere um movimento de esquerda revolucionária. No outro extremo, sua sugestão pode ser entendida como uma pregação da violência pela violência, e nesse sentido se aproxima do falso heroísmo das doutrinas fascistas que começavam a aparecer no Brasil".

círculo intelectual brasileiro do período. Embora reconheça a igualdade essencial das raças em "capacidade mental e adaptação à civilização" (Prado, 1997, p.190-1), o autor interroga "que influência pode ter no futuro essa mistura de raças?". Sua resposta confirma postulados favoráveis à mestiçagem entre o branco e o índio, da qual teria resultado a heterose mameluca, "em que o vigor híbrido é sobretudo notável nas primeiras gerações". Mas ele apresenta dúvidas em relação à mestiçagem com outras raças, como por exemplo, o cruzamento do português com o africano. A respeito disso, contenta-se em dizer que o assunto é uma incógnita, ainda não definitivamente estudado.

É com base em tais formulações raciais que Paulo Prado reserva a São Paulo um papel especial na formação da nacionalidade brasileira, por ter aqui ocorrido o primeiro e mais vigoroso tipo de mestiçagem, gerador do vigoroso mameluco, representado pela figura histórica do bandeirante. Todavia, sua argumentação pouco acrescenta de originalidade ao imaginário do bandeirantismo e às teses de uma cultura regional superior, a não ser a ideia de uma decadência do caráter paulista desde o século XVIII – ideia reproduzida, como se viu, com presteza por Mário de Andrade na crítica a Sérgio Milliet. Outras noções por ele defendidas recuam a Euclides da Cunha, como a aplicação da fórmula segundo a qual o isolamento geográfico constitui-se em fator positivo para o caldeamento das raças, ou o diagnóstico sobre a miséria do caboclo no início do século, amplamente explorado por Lobato. Seus argumentos a respeito da condição benéfica do isolamento paulista, nos primeiros séculos da colonização, podem ser acompanhados nestes excertos:

> A história de São Paulo, em que a amalgamação se fez intensamente, como num cadinho e favorecida pelo segregamento, é prova concludente das vantagens da mescla do branco com o índio. Hoje, entretanto, depois de se desenrolarem gerações e gerações desse cruzamento, o caboclo miserável – pálido epígono – é o descendente da esplêndida fortaleza do bandeirante mamaluco. (Ibidem, p.192)

> ... só escaparam à degenerescência do além-mar os grupos étnicos segregados e apurados por uma mestiçagem apropriada. Foi o caso

de Piratininga, em que o Caminho do Mar preparou e facilitou para a formação do mamaluco esse "centro de isolamento", da teoria de Moritz Wagner.[52] (p.138)

... (João Ramalho) foi o ascendente por excelência dos mamalucos paulistas que viriam a exercer tão grande influência na história do Brasil; foi o antepassado típico ... do antigo piratiningano, fisicamente forte, saudável, longevo, desabusado e independente, resumindo as qualidades com que dotou gerações e gerações de descendentes. (p.70)

Para Paulo Prado, o mamaluco bandeirante foi um tipo étnico novo, destacado do conjunto da mestiçagem brasileira. Ainda que vivesse na "terra de todos os vícios e de todos os crimes" (p.76), e carecesse, como os colonos brasileiros em geral, de "estimulantes afetivos de ordem moral e os de atividade mental" (p.129), constituiu-se como uma entidade histórica formidável, tendo sido responsável por uma ação vital na formação do país, dadas as suas características psicológicas:

> Ânsia de independência levada até o motim e a revolta, excessos e bruteza de homens de engenho rude, escrúpulos exíguos, fortaleza física apurada pela endogamia e seleção num meio propício, ambição de mando que o isolamento da montanha desenvolvia, ganância de riqueza rápida a que não era estranha a influência semítica dos cristãos-novos de São Vicente e Piratininga, ausência de elementos alienígenas, consequente predominância dos fatores indígenas de cruza e no pessoal das expedições do sertão – fenômenos e condições que deram ao movimento das bandeiras paulistas uma feição específica no desenvolvimento da história do Brasil. (p.108)

Não foi duradoura, no entanto, essa fase vigorosa da formação étnica e de afirmação da cultura regional. Desde o século XVIII, uma série de condicionantes – raciais, econômicas, políticas e culturais – levou à decadência do caráter paulista. O autor enumera alguns desses fatores, sem estabelecer entre eles uma hierarquia. O esgotamento do ouro pôs termo à missão bandeirante. A população local passou a vegetar na indigência do lugarejo provinciano.

---

52 Moritz Wagner (1813-1887): viajante e naturalista alemão.

A EPOPEIA BANDEIRANTE

A estúpida administração portuguesa suprimiu os rasgos de independência da antiga fortaleza de Piratininga. A mineração deixou a cidade despovoada, com a emigração dos elementos sadios da capitania. Foi assim que o paulista mergulhou, como os demais habitantes do país, na hiperestesia sexual e na dissolução geral dos costumes, cuja consequência foi a perda da qualidade dos cruzamentos raciais.

Ao se voltar para a atualidade, Paulo Prado apresenta conclusões que oscilam entre o pessimismo e a aposta voluntarista no futuro. Concebe São Paulo, desde o século XIX, como uma "mancha de civilização material" pronta a reviver o tempo das bandeiras. Entretanto, esse oásis construído, mais uma vez, pela iniciativa privada (assim como ocorrera nos séculos XVII e XVIII), parecia sucumbir "na desordem da incompetência, do peculato, da tirania, da cobiça", em que se perdiam "as normas mais comezinhas na direção dos negócios públicos". A única alternativa possível seria a revolução, meio pelo qual os paulistas poderiam regenerar "o corpo anêmico, atrofiado, balofo" da nação, assim resgatando o próprio caráter e a tradição regional (p.199 e 212).

A ideia de que São Paulo originara-se como um cadinho de raças unificava o discurso histórico da intelectualidade local, tendo recebido cores novas entre os modernistas, antes mesmo da publicação de *Retrato do Brasil*. Para estes, a imigração europeia, iniciada desde finais do século XIX, representava a retomada de uma vocação da cultura paulista para o caldeamento racial. Mário de Andrade, por exemplo, referiu-se à modernidade local como a mistura épica das raças (apud Velloso, 1993, p.105). Oswald de Andrade, à sua vez, tomou São Paulo como modelo de formação étnica nacional: "A questão racial entre nós é uma questão paulista. O resto do país, se continuar conosco, mover-se-á como o corpo que obedece, em pós do nosso caminho, da nossa ação e da nossa vontade".[53] O que os modernistas assimilaram do autor de *Paulística* foi, fundamentalmente, a noção de decadência do caráter do homem regional, o que os levava a investigar os meios possíveis para sua revitalização.

---

53 Andrade, "Reforma literária", *Jornal do Commércio*, 19 maio 1921, p.105.

320 ANTONIO CELSO FERREIRA

Oswald manifestou grande simpatia pela conclamação revolucionária de Paulo Prado, cujo alcance não destoava de sua ideia, formulada desde fins dos anos 20, acerca do modernismo como prenúncio da revolução estética e social ("Queremos a Revolução Caraíba ... A unificação de todas as revoltas eficazes na direção do homem"). Em janeiro de 1929, ao resenhar *Retrato do Brasil*, afirmou que o autor inseriu o Brasil no "sentido da revolução mundial", fazendo-o acordar do seu "sono de preguiça gostosa".[54] Repudiou, contudo, o tratamento moralista dado por ele à luxúria brasileira, enfatizando que o livro repetia "todas as monstruosidades de julgamento do mundo ocidental sobre a América descoberta":

> Não posso compreender que um homem *à la page*, como é meu grande amigo, escreva sobre o Brasil um livro pré-freudiano. A luxúria brasileira não pode, no espírito luminoso de Paulo Prado, ser julgada pela moral dos conventos inacianos. Não quero me convencer disso. Atribuo à preguiça aristocrática do autor da Paulística as conclusões opostas à alta liberdade moral e intelectual professada a vida toda por ele.[55]

Nos manifestos primitivista e antropófago e nas *Poesias Pau-Brasil* – o primeiro e as últimas, anteriores à publicação do livro resenhado, mas escritos no momento de sua concepção e no contato com as ideias de seu autor –, Oswald converte em valor positivo a luxúria brasileira. No poema "As meninas da gare", tem-se um exemplo de releitura e atualização da história do Brasil, em que a moral inaciana é invertida:

> Eram três ou quatro moças bem moças e bem gentis
> Com cabelos mui pretos pelas espáduas
> E suas vergonhas tão altas e tão saradinhas
> Que de nós as muito bem olharmos
> Não tínhamos nenhuma vergonha. (Andrade, 1990, p.69-70)

---

54 Andrade, "Retoques ao Retrato do Brasil" (resenha publicada em *O Jornal*. Rio de Janeiro, 6 jan. 1929): incluída como apêndice em Prado, op. cit., p.228-32.

55 Idem, p.230. Em razão dessa apreciação, reiterada em outros artigos, Paulo Prado rompe com Oswald de Andrade.

A EPOPEIA BANDEIRANTE

O sexo, a cobiça e a mestiçagem são vistos em outro poema, sem qualquer sentimento de culpa, como parte do repertório histórico paulista e nacional:

> O fazendeiro criara filhos
> Escravos escravas
> Nos terreiros de pitangas e jabuticabas
> Mas um dia trocou
> O ouro da carne preta e musculosa
> As gabirobas e os coqueiros
> Os monjolos e os bois
> Por terras imaginárias
> Onde nasceria a lavoura verde do café (A transação). (p.85)

No lugar da tristeza pradeana, Oswald procura revelar a alegria nacional: " – a alegria é a prova dos nove ... Contra a realidade social, vestida e opressora, cadastradas por Freud – a realidade sem complexos, sem loucura, sem prostituições e sem penitenciárias do matriarcado de Pindorama".[56]

Apesar dessa discrepância em relação às impressões do *Retrato do Brasil*, há em sua revisão literária da história nacional, coincidências notáveis com o pensamento de Paulo Prado, de resto expressivas dos dilemas nacionalistas da jovem intelectualidade local. Nota-se em suas obras, por assim dizer, a caracterização de duas linhas de força na dinâmica cultural brasileira, sintetizadas no palco de São Paulo. Uma ganha relevo nos escritos que emolduram personagens condenadas, correspondentes aos paulistas de caráter decadente, segundo a tese de Prado; outra sobressai nos manifestos e poemas que buscam mostrar os aspectos de vitalidade (*heterose*) inerentes à nossa "formação étnica rica (... a sábia preguiça solar. A reza. A energia silenciosa. A hospitalidade. Bárbaros, pitorescos e crédulos)", e aos nossos contrastes primitivos e modernos. A primeira linha foi inaugurada com *Alma* (1922), e teve sequência nos livros *A estrela de absinto* (1927) e *A escada* (1934), bem como em *Marco Zero* (1943 e 1945). A segunda ganha fôlego no *Manifesto da Poesia Pau-Brasil* (1925) e no *Manifesto Antropófago* (1928),

---

56 Andrade, *Revista de Antropofagia*. Ano I, n.I, maio de 1928 (ed. fac-similar. São Paulo: Abril e Metal Leve S.A., 1975).

mas também se reproduz na experimentação em prosa e verso, bem como em alguns textos de dramaturgia.

Assim como nos escritos de vários outros modernistas ou personalidades simpáticas ao movimento – a exemplo dos já citados Menotti del Picchia, Guilherme de Almeida e Paulo Prado –, a obra de Oswald de Andrade busca conferir significados novos à história brasileira, tomada de um ângulo de visão paulista, com base na re-leitura de suas fontes textuais. Os poemas *Pau-Brasil* sintetizam bem a tendência: estruturados de forma fragmentária e deixando à mostra um fio condutor irônico, em oposição à grandiloquência dos dois primeiros autores, partilham com eles, todavia, a redescoberta dos itinerários históricos da nacionalidade. As fontes recortadas e remontadas por Oswald são os cronistas Pero Vaz de Caminha, Gandavo, Claude D'Abbeville, frei Vicente de Salvador, Fernão Dias Paes, frei Manoel Calado, e o próprio D. Pedro I em carta ao Patriarca da Independência. Tais fragmentos discursivos da história nacional são extraídos de seus contextos originais e recontextualizados de maneira dessacralizadora. Em perspectiva sincrônica, o autor os confronta e atualiza com *flashes* da realidade dos anos 20, enquadrando-os segundo expediente cinematográfico.[57] É com o olhar posto na modernidade econômica de São Paulo e em suas novas forças de miscigenação cultural, que ele relê o passado.

A mesma procura de significados plásticos e dinâmicos para a história paulista ocorre na prosa de Antônio de Alcântara Machado em *Brás, Bexiga e Barra Funda*, publicado em 1927 (Machado, 1973). O livro é dedicado "à memória de Lemmo Lemmi (Voltolino) e ao triunfo dos novos mamalucos":

> Alfredo Mário Guastini, Vicente Rao, António Augusto Covello, Paulo Menotti Del Picchia, Nicolau Naso, Flamínio Favero, Victor Brecheret, Anita Malfatti, Mário Graciotti, Conde Francisco Matarazzo Júnior, Francisco Pati, Sud Menucci, Francisco Mignone, Menotti Sainatti, Heribaldo Siciliano, Teresa Di Marzo, Bianco Spartaco Gambini e Ítalo Hugo.

---

57 Para uma análise da estrutura formal dos poemas e da leitura antropofágica de Oswald de Andrade, ver Campos, "Uma poética da radicalidade", in: Andrade, 1990, p.7-53.

A EPOPEIA BANDEIRANTE

Trata-se de uma relação que inclui os imigrantes italianos bem-sucedidos em São Paulo, como literatos, jornalistas, cientistas, políticos, esportistas, artistas e industriais. Na mesma página, o autor transcreve a frase constante do discurso de saudação do conde Francisco Matarazzo a Washington Luís, em 1926: "Esta é a pátria dos nossos descendentes". Tal transcrição evidencia o desejo de que a literatura modernista correspondesse não só aos anseios de alargamento da identidade cultural paulista, como também à busca de ampliação do grupo letrado local em relação à intelectualidade tradicional. O modernismo representaria, dessa maneira, a atualização e a democratização da cultura paulista, ao abrir espaço a artistas e escritores de origens humildes, imigrantes ou mestiças. Ao lado daqueles nomes citados na relação, poderiam, assim, ser acrescentados os dos "primos pobres da oligarquia" (Micelli, 1979, p.26) – por exemplo, os mulatos Mário de Andrade e Cassiano Ricardo –, novos mamalucos como os primeiros.

No seu livro, ainda mais sugestivo é o *Artigo de fundo*, que introduz as crônicas sobre o cotidiano ítalo-paulista dos bairros englobados no título. Nele, Antônio de Alcântara Machado formula sua síntese da história da nacionalidade, em versão cujo conteúdo não difere dos itinerários construídos pelos demais participantes do escol modernista. Em particular, a carga de humor e a dessacralização das fontes históricas contidas no texto aproximam o autor da leitura antropofágica de Oswald de Andrade. Vale a pena reter alguns trechos do artigo, em que ele trata das três gerações – ou fornadas – de mestiços:

> Durante muito tempo a nacionalidade viveu da mescla de três raças que os poetas xingaram de tristes: as três raças tristes.
> A primeira, as caravelas descobridoras encontraram aqui comendo gente, e desdenhosa de "mostrar suas vergonhas". A segunda veio nas caravelas. Logo os machos sacudidos desta se enamoraram das moças "bem gentis" daquela, que tinham cabelos "mui pretos, compridos pelas espadoas".
> E nasceram os primeiros mamalucos.
> A terceira veio nos porões dos navios negreiros trabalhar e servir a gente. Trazendo outras moças gentis, mucamas, mucambas, mambandas, macumas.
> E nasceram os segundos mamalucos.

> E os mamalucos das duas fornadas deram o empurrão inicial do Brasil. O colosso começou a rolar.
> Então os transatlânticos trouxeram da Europa outras raças aventureiras. Entre elas uma alegre que pisou na terra paulista cantando e na terra brotou e se alastrou como aquela planta também imigrante que há duzentos anos veio fundar a riqueza brasileira.
> Do consórcio da gente imigrante com o ambiente, do consórcio da gente imigrante com o indígena nasceram os novos mamalucos.
> Nasceram os intalianinhos.
> O Gaetaninho.
> A Carmela.
> Brasileiros e paulistas. Até bandeirantes.
> E o colosso continuou rolando... (Ibidem, p.7-8)

Os novos mamalucos são vistos, portanto, como a fonte regeneradora da nacionalidade. São eles os bandeirantes modernos, capazes de dar prosseguimento à obra colossal dos seus antecessores, por trazerem o sangue novo, que a modernidade injetou na história. Nessa perspectiva, Antônio de Alcântara Machado traduz com clareza exemplar as concepções raciais e o olhar regional, subjacentes às inquietações nacionalistas do modernismo.

Os seus heróis são extraídos da vida trabalhadeira, íntima e quotidiana dos bairros populares ítalo-paulistas. Gaetaninho, Carmela e as demais personagens do livro são protótipos do *self-made--man*, que viria recuperar as virtudes do velho homem paulista – o aventureiro bandeirante, movido pela iniciativa privada, no dizer de Paulo Prado. Para compor suas crônicas, o autor comporta-se como o jornalista que recolhe os fatos diversos da realidade observada. Interessam-lhe os episódios de rua, o aspecto étnico-social dessa novíssima raça de gigantes que encontrará amanhã o seu historiador (Ibidem, p.8-9). Tal realidade, entretanto, não se desligaria do passado, uma vez que os heróis de hoje fundem e depuram disposições de espírito e caráter dos seus antecessores. É com essa concepção que Antônio de Alcântara Machado volta sua criação literária, de modo prioritário, para o presente, entendendo-a como registro instantâneo de vida em direção ao futuro.

Descendente de renomados historiadores,[58] contudo, ele não deixou de manifestar preocupação com a história. Os seus textos

---

58 Pelo lado paterno, o autor (1901-1935) era bisneto do brigadeiro José Joaquim Machado d'Oliveira (1790-1867), historiador e geógrafo, além de presidente

A EPOPEIA BANDEIRANTE 325

escritos incluem a monografia *Anchieta na Capitania de São Vicente* (1929), em que dá continuidade à vocação familiar, procurando reter os ensinamentos dos vultos proeminentes do passado regional. Em sua visão, a historiografia e a literatura, embora distintas enquanto narrativas, estariam entrelaçadas no fluxo temporal, cumprindo papéis específicos na fixação das imagens da vida.[59]

É sintomático que, enquanto o escritor dava ao público, por intermédio da prosa literária, a versão popular do bandeirante moderno, seu pai, José de Alcântara Machado, realizava uma revisão da história paulista nos séculos XVI e XVII, pela qual o velho bandeirante ganharia, igualmente, vestes populares. A obra, que recebeu o título *Vida e morte do bandeirante* (Machado, 1972), foi escrita com base nos testamentos e inventários processados em São Paulo, de 1578 a 1700,[60] e publicada dois anos depois de *Brás, Bexiga e Barra Funda*. Na dedicatória do livro, o autor também exprime seu vínculo familiar com a terra paulista: "Para minha mulher, meus filhos, minha nora, meus netos, paulistas como eu e os meus antepassados desde Antônio de Oliveira chegado a S. Vicente em 1532".

Perscrutando tais fontes, o historiador procura alcançar o cotidiano dos antigos bandeirantes, assim como seu filho buscava nos episódios de rua do presente, o modo de ser dos novos mamelucos. Nas palavras do autor: "Só depois de frequentá-los na intimidade e situá-los no cenário em que se moveram, estaremos habilitados a compreender-lhes as atitudes". O que, para ele, pressupunha outra concepção de história, distinta da historiografia tra-

---

de cinco províncias à época do Império; neto de Brasílio Augusto Machado d'Oliveira (1849-1919), jurista, professor, administrador e membro do IHGSP, como se viu nos capítulos anteriores; e filho de José de Alcântara Machado d'Oliveira (1875-1941), bacharel em Direito, membro da APL e do IHGSP, ao qual será feita referência em seguida. Os dados biográficos do escritor podem ser conferidos na introdução de Francisco de Assis Barbosa, constante do livro *Novelas paulistanas* (1973).

59 Marques, 1995, discute as concepções de história e literatura que orientam as diferentes narrativas do autor: especialmente às p.122-35.

60 Fontes organizadas em 27 volumes e publicadas pelo Arquivo do Estado, por iniciativa de Washington Luís quando presidente do Estado de São Paulo (1920-1924).

326 ANTONIO CELSO FERREIRA

dicional, que se assentava nos grandes feitos de um pequeno número de homens ilustres:

> Reduzir o estudo do passado à biografia dos homens ilustres e à narrativa dos feitos retumbantes seria absurdo tão desmedido como circunscrever a geografia ao estudo das montanhas ... O conhecimento do que o homem tem realizado no combate diuturno que desde as cavernas vem pelejando para melhorar-se e melhorar o meio em que vive, tal o objetivo essencial da história. Como poderemos atingi-lo se concentrarmos tôda a atenção em meia dúzia de figuras, esquecendo o esfôrço permanente dos humildes, a silenciosa colaboração dos anônimos, as ideias e os sentimentos das multidões? ... Vazada nestes moldes, a história perderá talvez um pouco de seu aparato. Mas ganhará de certo em clareza e verdade. (Ibidem, p.15)

Pelas laudas dos inventários e testamentos manuscritos, Alcântara Machado evoca o passado de sua terra. Nesses textos, interessam-lhe todos os vestígios capazes de recompor a moldura da sociedade paulista, nos primeiros tempos, em sua vida privada, familiar, religiosa, econômica e social. São eles que permitem ao historiador recriar a cena histórica, que embora fantasmagórica, parecia ressoar no presente:

> Pelas vielas do povoado, ou através das lavouras, deslizam sombras. Rebanhos trágicos de negros da terra ou da Guiné. Mamelucos madraços e atrevidos. Potentados de grande séquito, cheios de rudeza e gravidade, que passam e de repente desaparecem, tragados pelo sertão. Dêsses fantasmas, humildes ou altaneiros, não distinguimos a fisionomia, tão largo é o espaço que nos separa. Mas, apesar da distância, ouvimos o que dizem e sabemos o que sentem. (p.21)

Em meio a essas sombras, Alcântara Machado vislumbra as imagens dos velhos bandeirantes, que em nada se assemelhariam aos aristocráticos paulistas, desenhados por Oliveira Vianna: "homens muito grossos de haveres e muito finos de maneiras, opulentos e cultos, vivendo à lei da nobreza numa atmosfera de elegância e fausto" (p.25).[61] Como Sérgio Milliet salientaria mais tarde, ao prefaciar a obra, de

---

61 A passagem citada é extraída da obra de Oliveira Vianna, *Populações meridionais do Brasil*: história, organismo, psicologia. Sobre as concepções desse ideólogo, ver: Leite, 1976, p.220-31.

A EPOPEIA BANDEIRANTE

suas páginas emerge "um bandeirante pobre e analfabeto, grosseiro de modos e de haveres parcos, vivendo quase na indigência, austero e primário...". Para o crítico modernista, tal figura aparece no livro "em luta permanente contra dificuldades de tôda espécie, amante apavorado do sertão ... capaz das arrancadas maravilhosas que não se lhe apresentavam como oportunidades de glória mas sim como soluções de inexorável urgência".[62] Em suma, um *self-made-man* do passado, tal como o mameluco da época presente. O bandeirante de Alcântara Machado guarda, ainda, parentesco, com o caipira de Valdomiro Silveira, delineado como descendente daquele, segundo modelo das classes populares rurais, e não da aristocracia.

Conclui Milliet que Alcântara Machado recusa-se "às seduções da epopeia, em vez de escrever mais uma página brilhante sôbre as bandeiras, foi buscar a verdade". Conclusão, todavia, precipitada: a revisão histórica do autor atualiza a epopeia dos bandeirantes, re-escrevendo-a como epopeia burguesa. Neste aspecto, ela coincide com o imaginário projetivo das vanguardas, traduzido literariamente como redescoberta modernista de São Paulo e da nação.

Os escritos de José de Alcântara Machado e de Antônio de Alcântara Machado, pai e filho com vínculos sólidos na tradição e olhar dirigido à modernidade, exemplificam bem as permanências da imaginação letrada paulista.

GLÓRIAS E SORTILÉGIOS

Apesar de compartilharem o projeto comum de redescoberta da brasilidade e a mesma convicção quanto ao papel de vanguarda desempenhado por São Paulo na nação, desde 1925 os escritores e artistas do modernismo cindiram-se em torno de diferentes propostas político-culturais. O rompimento iniciou-se com a formação do grupo Verde-Amarelismo, encabeçado por Menotti del Picchia, Plínio Salgado, Cassiano Ricardo e Guilherme de Almeida, e que também contou com a participação de Alfredo Ellis Jr. Apresentando-se como vertente renovadora do movimento, o grupo digladiaria com as correntes pau-brasil e antropofágica.

---

62 Milliet, "Introdução", in: Machado, 1972, p.2.

Os verde-amarelos converteram o nacionalismo em programa de ação, empreendendo um verdadeiro culto às tradições brasileiras. Isto os levaria a uma defesa sem disfarces do regionalismo, entendido como fundamento da brasilidade. Mônica Pimenta Velloso resume bem as concepções da tendência, delimitando seu distanciamento em relação tanto à antropofagia de Oswald de Andrade, quanto às ideias de Mário de Andrade:

> Para o grupo Verde-Amarelo, o que está em primeiro plano é o culto das nossas tradições, ameaçadas pelas influências alienígenas, tornando-se, por isso, urgente a criação de uma "política de defesa do espírito nacional". Assim, a valorização do regionalismo coloca-se como imprescindível porque possibilita "delimitar fronteiras, ambiente e língua local". E mais: só o regionalismo é capaz de dar sentido real no tempo e no espaço, já que o ritmo da terra é local. Assim o brasileiro não deve acompanhar o ritmo da vida universal, pois este é abstrato, genérico e exterior. A alma nacional tem um ritmo próprio que deve ser respeitado custe o que custar ... Ao apresentarem o caipirismo como elemento definidor da brasilidade, os verde-amarelos se indispõem com o grupo antropofágico e com a corrente liderada por Mário de Andrade. Criticam a filiação europeia do primeiro e o intelectualismo da segunda... (Velloso, 1993, p.7)[63]

É assim que o regionalismo "aparece como uma mediação necessária para se atingir a nacionalidade, assegurando o ingresso do país na modernidade". O folclore e as tradições populares das diversas regiões são louvados como as manifestações autênticas do nosso ritmo e os elementos definidores da brasilidade. Na perspectiva dos verde-amarelos, "a construção de um projeto de cultura nacional deve comportar um retorno idílico às tradições do país, e a recuperação de um tempo mítico, revelador das origens e da dinâmica brasileira" (Ibidem, p.99).

No entanto, esse tempo é localizado preferencialmente em São Paulo, região tida como o cerne da nacionalidade, em virtude de um conjunto de fatores geográficos, socioculturais e raciais interligados. Os rios paulistas, direcionados para o interior, teriam leva-

---

63 Sobre as diferenças entre o pensamento dos verde-amarelos e as ideias de Mário e Oswald, ver também p.99 e 105.

A EPOPEIA BANDEIRANTE

do a população local a embrenhar-se pelo sertão em busca de riquezas. Isto condicionou a formação do espírito desbravador bandeirante, do qual resultou a definição das fronteiras do país. Ao contrário de outras regiões, como o Rio de Janeiro, sempre voltadas para o exterior e para as culturas alienígenas, os paulistas, historicamente, dirigiram seus olhos para o centro da nação. A positividade de "nosso meio, sempre flexível à absorção de novos elementos étnicos", levou ao caldeamento das raças e à integração pacífica entre o colonizador e o colonizado, representados pelo português e pelo tupi. A inserção do imigrante na cultura paulista seria a manifestação recente dessa mesma vocação à democracia racial (Ibidem). Dotado dessa cultura permeável, São Paulo teria a missão histórica de continuar a herança bandeirante, estendendo o progresso e a modernidade ao país.

Entre os verde-amarelos, o olhar regional modernista orientou-se para a formulação de uma ideologia regionalista. Por outro lado, a redescoberta da nacionalidade, perseguida no modernismo enquanto ruptura com as convenções em diferentes pontos de vista críticos, ganhou na nova vertente sentido unívoco de retorno à tradição e à ordem, com sérias implicações políticas. As suas propostas possibilitaram a aproximação do modernismo com as correntes políticas e intelectuais conservadoras de São Paulo, num enlace que alcançou o êxtase em 1932.[64] No plano nacional, tanto desaguaram em doutrinas autoritárias, como o Integralismo, quanto iriam contribuir para o projeto cultural do Estado Novo.[65]

---

64 No manifesto *Nhengaçu verde-amarelo*, publicado em 1919 nas páginas do *Correio Paulistano*, os membros do grupo assumem claramente seus vínculos com os grupos políticos conservadores, especialmente do PRP: "Aceitamos todas as instituições conservadoras, pois é dentro delas mesmo que faremos a inevitável renovação do Brasil, como o fez, através de quatro séculos, a alma da nossa gente, através de todas as expressões históricas" (Helena, 1986, p.78).

65 Tais correlações são, aqui, apenas esboçadas. Sobre as ideias dos verde-amarelos, consultar Velloso, op. cit.; Moraes, 1978. Uma perspectiva comparada com as demais correntes do modernismo pode ser obtida em Lafetá, 1974, e Teles, 1972. Quanto à ideologia do regionalismo paulista, ver Leite, 1976; a respeito do Integralismo, consultar, de uma vasta bibliografia: Chasin, 1978. A respeito da política cultural do Estado Novo, consultar Oliveira et al., 1982; e sobre o livro *Marcha para o Oeste* e a ideia de democracia racial, alardeada no Estado Novo, ver Lenharo, 1986.

O ideário verde-amarelo comportou nítidos propósitos pedagógicos: caberia aos intelectuais a missão não só de criar a consciência nacional, como também de difundi-la entre a população por meio de um patriotismo prático, em obras educativas para crianças e adultos.

Martim Cererê, livro de poemas de Cassiano Ricardo, publicado em 1928, exemplifica bem a visão nacional-regionalista do grupo e seus objetivos didáticos. A história do Brasil é narrada de maneira lendária, para ser cantada como motivo de orgulho – O Brasil dos meninos, dos poetas e dos heróis. A lenda focaliza as três raças constituintes da nacionalidade, sintetizadas em São Paulo. Da união entre elas, nasceram os bandeirantes, gigantes de botas que desbravaram sertões e no presente construíam arranha-céus. São eles os heróis de uma raça nova e forte, de um Brasil gigante e criança. Vejam-se estas passagens dos poemas "Raça nova" e "Tropel de gigantes":

> Então nasceram os gigantes:
> que eram filhos da selva e do mar!
> ... Uns vermelhos, tingidos no sol da manhã;
> outros brancos, marcados com o fogo do dia;
> outros pretos, mais pretos que a noite
> ... Gigante vermelho
> pintado a urucum;
> gigante branco
> manchado de giz;
> gigante preto
> marcado a carvão;
> todos três
> calçaram bótas séte-léguas
> e era uma vez...
>
> E este S. Paulo, chamado Piratininga
> na verde manhã de garôa
> tão cheia de coisas remotas
> formando o quartel-general
> dos gigantes de bótas! (Ricardo, 1938, p.84-5 e 87)

O "herói ricardiano é aquele que realiza a 'epopeia dos trópicos'" (Velloso, 1993, p.100). Para o poeta, "Pouco importa saber si

A EPOPEIA BANDEIRANTE 331

iam à caça de ouro ou de prata, ou si essa gente/ levava pro sertão aquela tempestade/ que Deus lhes pôs no coração: a força de
vontade!/ Está por existir essa gente, o que fez essa raça" (Ricardo,
1938). Desde o final dos anos 20, esse discurso foi repetido por outros
escritores e políticos, dando o tom para a entrada na nova década.

Alfredo Ellis Jr., que ficaria conhecido como um dos principais
ideólogos do regionalismo paulista, manteve contatos políticos
estreitos com os verde-amarelos, apesar de não ter participado
das experiências estéticas do modernismo. As suas ligações com
o grupo iniciaram-se em 1923, quando ingressou na redação do
jornal *Correio Paulistano*, sob indicação do mestre Taunay, então
se juntando a Menotti, Cassiano Ricardo e Plínio Salgado, também
colaboradores do jornal e líderes da corrente.[66] Foi o último e mais
radical expoente de uma safra de intelectuais dispostos a cantar as
glórias de São Paulo, e com ele se encerra este capítulo.

Ellis Jr. considerava-se um paulista por excelência, descendente
dos primeiros e mais notáveis troncos de povoamento da terra.
Nasceu em 1895, numa próspera fazenda de café em São Carlos,
filho do senador Alfredo Ellis e de Sebastina Eudóxia da Cunha
Bueno Ellis. Tanto pelo lado da mãe, quanto da avó paterna (Maria
do Carmo da Cunha), alardeava sua filiação à linhagem de Amador
Bueno da Ribeira, o Aclamado, estirpe paulista de quatro séculos.
Guilherme Ellis; seu avô inglês, instalara-se no Brasil como médico

---

66 Em suas memórias inéditas – *Roteiro de minha vida* –, o autor afirma que o
ingresso no jornal "foi o primeiro degrau na escalada da minha carreira política
e literária, bem como da ascensão como historiador, pois data dos meus artigos
semanais", apud Monteiro, 1994, p.81). No livro de memórias *Viagem no tempo
e no espaço*, Cassiano Ricardo inclui o autor no grupo verde-amarelo, desta-
cando sua contribuição teórica: "Logo depois, minha entrada para a redação
do Correio Paulistano, onde já se encontravam Menotti Del Picchia e Plínio
Salgado, me tornou um modernista convicto e até um teórico do Movimento
... Fundamos, então, Menotti, Plínio, Alfredo Ellis, Mota Filho e eu o grupo
verde-amarelo que marcou e continua marcando até hoje uma das fases da
'revolução de costumes' na história de nossa literatura ... Não nos limitamos
ao combate, publicamos obras ... como *A outra perna do Saci* (ficção), de
Menotti; *Introdução ao Estudo do Pensamento Nacional* (ensaio) de Cândido
Mota Filho; *Raça de Gigantes* (estudo sociológico) de Alfredo Ellis Júnior; *O
Estrangeiro* (romance) de Plínio Salgado; *Borrões de Verde e Amarelo* e *Vamos
caçar papagaios* (poemas de minha autoria)". Apud Chasin, 1978, p.190.

humanitário; seu pai seguira a mesma inclinação, após se doutorar na Universidade da Pensilvânia. Republicano formado no ambiente das instituições norte-americanas, Alfredo Ellis fora um dos signatários do Manifesto de 1870. Em Rio Claro, onde iniciou a profissão clínica, dedicou-se à cafeicultura e à atividade política, como chefe local do PRP. Senador por São Paulo, atuou na política até 1925, ano de sua morte. Conta-se que abraçara cedo a causa abolicionista, "dando o suggestivo exemplo de libertar, incondicionalmente, todos os seus numerosos escravos".[67]

A formação intelectual de Ellis Jr., seguindo a rota privilegiada de seus antecessores, deu-se no interior das escolas mais afamadas de São Paulo. Realizou o curso ginasial no Colégio São Bento, tendo sido aluno de Afonso Taunay, que lhe despertou o interesse pela história universal e de São Paulo. Após uma viagem à Europa, em companhia do pai, e que lhe deu a oportunidade para conhecer a civilização do pré-guerra, matriculou-se, em 1913, na Faculdade de Direito, bacharelando-se em 1917. A partir desta data, iniciou a carreira jurídica, sendo promotor público em Limeira e São Carlos.

Nos anos 20, a par das atividades profissionais, do jornalismo e da publicação dos primeiros livros, ingressou no PRP, partido pelo qual exerceu o mandato de deputado na Assembleia Estadual, em duas legislaturas (1925-1930), elaborando projetos para a cafeicultura e os transportes da região. Já, então, louvado como eminente político e intelectual da terra, tornou-se sócio do IHGSP e imortal da APL. Fechada a Assembleia em consequência da Revolução de 1930, Ellis foi professor em ginásios da capital, época em que publicou livros didáticos para as áreas de história, geografia, estatística, biologia e higiene. Participou da criação da Liga de Defesa Paulista, e escreveu o "livro doutrinário" *Confederação ou separação*, além de contribuir intensamente para a propaganda do movimento de 1932. No mesmo ano, alistou-se nas forças revolucionárias paulistas, o que lhe rendeu uma rápida experiência nas trincheiras, interrompida com um tiro que o levou de volta a São Paulo.[68]

---

67 Cf. Oliveira, *Alfredo Ellis* (discurso necrológico), *RIHGSP*, 1925, p.540.
68 Informações mais detalhadas sobre sua biografia podem ser obtidas em Monteiro, 1994, e *RAPL* (1979, p.79).

A EPOPEIA BANDEIRANTE

333

Os primeiros trabalhos histórico-antropológicos de Alfredo Ellis Jr. foram divulgados no Congresso Internacional de História da América, em 1922, realizado no Rio de Janeiro nas comemorações do Centenário da Independência. Ainda nas décadas de 1920 e 1930, ele delineou suas principais teses sobre a formação do paulista – uma sub-raça de gigantes –, expostas numa série de livros sobre a mesma temática, em constante retomada: *O bandeirismo paulista e o recuo do meridiano* (1923), *Raça de gigantes* (1926), *Pedras lascadas* (1928), e *Os primeiros troncos paulistas e o cruzamento euro-americano* (1935). Em tais obras, extravasou acentuado sentimento nativista: "...tudo que faço, tudo que penso, tudo que imagino é por São Paulo" (apud Abdul, 1985, p.139). As suas ideias centrais, marcantes na historiografia regional até os anos 40, mereceram alguns balanços críticos de inegável relevância,[69] de modo que se pode apenas resumi-las aqui.

Segundo John Monteiro, em um dos balanços recentes, "a concepção ellisiana da história paulista ... orientava-se por três pressupostos fundamentais: o isolamento do planalto durante todo seu período formativo, o caráter específico da mestiçagem luso-indígena (e a correspondente ausência do negro africano) e o fenômeno *sui generis* do bandeirantismo paulista" (Monteiro, 1994, p.83). Como se nota, nada de tão novo assim, tendo-se em vista a incidência desse mesmo modelo na historiografia do IHGSP, na literatura regional desde o romantismo, e nas obras de autores da mesma época, como Paulo Prado. A sua relativa originalidade reside no fato de ter desenvolvido tal "quadro dentro de uma perspectiva explicitamente comparativa, contrapondo a experiência colonial paulista à nordestina", e de ter procurado sistematizar seus enunciados históricos numa abordagem eclética, que se valeu de diversas correntes antropológicas. Na maioria desatualizadas, elas incluíam tanto o evolucionismo biológico, o determinismo geográfico e a antropometria do final do século XIX, quanto a eugenia, em moda no Brasil dos anos 20 (ibidem).[70] Todavia, sua concepção

---

69 Como os de Leite, 1976, p.232-7; Abud, 1985, p.139-46; e Monteiro, op. cit.
70 Em *Primeiros troncos paulistas*, o autor confessava seu ecletismo: "Não me estribo apenas no ambiente geográfico. Procuro um ecletismo entre os deterministas do meio físico e os adeptos das raças como fator humano", apud Monteiro, p.85.

acerca da mestiçagem paulista, que privilegia o europeu e o índio, e a defesa explícita do branqueamento progressivo da população local, representa um deslocamento em relação às noções esboçadas por seus amigos modernistas Cassiano Ricardo e Del Picchia. Ao contrário destes, considerava negativamente o cruzamento com o negro, e até mesmo esgotada, desde 1888, a sua influência na formação social da região.

No livro *Os primeiros troncos paulistas e o cruzamento euro-americano*, em que reelabora as teses de *Raça de gigantes*, Ellis Jr. contrapõe-se às visões de Oliveira Vianna e de Gilberto Freyre (1969) sobre a formação social do brasileiro em geral, e do paulista, em particular. Critica o primeiro por ter reconstituído o tipo sociológico do paulista com base na aristocracia cafeeira e escravista do Vale do Paraíba; e o segundo por ignorar o Sul, onde a presença africana teria sido diminuta (Monteiro, op. cit., p.84).

De acordo com ele, para se compreender a evolução racial e social da população de São Paulo, seria necessário recuar aos primeiros séculos da colonização, quando se originou o mameluco, fruto do cruzamento europeu-indígena e resultado da empresa sertanista. Nas suas palavras: "os mamelucos paulistas constituíram uma sub-raça fixa, eugênica, com os seus atributos inigualáveis de grande fecundidade, magnífica longevidade e espantosa varonilidade. Foram eles, sem dúvida, os coeficientes causadores da grandeza dos feitos dessa que Saint-Hilaire apelidou raça de gigantes". Inicialmente, tal raça formou-se pelo cruzamento do "lusitano, ardoroso, descendente do arabo-berber muçulmânico, imigrado solteiro, livre de escrúpulos e de preconceitos, longe do mulherio branco, em meio rude, agreste e licencioso", com o femeaço indígena, no planalto paulista. Nesse processo – cujo modelo, aliás, é muito semelhante ao da heterose mameluca, formulado por Paulo Prado –, operou-se uma seleção natural, conforme as leis da evolução biológica, uma vez que os colonizadores procuraram, instintivamente, as parceiras mais adequadas e formosas, dando-se, assim, uma "seleção sexual eugênica". Além disso, a mestiçagem paulista teria, pouco a pouco, isolado o negro, cujo cruzamento com o branco era recente e raro. O próprio meio físico da região planaltina acabaria por selar a sua sorte, já que para o autor o negro e o mulato

A EPOPEIA BANDEIRANTE

caminhavam para a esterilidade, apresentando "uma mortalidade pela tuberculose pulmonar nove vezes maior do que o branco, no planalto" (apud Monteiro, op. cit., p.85).

O modelo de mestiçagem de Ellis Jr. recupera e atualiza "cientificamente" o indianismo romântico, em prosseguimento à obra de vários autores do IHGSP e do Museu Paulista. John Monteiro lembra que ele recorreu à antropometria para medir um crânio guaianá, com o objetivo de acompanhar as fases de evolução do paulista, desde seus troncos primitivos. Menciona, também, seu projeto de medir os restos mortais do chefe indígena Tibiriçá, transladados para a Catedral da Sé em 1933, e de reunir os ossos dos principais bandeirantes, formando assim o Panteão Paulista (Ibidem, p.85). Como se observa, sua postura guarda aproximações estreitas com a de outro historiador-antropologo do IHGSP: Afonso Antônio de Freitas, artífice da exumação dos despojos de Feijó.

Em *Pedras lascadas*, livro editado em 1928 e que reúne artigos publicados na imprensa do Rio de Janeiro e de São Paulo, Ellis Jr. explicita suas concepções teóricas e as aplica ao caso de São Paulo. Faz um balanço das leituras realizadas na área da "História/Anthropologia/Philosophia", comenta a marcha das raças na história, discute as teses antropológicas de Roquete Pinto e Paulo Godoy Moreira, expõe os postulados eugênicos e defende a imigração italiana como fator de um novo branqueamento da população paulista. A convicção de que se poderia clarear, ainda mais, a população de São Paulo seria divulgada, com todas as letras, em *Os primeiros troncos paulistas*, indicando preconceitos regionalistas e intenções segregacionistas em relação aos nordestinos:

> A população paulista mais clareada, menos mestiçada, mais rica, mais culta foi aos poucos deixando as do Norte a perder de vista e os pontos de semelhança entre elas foram relegados para o passado remoto ... Hoje uma profunda diferença separa os agregados humanos estabelecidos no planalto paulista e no Nordeste brasileiro. (Apud Monteiro, op. cit., p.87-8)

Em 1938, Ellis Jr. ingressou na Faculdade de Filosofia da USP para substituir seu mestre Taunay na cadeira de História da Civilização Brasileira. Até 1958, quando se aposentou, procurou sistematizar e, em alguns casos rever, suas formulações sobre a história paulista, por meio da publicação de numerosos trabalhos.[71] Já, então, não só se modificava o perfil do historiador, a caminho da profissionalização, como também mudavam os paradigmas históricos, sob o efeito dos modelos de explicação econômica e, em parte, como decorrência da expansão ultramarina da moderna historiografia francesa.[72] Naqueles anos, além do mais, os cursos universitários tornavam-se os principais centros produtores do conhecimento histórico, assim suplantando os institutos históricos, que foram, até então, as mais importantes agremiações de convívio dos historiadores. Forçosamente, seus esquemas raciais tiveram de ser (mal)adaptados à nova conjuntura acadêmica, vingando, entretanto, poucos frutos. Mais tarde, sua filha Myriam Ellis também ingressou na casa, onde permaneceu como um dos últimos rebentos do tronco dinástico-intelectual paulista.

Ellis Jr. era, antes de mais nada, um historiador típico das primeiras décadas do século: dedicado a várias áreas de conhecimento, eclético em suas abordagens, literato no sentido amplo do termo. Não foram poucas as obras em que ele procurou dar vazão à vocação literária; obras, diga-se de passagem, ignoradas pela crítica. Não se sabe, também, se tiveram algum impacto no público leitor. Afora os trabalhos de antropologia e historiografia, que tiveram boa aceitação, por certo tempo, em parte da inteligência local, ou os textos didáticos, de memória e de propaganda paulista, de público garantido até meados dos anos 40, não há notícia acerca da recepção de seus romances. Além de algumas narrativas lendárias, um tanto híbridas como gênero – *Lenda da lealdade de*

---

71 Datam dessa época, além de inúmeros artigos no *Boletim da FCL*, os seguintes trabalhos, dentre outros: "Feijó e sua época" (1940); "Meio século de bandeirismo" (1939); "Resumo da História de São Paulo" (1942); e "Capítulos da História Social de São Paulo" (1944).

72 A respeito de sua produção na USP, ver, ainda, Monteiro, op. cit. A alusão à expansão da historiografia francesa é tomada de empréstimo do livro em que Paulo Arantes analisa a formação da cultura filosófica uspiana, cujos contornos talvez possam ser cotejados, a nosso ver, com a formação da cultura histórica na mesma instituição, cf. Arantes, 1994. Acerca dos primeiros frutos da universidade na área de história, entre 1948 e 1951, pode-se consultar Mota, 1977, p.33-6. Sobre a criação da USP, como projeto das elites políticas e culturais da região, ver Cardoso, 1982.

A EPOPEIA BANDEIRANTE

Amador Bueno e *A madrugada paulista*: lendas de Piratininga, ambas da década de 1930 –, ele publicou os romances *Tesouro de Cavendisch* (1929), em parceria com Menotti del Picchia, *O tigre ruivo* (1934), e *Jaraguá* (romance histórico da penetração bandeirante publicado em 1936).

A leitura de tais obras pode ser sugestiva para o entendimento de sua imaginação histórica, transfigurada cientificamente nos textos histórico-antropológicos. A propósito, será aqui apreciado o romance *Jaraguá*, escrito nos anos que se seguiram aos insucessos de 1932, que traduz muito bem sua fértil imaginação, seu regionalismo e seus preconceitos raciais. Por intermédio dessa intriga romanesca, é possível acompanhar como o autor realiza um balanço da experiência histórica paulista, tendo como base tais suportes.

Trata-se de um romance histórico bastante convencional, cujas páginas, carregadas de longas descrições da paisagem e das ações heróicas das personagens, bem como de diálogos grandiloquentes e extenuantes, enfastiam de pronto o leitor. Isto bastaria para levar à suposição de que o livro não teve acolhimento junto a um público já acostumado à leitura dos romances de cenas breves, diálogos coloquiais e figuras da vida cotidiana. Outros textos do gênero, na época, como os de Paulo Setúbal, a despeito de também trazerem um perfume romântico de outrora, obtinham sucesso contando as aventuras de personagens históricas, de certo modo, atualizadas com os sentimentos e o mundanismo do homem comum. Não é o caso dos protagonistas de Ellis Jr., cuja condição olímpica parece demasiado distante da realidade. O leitor preferencial de *Jaraguá* pode ter sido o velho paulista, talvez um tanto ressentido com os reveses de 1932, e por isso mesmo identificado com as glórias locais de antanho e suas personagens heroicas.

Não há nada no livro que lembre a experimentação estética modernista, apesar do contato que o autor manteve com a vanguarda literária verde-amarela. Ao contrário, Ellis Jr. procurou montar sua narrativa nos moldes dos romance histórico do século XIX. Algumas passagens de *Jaraguá* podem, até mesmo, prestar-se a leituras intertextuais, se cotejadas às páginas de José de Alencar, mestre do gênero, ou de Júlio Ribeiro, pioneiro na temática do sertanismo paulista. A proximidade com este último autor é flagrante, não só pelo assunto comum, como também pelo enredo rocambolesco e excessivamente maniqueísta. Certos trechos de Ellis Jr. parecem claramente inspirados em sua obra, embora sem o mesmo brilhantismo, por exemplo, a cena da luta de João Jorge Leme com o jaguar, que evoca de imediato o duelo entre o sertanejo e idêntica fera, no romance *Padre Belchior de Pontes*.[73] Recorde-se, a respeito disso, que Ribeiro se embebera de Alencar, ao conceber o embate. Desse modo, *Jaraguá* enovela-se nas linhas intertextuais do romance histórico nacional e paulista.

A trama do livro desenrola-se em duas partes, correspondentes a momentos históricos distintos, nos quais velhos e novos heróis regionais têm suas vidas ligadas pela mão invisível do destino. A primeira envolve acontecimentos ocorridos entre 1721 e 1723, na fase áurea das bandeiras de Piratininga. A segunda remonta a um passado recente (1930 a 1932), abordando os antecedentes e as peripécias da revolução paulista. Intermediando os dois momentos, há capítulos subsidiários que estabelecem os elos históricos por meio de intrigas e sortilégios numa escala internacional, conforme os padrões folhetinescos. Nestes, são focalizadas outras figuras históricas, aproximadas pelo acaso ou por circunstâncias políticas a acontecimentos brasileiros: o pirata John Davies, o rei Jorge III da Inglaterra, os monarcas portugueses D. Maria louca, D. João VI e seu herdeiro Pedro.

A ação da primeira parte dá-se nos sertões de Mato Grosso, em aldeias nascidas com a mineração, e nas localidades de Itu, São Paulo e cercanias, de onde partiam as monções para a hinterlândia. As personagens centrais desse bandeirismo são extraídas da história, mas revestidas de tons lendários: os irmãos Leme (João Leme da Silva e Lourenço Leme) e seus herdeiros João Jorge e Pedrinho. Além destes, Maria Angélica, uma descendente de Amador Bueno da Ribeira, que fará par romântico com João Jorge. Elas contracenam com uma dezena de figuras secundárias, algumas pertencentes à parentela dos heróis, e outras que desempenham papéis de vilões. Entre estas, destacam-se Rodrigo César de Menezes – o

---

73 Ellis Jr., *Jaraguá*, p.27-36. Sobre a cena, no romance de Júlio Ribeiro, ver Capítulo 3.

A EPOPEIA BANDEIRANTE

339

sátrapa, representante de D. João V em São Paulo –, e Sebastião do Rego – comerciante ligado ao poder metropolitano, tido como "a raposa dessa menagerie".

Os heróis são caracterizados como representativos de uma etapa da linha evolutiva da gente paulista, em suas características psicológicas e físicas, de acordo com o modelo definido pelo autor nos estudos histórico-antropológicos. Os "irmãos Leme eram autoritários, violentos, despóticos, atrevidos, voluntariosos e teimosos, de bravura indômita ... demonstrada pelo rosário de aventuras que os engalanavam". Como "os ultimos paulistas sertanejos que um secular isolamento na região planaltina seleccionára", haviam participado de "todas as refregas da Guerra dos Emboabas ... de onde só por extraordinário milagre escaparam vivos...". Opulentos, desde a mineração, e contando com um contingente de seguidores de origem "carijó, eram homens poderosos, quer pelo numero de seu sequito como pela parentela que reuniam, graças ao seu prestigio, fanatizando-os com seus exemplos de destemor" (Ibidem, p.8, 9 e 79). Ellis Jr., ao contrário de Alcântara Machado, procura enfatizar a genealogia nobiliárquica bandeirante. Para ele, seus heróis procediam "dos antigos reis de França, dos Gonçalves de Camara, e eram fidalgos de nomeada em Portugal quando para aqui vieram...". No Brasil, haviam se mesclado com os guayanazes, dando, assim, início a uma estirpe mameluca (p.56 e 87).

Ao descrevê-los em seus aspectos físicos, o autor usa e abusa de clichês da mitologia: "Com seus physicos agigantados, bellos como modernos Adonis, possuíam essa belleza varonil que os cinzeis dos Cellinis talharam no marmore carrareano desse magico Renascimento...". João e Lourenço Leme eram alourados, com os "cabellos longos tombando do alto de cabeças de prophetas, passeavam pelas ruas de Itú como personagens mythicas, que se revestiam do brilho forte de suas multiformes aventuras". João Jorge, por sua vez, assemelhando-se a um *viking* escandinavo, sobressaía na multidão, "pelo donaire de seu porte e pelo elevado de sua estatura". Tal como seu pai, trazia no físico "toda uma ancestralidade de titãs". Não era diferente o aspecto de "Maria Angélica: Lépida e trefega qual corça sylvestre, agil e sadia ... de um moreno claro, indefinivel, resaltava-se mais devido aos seus olhos grandes e verdes..." e à "basta cabelleiira dourada..." (p.12, 19 e 24). Traçando tais perfis, Ellis Jr. buscava definir, na verdade, as próprias origens brancas, e a nobiliarquia familiar, transmitida pela mãe, que também era herdeira do aclamado.

Em contraste com esses titãs, os representantes do poder metropolitano e os seus apaniguados portugueses locais são delineados como figuras grotescas e maquiavélicas. Sebastião Fernandes do Rego, por exemplo, teria proporções físicas disformes: "os seus bracinhos curtos e musculosos, a estatura baixa, e as pernas que pareciam inchadas, mettidas nos amplos calções de picotilho vermelho, davam a impressão de um javardo vestido de homem" (p.47). Suas ações resumem-se a estratagemas vis contra a arrogância e o espírito de autonomia dos bandeirantes.

Ao narrar as monções e as atividades nas minas, o autor detém-se na caracterização do populacho das bandeiras, emoldurado no pano de fundo do romance. Divide-o em grupos raciais, formados por índios carijós e mamelucos. Os carijós são descritos como "brônzeos, de olhos amendoados, com seus mallares salientes, troncudos, com seus musculos atheticos e proeminentes, visiveis pela nudez luzidia...". Os mamelucos eram "tisnados, de côr ammarellada escura, com suas faces angulosas e imberbes e suas longas cabelleiras lisas e negras a se escorrerem do alto de suas gigantescas estaturas". Nas bandeiras, eles desempenhavam o papel de séquito guerreiro, do tipo feudal: os carijós andavam armados "de escopetas de guerra, vestidos de estamenha grossa ou de bombazina parda, com laçarotes escarlates nos braçaes e nos caixotes"; os mamelucos iam "a cavallo, disparando no ar, à entrada da cidade", com "os seus arcabuzes de seis palmos, e de fechos portugueses". Embora eles apareçam, algumas vezes, em cenas de trabalho braçal, sua condição não é definida como escrava ou semi-servil. Entremeados a eles, surgem alguns negros tapanhumos, mas o autor lhes dá pouca importância, contentando-se em dizer que os irmãos Leme pretendiam "adquirir na África numeroso corpo de escravos pretos" (p.6 e 61). O que, porém, não se concretizou, pelo fato de os bandeirantes terem sua fortuna roubada pelo vilão Sebastião do Rego. Desta maneira, no romance, assim como nos seus trabalhos históricos, São Paulo recebe diminuta influência negra.

A EPOPEIA BANDEIRANTE

341

Ellis Jr. leva ao paroxismo o modelo de uma epopeia paulista. Para ele, Piratininga, como uma nova "Chanaan", é "o berço magico de tantos heróes ... que nesses seculos longinquos firmavam os alicerces do pedestal sobre o qual deveria erguer-se a estatua grandiosa do povo paulista...". Os "irmãos Leme, authenticos semi-deuses paulistas, salteadores dos sertões, homericos devassadores das entranhas da terra", são autores de repetidas lutas, "travadas contra o incola bravio, nos sertões invios do Paranapanema, do Tibagy, ou do Paraguay, ou contra os aborigenes selvagens dos banhados do Campo Grande, ou contra os ferozes payaguazes, os carniceiros guayacurús, ou sanguinários serranos de Santa Cruz de la Cierra". Numa das passagens acerca das expedições militares sob o seu comando, os sertanejos declamam uma longa poesia, encerrada anacronicamente com estes versos:

> De cyclopes, Heróes, de Titans, Bandeirantes,
> Terás, como Fernão, a suprema ventura
> De deixar ao morrer, à geração futura,
> A semente fecunda, a flôr, o fructo e o pão
> Que é São Paulo, afinal, teu berço, uma Nação.

Curiosamente, em nota de rodapé, o autor explica que a poesia era de seu amigo, "dr. João Prado, que tão precuciente idealisticamente vem se dedicando à poesia épica, relembrando em versos, que com admiravel arte sabe burilar, os feitos memoraveis dos nossos antepassados gloriosos" (p.136). Ellis Jr. introduz no passado, como se vê, imagens míticas associadas à mobilização ideológica de 1932, assim criando um efeito romanesco flagrantemente inverossímil.

A despeito dessas glórias, os heróis paulistas têm seus enredos marcados pela fatalidade desde a descoberta, pelos irmãos Leme, de um diamante que, emitindo um estranho brilho, atraía a má sorte para aqueles que o portassem. Ele passará de mão entre as personagens, de um século a outro, pressagiando uma longa série de infortúnios. Deste modo, a trama folhetinesca toma corpo no livro, encadeando fatos históricos e ficcionais.

O mau agouro incidirá sobre os irmãos Leme e seus herdeiros – as primeiras vítimas de uma extensa lista. João Jorge e Maria

Angélica são impedidos de consumar o seu amor, desfazendo-se o par romântico, afinal, com a morte do primeiro. Lourenço e João Leme são perseguidos pelos administradores portugueses e atraiçoados pela própria família. Temendo que o seu poderio ameaçasse o domínio português em São Paulo, D. Rodrigo e Sebastião do Rego acusam-nos de uma série de crimes, pelos quais serão condenados à prisão. Isolados em seu castelo de feitio medieval, e secundados pelo que lhes restara do exército carijó-mameluco, eles lutam até o último homem. Perdida a batalha, são caçados como feras pelo sertão: um morre, o outro é enclausurado numa prisão ao pé do Pico do Jaraguá, onde permanece por sucessivos anos, antes do enforcamento. É nesse cenário lúgubre que João Leme da Silva murmura uma prece fervente àquela imagem – testemunha de uma epopeia,[74] cujos heróis eram, como ele, injustiçados. Eis um trecho da oração:

> Jaraguá! Jaraguá. És bem a imagem doce de minha terra! Ouça o ultimo falar de um paulista que na vida não teve outro objectivo que o de enaltecer o renome de sua gente. Tu és bem o adro da minha sublime religião. Tu és bem o altar soberano do meu crédo. Tudo por São Paulo! Eis o lemma que levarei para além-tumulo, depois de haver sido morto no cadafalso a que me condemnaram os estrangeiros emboabas ... Seja, mas quero deixar neste quadro que emmoldura o meu S. Paulo, a prece derradeira que óra faço áquella esphinge de pedra ... em memória de minha gente paulista, sempre escravizada pelo estrangeiro odioso.
>
> Essa esphinge de rocha ignea, essa massa immemnsa que a natureza burilou de corpo tigrino, veste-se com a luxuria do verde tropical; – essa almenára prodigiosa do destino é a testemunha erma e muda dos seculos muitos que se foram enfileirados em um passado remotissimo. Essa esculca magna da predestinação vos viu nascer, povo paulista! (p.103)

---

74 Na imaginação romântica, é frequente a presença dessas testemunhas monumentais da história. Ao estudar os "borrões de tinta" de Victor Hugo, por exemplo, Stephen Bann identifica o castelo como uma representação metonímica da história: "o monumento é investido, na sua atualidade, da posição de testemunha da cena histórica, que só pode ser recapturada através da imaginação", 1994, p.113.

A EPOPEIA BANDEIRANTE

343

Na oração, o Jaraguá assiste ao desfile épico da raça paulista, rejubilando-se com suas vitórias, ou chorando diante de suas derrotas. O texto faz lembrar o poema de Brasílio Machado, com o mesmo título, publicado no *Almanach Litterario de São Paulo*, em 1885.[75] No contexto em que este fora escrito, entretanto, o futuro de São Paulo parecia muito mais promissor. Daí o seu tom otimista, distinto do lamento de Alfredo Ellis, no pós-1932, para quem nada restava senão projetar as venturas supremas da região para uma data ainda distante.

A segunda parte do romance narra um novo surto de heroísmo e frustrações paulistas. A narrativa salta para 1930, quando aporta em Santos o navio Cap. Arcona, procedente da Alemanha, trazendo as personagens de revivificação épica. Uma delas é Rubens Camargo, de porte racial superior, como os seus antepassados, mas desenhado de acordo com os modernos padrões físico-esportivos: era "bem proporcionado nos seus musculos, que o faziam assemelhar-se a um athleta". Negociante de jóias no exterior, ele dava continuidade ao espírito capitalista de sua gente. Em seu retorno da Europa, conhece Dirce Pacheco Villela, jovem descendente dos bandeirantes, educada em escolas do velho mundo, por quem se apaixonará à primeira vista. Juntos, enfrentarão sérios reveses amorosos e políticos, causados por um anel maldito, adquirido em sua estada em Londres. A pedra do anel era o mesmo diamante que, ao longo da história, vinha trazendo desgraças aos seus portadores.

Duas outras figuras do entrecho são Doracy Cabral e Arlindo Silveira, contrapostos racialmente pelo autor. "Typo elançado de morena, de olhos claros, liquidos como esmeralda fundida", Doracy é uma "authentica descendente dos velhos povoadores da terra de Piratininga". Arlindo, ao contrário, é o protótipo do nordestino: "mulatinho, um verdadeiro orangotango, homem positivamente feio, com seus malares salientes, suas faces chupadas, a ponto de ser Caveirinha o seu appellido" (Ibidem, p.186, 188 e 215). Advogado profissionalmente bem-sucedido, ele se revela um arrivista de moral duvidosa, disposto a tudo para alcançar o prestígio social da aristocracia paulista. Apesar do amor sincero que Doracy lhe

---

75 Cf. transcrição no Capítulo 1.

344 ANTONIO CELSO FERREIRA

dedica, Arlindo corteja Dirce, que é obrigada a aceitá-lo em casamento, por pressão da família, cujas finanças estavam em frangalhos. Tais desencontros amorosos são, apenas, o prenúncio de desventuras maiores, precipitadas desde o fatídico ano de 1930.

Ellis Jr. serve-se desse enredo para alinhavar sua versão do movimento paulista de 1932. As personagens são inseridas no jogo de forças políticas da época, caracterizado segundo a visão maniqueísta corrente no período. Os capítulos finais narram a resistência de Piratininga contra a ditadura de Getúlio, as traições dos aliados e a derrota armada inesperada. Ao tratar dos preparativos da luta, diz o narrador que, durante dois longos anos, "São Paulo gemeu amarrado ao cepo da tortura. Os outubristas haviam occupado o Estado e essa maravilhosa terra de trabalho foi occupada por gente exotica que o saturava de estranhos, desorganizando a sua admiravel machina administrativa, impondo contribuições ruinosas, vexações sem limites, humilhando a gente da terra...". Nem mesmo Paris, "na tétrica jornada da Revolução Franceza de 89", teve dias piores. Mas a 23 de maio, o povo paulista, "fatigado de tanto soffrer, rebellou-se contra o então estado de cousas. Nunca se viu tamanho gesto de heroismo collectivo" (p.207-8).

Rubens, Dirce e Doralice também são, como não poderia deixar de ser, arrastados pela febre patriótica. As duas mulheres participam ativamente na retaguarda do movimento, assim como uma infinidade de outras paulistas exemplares. Rubens segue para o *front*, onde aguardará, durante dias, os esperados combates. Enquanto isso, rascunha um diário de guerra, em que registra fatos e figuras de 1932. Nessas páginas, comparecem algumas personalidades engajadas na causa paulista, como os poetas Guilherme de Almeida e Cyro Costa, o crítico René Thiollier, o artista Paulo Vergueiro Lopes, o professor Sizenando Leite, o historiador Aguirre, o advogado "Floriano de Moraes – soldados conscientes do nosso passado, do nosso presente", lutando pela "obtenção de um futuro melhor" (p.225, 228 e 232).[76]

---

76 Sabe-se que foi intensa a participação de escritores e artistas paulistas no movimento. Além dos listados no romance, engajaram-se, direta ou indiretamente, Monteiro Lobato, Cassiano Ricardo, Paulo Setúbal, Mário de Andrade, Guiomar Novais, Camargo Guarnieri, Victor Brecheret, Belmonte, Antônio

A EPOPEIA BANDEIRANTE

Em meio a tais figuras extraídas da realidade, o diário traz a personagem ficcional Ralph Williams, que, ao lado de Rubens, faz o papel de *alter ego* de Ellis Jr. "Alto, alourado, magro e ossudo, Ralph" conservava "aqquele espirito britannico encasulado na sua alma de paulista". Era "um estudioso apaixonado dos problemas politicos econômicos e sociais da humanidade, particularizava-se mais em conhecer os refolhos da alma collectiva do paulista e das questões que assoberbavam o planalto piratiningano" (p.204-5 e 219). São dele as impressões antropológicas sobre a guerra, coincidentes, aliás, com as teses fartamente divulgadas pelo autor em outros textos. Para Ralph, 1932 representava um momento privilegiado de comunhão racial paulista:

> Nesta guerra ... é que se vê praticamente como São Paulo forma o conjuncto de suas populações. Aqui temos filhos de italianos, de allemães, de hespanhóes, de syrios, de japonezes, de até judeus a commungar comnosco, que somos paulistas de quatro costados. Esses é que são nossos irmãos. Soffrem comnosco todos os perigos e todas as agruras que padecemos ... O sangue dessa gente se mistura ao nosso, no mesmo campo de batalha, onde os temos hombro a hombro comnosco, supportando os mesmos soffrimentos e tendo os mesmos pensamentos que nós. (p.257)

A comunhão paulista, segundo a perspectiva de Ellis Jr., não incluía populações de caracteres raciais negros. É assim que, no romance, a personagem mais estigmatizada é o mulato nordestino Arlindo, que também fora impelido a seguir para a frente de batalha, como membro adventício das elites regionais. No entanto, antevendo a derrota iminente de São Paulo, ele trai a causa, fugindo em direção às tropas getulistas, formadas, majoritariamente, por conterrâneos seus. Engano fatal: confundido com um suposto soldado constitucionalista, perde a vida, cravado de balas. Arlindo é, dessa maneira, involuntária e ironicamente abatido por "gente da mesma raça, da mesma conformação anatomica, irmanada pelos mesmos interesses, que commungava nos mesmos conhecimentos, e que seguia os mesmos costumes, e ti-

---

de Alcântara Machado, Valdomiro Silveira e outros. A bibliografia sobre 1932 é muito vasta: além dos romances e memórias, podem ser lembrados os estudos históricos de Capelato, 1981, e de Bezerra, 1988.

nha a mesma tradição, procedendo do mesmo tronco" (p.257-8). Como se percebe, o regionalismo de Ellis Jr. revela-se em *Jaraguá* com toda a carga segregacionista.

A vida das outras personagens encaminha-se, em contrapartida, para o presumível final feliz dos folhetins. Rubens, atuando como cópia de Ellis, é ferido em Cunha e transportado de volta a São Paulo. No hospital onde convalesce como herói de guerra, recebe os cuidados de Dirce, que já estava, então, viúva. Reencontrados no amor, o casal descobre que aquele diamante amaldiçoado havia sido a causa, tanto da sua desunião quanto dos infortúnios do seu povo.

Desde o século XVIII, o anel de pedra brilhante fora o motivo de desgraças individuais e coletivas. Dos dedos de João Leme, ele passara para os de João Jorge, sendo depois arrebatado por mais uma dezena de indivíduos, que seriam, um a um, punidos pela cobiça. Estivera com o pirata John Davies, em 1725, quando seu navio afundou no Tâmisa; com Jorge III, em 1776, ano em as colônias norte-americanas libertaram-se de seu reino; com D. Maria I, em 1799, levando-a à loucura; com D. João VI, durante a invasão napoleônica em Portugal; com Pedro I, brilhando de modo estranho no alvorecer da pátria brasileira; com a Marquesa de Santos, tripudiada pela Corte, nos anos seguintes, e assim por diante, até chegar a Rubens. Dirce recebera o diamante como prova de amor; Arlindo tinha-o nas mãos quando foi metralhado; depois disso o anel foi entregue aos diretores da campanha, que, sabedores dos seus poderes malignos, dispensaram-no de pronto. Estaria São Paulo liberto desse talismã nefasto?

Pretendendo circunscrever a história paulista numa narrativa épica, Ellis Jr. defronta-se com os obstáculos do real, em seu tempo presente duvidoso, equívoco, tumultuado. Incapaz de explicar os fracassos históricos de sua raça pela lógica da ciência, recorre aos sortilégios da imaginação romântica. Jaraguá, seu principal livro de ficção, representa uma das últimas laudas – a mais exacerbada – de um texto continuamente reelaborado pelos letrados da terra desde 1870 que, no entanto, ainda renderia alguns parágrafos a mais.

FIGURA 27 – Maqueta do Monumento do Ipiranga, projeto de Ettore Ximenes: usos e abusos de clichês históricos (*RIHGSP*, v.XXIII).

FIGURA 28 – No palanque oficial instalado na colina do Ipiranga, Roberto Moreira abre as solenidades oficiais do Centenário da Independência, ao lado das autoridades do Estado (*RIHGSP*, v.XXIII).

FIGURA 29 – Tribuna de honra de onde Washington Luís assistiu ao desfile militar na avenida Paulista (*RIHGSP*, v.XXIII).

FIGURA 30 – Uma pequena multidão assiste às homenagens aos Andradas, em Santos (*RIHGSP*, v.XXIII).

A EPOPEIA BANDEIRANTE

FIGURA 31 – Painel *Fundação da Vila de Santos*, de Benedito Calixto, na Bolsa Oficial do Café *(RIHGSP, v.XXIII)*.

FIGURA 32 – Primeiro passo da escala épica, no Caminho do Mar: Monumento Quinhentista, em Cubatão (*RIHGSP*, v.XXIII).

FIGURA 33 – Terceira contemplação: Monumento da Maioridade (*RIHGSP*, v.XXIII).

FIGURA 34 – Última parada: a história com os olhos no presente (*RIHGSP*, v.XXIII).

FIGURA 35 – Cercanias do Ipiranga, em fotografia de 1920: sem pavimentação, as ruas se transformaram em atoleiros na comemoração de 1922, dificultando a saída de veículos (Taunay, *Guia da Seção Histórica do Museu Paulista*, 1937).

EPÍLOGO

Creio ter delineado, ao longo deste texto, as linhas gerais da invenção épica paulista, indicando a permanência, os significados plurais e os reveses do imaginário letrado regional. Suponho ter ainda caracterizado o campo de sociabilidade em que ele cresceu, as substâncias de que se alimentou e as formas de representação pelas quais se propagou durante cerca de 70 anos.

As letras históricas paulistas, congregando um arco de manifestações discursivas interrelacionadas, no qual germinaram a historiografia e a literatura, constituíram-se como meios privilegiados de edificação de um saber sobre a terra e a gente de São Paulo, antes do advento de saberes profissionalizados desde os anos de 1940. Elas expressaram a busca de uma identidade regional no espaço amplo e movediço da modernidade, voltando-se simultaneamente para o passado e para o futuro. Na recriação (sempre mítica) do passado, elas buscaram as energias capazes de garantir coesão social e durabilidade cultural para uma sociedade acometida por intensas e rápidas mudanças. Ao se projetarem para o futuro, deixaram entrever os conteúdos utópicos próprios aos regionalismos e nacionalismos.

O imaginário letrado regional, embora possa ser abrangido num mesmo campo simbólico, englobou tanto um sentido mais conservador, quanto outro, autocrítico. A ficção histórica de Oswald

354 ANTONIO CELSO FERREIRA

de Andrade representa bem este último, e é a ela que retorno neste epílogo, retomando o fio da meada de um enredo histórico.

Em *A escada*, último volume da trilogia *Os condenados*, o escritor tentou exprimir a crise da representação épica da história paulista na vivência atormentada da personagem Jorge d'Alvelos – um escultor visivelmente inspirado em Victor Brecheret e nele mesmo.[1] Há anos envolvido no projeto de uma escultura monumental que simbolizasse a experiência histórica de São Paulo – sem dúvida, o monumento às Bandeiras, planejado nos preparativos para a comemoração do Primeiro Centenário da Independência do Brasil –, ele enfrenta um dilema de consciência social e política que o leva a indagar a respeito da validade do seu esforço artístico. Desolado pela incapacidade de representar, de uma maneira menos unívoca, o percurso histórico de um povo distinto em várias etnias, vidas pregressas e contrastantes realidades sociais no presente, d'Alvelos acaba por destruir as formas que começavam a aparecer na sua prancheta. Como se lê nesta passagem do livro:

> Jorge tirou cautelosamente o pano de sua última obra encoberta ainda. Tentara na greda úmida do Brasil fazer a caminhada das primeiras camadas raciais.
> E num ritmo de cavalos sôbre-humanos, achatou-se na prancheta – lívida como a terra – a procissão de cruzes, bandeiras, maternidades, moléstias, êxtases incubado, falsas santidades, destrezas paralíticas, – tôda a verdade trágica da primeira gente emigrada para o degrêdo verde dos Tapuias, com bentinhos, franciscanos e rosários, sob um céu lírico, por um mar insensato, num delírio nômade de lucro.
> Fitando de perto os terrosos, os amarelos bisnetos vivos dos rapaces conquistadores, curvos sob o defeito longo dos defeitos domésticos, dos fetiches da honra, dos amuletos sentimentais, da fidalguia suspeita e da glória bastarda dos navegadores e dos bandeirantes, Jorge d'Alvelos sentiu sua obra apequenada e pálida...
> Sobre a geração do Centenário, estalara a crise econômica no combate cego com as novas estirpes, vindas já depois da guerra e da revolução bolchevista, sem o trambôlho dos brasões, o lastro pesado das fidalguias ilógicas, o aluvião de bentinhos caseiros, das guinés morais, dos atavismos líricos e das canseiras históricas. Jorge ergueu-

---

1 Cf. Brito, "O aluno de romance Oswald de Andrade". In: Andrade, *Os condenados*, 1988, p.XXIII.

A EPOPEIA BANDEIRANTE 355

-se, andou e, numa confiança comovida, fez desmoronar, da extensa prancheta, numa bola informe e ruiva sôbre o chão do atelier, o passado crepuscular do seu povo.[2]

Na realidade, desde 1922 a epopeia paulista ainda teria uma longa sobrevida, até se reduzir a puro simulacro, na atualidade. Viria 1932 e com ele outro encantamento cívico, organizado em torno da simbologia regional, de acordo com a percepção mordaz do mesmo Oswald, um dos poucos intelectuais a não aderir ao chamado patriótico da revolução.[3] Simbologia que, ademais, renderia novos frutos, com suas leituras e releituras circunstanciais da história.

O próprio Monumento às Bandeiras, destruído no romance oswaldiano, ressurgiria dos escombros, introduzindo formas modernistas num emblema épico. Esboçado no início dos anos 20 e guardado durante três décadas, o projeto de Brecheret foi finalmente entregue à população em 1953, como parte da comemoração do quarto centenário da fundação de São Paulo.

Hoje, tendo ao fundo o belo cenário do Ibirapuera, incontáveis turistas posam diante dele para fotografias ou filmagens e crianças de rua galopam no dorso dos seus cavalos imponentes.

---

2 Andrade, *Os condenados*, p.234.
3 Andrade, 1943.

FIGURA 36 – Novas gerações de intelectuais e artistas ao pé do Monumento das Bandeiras, de Victor Brecheret: (da direita para a esquerda) Aldemir Martins (pintor), Diogo Pacheco (maestro), Jorge Andrade (escritor), Jorge Zalszupin (arquiteto), Lígia Fagundes Telles (escritora), Luís Lopes Coelho (escritor), Miguel Reale (jurista), Iolanda Mohaly (pintora), Fernando Lemos (pintor), Luís Saia (arquiteto), P. M. Bardi (crítico de arte), Flávio de Carvalho (arquite-

to), Marisa Portinari (pintora), Walter Hugo Khoury (cineasta), Sérgio Cardoso (ator), Anselmo Duarte (cineasta), Bibi Ferreira (atriz), José Aires Neto (médico), Sérgio Buarque de Holanda (historiador), Florestan Fernandes (sociólogo), Marcelo Damy (cientista), Luís Martins (escritor), Euclides de Jesus Zerbini (cirurgião), Nathan Schartzman (violonista) e Manabu Mabe (pintor) (foto sem data). *Revista do Brasil* (*Rio de Janeiro*), ano 3, n.6, jul. 1987.

ABREVIATURAS

APL: Academia Brasileira de Letras
APL: Academia Paulista de Letras
ALSP: Almanaque Literário de São Paulo
IHGB: Instituto Histórico e Geográfico Brasileiro
IHGSP: Instituto Histórico e Geográfico de São Paulo
PRP: Partido Republicano Paulista
RIHGSP: Revista do Instituto Histórico e Geográfico de São Paulo

FONTES E BIBLIOGRAFIA

FONTES

1 Periódicos

Almanach Litterario de São Paulo. Publicado por José Maria Lisboa. Anos de 1875, 1876, 1877, 1878, 1879, 1880, 1881, 1884, 1885. São Paulo: Typografia da Provincia de São Paulo. (Edição fac-similar do IHGSP e da Secretaria de Estado da Cultura de São Paulo, 1982.)

Instituto Histórico e Geográfico de São Paulo (1894-1944): Jubileu Social. São Paulo: Imprensa Oficial do Estado de São Paulo, 1944.

Revista da Academia Paulista de Letras, v.I, n.1, nov. 1937.

Revista da Academia Paulista de Letras. 70 anos da APL: 1909-1979. São Paulo: APL, 1979.

Revista da Academia Paulista de Letras. 71 anos da APL: 1909-1980. São Paulo: APL, 1980.

Revista do Instituto Histórico e Geográfico de São Paulo. Volumes I a XXVI, 1895-1939.

2 Livros e artigos

ALMEIDA, G. *Toda a poesia*. São Paulo: Livraria Martins, 1952.

AMARAL, A. *Memorial de um passageiro de bonde*. São Paulo: Hucitec, Secretaria de Cultura e Tecnologia do Estado de São Paulo, 1976a.

_____. *Novela e conto*. São Paulo: Hucitec, Secretaria de Cultura e Tecnologia do Estado de São Paulo, 1976b.

_____. *O dialeto caipira*. 3.ed. São Paulo: Hucitec, Secretaria de Cultura e Tecnologia do Estado de São Paulo, 1976c.

_____. *Tradições populares*. 3.ed. São Paulo: Hucitec; Brasília: INL, 1982.

ANDRADE, M. de. *Macunaíma, o herói sem nenhum caráter*. 18.ed. Belo Horizonte: Itatiaia; São Paulo: Martins, 1981.

ANDRADE, O. de. *Marco Zero I* – A revolução melancólica. Rio de Janeiro: José Olympio, 1943.

_____. *Marco Zero II* – Chão. Rio de Janeiro: José Olympio, 1945.

_____. *Os condenados*. 3.ed. Rio de Janeiro: Civilização Brasileira, 1988.

_____. *Pau-Brasil*. São Paulo: Globo, Secretaria de Estado da Cultura de São Paulo, 1990.

_____. *O perfeito cozinheiro das almas deste mundo*. São Paulo: Globo, 1992.

CORINALDESI, F. *Gl'Italiani dell'Araraquarense*. São Paulo: Officinas Graphicas da Vida Paulista, 1925.

ELLIS JR., A. *Lenda da lealdade de Amador Bueno*. São Paulo: Editora Obelisco, s. d.

_____. *Pedras lascadas*. São Paulo: Typografia Hemmes Irmãos & Cia., 1928.

_____. *A madrugada paulista*: lendas de Piratininga. São Paulo: Editorial Paulista, 1934a.

_____. *O tigre ruivo*. São Paulo: A Gazeta, 1934b.

_____. *Jaraguá*: romance histórico da penetração bandeirante. São Paulo: Empresa Ed. J. Fagundes, 1936.

ELLIS JR., A., PICCHIA, M. del. *Tesouro de Cavendisch*. São Paulo: Biblioteca Mario de Andrade, s. d.

LEITE, A. *Amador Bueno, o aclamado*. São Paulo: Empresa Gráfica Revista dos Tribunais, 1938.

LOBATO, M. *Cidades mortas*. São Paulo: Brasiliense, 1959.

MACHADO, A. de A. Anchieta na Capitania de São Vicente. *Revista do Instituto Histórico e Geográfico Brasileiro*, t.105, v.159, 1929.

A EPOPEIA BANDEIRANTE

MACHADO, A. de A. *Novelas paulistanas*. 3.ed. Rio de Janeiro: José Olympio, 1973.

MACHADO, J. de A. *Vida e morte do bandeirante*. São Paulo: Livraria Martins; Brasília: INL, 1972.

MIRANDA, J. P. da V. *Mau olhado*. Rio de Janeiro: Livraria Ed. Ribeiro & Cia., 1919.

OLIVEIRA, A. de. *O urso*. São Paulo: Academia Paulista de Letras, 1976.

PICCHIA, M. del. *Juca Mulato*. São Paulo: Círculo do Livro, s. d.

PIRES, C. *Cenas e paisagens da minha terra*. São Paulo: Edição da Revista do Brasil, Monteiro Lobato & Cia., 1921.

PRADO, P. *Retrato do Brasil*: ensaio sobre a tristeza brasileira. 8.ed. São Paulo: Companhia das Letras, 1997.

REDENÇÃO, J. P. da V. *Redenção*. São Paulo: O Pensamento, 1914.

RIBEIRO, J. *A carne*. Rio de Janeiro: Ediouro, s. d. a.

_____. *Padre Belchior de Pontes*. São Paulo: Publicações Brasil Editora S.A., s. d. b.

_____. *Cartas sertanejas*. São Paulo: Edições e Publicações Brasil, Editora S.A., s. d. c.

RICARDO, C. *Martim Cererê*. São Paulo: Cia. Editora Nacional, 1938.

_____. *Marcha para Oeste*. 2v. São Paulo: Edusp, Rio de Janeiro: José Olympio Ed., 1970.

SAMPAIO, T. *O tupi na geografia nacional*. 5.ed. São Paulo: Cia. Editora Nacional, s. d.

SETÚBAL, P. *A marquesa de Santos*. São Paulo: Monteiro Lobato Ed. & Cia., 1925.

_____. *O Príncipe de Nassau*. São Paulo: Cia. Editora Nacional, 1926.

_____. *As maluquices do imperador*. São Paulo: Cia. Editora Nacional, 1927.

_____. *A bandeira de Fernão Dias*. São Paulo: Cia. Editora Nacional, 1928a.

_____. *Nos bastidores da história*: episódios históricos. São Paulo: Cia. Editora Nacional, 1928b.

_____. *El-Dorado*: episódio histórico. São Paulo: Cia. Editora Nacional, 1934.

_____. *O sonho das esmeraldas*. São Paulo: Cia. Editora Nacional, 1935a.

_____. *O romance do Prata*. São Paulo: Cia. Editora Nacional, 1935b.

_____. *Alma cabocla*. São Paulo: Saraiva, 1949.

_____. *Os irmãos Leme*. São Paulo: Saraiva, 1955.

_____. *Confiteor*. 10.ed. São Paulo: Saraiva, 1963.

SILVEIRA, V. *Os caboclos*. 3.ed. Rio de Janeiro: Civilização Brasileira, 1962.

TÁCITO, H. *Madame Pommery*. São Paulo: Ática, 1988.

TAUNAY, A de E. *Leonor de Ávila*: romance brasileiro seiscentista. São Paulo: Irmãos Ferraz Ed., 1926.

_____. *Guia da Secção Histórica do Museu Paulista*. São Paulo: Imprensa Official do Estado, 1937.

VAZ, L. *O professor Jeremias*. 2.ed. São Paulo: Monteiro Lobato Ed. & Cia., 1921.

BIBLIOGRAFIA GERAL

ABUD, K. *O sangue intimorato e as nobilíssimas tradições* (a construção de um símbolo paulista: o bandeirante). São Paulo, 1985. Tese (Doutorado) – Faculdade de Filosofia, Letras e Ciências Humanas, Universidade de São Paulo.

ADORNO, S. *Os aprendizes do poder*. O bacharelismo liberal na política brasileira. São Paulo: Brasiliense, 1988.

ALVIM, Z. M. *Brava gente!* Os italianos em São Paulo – 1870-1920. São Paulo: Brasiliense, 1988.

AMARAL, A. *As artes plásticas na Semana de 22*. São Paulo: Perspectiva, 1970.

ANTUNES, B. *As Cartas d'Abax'o Pigues de Juó Bananere*. Assis, 1996. Tese (Doutorado) – Universidade Estadual Paulista.

APÓSTOLO NETO, J. *Jeca Tatu e o mundo que ele criou*: o problema da originalidade cultural em Velha Praga e Urupês. Assis, 1998. Dissertação (Mestrado) – Universidade Estadual Paulista.

ARANTES, L. *Dicionário riopretense*. São José do Rio Preto: Editora Riopretense, 1977.

ARANTES, P. E. *Um departamento francês de ultramar*. Rio de Janeiro: Paz e Terra, 1994.

ARAUJO, R. B. de. Ronda noturna: narrativa, crítica e verdade em Capistrano de Abreu. *Estudos Históricos (Rio de Janeiro)*, v.I, p.18-54, 1988.

BANN, S. *As invenções da História*: ensaios sobre a representação do passado. São Paulo: Editora UNESP, 1994.

BARRO, M., BACELLI, R. *Ipiranga*. São Paulo: Departamento do Patrimônio Histórico. Divisão do Arquivo Histórico, s. d.

A EPOPEIA BANDEIRANTE

BARTHES, R. *O rumor da língua*. São Paulo: Brasiliense, 1988.

_____. *Michelet*. São Paulo: Companhia das Letras, 1991.

BAUDRILLARD, J. *A ilusão do fim ou a greve dos acontecimentos*. Lisboa: Terramar, s. d.

_____. *América*. Rio de Janeiro: Rocco, 1986.

BEIGUELMAN, P. *Os companheiros de São Paulo*. 2.ed. rev. e ampl. São Paulo: Global, 1981.

BELUZZO, A. M. M. *Voltolino e as raízes do modernismo*. São Paulo, s. d. Dissertação (Mestrado) – Faculdade de Filosofia, Letras e Ciências Humanas, Universidade de São Paulo.

BEZERRA, H. G. *O jogo do poder* – a revolução paulista de 32. 3.ed. São Paulo: Moderna, 1988.

BITTENCOURT, C. M. F. Os confrontos de uma história escolar: da história sagrada à profana. *Revista Brasileira de História: Memória, História e Historiografia*. São Paulo: ANPUH/Marco Zero, p.193-221, 1993.

BORGES, M. E. *A pintura do café*: sua história e evolução no período da Primeira República. Memória apresentada à Escola de Pós-graduação em Ciências Sociais. São Paulo: Escola de Sociologia e Política, 1983. (Inédito).

BOSI, A. *História concisa da literatura brasileira*. 3.ed. São Paulo: Cultrix, 1988.

BOURDIEU, P. *O poder simbólico*. Lisboa: Difel; Rio de Janeiro: Bertrand Brasil, s. d.

_____. *A economia das trocas simbólicas*. São Paulo: Perspectiva, 1974.

_____. *As regras da arte*: gênese e estrutura do campo literário. São Paulo: Editorial Presença, 1996.

BRITO, M. da S. *História do modernismo brasileiro*. 4.ed. Rio de Janeiro: Civilização Brasileira, 1974.

BOTTMAN, D. Quando o historiador se encontra com sua história. *RH – Revista de História (Campinas)*, v.II, III, p.135-48, 1991.

BRADBURY, M., MCFARLANE, J. *Modernismo*: guia geral. São Paulo: Companhia das Letras, 1989.

BRESCIANI, M. S. M. *Liberalismo*: ideologia e controle social (um estudo sobre São Paulo de 1850 a 1910). São Paulo, 1976. Tese (Doutorado) – Faculdade de Filosofia, Letras e Ciências Humanas, Universidade de São Paulo.

BRUNO, E. da S. *História e tradições da cidade de São Paulo*. São Paulo, Rio de Janeiro: Livraria José Olympio, 1953. 3v.

366 ANTONIO CELSO FERREIRA

CAMPOFIORITO, Q. *A proteção do imperador e os pintores do Segundo Reinado – 1850-1890*. Rio de Janeiro: Pinakotheke, 1983.

CAMPOS, A. L. V. de. *A República do Pica-pau Amarelo*: uma leitura de Monteiro Lobato. São Paulo: Martins Fontes, 1986.

CANDIDO, A. *Os parceiros do Rio Bonito*. Rio de Janeiro: José Olympio, 1964.

_____. *Literatura e sociedade*. 7.ed. São Paulo: Ed. Nacional, 1985.

_____. *A educação pela noite & outros ensaios*. São Paulo: Ática, 1987.

CANDIDO, A., CASTELLO, J. A. *Presença da literatura brasileira*: das origens ao romantismo. 10.ed. São Paulo, Rio de Janeiro: Difel, 1980.

CAPELATO, M. H. *O movimento de 1932*: a causa paulista. São Paulo: Brasiliense, 1981.

CARDOSO, I. R. *A universidade da comunhão paulista*. São Paulo: Autores Associados, Cortez, 1982.

CARDOSO, Z. de A. *O romance paulista no século XX*. São Paulo: Academia Paulista de Letras, 1983.

CARDOSO, C. F., VAINFAS, R. (Org.) *Domínios da História*: ensaios de teoria e metodologia. Rio de Janeiro: Câmpus, 1997.

CARELLI, M. *Carcamanos e comendadores*. Os italianos de São Paulo da realidade à ficção (1919-1930). São Paulo: Ática, 1982.

CARONE, E. *Da esquerda à direita*. Belo Horizonte: Oficina de Livros, 1991.

CARVALHO, J. M. de. *Os bestializados*: o Rio de Janeiro e a República que não foi. São Paulo: Companhia das Letras, 1987.

_____. *A formação das almas*: o imaginário da República no Brasil. São Paulo: Companhia das Letras, 1990.

CAVALHEIRO, E. *A correspondência entre Monteiro Lobato e Lima Barreto*. Rio de Janeiro: MEC, 1955.

_____. *Monteiro Lobato*: vida e obra. 3.ed. São Paulo: Brasiliense, 1962.

CHASIN, J. *O integralismo de Plínio Salgado*. São Paulo: Livraria Ed. de Ciências Humanas, 1978.

CHIARELLI, T. *Um jeca nos vernissages*. São Paulo: Edusp, 1995.

CISCATI, M. R. *Malandros na terra do trabalho*: fragmentos e memórias da malandragem e da boêmia na cidade de São Paulo (1930-1950). São Paulo, 1988. Dissertação (Mestrado) – Universidade Estadual Paulista.

CONRAD, R. *Os últimos anos da escravidão no Brasil (1850-1888)*. Rio de Janeiro: Civilização Brasileira, INL, 1975.

CORRÊA, A. M. M. *A rebelião de 1924 em São Paulo*. São Paulo: Hucitec, 1976.

COSTA, E. V. da. *Da Monarquia à República*: momentos decisivos. São Paulo: Grijalbo, 1977.

_____. *Da Monarquia à República*: momentos decisivos. São Paulo: Editora UNESP, 1999.

COSTA, J. C. *Contribuição à história das ideias no Brasil*. 2.ed. Rio de Janeiro: Civilização Brasileira, 1967.

CUNHA, M. C. P. da. *O espelho do mundo*: Juquery, a história de um asilo. Rio de Janeiro: Paz e Terra, 1986.

DEAN, W. *A industrialização de São Paulo (1880-1945)*. São Paulo: Difel, Edusp, 1971.

DEBES, C. *Campos Salles*. São Paulo: IHGSP, 1977. 2v.

DECCA, E. de. *1930: o silêncio dos vencidos*. São Paulo: Brasiliense, 1981.

DUARTE, P. *Amadeu Amaral*. São Paulo: Hucitec, Secretaria da Cultura e da Tecnologia do Estado de São Paulo, 1976.

DURAND, J. C. *Arte, privilégio e distinção*: artes plásticas, arquitetura e classe dirigente no Brasil – 1855-1985. São Paulo: Perspectiva, Edusp, 1989.

ECO, U. *Viagem na irrealidade cotidiana*. Rio de Janeiro: Nova Fronteira, 1984.

FABRIS, A. (Org.) *Modernidade e modernismo no Brasil*. Campinas: Mercado das Letras, 1994a.

_____. *O futurismo paulista*. São Paulo: Perspectiva, 1994b.

FAUSTO, B. *Trabalho urbano e conflito social (1890-1920)*. Rio de Janeiro, São Paulo: Difel, s. d.

_____. *A Revolução de 1930*: historiografia e história. 5.ed. São Paulo: Brasiliense, 1978.

_____. (Dir.) *História geral da civilização brasileira*. III. O Brasil republicano. Sociedade e instituições (1889-1930). 3.ed. São Paulo: Difel, 1985.

FERREIRA, A. C. Entre a tradição e a modernidade, entre a história e o romance. *Revista do Instituto Histórico e Geográfico de São Paulo (São Paulo)*, v.XV, p.14-26, 1995.

_____. *Um eldorado errante*: São Paulo na ficção histórica de Oswald de Andrade. São Paulo: Editora UNESP, 1996a.

_____. Literatura e História: fronteiras móveis e desafios disciplinares. *Pós-História* (Assis: FCL/UNESP), v.4, p.23-44, 1996b.

FERREIRA, A. C., LUCA, T. R., IOKOI, Z. G. *Encontros com a História*: percursos históricos e historiográficos de São Paulo. São Paulo: Editora UNESP, 1998.

FIORENTINO, T. A. De. *Prosa de ficção em São Paulo*: produção e consumo (1900-1922). São Paulo: Hucitec, Secretaria de Estado da Cultura, 1982.

FOUCAULT, M. *As palavras e as coisas*. São Paulo: Martins Fontes, 1992.

FREYRE, G. *Casa grande e senzala*. 14.ed. Rio de Janeiro: José Olympio Ed., 1969. 2t.

GALVÃO, M. R. E. *Crônica do cinema paulistano*. São Paulo: Ática, 1975.

GAY, P. *O estilo na história*. São Paulo: Companhia das Letras, 1990.

GLEZER, R. Visões de São Paulo. In: BRESCIANI, S. *Imagens da cidade*: séculos XIX e XX. São Paulo: ANPUH, Marco Zero, Fapesp, 1994. p.163-75.

GOMES, A. M. C. *História e historiadores*: a política cultural do Estado Novo. Rio de Janeiro: Fundação Getúlio Vargas Editora, 1986.

_____. Essa gente do Rio... os intelectuais cariocas e o modernismo. *Estudos Históricos*, v.11, p.62-77, 1993.

GRAHAN, R. *Grã-Bretanha e o início da modernização no Brasil (1850-1914)*. São Paulo: Brasiliense, 1973.

GUIMARÃES, M. L. S. Nação e civilização nos trópicos: o Instituto Histórico e Geográfico Brasileiro e o projeto de uma história nacional. *Estudos Históricos (Rio de Janeiro)*, v.1, p.5-27, 1988.

HARDMAN, F. F. *Nem pátria nem patrão*. São Paulo: Brasiliense, 1983.

HECKER, A. *Um socialismo possível*: a atuação de Antonio Piccarolo em São Paulo. São Paulo: T. A. Queiroz, 1998.

HELENA, L. *Modernismo brasileiro e vanguarda*. São Paulo: Ática, 1986.

HOLANDA, S. B. de. (Dir.) *História geral da civilização brasileira*. São Paulo: Difel, 1972. t.2, v.5.

HOBSBAWM, E. *Era dos extremos*: o breve século XX – 1914-1991. São Paulo: Companhia das Letras, 1995.

HOBSBAWM, E., RANGER, T. (Org.) *A invenção das tradições*. Rio de Janeiro: Paz e Terra, 1984.

JANOTTI, M. de L. M. História, uma questão regional? São Paulo no período republicano, um exemplo. In: SILVA, M. A. (Org.) *República em migalhas*: história regional e local. São Paulo: Marco Zero, 1990.

LAFETÁ, J. L. *1930*: a crítica e o modernismo. São Paulo: Duas Cidades, 1974.

LAWRENCE, D. H. *O amante de Lady Chatterley*. São Paulo: Abril Cultural, 1972.

LE GOFF, J. *História e memória*. Campinas: Editora da Unicamp, 1990.

LEITE, D. M. *O caráter nacional brasileiro*. São Paulo: Pioneira, 1976.

LEITE, S. H. T. A. O regionalismo paulista: crescimento e desgaste. *História (São Paulo)*, n.esp., p.46-62, 1989.

_____. *Chapéus de palha, panamás, plumas, cartolas*: a caricatura na literatura paulista – 1900-1920. São Paulo: Editora UNESP, 1996.

LENHARO, A. *Sacralização da política*. Campinas: Papirus, 1986.

LESSA, R. *A invenção republicana*. Campos Sales, as bases e a decadência da Primeira República brasileira. São Paulo: Vértice, Ed. Revista dos Tribunais; Rio de Janeiro: IUPERJ, 1988.

LEVI, D. E. *A família Prado*. São Paulo: Cultura 70, 1977.

LIMA, L. C. *O controle do imaginário*: razão e imaginário no ocidente. São Paulo: Brasiliense, 1982.

LIMA, N. T. *Um sertão chamado Brasil*: intelectuais, sertanejos e imaginação social. Rio de Janeiro, 1997. Tese (Doutorado) – IUPERJ.

LIMA, S. F., CARVALHO, V. C. de. São Paulo antigo, uma encomenda da modernidade: as fotografias de Militão nas pinturas do Museu Paulista. *Anais do Museu Paulista*, v.1, p.147-98, 1993.

LOBATO, M. *A barca de Gleyre*. 2.ed. São Paulo: Brasiliense, 1959.

LOFEGO, S. L. *História e tradições da cidade de São Paulo*: memória de uma metrópole (estudo sobre a narrativa memorialística de Ernani Silva Bruno). Assis, 1986. Dissertação (Mestrado) – Universidade Estadual Paulista.

LOVE, J. *A locomotiva*: São Paulo na federação brasileira – 1889/1937. Rio de Janeiro: Paz e Terra, 1982.

LUCA, L. de. *Júlia Lopes de Almeida (1862-1934) e o feminismo no Brasil na virada do século*. Relatório de Iniciação Científica. Campinas: Unicamp, 1997. (Inédito)

LUCA, T. R. de. *A Revista do Brasil*: um diagnóstico para a (N)ação. São Paulo: Editora UNESP, 1998.

LUKÁCS, G. *Le roman historique*. Paris: Payot, s. d.

_____. *El asalto a la razon*. 2.ed. Barcelona, México: Grijalbo, 1968.

MACHADO, M. H. *O plano e o pânico*. Os movimentos sociais na década da abolição. Rio de Janeiro: Editora da UFRJ; São Paulo: Edusp, 1994.

MAGNOLI, D. *O corpo da pátria*: imaginação geográfica e política externa no Brasil (1808-1912). São Paulo: Editora UNESP, 1997.

MAHL, M. L. *Em busca da tradição paulista*: a Revista do Instituto Histórico e Geográfico de São Paulo. Relatório de Iniciação Científica à Fapesp. Assis: UNESP, 1996. (Inédito).

MARAM, S. L. *Anarquistas, imigrantes e o movimento operário brasileiro (1890-1920)*. Rio de Janeiro: Paz e Terra, 1979.

MARQUES, E. *Mapas, cartilhas e referendum*: imagens da vida em António de Alcântara Machado. Assis, 1995. Dissertação (Mestrado) – Universidade Estadual Paulista.

MARTINS, J. de S. *Conde Matarazzo*: o empresário e a empresa. São Paulo: Hucitec, 1976.

MATOS, O. N. de. *Café e ferrovias*. São Paulo: Alfa-Omega, Ed. Sociologia e Política, 1974.

_____. *Afonso de Taunay* – Historiador de São Paulo e do Brasil – perfil biográfico e ensaio bibliográfico. São Paulo: Coleção Museu Paulista, 1977.

MELO, L. C. *Dicionário de autores paulistas*. São Paulo: Comemoração do IV Centenário de Fundação de São Paulo, 1954.

MEYER, M. *Folhetim*: uma história. São Paulo: Companhia das Letras, 1996.

MICELLI, S. *Intelectuais e classe dirigente no Brasil (1920-1945)*. São Paulo, Rio de Janeiro: Difel, 1979.

MOISÉS, M. *Dicionário de termos literários*. 14.ed. São Paulo: Cultrix, 1995.

MONTEIRO, J. M. Caçando com gato: raça, mestiçagem e identidade paulista na obra de Alfredo Ellis Jr. *Novos Estudos CEBRAP (São Paulo)*, v.38, p.61-78, 1994.

_____. Tupis, tapuias e a história de São Paulo. *Novos Estudos CEBRAP (São Paulo)*, v.34, p.125-35, 1992.

_____. *Negros da terra*. São Paulo: Companhia das Letras, 1994.

MORAES, E. J. de. *A brasilidade modernista*: sua dimensão filosófica. Rio de Janeiro: Graal, 1978.

MORSE, R. M. *Formação histórica de São Paulo, de comunidade a metrópole*. São Paulo: Difel, 1970.

MOTA, C. G. *Ideologia da cultura brasileira (1933-1974)*. São Paulo: Ática, 1977.

NEEDELL, J. *Belle époque tropical*: sociedade e cultura de elite no Rio de Janeiro na virada do século. São Paulo: Companhia das Letras, 1993.

OLIVEIRA, C. H. S., MATTOS, C. V. (Org.) *O brado do Ipiranga*. São Paulo: Edusp, Museu Paulista, Imprensa Oficial do Estado, 1999.

OLIVEIRA, L. L. de. *A questão nacional na Primeira República*. São Paulo: Brasiliense, 1990.

OLIVEIRA, L. L. de et al. *Estado Novo*: ideologia e poder. Rio de Janeiro: Zahar, 1982.

PAES, J. P. *Gregos e baianos*. São Paulo: Brasiliense, 1985.

A EPOPEIA BANDEIRANTE

PICCHIA, M. del. *A longa viagem (2ª etapa)* – Da revolução modernista à revolução de 1930. São Paulo: Martins, 1972.

PRADO, M. L. *A democracia ilustrada*. O Partido Democrático de São Paulo (1926-1934). São Paulo: Ática, 1985.

QUEIROZ, M. I. P. de. Ufanismo paulista: vicissitudes de um imaginário. *Revista USP*, v.13, p.79-87, mar.-abr.-maio, 1992.

QUEIROZ, S. R. R. de. São Paulo (1875-1975). *Suplemento do Centenário*, n.2, São Paulo, *O Estado de S. Paulo*. 11 jan. 1975.

_____. *Os radicais da República – Jacobinismo*: ideologia e ação (1893-1897). São Paulo: Brasiliense, 1986.

RAGO, M. *Os prazeres da noite*: prostituição e códigos da sexualidade feminina em São Paulo (1890-1930). Rio de Janeiro: Paz e Terra, 1991.

RIBEIRO, J. A. P. *O romance histórico na literatura brasileira*. São Paulo: Secretaria da Cultura, Ciência e Tecnologia, Conselho Estadual da Cultura, 1976.

RIBEIRO, R. J. *Ao leitor sem medo*: Hobbes escrevendo contra seu tempo. São Paulo: Brasiliense, 1984.

RODRIGUES, J. H. *A pesquisa histórica no Brasil*. 3.ed. São Paulo: Cia. Editora Nacional, MEC, 1978.

SAINT-HILAIRE, A. de. *Viagem à Província de São Paulo*. Belo Horizonte: Itatiaia; São Paulo: Edusp, 1976.

SALLES, I. G. *Trabalho, progresso e a sociedade civilizada*: o Partido Republicano Paulista e a política de mão-de-obra (1870-1889). São Paulo: Hucitec, INL, Fundação Pró-memória, 1986.

SANTOS, A. M. dos. A invenção do Brasil: um problema nacional. *Revista de História (São Paulo)*, USP, 1985.

SCHWARCZ, L. M. *O espetáculo das raças*: cientistas, instituições e questão racial no Brasil – 1870-1930. São Paulo: Companhia das Letras, 1993.

SCHWARTZMAN, S. *São Paulo e o estado nacional*. São Paulo: Difel, 1977.

SEVCENKO, N. *Literatura como missão*: tensões sociais e criação cultural na Primeira República. São Paulo: Brasiliense, 1983.

_____. *Orfeu extático na metrópole*. São Paulo – sociedade e cultura nos frementes anos 20. São Paulo: Companhia das Letras, 1992.

SILVEIRA, C. R. *A epopeia do caipira*: regionalismo e identidade nacional em Valdomiro Silveira. Assis, 1997. Dissertação (Mestrado) – Universidade Estadual Paulista.

SODRÉ, N. W. *História da imprensa no Brasil*. Rio de Janeiro: Civilização Brasileira, 1966.

SÜSSEKIND, F. *Cinematógrafo das letras*: literatura, técnica e modernização no Brasil. São Paulo: Companhia das Letras, 1987.

_____. *O Brasil é longe daqui*. São Paulo: Companhia das Letras, 1990

TELLES, G. M. *Vanguardas europeias e modernismo brasileiro*. Petrópolis: Vozes, 1972.

VELLOSO, M. P. A brasilidade verde-amarela: nacionalismo e regionalismo paulista. *Estudos Históricos*, v.11, p.89-112, 1993.

VENTURA, R. *Estilo tropical*: história cultural e polêmicas literárias no Brasil. São Paulo: Companhia das Letras, 1991.

VEYNE, P. *Como se escreve a História*. Foucault revoluciona a História. Brasília: Editora da UnB, 1992.

WILLIAMS, R. *O campo e a cidade, na história e na literatura*. São Paulo: Companhia das Letras, 1989.

WHITE, H. *Meta-História*: a imaginação histórica do século XIX. São Paulo: Edusp, 1992.

_____. *Trópicos do discurso*: ensaios sobre a crítica da cultura. São Paulo: Edusp, 1994.

SOBRE O LIVRO

Formato: 14 x 21 cm
Mancha: 9,8 x 16,9 cm
Tipologia: Classical Garamond 10/13
Papel: Offset 75 g/m² (miolo)
Cartão Supremo 250 g/m² (capa)
1ª edição: 2002

EQUIPE DE REALIZAÇÃO

Coordenação Geral
Sidnei Simonelli

Produção Gráfica
Anderson Nobara

Edição de Texto
Nelson Luís Barbosa (Assistente Editorial)
Fábio Gonçalves (Preparação de Original)
Ana Luiza Couto e Ada Santos Seles (Revisão)

Oitava Rima Prod. Editorial (Atualização Ortográfica)

Editoração Eletrônica
Santana

Impressão e acabamento

psi7 | book7
psi7.com.br   book7.com.br